国家出版基金项目
NATIONAL PUBLICATION FOUNDATION

"十三五"国家重点图书出版规划项目
教育部人文社会科学重点研究基地重大项目

瞿林东◎主编

中国古代史学批评史

第六卷

中国古代史学批评的拓展

（明时期）

毛春伟　廉　敏◎著

CNS | 湖南人民出版社

主编简介

瞿林东，1937 年 12 月生，安徽肥东人。1964 年本科毕业于北京师范大学历史系；1967 年研究生毕业于该系中国史学史专业，师从著名历史学家白寿彝教授。现为北京师范大学资深教授、历史学院博士生导师。全国古籍整理出版规划领导小组成员、教育部社会科学委员会委员兼历史学部召集人、中国历史研究院学术咨询委员会委员。教育部人文社会科学重点研究基地北京师范大学史学理论与史学史研究中心原主任。主要从事历史学的理论与中国史学史研究，出版《唐代史学论稿》《中国古代史学批评纵横》《中国史学史纲》《中国史学的理论遗产》《史学在社会中的位置》等专著、论集；主编《历史文化认同与中国统一多民族国家》（五卷本）、《中国古代历史理论》（三卷本）、“马工程”教材《中国史学史》、《中华大典·历史典·史学理论与史学史分典》（三卷本）等书；发表《中国史学的遗产、传统和当前发展趋势》《论中国马克思主义史学的史学观》《历史学的理论成就与中国史学史研究的发展》《关于当代中国史学话语体系建构的几个问题》等论文、评论四百余篇。2017 年 9 月，北京师范大学出版社出版《瞿林东文集》（十卷本）。

总　目

总　序

◎瞿林东

一、中国古代史学批评史研究的对象

中国古代史学批评史是一个新兴的学科，我们只有在明确了它的研究对象与研究范围之后，才可能对其学术定位作出某种设想或建议。这就要求我们从什么是中国古代史学批评史谈起。

什么是中国古代史学批评史？顾名思义，它是指在中国古代史学上，那些具有批评意识的史学家、思想家、政治家或其他学人，针对史学发展中出现的各种问题而提出自己的看法。这些看法中既包含相同或相近的意见，也存在分歧和异趣，甚至完全相反的观点。对这些意见、分歧、观点进行互相讨论、辩难的史学活动、史学现象，我们称之为史学批评。史学批评既不是“挑眼”，也不是“吹捧”，不论是相同的意见还是不同的意见，均重在“发现”并提出问题；对问题的阐说，则启发时人与后人，或加以发扬，或引以为戒，这就是史学批评的产生及其意义。如此一个个史学批评个案之间的联系，构成了某一时期或某一时代的史学批评史；一个个时代的史学批评史，构成连续不断的中国古代史学批评史。对中国古代史学批评史进行研究，可以揭示批评者与被批评者的异同，可以概括某一时期或某一时代史学批评的特点，并以此探索、揭示中国古代史学批评史发展的全貌及其规律，进而为提炼出理论问题提供依据。

中国古代史学批评史研究的范围，从纵向上看，大致说来，上起春秋时期，下迄清代；从横向上看，它包括史学家、思想家、政治家及各方面学人对史学的批评，其涉及的文献亦不限于史部，经部、子部、集部也在考察范围之内。我们希望在研究中能够发掘一些有关史学批评的新资料和以往较少涉及的知识领域，尤其希望在研究中提出一些新的问题，并对其作出合理的阐述，从而通过集体的努力，使中国古代史学批评史成为一门外延清晰、内涵丰富、特色鲜明的学科。

那么，怎样为中国古代史学批评史作学科定位呢？第一，从宏观领域来看，中国古代史学批评史属于“中国历史”一级学科范围。第二，从研究内容与特点来看，中国古代史学批评史与中国古代史学史关系密切，离开中国古代史学史，中国古代史学批评史就成了无源之水、无本之木，也就无从谈起；同时，史学批评中提出的问题及相关的论述，都可能涉及理论上的分析，而脱离了史学理论的史学批评，就会成为没有思想、没有内涵的材料堆砌。有鉴于此，可以认为，中国古代史学批评史是“史学理论与史学史”这个二级学科之下的一个三级学科。

为了明确中国史学史的研究与撰述同中国史学批评史的研究与撰述之联系及区别，以凸显中国史学批评史的性质和特点，我们有必要对此作进一步的阐述。概括说来，中国史学史研究，是研究中国史学发展的面貌及其规律；中国史学批评史研究，是研究中国史学史上存在于其间的一个最活跃的内部动因即批评与反思，包含批评的意识、批评的思想、批评的理论与方法及各方面成果（思想成果和著述成果）。尽管史学批评史同史学史存在密切的关联，但毕竟是两个不同的研究对象，因而提出问题的方式和视角不同，撰述的主要内容也有所不同。这一联系与区别，是不应模糊的。

具体说来，史学批评史研究不同于史学史研究之处，主要有以下几点：

第一，具有更为广泛的史料来源。这是因为，史学批评不仅十分关注史家群体的史学观点，而且对于非史家群体之史学观点也十分关注，展示出比一般史学史研究更为丰富的内容和史料来源。

第二，是考察认识史学社会影响力的重要根据。史学成果在受众中的种种反映，一方面成为史学批评研究的对象，另一方面也是史学工作者借以进一步认识史学之社会影响力的根据。

第三，促进史学概念内涵的深化和理论的生成、发展。这是因为，史学批评所展开的范围必然涉及一定程度上的“主题重复”，如春秋时期的“良史”与汉唐时期的“良史”以及宋以后的“良史”，自有内在的联系，但其内涵却大大丰富了，史学批评对此作进一步研究，无疑会促进这一领域的理论研究。又如从司马迁论“古今之变”到郑樵论“会通之义”，再到章学诚论“通史家风”，也是如此，等等。

本书题为《中国古代史学批评史》而未以“评论史”命名，也是意在突出研究者提出问题的方式和视角。记得十几年前，有位记者问我：您的《中国古代史学批评纵横》一书，为什么不用“评论”而用“批评”？我一时语塞，觉得很难回答这个问题，说明自己并不很清楚它们之间有何异同，再说我另有一本论集，书名就是《史学与史学评论》。由于《中国古代史学批评纵横》这本小书受到一些同行尤其是中青年朋友的关注，这些年来，研究史学批评的学人逐渐多了起来，似乎用“批评”一词也就习以为常了，因而很少有人再提出这样的问题。但对于我来讲，却没有放下这个问题，总想对此作一点探究。其间，也翻阅了几本从理论上讨论学术批评的书，有中国学者写的，也有外国学者著作的中译本，但它们都是立足于文学批评而展开的，有的还是从解释学的视角对文学批评作阐说的。更重要的是，它们的讨论多是建立在西方学术文化中所谓“原生质”的、“科学”的“批评”与“评论”概念基础上展开的。这对我提高理论上的认识都有不同程度的帮助，但由于学科的不同，特别是由于文化渊源上的差异，难以获得所需要的借鉴。这就促使我从“传统”中去寻求认识问题的路径。

中国古代学人使用“评论”一词说事，当不晚于魏晋之际。

三国魏人王肃所注《孔子家语》中记述叔孙武叔这个人有个缺点，“多称人之过，而己评论之”[①]，因而受到颜回劝告。又《三国志》裴注引王隐《晋书》记：“然天下之至慎，其惟阮嗣宗乎！每与之言，言及玄远，而未曾评论时事，臧否人物，真可谓至慎矣。”[②] 这里说的专就别人之“过”发表评论或一味回避评论，均不可取。与此不同的是，王隐《晋书》还有另外的记载：“刘毅字仲雄，东莱掖人，汉城阳景王后也。亮直清方，见有不善，必评论之，王公大人望风惮之。”[③] 这里说的敢于“评论”是赞扬之意。上举数例所谓“评论”，都是指评论时事，评论人之秉性。此外也有说到评论史书的。如葛洪《抱朴子内篇》记：

> ……而班固以史迁先黄老而后六经，谓迁为谬。夫迁之洽闻，旁综幽隐，沙汰事物之臧否，核实古人之邪正。其评论也，实原本于自然，其褒贬也，皆准的乎至理。不虚美，不隐恶，不雷同以偶俗。刘向命世通人，谓为实录；而班固之所论，未可据也。[④]

这里说的“评论”，即是关于司马迁及其所著《史记》的评

---

① 王肃注：《孔子家语》，王国轩、王秀梅译注本，中华书局2011年版，第240页。

② 陈寿：《三国志》卷一八《魏书·李通传》裴注引王隐《晋书》，中华书局1959年版，第536页。又见刘义庆：《世说新语·德行》，刘孝标注引，杨勇《世说新语校笺》本，中华书局2006年版，第16页。

③ 刘义庆：《世说新语·德行》，刘孝标注引，杨勇《世说新语校笺》本，中华书局2006年版，第18页。

④ 葛洪：《抱朴子内篇》卷一〇《明本》，王明《抱朴子内篇校释》本，中华书局1985年版，第184页。

论。又如，五代时，刘昫等修《旧唐书》说到唐太宗时重修的《晋书》，这样写道："参考诸家，甚为详洽。然史官多是文咏之士，好采诡谬碎事，以广异闻；又所评论，竞为绮艳，不求笃实，由是颇为学者所讥。"[1]

上述这两则关于史书的评论，前者是肯定的评论，后者是借用时人之语发表了包含负面评价的评论。又有明人郭孔延撰《史通评释》，其序称，"向以己意为之评论，虽未必合作者之意"云云[2]。显然，这是对评论者的评论。

至于中国古代学人使用"批评"一词，至晚见于葛洪所著、邵雍辑佚的《梦林玄解·占梦》："占曰：梦殊砂，为官爵，为文章，为批评，为银财之本，为血气，为良药。"[3] 此处所讲"批评"，没有明确指向，不便妄测。而元代学人是较早从学术的意义上使用"批评"一词的。据钱大昕《补元史艺文志·总集类》著录，有仇远《批评唐百家诗选》一书，其"别集类"著录仇远《金渊集》六卷。[4] 仇远精于诗，时人称为"仇远先生"，《元史·张翥传》记：

翥少时，负其才隽，豪放不羁，好蹴鞠，喜音乐，不以家业屑其意，其父以为忧。翥一旦翻然改曰："大人勿忧，

① 刘昫等：《旧唐书》卷六六《房玄龄传》，中华书局1975年版，第2463页。

② 郭孔延：《史通评释序》，上海古籍出版社2006年版，第1页。

③ 葛洪：《梦林玄解》卷一二《文墨·五色颜料》，宋邵雍纂辑，明陈士元增删，明何栋如重辑，见《续修四库全书》第一〇六四册，上海古籍出版社2002年版，第24页。

④ 参见《二十五史补编》第六册，中华书局1955年版，第8425、8435页。

今请易业矣。”乃谢客，闭门读书，昼夜不暂辍，因受业于李存先生。存家安仁，江东大儒也，其学传于陆九渊氏，翥从之游，道德性命之说，多所研究。未几，留杭，又从仇远先生学。远于诗最高，翥学之，尽得其音律之奥，于是翥遂以诗文知名一时。已而薄游维扬，居久之，学者及门甚众。[①]

从这一简略的记载，大致可以得知仇远在唐诗研究上的造诣，乃有《批评唐百家诗选》之作，在中国古代学术批评史上留下了自己的印记。

值得注意的是，明代学人在奏疏与书信中亦往往使用“批评”一词。如魏允贞《条陈救弊四事乞赐采纳以弘治道疏》中有这样的话：“分别式样，以授主司，圈点批评，列置卷首，后先及第，海内士人，无不愤叹。”[②] 这反映了明朝科举考试的弊端。李贽的《寄答留都》写道：“前与杨太史书亦有批评，倘一一寄去，乃足见兄与彼相处之厚也。”[③] 陈衎对“批评”的功能有深刻的认识，认为：“所谓批评者，一则能抉古人胸中欲吐之妙，以剖千古不决之疑；一则援引商略，判然详尽，以自见其赅博。”[④] 徐芳的《与高自山》一文中更是有这样轻松的话语：“诗文传阅，取笑批评，烂如圈点，互相诒炫。”[⑤] 由此可知，在明

① 宋濂等：《元史》卷一八六《张翥传》，中华书局 1976 年版，第 4284 页。
② 参见陈子龙等辑：《明经世文编》卷三八七，中华书局 1962 年版，第 4195 页。
③ 参见张建业主编：《李贽文集》第一卷《焚书一·增补一》，社会科学文献出版社 2000 年版，第 258 页。
④ 陈衎：《与邓彰甫》，周亮工纂：《尺牍新钞》卷一，上海杂志公司 1935 年版，第 5 页。
⑤ 参见黄宗羲编：《明文海》卷一六二，中华书局 1987 年版，第 1630 页。

代的公私文件中，多有“批评”一词的使用。

综观上述所举事例，可以认为，大约在1700年前，中国学人已将“评论”和“批评”的概念置于不同学术领域之中，以此表述和阐说各自的学术见解，并在日常生活中也有所表现。这种现象在元明以后显得更加广泛。由于前人在使用“评论”和“批评”一词时，并未对其作出明确的解释，故难以从实质上划清二者的界限。但中国学人有重视字义和慎于遣词造句的传统[①]，由此仍可略知“评论”和“批评”的一点区别：“评论”是评量和议论，意在对事物作出适当的评价；“批评”则兼有批点和评论之意，即既包含正面评价也包含负面评价的双重目标，因而具有鲜明的反思意识。从学术的观点来看，“评论”多用于泛指，“批评”则与学术讨论的关系更为密切。

在获知古代学人对“评论”和“批评”有更明确的定义或阐述前，姑作此说。

二、发展大势与主要问题

中国古代史学批评发展大势是怎样的？其间有哪些主要问题是需要展开讨论的？这是本书需要明确的问题。

这里讲的“发展大势”，上起春秋时期，下迄清代，两千五

① 如杜佑自谓：“凡义有经典文字其理深奥者，则于其后说之以发明，皆云‘说曰’。凡义有先儒各执其理，并有通据而未明者，则议之，皆云‘议曰’。凡先儒各执其义，所引据理有优劣者，则评之，皆云‘评曰’。”（《通典》卷四二，中华书局1988年版，第1167页）《说文解字》：“论，议也。”段注：“凡言语循其理得其宜者谓之论。”凡此，均可参考。

六百年的历史。根据我们的理解和撰述工作的需要，可以将中国古代史学批评划分为七个阶段看待。由于中国历史和中国史学发展的连续性特点，这七个阶段是前后衔接、上下贯通的，同时又各具特点。

第一阶段：中国古代史学批评的开端（先秦秦汉时期）。孔子评晋国史官董狐以及孟子和《左传》作者评《春秋》，揭开了中国古代史学批评的序幕。此后，史家修养和史学与社会的关系成为中国史学上人们关注的两个重大问题。司马谈、司马迁父子对《春秋》的评论与继承、发展，班彪、班固父子对司马迁及其《史记》的批评，先后产生了《史记》《汉书》两部宏伟著作。这是中国古代史学批评开端最重要的标志。同时，刘向、刘歆父子校书并对各类历史文献作出评论，分别写出了《别录》和《七略》，为班固《汉书·艺文志》的撰述提供了资料上的准备。东汉末年，汉献帝认为纪传体《汉书》繁冗难读，由是荀悦乃有编年体《汉纪》之作，显示出史学批评对史书撰述的引导作用，从而为这一时期史学批评画上句号。

这时期在史学批评方面提出的主要概念和观念有：良史，书法不隐和史书三要素论（事、文、义），“其文直，其事核，不虚美，不隐恶”的“实录”论，以及立典五志论（达道义，彰法式，通古今，著功勋，表贤能），等等。

第二阶段：中国古代史学批评的初步发展（魏晋南北朝时期）。在史学多途发展的学术背景下，学术思想的活跃推动了史学批评的广泛展开。关于《史记》《汉书》的批评，开这一时期史学批评之先河，同时反映了与前一时期史学批评的衔接；关于《三国志》的批评，则表明时人对它的关注。有关上述三部“正史”的批评，对后世均有一定的影响。同时，史学家们关于“史例”及国史“条例”的讨论，推动了有关史书编撰形式的评论。其中，关于史书起源问题的讨论，可谓时代特点使然，对后世多有启发。值得注意的是，关于史书内容和史家修养的各种批评意见，构成这时期史学批评的主要部分。而刘勰《文心雕龙·史传》篇，在总结此前史学发展历史的基础上，提出了史学发展中的一些重要问题，可视为一篇史学批评史论纲，堪为中国史学批评初步发展阶段的标志性成果。

这时期在史学批评方面提出的主要概念和观念是：素心，信史，烦省，评论，以意为主、以文传意，以及由立典五志论演变而来的书契五善论（达道义，彰法式，通古今，表功勋，旌贤能）和注史四旨论（以补其阙，以备异闻，以惩其妄，有所论辩），等等。

第三阶段：中国古代史学批评的深入发展（隋唐时期）。唐初关注对以往众家晋史与南北朝时期所撰正史的批评，反映了在政治统一局面下历史撰述的新的要求，由此奠定了这一时期史学批评的宏大气势。《隋书·经籍志·史部》对十三类历代史书的评论，是中国史学批评史上最早的和最全面的总结；其史部大序对史官职责的表述，反映了史家对历史撰述的高度重视。关于“史才三长”学说的提出与“良史”观念的发展，增进了人们对史学主体的认识；关于治学宗旨的讨论，凸显了经世致用的史学思想；关于史注家的史学批评意识，在这个时期的《史记》注、《汉书》注和《后汉书》注中，均有所发挥。以上这几个方面，均可视为史学批评深入发展的表现。而作为最有代表性的标志性著作，则是刘知幾的《史通》一书。这部“其为义也，有与夺焉，有褒贬焉，有鉴诫焉，有讽刺焉”[①] 的书，是一部成系统的史学批评著作，也可以看作是一部提出了许多重要问题的史学理论著作。它的重要性可用一句话概括，这就是刘知幾同时代人徐坚说的：“居史职者，宜置此书于座右。”[②]

这一时期在史学批评方面提出的主要概念和观念有：直书，曲笔，鉴识，探赜，疑古，惑经，以及史学功用论，史才三长论（才、学、识），史之有例犹国之有法论，史之称美者以叙事为先论，史官辨职论，编年纪传论，师古与随时（稽古与随时）论，行状不实论，等等。

第四阶段：中国古代史学批评的兴盛（五代两宋时期）。从五代后晋开运二年（945）《旧唐书》面世，至宋仁宗嘉祐五年（1060）《新唐书》撰成刊行后，围绕两《唐书》、两《五代史》的修撰与比较而展开的史学批评，受到学人的关注。而《资治通鉴》的撰成则直接促进了史学批评的发展，不论是司马光的自述，还是宋神宗的评论，都产生了很大影响。由此“通鉴学”勃然兴起，朱熹、杨万里的相关评论又昭示了新的史书体裁，即纲目体、纪事本末体的出现。郑樵、李焘的史学批评，前者上承

① 刘知幾：《史通·自叙》，浦起龙《史通通释》本，上海古籍出版社2009年版，第271页。
② 刘昫等：《旧唐书》卷一〇二《刘子玄传》，中华书局1975年版，第3171页。

司马迁，后者接续司马光，进一步丰富了史学之“通”的观念。《册府元龟》国史部总序及各门小序，对史学的由来、社会功用、史官职责、作史原则、撰述流程中的种种情况等作了概括和评论，显示了类书中蕴含的史学批评思想，凸显出“史学事业”的新观念。晁公武称：“日夕躬以朱黄，雠校舛误。终篇，辄撮其大旨论之。”[①] 这是目录学家、文献学家之学术批评思想积累以至形成的艰辛历程。高似孙的《史略》一书，以重视评史书、论史学而显示出自身特色，表明了鲜明的史学批评意识。欧阳修不理会他人对其爱好金石学的嘲讽，坚持《集古录》的研究和撰述；而赵明诚《金石录序》进而申言，“盖史牒出于后人之手，不能无失，而刻词当时所立，可信不疑”，具有“考其异同”的作用；赵明诚夫人李清照在此书后序中写道，此书“是正讹谬，去取褒贬，上足以合圣人之道，下足以订史氏之失者，皆载之，可谓多矣”[②]。综上，类书、目录书和金石之学中包含的史学批评，是这时期史学批评的特点。宋代学人撰写了大量的史料笔记，其中多有自觉的补史意识和史学批评思想，是这时期史学批评走向兴盛的一个重要方面。宋代文学之士关注史学，通观其所批评，往往得失两存，但有胜于无，重在分析和判断。

这时期在史学批评方面提出的主要概念和观念有：公正，议论，记注，疏谬，不实，非才，法世，会通，以及信史论，史学

---

① 晁公武：《郡斋读书志》衢本序，孙猛《郡斋读书志校证》本，上海古籍出版社 2011 年版，第 15 页。

② 赵明诚：《金石录》，金文明《金石录校证》本，广西师范大学出版社 2005 年版，第 1、531 页。

源起论，良史“四足”论（明、道、智、文），纪事本末论，史法论，作史三原则论（事实、褒贬、文采），等等。

第五阶段：中国古代多民族史学发展与史学批评（辽夏金元时期）。中国是一个多民族国家，自秦汉起成为不断发展的统一的多民族国家。因地理条件、历史环境、文明进程的差别，各民族史学的发展迟速不一。由于文字的困难和文献的不足，我们对民族史学尚缺乏较深入的研究。本书第五卷凭借汉文的有关记载，试图在民族史学与史学批评领域作初步的研究，俾使这时期的史学批评占有其特定的位置。应当强调的是，这时期的史学批评既受中原文化的影响，也有各民族的文化基础。民族史学在史学思想、史学批评意识方面，或许在针对性和具体表述上存在一定的差异，但在本质上却是一致的。中国史学上的经典文献、著名史家以及史学观念和史学研究方法等，都是民族史学发展中的评论对象。《辽史·文学传上·萧韩家奴传》记：辽兴宗“又诏译诸书，韩家奴欲帝知古今成败，译《通历》《贞观政要》《五代史》”[①]。这里自然包含萧韩家奴对这些历史著作的评论。同书《列女传》记：“耶律氏，太师适鲁之妹，小字常哥。幼爽秀，有成人风。及长，操行修洁，自誓不嫁。能诗文，不苟作。读《通历》，见前人得失，历能品藻。”[②]《通历》是中唐晚期史家马总所撰的一部简明的编年体通史，耶律常哥读而又能“品藻”，说明对其有深刻的认识。《金史·世宗本纪中》记：“上谓

① 脱脱等：《辽史》卷一〇三《文学传上》，中华书局1974年版，第1450页。
② 脱脱等：《辽史》卷一〇七《列女传》，中华书局1974年版，第1472页。

宰臣曰：‘近览《资治通鉴》，编次累代废兴，甚有鉴戒，司马光用心如此，古之良史无以加也。’”[①] 同书《世宗本纪下》记：“上谓宰臣曰：‘朕近读《汉书》，见光武所为，人有所难能者。……此其度量盖将大有为者也，其他庸主岂可及哉。’”[②] 这里所记当指范晔《后汉书》所叙史事。金世宗对《资治通鉴》《后汉书》的评论当不止于此。《元史·仁宗本纪一》记：仁宗为皇太子时“有进《大学衍义》者”，仁宗认为“‘治天下，此一书足矣。’因命……刊行，赐臣下”。[③] 这个评论虽有些夸张，但表明了元仁宗对此书的重视。又，《元史·察罕传》记元仁宗同史官察罕有这样一段对话：

> 帝尝问张良何如人。对曰：“佐高帝，兴汉，功成身退，贤者也。”又问狄仁杰。对曰：“当唐室中衰，能卒保社稷，亦贤相也。”因诵范仲淹所撰碑词甚熟。帝叹息良久曰：“察罕博学如此邪!”尝译《贞观政要》以献。帝大悦，诏缮写遍赐左右。且诏译《帝范》。[④]

上文举出的几个实例，生动地反映出中国历史上的历史文化认同之思想传统的真实存在，同时也反映了与民族史学相关联的记述中史学批评思想的真实存在。

---

① 脱脱等:《金史》卷七《世宗本纪中》，中华书局 1975 年版，第 175 页。
② 脱脱等:《金史》卷八《世宗本纪下》，中华书局 1975 年版，第 202 页。
③ 宋濂等:《元史》卷二四《仁宗本纪一》，中华书局 1976 年版，第 536 页。
④ 宋濂等:《元史》卷一三七《察罕传》，中华书局 1976 年版，第 3311 页。

元初，马端临著《文献通考》，其《经籍考》多引“晁氏曰”“陈氏曰”，反映了对前人史学批评的重视。马端临对前人著述抱有宽厚、平实的态度，认为“编简浩如烟埃，著述自有体要，其势不能以两得也”，“时有古今，述有详略”。[①] 这是表明史书体裁不同和时代不同，著述亦自不同，不应苛求前人，显示出实事求是的史学批评方法论。

这时期在史学批评方面提出的主要概念和观念是：“史笔天下之大信”论，“宁可亡人之国，不可亡人之史”论，“自古帝王得失兴废，班班可考者，以有史”论，“事”与“道”关系论，文献论，“理”（义理、事理、文理）“情”（人情）评判标准论，“心术”为修史之本论，等等。

第六阶段：中国古代史学批评的拓展（明时期）。这时期的史学批评，从洪武元年（1368）明太祖朱元璋诏修《元史》，至明末朱明镐《史纠》面世，贯穿了整个明朝的历史。关于前朝正史的修撰与评论，由《元史》上溯元修三史、两《五代史》、两《唐书》，直至《史记》，显示出中国古代史学批评史之连续性的特点。关于修撰本朝史过程中的评论，既表明时人对史学认识的深入，也表明存在各种歧见。随着思想史研究的发展，辩证思维在史学批评领域也有突出的表现。王世贞论国史、野史、家史的得失可谓经典之论，凸显了中国古代史学批评在方法论上的成就。关于刘知幾《史通》的研究和评论在这时期形成第一个

---

① 马端临：《文献通考序》，中华书局2011年版，书首第1页。

高潮，而相关专书的问世，凸显了批评之批评的活力。与此相关的是多种有关史学批评、史学理论的文献整理汇编的成果涌现出来，以及对有关概念的讨论等。以上这几个方面，不仅可以使人们看到明代史学批评的开拓、进展，同时也可以使人们看到以往被长期忽略的一个积极的史学倾向：明代学人对理论的兴趣。正是这几个方面，使人们看到中国古代史学批评发展的前景。

在明代学人所编的目录书中，用“批评”一词冠以书名者，并不是偶然现象，如《批评后汉书》《批评自警编》[①]，前者是批评史书，后者应是就自我修养而作。

尤其值得关注的是，明朝末年，学人在书名上冠以“批评”一词的现象更为普遍。据明崇祯刻本张溥所著《历代史论》中，二编目录附《正雅堂古今书目》所载，冠以“批评”一词的书名有：

批评二十一史全部（嗣出）

批评仪礼经传集解

批评礼书乐书

批评文献通考

批评通志略

批评杜氏通典

① 参见祁承㸁：《澹生堂读书记》《澹生堂藏书目》，郑诚整理本，上海古籍出版社2015年版，第355、373页。

批评函史[①]

此外，还有与“批评”相类，但以“批论”或“评选”等为名的书目。

这些批评类书籍的出现在一定意义上并非偶然。在明代科举考试中，考试官须在试卷上写下批语以示去取。这些批语有时即称为“批评”。例如，史书记载，张居正诸子参加科考时，非但请人代考，而且“临场监试官又加意誊朱、分别式样，以授主司圈点批评，列置首卷”[②]。批评试卷成为当时普遍存在的现象。山西人孔天胤因“善批评试卷”[③]而有所闻名。

或许正是这个原因，这些在书名上常有“批评”字样的书，在《明史·艺文志》中少有著录。尽管如此，前述书目表明，至迟在晚明至明末，学人在治学与撰述中，在书名上冠以“批评”一词，已经不是个别现象了。

这时期在史学批评方面提出的主要概念和观念有：“人恣”与“蔽真”、“人臆”与“失真”、“人谀”与“溢真”，史权，平心，公议，公实，笔正，历史评价无是非论，“经史一物”论，“六经皆史”论，评史著四旨论（据、实、慎、忠），史家修养五要素论（才、学、识、公心、直笔），“务成曩美，毋薄前修”论，等等。

---

① 张溥：《历代史论》二编目录附《正雅堂古今书目》，杭州大学图书馆藏明崇祯刻本。

② 魏允贞：《条陈救弊四事乞赐采纳以弘治道疏》，陈子龙等辑：《明经世文编》卷三八七，明崇祯平露堂刻本。

③ 李乐：《见闻杂记》卷一一，明万历刻、清修补本。

第七阶段：中国古代史学批评的集大成（清时期）。不论从成果上看，还是从思想上和理论上看，这都是中国古代史学批评的集大成时期。开一代学术风气的顾炎武，为有清一代的史学批评确定了新的起点；章学诚继续阐述“六经皆史”的观念，进一步打开了人们从史学的视角评论经书的思路；浦起龙的《史通通释》把《史通》研究推至新的高峰，在史学批评领域产生重大影响。四库馆臣所撰《四库全书总目》史部书“提要”包含了丰富的史学批评思想，值得认真发掘，合理继承。其“史评类”兼收历史评论与史学批评之书，这是需要厘清并分别进行研究的。这时期的考史名家各具风采：有的高擎“商榷”的旗帜，显露出批评的锋芒；有的则于平静和严谨的考史中，轻轻拂去前人著作中的讹误的“灰尘”，为的是显示出这些著作的“真”与“美”；有的则由疑古而批评，意在廓清古史书中的“迷雾”；有的则在考史和批评中，显露出历史理性精神，给治史者诸多启发。中国古代史学理论的集大成者章学诚提出了许多重要见解：以“史德”论补充刘知幾“史才三长”说；以“心术”论提醒治史者对历史的解释要保持在合理的范围之内；以“史意”同“史法”相对待，强调思想的重要；以“撰述”“记注”分史学两大“宗门”，表明“圆神”“方智”各有所长；以“通史家风”阐发中国史学“通古今之变”的传统；以“别识心裁”推重创新精神，显示出中国古代史学理论的多方面成就；等等。这时期，政论家、史论家、文章家和诗人龚自珍，站在通向近代历史之路的门槛，他的“欲知大道，必先为史”[①] 的庄严启示，可视为对中国古代史学成就及其功能最中肯的评论。

从整体的和发展的眼光来看，如果说刘知幾《史通》创造了史学批评的理论体系的话，那么清代的史学批评成就，则全面地、深入地把这一理论体系推进到一个新的阶段。

这时期在史学批评方面提出的主要概念和观念有：史德，史释，释通，通史家风，别识心裁，记注与撰述，史法与史意，尊史，以及“于序事中寓论断”论、“欲知大道，必先为史”论、“史者，垂于来今以作则”论、“史非一家之书，实千载之书，祛其疑，乃能坚其信”“指其瑕，益以见其美”论，等等。

中国古代史学的连续性发展为中国史学批评史提供了丰富的资料，中国古代史学批评史的存在又推动了中国史学的发展，也为中国古代史学理论的积累提供了思想遗产。中国史学就是在这种互动中不断开辟新的发展前景。

中国古代史学批评在其发展过程中，在不同阶段都会提出一些问题，而有些问题也可能是具有普遍性或规律性的，对于这些问题的研究与阐说，我们视之为横向上的会通。在许多问题中，下面这几个问题是比较重要的。

第一，史学批评作为一种史学现象，它产生的原因何在？刘知幾《史通·鉴识》篇认为“物有恒准，而鉴无定识”[②]，这着眼于批评的主体而言，说明不同的批评者对同一事物会有不同的

① 龚自珍：《龚自珍全集》第一辑《尊史》，上海古籍出版社1975年版，第81页。
② 刘知幾：《史通·鉴识》，浦起龙《史通通释》本，上海古籍出版社2009年版，第189页。

认识和评论；《史通·探赜》篇又说，“古之述者，岂徒然哉！或以取舍难明，或以是非相乱”①，这着眼于批评的客体而言，说明事物本身是复杂的，批评者面对复杂的事物难以确定取舍而作出是非判断。其《曲笔》篇着眼于主体，讲的是另外一些原因，主要指为史者的史风不正以致心术不正；其《采撰》篇着眼于客体，讲的也是另外一些原因，即“异辞疑事”本是客观存在。当然。不论着眼于主体的分析，还是着眼于客体的分析，或许还有更复杂的原因，这是史学批评研究者必须关注的；同样，对史学批评者的批评，也不能不顾及这些复杂的因素。

第二，怎样看待和分析史学批评主体提出问题的主要根源。如班彪、班固父子批评司马迁及其《史记》，是否根源于政治？唐太宗批评众家晋史，是否根源于社会？李大师、李延寿父子批评南北朝所修三部正史，是否根源于历史？刘知幾撰《史通》，把以往史学作为批评对象，是否根源于学术？柳宗元的《非国语》，是否根源于思想？这些原因之间存在怎样的联系？这是史学批评研究者不能不考虑并予以深究的。

第三，怎样看待史学批评的成果及其思想的社会意义、学术意义和理论意义。这是认识史学批评的本质所在，是史学批评史研究者需要运用自身的研究所得加以说明的。举例说来，自东汉以后，人们对司马迁《史记》的评论，如何影响中国人对自身历史的认识？《史记》对中国统一多民族国家的巩固、发展产生

① 刘知幾：《史通·探赜》，浦起龙《史通通释》本，上海古籍出版社2009年版，第194页。

了何等重要作用？司马迁提出的“究天人之际，通古今之变，成一家之言”的著史宗旨，对中国学术的发展具有怎样的学术意义和理论意义？等等。毋庸置疑，对于这些问题的深入阐释，史学批评的意义由此可以看得更加清楚。历史上的“汉书学”“通鉴学”及许多史学名著的批评史，都在不同程度上具有广泛的意义。中国古代史学批评史的研究，要努力发掘和阐说这方面的成果及其意义。

第四，怎样看待史学批评中出现的偏颇。如班彪、班固批评司马迁《史记》“是非颇缪于圣人”①。刘知幾《史通·古今正史》篇接受《北齐书·魏收传》的说法，认为魏收的《魏书》“世薄其书，号为‘秽史’”②，直至章学诚亦承此说。郑樵在力倡“会通之义”时，极力贬低断代为史，以至斥责班固是“浮华之士也，全无学术，专事剽窃”③。叶适《习学记言序目》批评司马迁破坏了古之“史法”，“古史学止于此矣”④。吴缜《新唐书纠谬》是为名作，其序文具有理论上的建树，但序文中批评《新唐书》“抵牾穿穴，亦已太甚”“修书之初，其失有八”⑤等，似有言过其实之嫌。张岱批评明代史学说：“有明一代，国史失诬，家史失谀，野史失臆，故以二百八十年，总成一诬妄之世界。”⑥王鸣盛《十七史商榷》批评李延寿“学浅识陋”，所撰

---

① 班固：《汉书》卷六二《司马迁传》，中华书局1962年版，第2737-2738页。
② 刘知幾：《史通·古今正史》，浦起龙《史通通释》本，上海古籍出版社2009年版，第339页。
③ 郑樵：《通志总序》，见《通志二十略》，中华书局1995年版，第2页。
④ 叶适：《习学记言序目》卷一九《史记一》，中华书局1977年版，第264页。
⑤ 吴缜：《新唐书纠谬序》，《丛书集成初编》本，中华书局1985年版，第1页。
⑥ 张岱：《石匮书自序》，《琅嬛文集》，岳麓书社1985年版，第18页。

《南史》《北史》“疵病百出，不可胜言”，又说李延寿是“自谓于旧锦机中织出新花样”。[1] 王鸣盛还写了一篇很长的文章批评杜佑所撰《通典》，认为《通典》“既以刘秩书为蓝本，乃自序中只字不及，复袭取官书攘为己有，以佑之笔力，撰集非难，而又取之他人者若是之多，则此书之成亦可云易也”。又说：杜佑“所云‘辄肆荒虚，诚为亿度’者，佑每自蹈之”[2]，等等。类似这样的一些批评，从今天的学术观点看来，是否有偏颇以至错误之处？如有，则不仅需要指出错在哪里，还要指出何以会出现偏颇以致错误的。这就是说，不仅知其然，还要知其所以然，把主观的、客观的原因都考察明白，这样的史学批评史才近于史学发展的真实，才具有学术价值，才能给人以深刻的启示。

中国古代史学批评史上存在的问题不止于此，上面提到的几个问题是我们要多加关注，并力图给以清晰的阐说和中肯的评论的。我们在研究和撰述中，还会遇到其他的问题，均须根据本课题的宗旨和本书撰写的原则，具体问题具体分析，才可作出合理的论述。

三、研究的方法和研究的意义

任何一种科学研究，都应当重视研究的方法和研究的意义，

---

① 王鸣盛：《十七史商榷》卷五三“《新唐书》过誉南北史”条、卷六八“并合各代每一家聚为一传”条，上海古籍出版社 2013 年版，第 630、914 页。

② 王鸣盛：《十七史商榷》卷九〇“杜佑作《通典》”条，上海书店出版社 2005 年版，第 817 页。

方法是通向研究的目标并取得相应成果的途径。从一定意义上讲，方法的正确选择与始终坚持，是科学研究成功的关键。史学史研究如此，史学批评史研究也是如此。

说到研究方法的重要，这使我们想起 1948 年毛泽东致历史学家吴晗的一封信，信中针对吴晗所著《朱元璋传》写道：

> 大著阅毕，兹奉还。此书用力甚勤，掘发甚广，给我启发不少，深为感谢。有些不成熟的意见，仅供参考，业已面告。此外尚有一点，即在方法问题上，先生似尚未完全接受历史唯物主义作为观察历史的方法论。倘若先生于这方面加力用一番功夫，将来成就不可限量。①

信中用语很严谨，很讲究分寸，说“先生似尚未完全接受历史唯物主义作为观察历史的方法论”，说明《朱元璋传》的作者吴晗先生主观上开始关注历史唯物主义了，所以这里用了“尚未完全”，并在“完全”二字下方加了着重号。这封信给我们的启发是，如果能够自觉地运用“历史唯物主义作为观察历史的方法论”，在这方面多下功夫，那么在研究历史和研究史学方面，定能取得更大的进步和更好的发展。

历史唯物主义方法论对于历史研究具有重要的和广泛的指导意义。这里，我要强调两点，一是对历史的基本认识，二是把所

① 毛泽东：《致吴晗》（一九四八年十一月二十四日），中共中央文献研究室编：《毛泽东书信选集》，中央文献出版社 2003 年版，第 284 页。

研究的问题置于一定的历史范围内予以考察。

关于对历史的基本认识，恩格斯有这样一段论述：

> 正像达尔文发现有机界的发展规律一样，马克思发现了人类历史的发展规律，即历来为繁芜丛杂的意识形态所掩盖着的一个简单事实：人们首先必须吃、喝、住、穿，然后才能从事政治、科学、艺术、宗教等等；所以，直接的物质的生活资料的生产，从而一个民族或一个时代的一定的经济发展阶段，便构成基础，人们的国家设施、法的观点、艺术以至宗教观念，就是从这个基础上发展起来的，因而，也必须由这个基础来解释，而不是像过去那样做得相反。[①]

这就说明，人类的历史活动中第一位的是经济活动，上层建筑和意识形态都是在这个基础上得以建立和发展，因而也必须从经济活动的角度去加以解释。史学工作者不仅首先应当懂得这个道理，而且应当在这个理论指导下从事历史研究和史学活动。在这方面，侯外庐先生是我们学习的榜样，他在总结自己的治史道路和治史方法时，首先写道："从历史唯物主义观点来看，思想是存在的反映。历史从哪里开始，思想进程也应从哪里开始。因此，社会历史的演进与社会思潮的发展是相一致的。例如，西周的官学、春秋时代的搢绅之学、战国时代的诸子并鸣之学、两汉

---

① 恩格斯：《在马克思墓前的讲话》（1883年3月17日），《马克思恩格斯文集》第三卷，人民出版社2009年版，第1002页。

的经学、魏晋的玄学、隋唐的佛学、宋明的理学、明清之际的早期启蒙思潮以及近代的各种社会思潮，都是和中国历史自身的演进相联系的。因此，我的具体方法是，在研究社会史的基础上，注重对社会思潮作比较全面的考察，力图把握社会思潮与社会历史的联系及其所反映的时代特点，进而研究不同学派及其代表人物的思想特色和历史地位。”① 概括说来，这段话的核心思想是指出思想史的研究应当以社会史研究为基础，这一方面是使思想史的研究有了社会基础，另一方面也能更好地说明不同历史时期的思想的特点。这是非常明确的和具体的以历史唯物主义方法论为指导，提出了中国思想史研究的方法和步骤。中国史学史、中国史学批评史研究，同样应当以对中国社会史的认识为基础；对于史学史、史学批评史的解释，也应当以对社会史的认识为主要依据。必须承认，史学史研究者和史学批评史研究者在这方面还应当下大功夫、用大气力，把研究工作不断向前推进，而本书的撰述就是一个很好的机会。

把所要研究的对象置于相应的历史范围之内进行考察，这是历史研究与史学研究实事求是的表现，是历史唯物主义方法论的原则之一，即“在分析任何一个社会问题时，马克思主义理论的绝对要求，就是要把问题提到一定的历史范围之内”②。简而言之，这个“绝对要求”，就是强调历史地看待历史的方法。就以中国史学批评史的研究来说，历史上的批评者们所批评的对

① 侯外庐：《侯外庐史学论文选集自序》（上），人民出版社 1987 年版，第 12 页。
② 列宁：《论民族自觉权》，《列宁全集》第二十五卷，人民出版社 1988 年版，第 229 页。

象，大多是历史上的存在；而史学批评史的研究者所研究的批评者，自亦都是历史上的存在。对于前一种“历史上的存在”，我们不能对当时的研究者提出“绝对要求”，此当毋庸置疑；而对于后一种“历史上的存在”，我们作为研究者就应当自觉地遵循这一“绝对要求”。这种区别，正是反映了“要把问题提到一定的历史范围之内”的原则。在这个问题上，马克思主义理论之所以提出“绝对要求”，是因为只有这样才能获得对历史真相至少是近于历史真相的认识；如果离开了这一“绝对要求”，其结果必然是脱离了认识历史真相的路径。史学批评史的研究只有把历史上的批评者置于其所在历史范围之内进行考察，才能获得真知。因此，对于“绝对要求”的“绝对”遵循，就是十分自然的事情了。

在历史唯物主义方法论的指导和运用前提下，我们还要借鉴前人提出来的有益的方法。如刘知幾重视体例而且善言体例，他强调说：“史之有例，犹国之有法。国无法，则上下靡定；史无例，则是非莫准。”[①]《史通》全书尤其是内篇，大多在论述史书的体例和修史的体例，在讲体例的过程中广泛地涉及史学的其他问题。史学批评史的研究也要重视体例：一是判断研究对象的体例和体例思想；二是要求我们自身在撰述中遵循既定的体例，既要关注局部的体例，也要关注局部之体例与全局之体例的协调及其一致性。总之，刘知幾的体例思想是应当借鉴的。此外，刘知

① 刘知幾：《史通·序例》，浦起龙《史通通释》本，上海古籍出版社2009年版，第81页。

幾提倡全面看问题的方法，也是值得借鉴的。刘知幾认为，历史撰述应坚持“爱而知其丑，憎而知其善，善恶必书，斯为实录”[①] 的原则。这种具有一定的辩证思维的方法，在史学批评领域的运用具有特殊的重要性，它是帮助史学批评史研究者避免走向武断和片面的忠诚“卫士”。

再如章学诚关于知人论世的思想和方法，同样是值得借鉴的。他举出人们所熟知的正统问题为例，说明处在不同时期的人，一般都会有当时的认识和处置的方法，这是研究者与批评者所必须注意的。他这样写道：

> 昔者陈寿《三国志》，纪魏而传吴、蜀，习凿齿为《汉晋春秋》，正其统矣。司马《通鉴》仍陈氏之说，朱子《纲目》又起而正之。“是非之心，人皆有之。”不应陈氏误于先，而司马再误于其后，而习氏与朱子之识力，偏居于优也。而古今之讥《国志》与《通鉴》者，殆于肆口而骂詈，则不知起古人于九原，肯吾心服否邪？陈氏生于西晋，司马生于北宋，苟黜曹魏之禅让，将置君父于何地？而习与朱子，则固江东南渡之人也，惟恐中原之争天统也。诸贤易地则皆然，未必识逊今之学究也。是则不知古人之世，不可妄论古人文辞也。知其世矣，不知古人之身处，亦不可以遽论其文也。身之所处，固有荣辱隐显、屈伸忧乐之不齐，而言

① 刘知幾：《史通·惑经》，浦起龙《史通通释》本，上海古籍出版社2009年版，第374页。

之有所为而言者，虽有子不知夫子之所谓，况生千古以后乎？圣门之论恕也，“己所不欲，勿施于人”，其道大矣。今则第为文人，论古必先设身，以是为文德之恕而已尔。①

章学诚的这一段论述，有事实、有分析，不仅指出了陈寿、司马光同习凿齿、朱熹在正统问题的认识上和处置上的不同，而且从历史环境的差异指出二者不同的原因。这样，就做到了不仅知其然而又知其所以然。章学诚把这种思想和方法概括为“论古必恕”。这就是我们前面已经说到的“要把问题提到一定的历史范围之内”。以马克思主义理论的“绝对要求”同中国史学批评史上名家的认识相结合，这个问题的重要性及其方法论意义显得越发清晰和易于理解。

历史是复杂的，史学批评的现象也是复杂的。这就要求我们在研究和撰述过程中，针对具体问题作具体的分析。比如：

——对同一批评对象有所肯定，有所否定。这种情况，在中国史学批评史上所见甚多，如班彪、班固父子评论司马迁《史记》，范晔评论班固《汉书》，都属于这种情况。从他们的批评中，对其肯定与否定之方方面面，都会激起人们的思考，不论赞成或不赞成这些肯定与否定，人们都会凭借自己的认识提出一些根据，这些认识和根据一旦写成文字，流传开来，又会引起更多的人的思考，从而促进了人们对历史、对史学的深入认识。在这

① 章学诚：《文史通义·文德》，叶瑛《文史通义校注》本，中华书局2014年版，第324-325页。

方面，刘知幾的《史通》和王鸣盛的《十七史商榷》，给人们提供了足够的思考空间。从整体面貌来说，这两部书在有所肯定也有所否定方面，显得很突出。如《史通·二体》篇论编年、纪传的长处和短处时，讲得很辩证；其《直书》《曲笔》则是对两种不同的作史态度进行分析；而《杂述》篇又对各种短书小说的文献价值作了全面的评论；等等。这些都给人以深刻的启示。刘知幾说他的《史通》是“商榷古今”，这种“商榷”的理念和态度是极可取的。王鸣盛的《十七史商榷》和赵翼的《廿二史札记》，都是在“正史”范围内进行商榷，是其所是，非其所非，给后人留下了许多启发和许多可以进一步研究、探索的问题。

——对同一批评对象中的缺点，作有根据的否定。这在史学批评现象中也是常见的，从史学史来看，吴缜的《新唐书纠谬》和《五代史纂误》可视为代表作。当然，这决不是说，吴缜的这两部书没有任何缺点，但总的来说，吴缜所“纠”之“谬”、所“纂”之“误”，大多可以成立，有一定的参考价值。

——对比较研究的对象作全面的、辩证的分析。如果说上一种史学批评方法给我们以某种警示，那么这里说的比较研究中的方法，则给我们以深刻的启示。明代史家王世贞比较国史、野史、家史的长短得失时，很客观地考虑到它们各自产生的条件，以及由于这种不同的条件使它们自身各具特点，并对此作了辩证的分析。这不仅在史学批评的方法论上给人们很大启发，而且在理论上也提出了很有价值的结论，至今仍有重要的参考意义。

当然，在史学批评中，也有一些不妥当的，甚至是错误的做法。比如：

有一种情况是，对比较的对象作绝对肯定与绝对否定的评价。比较研究，是开展史学批评的一个必要的和有效的方法。正确的态度，应当是对比较的对象作全面的分析，从而得到较公允的结论。在中国史学上，有的比较研究者，对比较的对象进行评价时陷于绝对肯定与绝对否定的境地，虽然在理论上也有所建树，但毕竟其运用的这种研究方法是一种片面的方法。如郑樵是一位很有成就的史学家，他的《通志二十略》具有重要的开创性意义。但是，我们注意到他那篇影响极大的《通志总序》，对司马迁《史记》作绝对的肯定，对班固《汉书》作绝对的否定，在比较研究的方法上，以及对评论对象的全面认识上，都给人留下了不少遗憾。

还有一种情况是，对同一评论对象从整体上作无根据的全部否定。这在史学批评上也时有所见。北齐魏收《魏书》被斥为"秽史"，唐太宗全部否定当时所见十八家晋史，明代学人不满本朝史学以至于说明朝无史学，等等，都应作具体分析。

这里，还有必要提到章学诚关于"文辞"的见解，尽管这并不是一个直接涉及治史的方法问题，但多少还是和方法有一定的联系。章学诚认为："文辞非古人所重，草创讨论，修饰润色，固已合众力而为辞矣。期于尽善，不期于矜私也。"[①] 章学

① 章学诚：《文史通义·说林》，叶瑛《文史通义校注》本，中华书局1994年版，第347页。

诚引用春秋时期郑国大夫子产等人重视文辞而共同努力的典故,[①] 所以说这是“期于尽善，不期于矜私”。换言之，孔子说到这件事，正是肯定子产等人的“合众力而为”所带来的成功。这是不是也可视为重视文辞的一种表现？尤其是志同道合的一个群体对同一领域进行研究，其著述真正做到了“合众力而为辞”，同样是值得称道的。而“期于尽善”正是大家共同努力的目标。

进而言之，在中国史学上，“文辞”为古人所重而又期于“矜私”者，并非无人。历来认为，班固是极重文辞的史学家，他认为自己所著《汉书》具有“函雅故，通古今，正文字，惟学林”[②] 的特点，就含有重文辞的因素。《后汉书》作者范晔也是重“文辞”的史学家，他自称“吾杂传论，皆有精意深旨，既有裁味，故约其词句”[③]。范晔的这几句话，当是也包含着讲究“文辞”的意蕴。班、范在这方面的成就，在以下叙述的事实中可以得到证明，即南朝梁人萧统在《文选》序中特意讲道：“至于记事之史，系年之书，所以褒贬是非，纪别异同，方之篇翰，亦已不同。若其赞论之综缉辞采，序述之错比文华，事出于沉思，义归乎瀚藻，故与夫篇什。”[④] 萧统在《文选》的卷四十九和卷五十专设“史论上”和“史论下”，分别收入班固的《汉书·公孙弘传》赞一首，干宝的《晋武帝革命论》一首、《晋

① 参见《论语·宪问》，杨伯峻《论语译注》本，中华书局1958年版，第154页。
② 班固：《汉书》卷一〇〇《叙传》，中华书局1962年版，第4271页。
③ 沈约：《宋书》卷六九《范晔传》，中华书局1974年版，第1830页。
④ 萧统编：《文选》，李善注本，中华书局1977年版，第2页。

纪》总论一首，范晔《后汉书·皇后纪》论一首（以上“史论上”），以及范晔《后汉书》“二十八将传论”一首、《宦官传》论一首、《逸民传》论一首，沈约《宋书·谢灵运传》论一首、《恩倖传》论一首，班固《汉书》述《高祖纪》赞一首、述《成纪》赞一首和述“韩、彭、英、卢、吴传”赞一首，范晔《后汉书·光武纪》赞一首。[①] 这不仅表明萧统对“史论”的重视，也包含他对所收入之论、赞的欣赏。近代学人如鲁迅称赞《史记》是“史家之绝唱，无韵之离骚”[②]，梁启超感叹司马光《资治通鉴》把历史写得“飞动”起来[③]，都是大家所熟知的评论。如此看来，章学诚说的“文辞非古人所重”的论断，似非确论。

20 世纪 70 年代末，白寿彝先生主编《中国通史纲要》一书，对文字表述提出一个总的原则：平实。而平实的具体要求是：明白、准确、凝练。明白是基础，准确是关键，凝练是提高。[④] 可以认为：一个学术群体，可以尝试以平实为风格，以明白、准确、凝练为要求，在史学著作的文字表述上，探索一条“合众力而为辞”的新路径。

在中国史学批评史上，还有一种现象也是值得关注的，这就是史学批评者的历史命运及身后影响。如刘知幾撰《史通》，有

① 萧统编：《文选》，李善注本，中华书局 1977 年版，第 686–707 页。

② 鲁迅：《汉文学史纲要》，见《鲁迅全集》第九卷，人民文学出版社 1981 年版，第 420 页。

③ 梁启超：《中国历史研究法补编》，《饮冰室合集》专集之九十九，中华书局 1989 年版，第 27 页。

④ 参见瞿林东：《白寿彝与二十世纪中国史学》，高等教育出版社 2012 年版，第 339 页。

人“深重其书”，认为“居史职者，宜置此书于座右”[①]。而唐末人柳璨则认为“刘子玄所撰《史通》讥驳经史过当”，于是“纪子玄之失，别为十卷，号《柳氏释史》，学者伏其优赡”。时人“以其博奥，目为‘柳箧子’”[②]。《旧唐书》作者如此称赞柳璨，自亦影响对刘知幾的评价，说刘知幾“工诃古人而拙于用己”[③] 就是“顺理成章”的事情了。然而，经过明代学者郭孔延撰《史通评释》、王惟俭撰《史通训故》和清代学者浦起龙撰《史通通释》，《史通》的学术地位经过学术史的检验而逐步得到提高，为学界所认可。

再如柳宗元著《非国语》，目的在于“救世之谬”。他在《非国语序》中写道：“余惧世之学者溺其文采而沦于是非，是不得由中庸以入尧舜之道，本诸理作《非国语》。”[④] 然而，《非国语》问世后，既有人反其道而行之作《是国语》[⑤]，更有人针锋相对地作《非〈非国语〉》。如宋人江惇礼撰《〈非国语〉论》，苏轼表示赞同说：“鄙意素不然之，但未暇为书尔。”[⑥] 元人虞集之弟槃“尝读柳子厚《非国语》，以为《国语》诚非，而柳子之说亦非也，著《非〈非国语〉》”[⑦]。这些，反映了宋元

---

① 刘昫等：《旧唐书》卷一〇二《刘子玄传》，中华书局 1975 年版，第 3171 页。

② 刘昫等：《旧唐书》卷一七九《柳璨传》，中华书局 1975 年版，第 4669-4670 页。

③ 欧阳修、宋祁：《新唐书》卷一三二《刘知幾传》，中华书局 1975 年版，第 4542 页。

④ 柳宗元：《柳河东集》卷四四，上海人民出版社 1974 年版，第 746 页。

⑤ 脱脱等：《宋史》卷二〇二《艺文志一·春秋类》著录：“叶真《是国语》七卷”，中华书局 1977 年版，第 5058 页。

⑥ 苏轼：《与江惇礼秀才》，见张志烈等主编：《苏轼全集校注·文集八》第十七册，河北人民出版社 2010 年版，第 6264 页。

⑦ 脱脱等：《元史》卷一八一《虞集传附虞槃传》，中华书局 1976 年版，第 4182 页。

学人对《非国语》的指摘。

明人黄瑜在其《双槐岁钞》一书中，归纳上述史事，作《非〈非国语〉》小札，写道：

宋刘章尝魁天下，有文名，病王充作《刺孟》、柳子厚作《非国语》，乃作《刺〈刺孟〉》《非〈非国语〉》。江端礼亦作《非〈非国语〉》。东坡见之曰："久有意为此书，不谓君先之也。"元虞槃亦有《非〈非国语〉》，是《非〈非国语〉》有三书也。同邪异邪，岂绍述而剿取之邪？求其书，不可得，盖亦罕传矣。今以子厚之书考之，大率辟庸蔽怪诬之说耳，虽肆情乱道时或有之，然不无可取者焉。①

黄瑜一方面说柳宗元《非国语》"大率辟庸蔽怪诬之说"，另一方面又说《非国语》"肆情乱道时或有之"，但他毕竟承认《非国语》"不无可取者"，比前人已进了一步。

著名历史学家侯外庐先生就《非国语》中的一篇《三川震》的理论价值写道：

柳宗元不仅肯定"天地"为物质的自然存在，而且在自然运动问题上提出了"自"的观点，即自然自己运动的观点。……

① 黄瑜：《双槐岁钞》卷六，中华书局1999年版，第122页。按：江端礼疑为江惇礼之误。

按“自”这一范畴，取之于道家，王充以来的旧唯物主义者对它作了唯物主义改造，以与“天”意的“故”作（有目的有意志的最初推力）对立起来。柳宗元的这种自然自己的运动观，更含有朴素辩证法因素。在自然界运动的根源问题上，他继承并发展了王充的传统，肯定无穷的阴阳二气在宇宙间不断运动，必然呈现出各种形态（如“动”与“休”、“峙”与“流”等等），它们并不受任何意志力的支配，而是“自动自休，自峙自流”，“自斗自竭，自崩自缺”，这八个“自”的四对命题是超越前人的理论。[①]

这是从思想史上对柳宗元所提出的“自”的范畴之极高的评价，也在一定程度上对柳宗元《非国语》在中国古代思想史和史学批评史上的地位作了明确的肯定。

上述事例表明，史学批评家的“历史命运”往往是曲折多变的。但史学批评史确也表明，凡有价值的史学批评，终究是站得住的，是有生命力的。

四、探索学科话语体系的构建

在本书的撰述过程中，我们要努力探索在唯物史观指导下，为中国史学批评史话语体系的构建作知识上和理论上的积累。

① 侯外庐：《柳宗元哲学选集》序，中华书局香港分局1976年版，书首。

首先，是如何对待中国史学遗产问题，这是首要问题。其中道理很简单，因为是讲的中国史学批评史，其话语体系构建的基本素材、内容、概念体系自亦建立在中国史学遗产的基础之上。早在八十多年前，毛泽东在《中国共产党在民族战争中的地位》一文中强调指出：

> 学习我们的历史遗产，用马克思主义的方法给以批判的总结，是我们学习的另一任务。我们这个民族有数千年的历史，有它的特点，有它的许多珍贵品。对于这些，我们还是小学生。今天的中国是历史的中国的一个发展；我们是马克思主义的历史主义者，我们不应当割断历史。从孔夫子到孙中山，我们应当给以总结，承继这一份珍贵的遗产。这对于指导当前的伟大的运动，是有重要的帮助的。[①]

毛泽东是在全面抗日战争初期民族危机深重的历史条件下写下的这段话。今天，在中华民族走向伟大复兴的征程中，我们重温这段话，更加深刻地领会到毛泽东的高瞻远瞩和对中华民族前途的坚定信念。从毛泽东的上述论点来看，重视史学遗产的研究，应是中国史学批评史话语体系构建中的第一个层面，没有这个层面的研究，则上述构建云云，说得严重一点，也只能是纸上谈兵。

---

① 毛泽东：《中国共产党在民族战争中的地位》，《毛泽东选集》第二卷，人民出版社 1991 年版，第 533-534 页。

其次，从史学遗产研究中揭示或提炼出与相关学科密切联系的概念和观念，是构建该学科话语体系的重要环节。马克思主义认为：

……概念、判断和推理的阶段，在人们对于一个事物的整个认识过程中是更重要的阶段，也就是理性认识的阶段。认识的真正任务在于经过感觉而到达于思维，到达于逐步了解客观事物的内部矛盾，了解它的规律性，了解这一过程和那一过程间的内部联系，即到达于论理的认识。重复地说，论理的认识所以和感性的认识不同，是因为感性的认识是属于事物之片面的、现象的、外部联系的东西，论理的认识则推进了一大步，到达了事物的全体的、本质的、内部联系的东西，到达了暴露周围世界的内在的矛盾，因而能在周围世界的总体上，在周围世界一切方面的内部联系上去把握周围世界的发展。

这种基于实践的由浅入深的辩证唯物论的关于认识发展过程的理论，在马克思主义以前，是没有一个人这样解决过的。马克思主义的唯物论，第一次正确地解决了这个问题，唯物地而且辩证地指出了认识的深化的运动，指出了社会的人在他们的生产和阶级斗争的复杂的、经常反复的实践中，由感性认识到论理认识的推移的运动。[①]

---

① 毛泽东：《实践论》，《毛泽东选集》第一卷，人民出版社1991年版，第285-286页。

这是马克思主义关于人的认识发展的科学的、精辟的论说。我们的先人不可能达到这样的认识高度，但从人的认识发展规律来看，他们也会自觉或不自觉地提出一些概念和观念，而后人则可根据这些概念和观念并结合自身所处的时代，考察这些概念和观念是怎样被提出来的，这些概念和观念是在怎样的程度上反映了那个时代的社会状况和人们的思想面貌的。

如《左传·宣公二年》记："赵穿攻灵公于桃园。宣子未出山而复。大史书曰：'赵盾弑其君。'以示于朝。宣子曰：'不然。'对曰：'子为正卿，亡不越竟，反不讨贼，非子而谁？'宣子曰：'呜呼！《诗》曰：我之怀矣，自诒伊戚。其我之谓矣。'孔子曰：'董狐，古之良史也，书法不隐。赵宣子，古之良大夫也，为法受恶。惜也，越竟乃免。'"[①] 从史学批评史的视角来看，这一记载中提出的重要概念，一是"良史"，一是"书法不隐"。这两个概念在中国史学史上有很大影响。但是，人们对这两个概念被提出来的历史背景却讨论得不多，以至于产生了种种歧义：有的观点认为，孔子只是表彰董狐"书法不隐"，并未称赞赵盾；有的观点认为，赵盾本是杀死晋灵公的幕后指挥与同党，不应受到赞扬；还有的观点认为，赵盾的罪名不论其"越境"与否，都是免不了的，《左传》这种记载表明《左传》作者见识的低下。[②] 笔者甚至还曾见过一篇未刊稿，认为董狐是在曲笔记载史事，因为赵盾并未"弑君"。上述诸多歧见的出现，多

---

① 《左传·宣公二年》，杨伯峻《春秋左传注》本，中华书局1981年版，第662–663页。
② 参见傅隶朴：《春秋三传比义》，中国友谊出版公司1984年版，第151–154页。

是因为没有对这一事件发生的时代及其特点作出考察，而是就事论事。其实，只要把这一事件放到它所处的春秋时期加以考察，董狐、赵盾、孔子的言行，都可迎刃而解，而这个“刃”就是“礼”。“礼”是当时的社会伦理准则，在“礼”的笼罩之下，董狐反驳赵盾的话是合于“礼”的，孔子赞扬董狐“书法不隐”也是合于“礼”的，孔子惋惜赵盾“为法受恶”则是从另一个角度来维护“礼”的。总之，把《左传》的这一记载置于当时历史条件下来看，自然是合理的。准此，则对于孔子提出的“良史”和“书法不隐”这两个概念就应作历史的看待。这从后人对司马迁的评价中可以看出有关概念内涵的变化。《汉书·司马迁传》记：“然自刘向、扬雄博极群书，皆称迁有良史之材，服其善序事理，辨而不华，质而不俚，其文直，其事核，不虚美，不隐恶，故谓之实录。”[①] 这里说的“良史”，包含了多种因素，已不同于“礼”笼罩下的“良史”；这里说的“其文直，其事核”等，也不同于“礼”笼罩下“书法不隐”所记载的史事。

然而，问题在于，上述概念在古人那里往往是模糊的，如《周书·柳虬传》记史官柳虬上疏写道：“古者人君立史官，非但记事而已，盖所以为监诫也。动则左史书之，言则右史书之，彰善瘅恶，以树风声。故南史抗节，表崔杼之罪；董狐书法，明赵盾之愆。是知直笔于朝，其来久矣。”[②] 又如刘知幾《史通·直书》篇写道：“如董狐之书法不隐，赵盾之为法受屈，彼我无

① 班固：《汉书》卷六二《司马迁传》，中华书局1962年版，第2738页。
② 令狐德棻：《周书》卷三八《柳虬传》，中华书局1971年版，第681页。

忤，行之不疑，然后能成其良直，擅名今古。”“若南、董之仗气直书，不避强御；韦、崔之肆情奋笔，无所阿容。”[①] 文中还有“征诸直词”“务在审实”等说法。由此可以看出，不论是柳虬还是刘知幾，对于“董狐书法”或“书法不隐”与“直笔于朝”或“征诸直词”之间的界限是模糊不清的。

上述事例表明，概念和观念是重要的，但只有考察清楚它们产生于或应用于一定时代的史学研究与社会条件时，才能显示出其重要性。正因为如此，学科话语体系的构建是一个艰难的过程，也是一个绕不过去的“关口”。

再次，对史学批评史上有关的概念、观念作创造性的转化和创新性的发展，使之构建成合理的体系。[②] 为此，要努力做好两件事。

第一，研究和阐述有关概念、观念提出的社会条件与历史根源。马克思、恩格斯指出：“不是意识决定生活，而是生活决定意识。”[③] 如上所述，对于相同概念、观念应用于不同的历史条件与社会环境，其内涵往往有所不同，故必须研究、阐述清楚，使之有可能进入相关的概念或观念体系。对于不同历史条件和社会环境下提出的概念或观念，自应作同样的研究和阐述，并关注此概念或观念与彼概念或观念的关系，以丰富概念或观念的体系构成。

第二，根据唯物史观关于人的认识发展规律和基本原理，重

---

① 刘知幾：《史通·直书》，浦起龙《史通通释》本，上海古籍出版社 2009 年版，第 179、180 页。

② 参见习近平：《在哲学社会科学工作座谈会上的讲话》，《人民日报》2016 年 5 月 19 日。

③ 马克思、恩格斯：《德意志意识形态》，《马克思恩格斯文集》第一卷，人民出版社 2009 年版，第 525 页。

点考察中国史学批评史上那些具有某种合理因素的概念、观念，对其作出合理的解释，使之焕发出新的生命力。如前述刘知幾引用前人的观点用以评论史书，指出："夫史官执简，宜类于斯。苟爱而知其丑，憎而知其善，善恶必书，斯为实录。"[①] 这是包含了朴素辩证思想的观念。又如杜佑在评论前人的有关争论时，强调不可"将后事以酌前旨"，认为那是"强为之说"的做法。[②] 这是包含了历史地看待历史的思想，可以看作朴素的历史主义观念。再如章学诚在讲到历史撰述如何处理"天"与"人"的关系时，这样写道："盖欲为良史者，当慎辨于天人之际，尽其天而不益以人也。尽其天而不益以人，虽未能至，苟允知之，亦足以称著述者之心术矣。而文史之儒，竞言才、学、识，而不知辨心术以议史德，乌乎可哉？"[③] 这可以看作是怎样处理历史撰述中史学家的主观意识与客观历史的关系，而其核心是尽可能反映客观（尽其天）又尽可能不加入人的主观（不益以人）；同时章学诚又指出，尽管达不到这样的境界，只要努力这样去做，也可以说是懂得著述的要求了。只有做到这种程度，才可称为史德。章学诚的这个观念，用今天的话来说，就是如何理解和处理历史撰述中的主、客体关系。

上述这些事例，在不同程度上都具有一定的合理因素，也都可以在唯物史观指导下给予合理的阐述，使其融入当今的史学研

① 刘知幾：《史通·惑经》，浦起龙《史通通释》本，上海古籍出版社2009年版，第374页。
② 参见杜佑：《通典》卷三一《职官十三·王侯总序》，中华书局1988年版，第850页自注。
③ 章学诚：《文史通义·史德》，叶瑛《文史通义校注》本，中华书局2014年版，第258页。

究而获得新的生命力。

准此，如果我们在上述几个层面用大气力、下大功夫，并不断取得成就，即是为创新性发展打下坚实的基础。

应当着重说明的是，概念和观念固然是学科话语体系构建中不可缺少的要素，但我们在认识、解说、运用它们的时候，应当用学科发展的历史以至社会发展的历史加以说明，而不是用它们来说明学科发展的历史以至社会发展的历史。这样，就可避免一种理论上的错误，即恩格斯所批评的那样："不是概念应当和对象相适应，而是对象应当和概念相适应了。"① 在中国史学批评史上，刘知幾认为司马迁《史记》为项羽立本纪、为陈涉立世家不合于体例，即意在历史应当适应于体例，而不是体例应当适应于历史，就是类似这种理论上的错误。同时，我们还应当关注恩格斯提出的如下这一观点，即："从我们接受了进化论的时刻起，我们关于有机体的生命的一切概念都只是近似地与现实相符合。"② 这里，恩格斯说的是自然科学方面的问题，在哲学社会科学领域也可以作为参考。如在中国史学批评史上很早就出现了"信史""实录"这样的概念，它们反映了中国史学求真的优良传统，但若以此为依据，认为"信史"绝无错误，"实录"绝无不实之处，这就过于绝对了；反之，如若发现"信史"也有错误记载、"实录"也有不妥之处，就认为无"信史""实录"可

① 恩格斯：《反杜林论》，《马克思恩格斯选集》第三卷，人民出版社2012年版，第473页。

② 恩格斯：《恩格斯致康拉德·施米特》（1895年3月12日），《马克思恩格斯选集》第四卷，人民出版社2012年版，第668页。

言，这就走向历史虚无主义了。可见，对于类似这样的概念，应持有合理的认识和批判。总之，学科话语体系构建，既要大胆探索，又必须谨慎推进。

*　　*　　*

关于中国史学批评史的研究，现在尚处于起步阶段，我们的认识水平，也处于起步阶段，尤其是史学批评史研究的历史意义、社会意义、学术意义和理论意义，我们现在只有一点粗浅的认识，它的深刻的意义和重要价值，都有待于进一步的发掘、梳理和阐述。一方面我们在研究中要注意从宏观上把握史学批评的大势和发展中提出的重大问题，另一方面也要重视对于个案的分析判断。这样可以使全局同局部相联系、宏观与微观相联系，庶几写出一部比较深入的中国史学批评史。

2017 年 8 月初稿

2019 年 6 月改定

目　录

前　言

一、时代特点与史学面貌

白寿彝先生在他主编的《中国通史》（第一卷）《导论》中明确指出："明朝及清朝大部分的年代，是中国封建社会的衰老时期。"[①] 这里的"衰老"一词，乃出于深刻的思考：它是前辈学者运用唯物史观对进步与落后两种矛盾现象在明清两代同时并存的理论总结。白先生又说："这两个似乎矛盾的现象，正是封建社会衰老时期的特点。"[②] 这一论断深邃而辩证，至今仍闪耀着光芒。

就明代而言，不仅《中国通史》谈到的明代经济、社会存在着看似矛盾的现象，在明代的史学（包括史学批评）中，我们也真切地体会到同样的矛盾复杂的时代氛围。我们就从上述矛盾的两个方面来简要地呈现明代的时代特点及史学面貌。

① 白寿彝总主编：《中国通史》第一卷《导论》，上海人民出版社2013年版，第70页。
② 白寿彝总主编：《中国通史》第一卷《导论》，上海人民出版社2013年版，第70页。

其一，明代社会及史学发展的方面。

经济史研究成果表明，明代社会经济的诸多方面都呈现出繁荣的趋势。就农业而言，1580年前后，明朝16个省份的耕地面积合计为7335.4千顷；1600年前后，则为9316.9千顷①，可见迄至明末其耕地面积仍在继续增长，且增长幅度还是相当明显的。民营手工业“到明代中后期成为手工业生产的主体力量，一些生产部门中还出现了规模化生产的萌芽”②。商品经济出现了十分活跃的局面。研究者即称：“北方下层社会庶民面向市场的经济活动是在16、17世纪达到一个空前活跃的水平的。”③ 各级城市不断发展。以王锜笔下在明朝建立之后迅速恢复的吴中地区为例：“吴中素号繁华，自张氏之据，天兵所临，虽不被屠戮，人民迁徙实三都、戍远方者相继，至营籍亦隶教坊。邑里潇然，生计鲜薄，过者增感。正统、天顺间，余尝入城，咸谓稍复其旧，然犹未盛也。迨成化间，余恒三、四年一入，则见其迥若异境，以至于今，愈益繁盛。”④ 与之相伴随的是人口激增：“所有的证据都说明一个事实，即人口‘爆炸’（有的经济和社会史学家以此来总的解答多种多样的社会和经济现象），不仅仅是清代的现象，也是明代的现象。”⑤

---

① ［英］崔瑞德、［美］牟复礼编：《剑桥中国明代史（1368—1644年）》下卷，杨品泉等译，中国社会科学出版社2006年版，第434页。

② 白寿彝总主编：《中国通史》第九卷《中古时代·明时期》上册，上海人民出版社2013年版，第280页。

③ 赵轶峰：《明代的变迁》，上海三联书店2008年版，第194页。

④ 王锜：《寓圃杂记》卷五《吴中近年之盛》，中华书局1984年版，第42页。

⑤ ［英］崔瑞德、［美］牟复礼编：《剑桥中国明代史（1368—1644年）》下卷，杨品泉等译，中国社会科学出版社2006年版，第423页。

明代经济的发展推动了明代的阶级结构发生了某些局部的变化。长期战乱后，在明太祖打击豪富的严猛政策下，作为生产资料的土地被重新分配，自耕农空前增加，而大土地所有者“既盈而覆，或死或徙”①。在生产及商品经济的发展推动下，商人的地位获得明显提高，部分地区甚至出现了与“古时右儒而左贾”相反的“右贾而左儒”的趋势②。在明太祖的打击与商人地位的提高双重作用下，明代的官僚集团也出现了分化：一部分官僚具有了市民意识，一部分民众通过传奉官、捐纳等途径进入仕途，“被视为至高无上的官僚队伍中，骤然间混入了一大批三教九流之辈”③。明朝的宗室、勋贵如果不适应新的经济潮流改变自己的经济地位，其政治地位也将急剧下降。因此，明朝中叶以后皇亲勋臣与商人勾结的情形越来越明显，甚至连皇帝也认识到“近来，势要官员通同奸商，买窝卖窝”④。天启二年（1622）则开考宗科，准许宗室成员同平民一样应试科举、谋求生路。代表着进步经济的力量越来越多地跃上明代社会及政治的舞台，这使得“传统等级制度受到了前所未有的冲击”⑤。

---

① 贝琼：《清江文集》卷一九《横塘农诗序》，《景印文渊阁四库全书》第一二二八册，台湾商务印书馆2008年版，第411页。

② 汪道昆：《太函集》卷五四《明故处士谿阳吴长公墓志铭》，胡益民、余国庆点校，予致力审订，黄山书社2004年版，第1142页。

③ 白寿彝总主编：《中国通史》第九卷《中古时代·明时期》上册，上海人民出版社2013年版，第736页。

④ 《钞本明实录》第一五册《明世宗肃皇帝实录》卷一六二（嘉靖十三年四月乙巳），线装书局2005年版，第6页。

⑤ 白寿彝总主编：《中国通史》第九卷《中古时代·明时期》上册，上海人民出版社2013年版，第733页。

明代经济社会结构的变化推动社会风气、思想文化逐渐突破了以程朱理学为代表的儒家观念，反映低层生活的世俗文化日益流行，社会文化领域日益呈现出宽松、丰富、活跃的氛围。特别是正德、嘉靖前后社会风俗的变迁令明人体会深切：“正、嘉以前，南都风尚最为醇厚”，士大夫很少“求田问舍”“投贽干名”，军民鲜闻“后饰帝服”，妇女则少有“珠翠绮罗”，各种奢靡、营求、逾制、非礼之事，都是“百不一二见之”①。言外之意，正、嘉之后，那些事情已经蔚为风气、司空见惯了。言者是在感叹世风日下，但在今天看来，其中正反映出明代中后期经济发展迅猛、阶级关系松动以及思想束缚消解等生机勃勃的积极的势头。另外，印刷业的发展“至嘉靖、万历年间达到极盛”②，坊间书籍不限于专供士人阅读的经史子集，民众乐见的戏曲、通俗小说和日用百科杂著也越来越多见。时文写作也深受影响而思想日趋驳杂，以至保守者期望回归正、嘉之前的“纯正典雅”：“国初举业有用六经语者，其后引《左传》《国语》矣，又引《史记》《汉书》矣。《史记》穷而用六子，六子穷而用百家，甚至佛经、道藏摘而用之，流弊安穷。弘治、正德、嘉靖初年，中式文字纯正典雅。宜选其尤者，刊布学宫，俾知趋向。”③ 不过，形势所趋，开放的思想文化不会轻易重返保守之规。日益多元化

① 顾起元：《客座赘语》卷一《正嘉以前醇厚》，张惠荣校点，凤凰出版社 2005 年版，第 24 页。

② 白寿彝总主编：《中国通史》第九卷《中古时代·明时期》上册，上海人民出版社 2013 年版，第 712 页。

③ 张廷玉等：《明史》卷六九《选举一》，中华书局 1974 年版，第 1689 页。

的思想潮流在明代中期逐渐凝聚为王守仁“阳明”心学，一度取代程朱理学而成为明代思想的代表。

对外交流上，明朝也并非乏善可陈。与明朝同期的西欧正处于资本主义发生时期。近代科学技术开始萌芽生长，原有的地租形式、养羊业等农业经济模式逐渐变化，手工业、商业、城市等正在冲破原有的封建生产关系，手工工场与早期的资本主义农场成长为流行的生产形式，出现了早期的资产阶级和无产阶级。为了扩大贸易、抢占新市场、狂热地追求黄金以及增强基督教的影响力，西欧的封建主、贵族、大商人积极鼓动和支持探寻新航路。15 世纪初，葡萄牙人侵入非洲西北海岸。七十余年后，他们到达非洲最南端的好望角。15 世纪末，葡萄牙人达·伽马的船队绕过好望角，途经非洲东岸的莫桑比克，最终到达印度西部海岸的卡利库特城。之后，葡萄牙远航队西行至南美的巴西。葡萄牙人成功开辟通往印度的航路后，西班牙派遣哥伦布从另一方向到达古巴、海地、牙买加、波多黎各、多米尼加以及中美的洪都拉斯和巴拿马附近。16 世纪初，麦哲伦的船队成功实现了环球航行。新航路的开辟意味着世界格局即将迎来面向全球化的急剧变迁，明朝客观上参与了这一轮的全球化。研究发现，“远在欧洲人寻找新航路之前，亚非各国人民（中国、印度、阿拉伯人等）业已开辟了从中国、印度等地前往红海、波斯湾之间的航路”[①]。而中国的航海之举即指 15 世纪初（1403—1433）由明

① 刘明翰主编：《世界通史（修订版）》（中世纪卷），人民出版社 2017 年版，第 413 页。

代航海家郑和率领的庞大船队七下西洋的伟大远航。当时，明朝的船队先后到达亚非三十余国，远抵非洲东岸赤道以南的蒙巴萨（今肯尼亚境内），开辟了从印度直达东非的最短航程，在世界航运史上是空前的壮举。

明代史学也体现出生机蓬勃的一面。私家撰述本朝史的热情高涨，如郑晓的《吾学编》、邓元锡的《明书》、何乔远的《名山藏》、朱国祯的《皇明史概》等纪传体本朝史，薛应旂的《宪章录》、张铨的《国史纪闻》、雷礼的《皇明大政纪》、谭希思的《明大政纂要》、陈建的《皇明从信录》《皇明资治通纪》等编年体本朝史，还有徐学聚的《国朝典汇》、冯应京的《皇明经世实用编》、陈子龙等所辑《明经世文编》等典制体本朝史与政书。明代方志撰述兴盛。洪武、永乐间多次诏修全国各级行政区域志书，景泰年间修成《寰宇通志》，天顺年间又修《大明一统志》，十三布政使司（俗称十三省）各有自己的通志，又开创了边关志、边镇志、卫志等方志门类。稗史（泛指野史和历史笔记）著作空前增多，闻名者如余继登的《典故纪闻》、陆容的《菽园杂记》、沈德符的《万历野获编》、谢肇淛的《五杂俎》等，种类繁多，至今还不能说出准确的数目①。经济史方面的著述繁富，王圻《续文献通考》关于社会经济史方面的内容占四十二卷，《明史·艺文志》史部故事类中有关经济史方面的著作占半数以上，河漕、水利方面有潘季驯的《河防一览》、邵宝的

① 参见谢国桢：《明清笔记谈丛》“前记”，中华书局1960年版。

《漕政举要录》、归有光的《三吴水利录》等，农、盐、荒政方面有徐光启的《农政全书》、朱廷立的《盐政志》、周孔教的《救荒事宜》等。通俗化史学著作更加丰富，对前人历史撰著的节选、摘录、重编层出不穷，由此涌现出马维铭的《史书纂略》、姚允明的《史书》、茅国缙的《晋史删》、钱士升的《南宋书》、王思义的《宋史纂要》、张九韶的《元史节要》、项笃寿的《全史论赞》、彭以明的《二十一史论赞辑要》、沈国元的《二十一史论赞》、茅坤的《史记抄》、赵维寰的《读史快编》、杨以任的《读史四集》等名目繁多的节本、选本、摘抄本、类编本、重撰本……由此，瞿林东先生认为，明代史学具有“走向社会深层的发展趋势和基本特点”①。

其二，明代社会及史学落后的方面。

明代经济的发展始终受到经济体制的深刻制约。封建土地所有制发展到明代已经惯性十足。在这种土地所有制下，生产力发展的成果轻而易举就会被封建地主所霸占。通过巧取豪夺，明代的豪强地主往往可以坐拥巨额田产。他们想方设法阻挠朝廷清丈土地，逃避、转嫁赋税劳役，架空户口田籍登记，侵蚀屯田制度，到处搜括田土，“多者数百千顷，占据膏腴，跨连郡邑”②。凭借占有土地的强大实力，明代豪强地主的势力延伸到手工业、商业、金融等各个领域，以大土地所有者固有的保守与贪婪腐蚀

① 瞿林东：《中国史学史纲》，北京出版社1999年版，第594页。

② 《钞本明实录》第一四册《明世宗肃皇帝实录》卷一〇〇（嘉靖八年四月甲戌），线装书局2005年版，第327页。

着明朝的经济秩序。“明中叶以降，各种典章制度多遭到破坏。”[①] 整个社会日益呈现出贫富急剧分化、经济生活再无常序可循的面貌。例如皖南地区，“出贾既多，土田不重。操资交捷，起落不常。能者方成，拙者乃毁。东家已富，西家自贫。高下失均，锱铢共竞。互相凌夺，各自张皇。……迨至嘉靖末、隆庆间，则尤异矣。末富居多，本富尽少。富者愈富，贫者愈贫。起者独雄，落者辟易。资爰有属，产自无恒。贸易纷纭，诛求刻核。奸豪变乱，巨猾侵牟”[②]。混乱的经济潜藏着深重的内在危机。

政治矛盾已经明显威胁到社会的发展。有明一代，政权内部倾轧严重。胡惟庸案、蓝党狱等功臣大将接连遭受诛杀的事件，充分暴露了明朝统治阶级上层争权夺利的激烈程度；分封诸王未能实现拱卫皇权的作用，反而发生燕王朱棣起兵夺权的祸难；“大礼议”、争“国本”、梃击案、红丸案、移宫案等宫廷纷争无一不是统治集团内部矛盾重重、利益无法协调的结果。政治制度也呈现出彼此牵制、形同虚设、祸国扰民等有害于治理的情形。皇权因人而异，或有武宗朱厚照耽好逸乐，或有神宗朱翊钧数十年怠政，总是成事者少而败事者多。明初罢中书省、废丞相制之后，明朝先后尝试了四辅官、殿阁大学士、内阁阁臣以及首辅等辅佐皇权的中枢权力运行机制，除内阁及其首辅曾经一度得以施

---

① 白寿彝总主编：《中国通史》第九卷《中古时代·明时期》（上册），上海人民出版社2013年版，第520页。

② 顾炎武：《天下郡国利病书》第九册《凤宁徽》“歙志风土论”，上海涵芬楼影印昆山图书馆藏稿本。

展权力之外，多数情况下都沦为软弱无力、徒具空名的附庸职位，难以有效地管理国事。而内阁票拟制度则为宦官提供了插手朝政、发号施令的权力空间，英宗时的王振、曹吉祥，宪宗时的汪直、梁芳，武宗时的刘瑾，神宗时的陈增、高淮，熹宗时的魏忠贤，思宗时的曹化淳、高起潜，莫不窃弄权柄，干预军事、外交、财政、司法等一切军国大政，导致明代宦官专权成为历史上空前酷烈的“宦祸”，以致黄宗羲暗讽曰“汉、唐、宋有干与朝政之奄宦，无奉行奄宦之朝政”①。厂卫的设立及其令人发指的特务手段更是营造出恐怖气氛，严重危害着明朝政治及社会的正常运行。阶级矛盾日益深重。以宗室为代表的地主阶级疯狂兼并土地，失地农民被迫诉诸武力手段，从明初到明末，各地农民起义此起彼伏，遍布大江南北。权势阶层贪婪成性，尤其是明神宗好货成癖，矿使、税监到处横征暴敛，湖广、山东、云南、南直隶、辽东、广东、广西、江西、陕西等地相继发生民变，驱除和制裁矿使、税监。这些内外上下无所不在的政治斗争是明朝走向腐朽的鲜明反映。

明代的思想文化在历史上曾经饱受诟病，正是缘于其腐朽落后的一面。明初，太祖朱元璋规定，乡试、会试考“四书”“五经”时，须以朱熹的“章句集注”、二程及其弟子的注解为准绳，并以八股限制了文章的形式。在此基础上，永乐年间，成祖朱棣诏辑《五经大全》《四书大全》《性理大全》，进一步强化

---

① 黄宗羲：《黄宗羲全集》第一册《明夷待访录·奄宦上》，浙江古籍出版社2012年版，第38页。

了程朱理学的影响。这种强化是以牺牲学术思想的传承与创造为代价的。明人不无反省地自嘲说："我明人物埋没于帖括中者甚多，我明文章埋没于帖括中者亦甚多。盖近世学者除《四书》本经之外，目不睹非圣之书者比比皆是。间有旁及古文、怡情诗赋，则皆游戏神通，不著要紧，其所造诣则不问可知矣。"① 明末清初，顾炎武言简意赅地批判道："自八股行而古学弃，《大全》出而经说亡。"② 官方独尊程朱理学，深刻影响了明代思想文化的方方面面，其精神奴役和思想禁锢的消极影响愈久愈著。这与明代中叶之后商业经济的发展尤为格格不入。有论者指出："（明代）下层民众的伦理观念体系与近代意义上的商业行为之间并没有任何严重的障碍，而儒家思想与商业伦理之间反而存在严重的紧张。"③

在处理边疆事务时，明朝也被自身腐朽的一面严重拖累。建州女真崛起，最初并未引起明王朝的足够重视，依旧奉行羁縻政策，终至酿成边祸。努尔哈赤起兵伐明，"号大兵四十七万"④ 的明朝军队不堪一击。明军将士们"今皆闻贼而逃，望贼而逃，先贼而逃"，"各营逃者日以百千计"⑤。先后经略辽东兵事的熊廷弼、袁崇焕等将领稍使边事有所起色，辄因朝中党争而受到弹

① 张岱：《石匮书》卷二〇二《文苑列传总论》，《续修四库全书》第三二〇册，上海古籍出版社 2002 年版，第 88 页。

② 顾炎武：《日知录》卷一八《书传会选》，黄汝成《日知录集释》本，栾保群、吕宗力校点，上海古籍出版社 2006 年版，第 1045 页。

③ 赵轶峰：《明代的变迁》，上海三联书店 2008 年版，第 193 页。

④ 张廷玉等：《明史》卷二五九《杨镐传》，中华书局 1974 年版，第 6687 页。

⑤ 熊廷弼：《熊廷弼集》卷三《辽左大势久去疏》，李红权点校，学苑出版社 2010 年版，第 352 页。

劾，熊、袁二人甚至惨遭朝廷杀害。在民族关系中，明王朝已经失去了统御能力，败局已定。在国际关系上，明朝事实上也处于落后的局势。同期的西欧进入了资本主义原始积累时期，明朝却对此一无所知。郑和率领船队远航，已在无意中加入了新航路开辟的潮流，正是放眼看世界、积极应对全球局势变化的良好时机。但是，郑和下西洋仅仅宣扬了国威，开拓了朝贡贸易，发展了一些对外友好关系，并没有带来实际利益。因此，成祖以开支浩繁为由，“罢西洋取宝船”①。海禁政策也时紧时松，海外贸易始终不能正常发展。倭患又时起时伏，难以彻底平息，抗倭战争给国家造成了极大的消耗。终明一世，朝廷没有通过海路发展出积极主动的国际关系，没有意识到航海技术的提高以及新航路的开辟即将产生的世界格局变化，错失了应对突然增加的世界联系的时机。

与此相应，明代史学也有落后的一面，突出表现于明代的官修史书。明代专制皇权高度集中，政治权势对一切事务包括修史活动都横加干涉，史学尤其是官修史书的独立品格深受其扰。明代虽然设有专门的修史机构，但是职位及其人员并不固定，且史职听命于监修大臣，位卑事轻，官修史书的质量自然难以保证。明初官修《元史》，虽然汇集俊彦名儒，但是，在明太祖朱元璋的督促之下，前后两次开馆修撰，“全部编撰工作，历时只三百三十一天”②，其中的芜杂与错误被后人诟病不止。国家主持的

① 张廷玉等：《明史》卷一四九《夏原吉传》，中华书局 1974 年版，第 4153 页。
② 中华书局编辑部：《出版说明》，宋濂等：《元史》书首，中华书局 1976 年版，第 1 页。

修史事务还包括针对不同势要群体的各种借鉴类史书（如《昭鉴录》《臣戒录》《相鉴》《奸党录》等），以及旨在强化纲常名教的《宋元纲鉴》，其政治教化目的胜过史学求真求实的本旨，积极作用有限。明朝的实录尤其深受权力斗争的干扰，甚至成为政治的牺牲品，践履帝位的建文帝与景泰帝被剥夺实录，不曾称帝的兴献王（嘉靖帝生父）又被赋予实录……诸如此类，遂使实录之争成为有明一代的重要话题。国史修撰也成为时人的一块心病，尽管在数次疾呼之下于万历年间一度开馆，但终究未能有所成就。今人一度认为，“有明一代在史学上的成就是不高的，中国封建史学在明朝呈衰微之势”①，如果单从明代官修史书的角度来看，这种说法还是有一定道理的。

明代社会及其史学的落后与发展以上述如此明显的、分裂的样貌呈现出来，深刻地反映了生产力与生产关系、经济基础与上层建筑在明代所发生的激烈矛盾以及明前期与明中后期所经历的巨大变迁。这种内在矛盾与时代变迁造成了明代社会种种复杂而极端的面相。明代史学中突出的议论风气便是表现之一。明代史学批评正是在这样的时代背景下孕育而生。

二、史学批评的拓展

在前代尤其是宋代史学批评发展的基础上，明代的史学批评又呈现出新的气象。这里拟从三个方面对明代史学批评进行概括

① 继光、陈静：《明代史学述论》，《西北民族学院学报》（哲学社会科学版）1993年第4期，第62页。

性地说明。

其一，明代史学批评是中国古代史学批评的延续。

应该看到，明代史学批评有着明显的继承性。视讨论内容而异，明代学人对古代史学批评常常信手拈来。宋濂批评《史》《汉》纪传体失去《春秋》编年之意，援引东汉荀悦《汉纪》所述与唐代萧颖士《赠韦司业书》之论，称“荀悦、萧颖士颇讥之”[①]。何乔新欲以《史记》为例阐明“一代之兴必有一代之史，一代之史必属一代之人”，则先引西汉扬雄赋予《史记》的“实录”之誉，然后才辅以“班固所以议其失”[②]。陆深历数自汉至明史学中有名的批评案例：班固批评司马迁；傅玄批评班固；刘知幾批评西晋王沈、东晋孙盛、本朝令狐德棻；北宋刘安世批评欧阳修；明朝丘濬批评《元史》[③]。无论是纵向的关于史学批评延续性的认识，还是横向的纪传、编年体裁的专论，对历代史学批评的综观博采为明代史学批评提供了丰富的营养与发展的基础。

明代史学批评的另一个主要的思想来源恐怕就是唐代刘知幾所著的《史通》了。它对明代史学批评的影响集中地体现为三部《史通》研究著作。嘉靖十三年（1534），陆深撰成三卷《史通会要》。四库馆臣称：“深尝以唐刘知幾《史通》刊本多误，

① 宋濂：《宋濂全集》卷二三《送国子正苏君还金华山中序》，黄灵庚编辑校点，人民文学出版社2014年版，第466页。

② 何乔新：《椒邱文集》卷二《策府十科摘要·史科·诸史》，《景印文渊阁四库全书》第一二四九册，台湾商务印书馆2008年版，第20、21页。

③ 陆深：《俨山外集》卷二六《史通会要下·丛篇四》，《景印文渊阁四库全书》第八八五册，台湾商务印书馆2008年版，第152页。

为校定之，凡补残刓谬若干言。”[①] 研究者又指出：“《史通会要》绝不是《史通》的翻版，而是《史通》的继承与发展。”[②] 万历年间，李维桢对《史通》各篇逐一评论，郭孔延完成《史通评释》二十卷。清四库馆臣称“维桢因张氏之本，略为评论。孔延因续为评释，杂引诸书以证之”[③]。其后，王惟俭撰成《史通训故》二十卷。“是编因郭孔延所释重为厘正，又以华亭张之象藏本参校刊定。”[④] 由此可知，王惟俭《史通训故》既继承了明代先贤的研究成果，又将明代的《史通》注释推向更为准确、考究的水平，为清代浦起龙的《史通通释》奠定了基础，也为传承《史通》中的史学批评思想铺设了道路。

而对明代史学批评产生更为普遍影响的，则是宋代的史学批评，明代史学批评中时常可见宋人的史学见解或者史学批评。

涉及历史观层面的讨论尤其如此。朱熹的《资治通鉴纲目》被明人视为孔子《春秋》的最佳继承者而径直追随。永乐时，胡粹中撰《元史续编》，“全仿《通鉴纲目》之例”；又有《元史评》，甚至“尺尺寸寸，学步宋儒”[⑤]。景泰、成化间敕修的《续资治通鉴纲目》（亦称《宋元资治通鉴纲目》《宋元通鉴纲目》《宋元纲目》《宋元纲鉴》）更是以朱熹《通鉴纲目》为

① 永瑢等：《四库全书总目》卷八九《史通会要》提要，中华书局1965年版，第757页。
② 钱茂伟：《明代史学编年考》，中国文联出版社2000年版，第77页。
③ 永瑢等：《四库全书总目》卷八九《史通评释》提要，中华书局1965年版，第757页。
④ 永瑢等：《四库全书总目》卷八九《史通训故》提要，中华书局1965年版，第757页。
⑤ 永瑢等：《四库全书总目》卷四七《元史续编》提要，中华书局1965年版，第429页。

“深有得于孔子《春秋》之心法者”[①]。此后，研究《续资治通鉴纲目》者蔚然成风，如张时泰撰有《续资治通鉴纲目广义》，周礼撰有《续通鉴纲目发明》，李东阳等又奉敕撰成《历代通鉴纂要》，等等。又有仿修纲目体史书者，如许诰有《通鉴纲目前编》，吴朴有《龙飞纪略》，姜宝有《稽古编大政记纲目》，南轩有《通鉴纲目前编》，彭以明有《纲目续麟》，谭希思有《明大政纂要》，等等。朱熹《通鉴纲目》以独树一帜的是非裁断能力矗立在明代史学批评的视野之中，深深地影响着明人对历史及史学的价值判断。

不仅仅是历史观层面，在史学的其他领域，我们也可以在明代史学批评中看到宋代史学批评的影子。在编年体领域，北宋王安石诋毁《春秋》为“断烂朝报”[②]，明代遂有王世贞批评“《宋》《元史》，烂朝报也”[③]，又有黄凤翔批评“烂朝报”之评[④]。在正史领域，北宋欧阳修、宋祁撰成《新唐书》后，新、旧《唐书》的优劣高下便成为宋代以来史学批评的话题之一；尤其是刘安世借用《新唐书》所谓“事增文省”的表进之语反讥欧、宋“正坐此失”之后[⑤]，有关两《唐书》的聚讼一直延续着。在家谱修撰上，宋儒欧阳修、苏洵“修立谱法”，明人称

---

① 商辂等：《御批续资治通鉴纲目》“成化御制原序”，《景印文渊阁四库全书》第六九三册，台湾商务印书馆2008年版，第5页。

② 陈振孙：《直斋书录解题》卷三“春秋经解”条，清武英殿聚珍版丛书本。

③ 王世贞：《艺苑卮言》卷三，陆洁栋、周明初批注，凤凰出版社2009年版，第50页。

④ 黄凤翔：《田亭草》卷一一《读元史说》，明万历四十年刻本。

⑤ 参见文徵明：《重刻旧唐书序》，贺复征编：《文章辨体汇选》卷二八七，《景印文渊阁四库全书》第一四〇五册，台湾商务印书馆2008年版，第499-500页。

“由宋以迄于今，士夫家多遵用其法”[①]，故明代有关谱法的批评即多依傍二氏谱法而起。

明代史学批评与宋代史学批评之间的密切联系并非偶然。它是宋明“史评”或“史论”连续发展之内在脉络的表现，与五代以来，尤其是宋明两代注重理论的学术潮流是一致的。明人已经意识到：“自五代以往，史多文胜；五代之后，史之理胜。”[②]清人即称，“宋明人皆好议论”[③]。如果深入追溯的话，那么我们就会发现，远则隋唐儒学转向义理，近则科场逐渐重视“论”，都明显引领了这种学术气象。[④] 宋明两代史学批评的内在联系是宋明时期社会历史正在发生着的深刻变迁的一个外在表现。

由此，可以说，明代史学批评是中国古代史学批评的延续，是以《史通》研究为代表的史学批评思想的深入开展，是宋明社会变迁以及学术潮流的外在表达。

其二，明代史学批评对中国古代史学批评的拓展。

明代史学批评不仅具有中国古代史学批评的普遍性，而且体现明代社会历史的特殊性。换句话说，明代史学批评既来源于历史，又被其置身于其中的社会环境所塑造。后者决定了明代史学批评不同于以往史学批评的特别之处，其新意至少体现为以下五

---

① 何瑭：《柏斋集》卷五《萧氏族谱序》，《景印文渊阁四库全书》第一二六六册，台湾商务印书馆2008年版，第543页。

② 吕云孚：《史论序》，张溥：《历代史论》一编卷首，《四库全书存目丛书》史部第二八九册，齐鲁书社1996年版，第2页。

③ 永瑢等：《四库全书总目》卷四五《史部总叙》，中华书局1965年版，第397页。

④ 参考廉敏：《明代历史理论研究》第一章《明代史论考略》，中国社会科学出版社2012年版，第24-35页。

个主要方面。

——关于宋辽金元明史著述的批评。有关批评源自明朝对元史的修撰、宋辽金元史的重修以及当代史的编修等修史活动。明朝取代统一的少数民族政权——元朝，对于明人来说，这是一件具有开辟意义、影响重大的历史事件。这一事件对明代的史学及其批评也产生了深远的影响。《元史》修撰及《元史》批评就是这一事件的一个突出的反映。应当如何看待元朝历史以及如何撰写元朝历史方为得当，是官修《元史》、胡粹中《元史续编》、官修《宋元纲目》、丘濬《世史正纲》、何乔新《宋元史臆见》、王洙《宋元史质》、薛应旂《宋元通鉴》、王宗沐《宋元资治通鉴》等元史修撰时反复思考的问题。《元史》修撰及批评因其面对的历史问题十分特别而产生了富有张力的评价标准，其影响甚至超出元史修撰领域，涉及宋辽金史编修、本朝史修撰、史学理论等方面，对日后的元史研究也具有不可忽视的意义。明朝取代元朝，还牵涉对元朝所修《宋》《辽》《金》三史的重修。这是因为，明人认为已有的《宋史》《辽史》《金史》《元史》不能体现以《春秋》为代表的正当的历史观念。先是《元史》撰成后总裁官宋濂寄望于修史人员之一苏伯衡将来可以修撰编年体宋元史，“以续司马之书”[①]；接着，周叙因《宋史》“义例多舛”而建议重修《宋史》[②]；之后，又有官修《续资治通鉴纲

① 宋濂：《宋濂全集》卷二三《送国子正苏君还金华山中序》，黄灵庚编辑校点，人民文学出版社 2014 年版，第 466 页。

② 周叙：《论修正宋史书》，黄宗羲编：《明文海》卷一七四，中华书局 1987 年版，第 1739-1741 页。

目》……由此引发的史学批评涉及的宋辽金史著作还包括：宋人李焘《续资治通鉴长编》、《碧云騢》（传为宋人梅尧臣撰）、《孔氏野史》（传为宋人孔平仲撰）、王禹偁《建隆遗事》、林希《林氏野史》，元人陈桱《通鉴续编》，明人朱谏《宋史辨疑》，等等。对宋辽金元史的著述所给予这样集中而广泛的关注在前代是没有的。明人对本朝人事的关注贯穿有明始终，并在国史修撰提上日程之后一度成为热潮。有关批评涉及当朝修史制度、实录编修、各种私修明史、方志与家谱等等。对史书门类的比较以及对史文的分析等个别现象，甚至在整个中国古代史学批评发展史中也是突出的。

——关于修史制度尤其是实录编修的批评。设官修史，中国远古即有之。中国早期的史学批评即包含对史官修史的评价。孔子曰："董狐，古之良史也，书法不隐。"① 这里的董狐就是古代晋国的史官。至唐代，刘知幾在史学批评著作《史通》中设立《史官建置》一篇，这是围绕历代史官来研究历代修史制度的专篇。明代，讨论修史制度的篇章多了起来。弘治年间，储巏上疏《奏纪注言动》。弘治、正德间王鏊关于"史职"的论述被陈九德《皇明名臣经济录》、黄光升《昭代典则》、黄训《名臣经济录》、雷礼《皇明大政纪》、陈建《皇明从信录》、涂山《明政统宗》、万表《皇明经济文录》、王圻《续文献通考》、薛应旂《宪章录》、张瀚《皇明疏议辑略》、谈迁《国榷》等著作收录或引

① 《左传·宣公二年》，杨伯峻《春秋左传注》本，中华书局1990年版，第663页。

用，足见其影响之广。弘治、正德间，何瑭所作《史职议》也得到了众多学者的认可。隆庆年间，骆问礼上疏批评史职荒废。万历时期，针对明朝修史无果，陈于陛也专意上疏。万历间，焦竑上《修史条陈四事议》。明朝宗室朱诚泳、明代后期的学者归有光等皆有评议明代修史制度的言论。张瀚所辑《皇明疏议辑略》、吴亮所辑《万历疏钞》、王圻所纂《续文献通考》等皆有“史职”或“史官”一类。其中，对实录修纂的批评尤为引人注目。例如，万历时，阁臣张居正上疏批评朝廷纂修实录不力；崇祯时，文震孟曾对《光宗实录》的不实作出专门的揭露。虽然作为一种明确的史体，实录在唐代便已遭受争议①，但是，像明代这样如此激荡却是少见。这与明朝政治权力严重干扰修史制度而引发众多斗争密切相关。

——关于官修史书之外私史的批评。在中国古代史学中，官修国史虽然一直是历朝历代重视的主要的史学载体，但是，不同层级、各种形式的私史也一直不绝如缕。远古及三代之时在民间流传的追慕先民的古诗，孔子修《春秋》，汉代司马迁《史记》“整齐百家杂语”②，魏晋南北朝时期“史官失其常守”而“博达之士，愍其废绝，各记闻见，以备遗亡”③，唐代郑虔“私修

① 刘昫等：《旧唐书》卷一八上：“四月辛丑，敕：‘《宪宗实录》旧本未备，宜令史官重修进内。其旧本不得注破，候新撰成同进。’时李德裕先请不迁宪宗庙，为议者沮之。复恐或书其父不善之事，故复请改撰实录，朝野非之。”（中华书局1975年版，第586-587页）

② 司马迁：《史记》卷一三〇《太史公自序》，中华书局1982年版，第3319-3320页。

③ 魏徵等：《隋书》卷三三《经籍二（史）》，中华书局1973年版，第962页。

国史”[①]，宋代洋洋大观的历史笔记，等等，都引起了不同程度的史学批评。这种情况在明代发生了很大的变化：关于国史之外其他载籍的批评开始以专类或专著的形式不断出现，规模胜过前代，令人注目。杨慎以“野史”为名，撰有《野史不可尽信》等文，专门讨论历代国史之外的著述。焦竑《国史经籍志》卷三专设《杂史》一目，并在类末附以评议，综论“杂史”的价值与不足。万历三十五年（1607），王圻纂成《稗史汇编》一百七十五卷，将所记上古至万历时期的小说、谐史、逸史、麈史、野史、桯史等近八百种稗史资料分为二十八门汇为一编。书中，王圻、张九德、周孔教等从多角度发表了对稗史及其与正史之关系等问题的看法。王世贞则有《史乘考误》十一卷，专门讨论明朝的各种野史、家乘的失误之处。其他分散在史序、文集、杂著等处的私史批评，尤其是关于志书、家谱、传记、论赞等史学门类的评论，更是不一而足。这种局面与明代官修史书不尽如人意而史学又出现了社会化的趋势存在着必然的联系。

——关于《史通》的批评。唐代刘知幾创作《史通》之后，世间关注者甚少。清人即言：“《史通》旧刻传世者稀，故《永乐大典》网罗繁富而独遗是书。”[②] 直到明代，似乎在突然间，《史通》进入了诸多学人的视野。明朝接连出现了多部研究《史通》的著作，它们即陆深的《史通会要》（三卷），李维桢评、

---

① 封演：《封氏闻见记》卷一〇《赞成》，《景印文渊阁四库全书》第八六二册，台湾商务印书馆2008年版，第460页。

② 永瑢等：《四库全书总目》卷八九《史通评释》提要，中华书局1965年版，第757页。

郭孔延评释《史通》合刊本（二十卷），郭孔延的《史通评释》单行本（二十卷），王惟俭的《史通训故》（二十卷）。据《四库全书》馆臣为《史通会要》所作的提要，陆深尚有校刊《史通》版本之作，而《史通会要》乃其校刊之余有所议论的产物："（陆深）复采其中精粹者，别纂为《会要》三卷。而附以后人论史之语，时亦以己见参之。"[①] 可以说，《史通会要》是陆深针对《史通》中的一些精粹思想，结合时人的认识以及自己的看法进行深入拓展的一部简要的史学批评作品。李维桢对《史通》的评论和郭孔延的《史通评释》一书，涵盖校勘、注释与评论，是全面研究《史通》文字及思想的成果。《史通训故》在《史通评释》的基础上再次对《史通》进行了更为详细扎实的考证与补充，清代四库馆臣称其"引证较详"[②]。之后，《史通》研究进入清代，遂有黄叔琳《史通训故补》二十卷、浦起龙《史通通释》二十卷以及中国古代史学理论的另一部巅峰之作即章学诚的《文史通义》八卷。明代《史通》研究对后代的开启作用是明显的。而明人之所以关注刘知幾《史通》，与明代流行批评史书的风气密切相关，是明代学人重视史学批评的突出表现。

——对史学的反思第一次以"批评"的名义与形式获得普遍流行。"批评"主要是指批写在页面上（如页眉、页侧、行

① 永瑢等：《四库全书总目》卷八九《史通会要》提要，中华书局1965年版，第757页。
② 永瑢等：《四库全书总目》卷八九《史通训故》提要，中华书局1965年版，第757页。

间、字旁等位置）的评点、评论或者评注性质的文字。至迟在宋代，“批”与“评”结为合成词“批评”，并出现了以“批评”命名的书籍，如苏洵的《孟子批评》七卷。到了明代，受到科举政策的影响，“批评”开始广泛地出现在各种书文之中。例如：“批评”试卷：“臣素性怜才，每郡搜遗生童试卷，无论取与不取，一一批评，发府给领。”①“批评”文学：《李卓吾批评楚辞抄》②。朱舜水文集中列有“批评”一目，其下为“批陆宣公奏议十一条”③，则此处为“批评”奏疏。“批评”也出现在史学中：顾起元曾作有《后汉书批评》④；茅坤作有《史记批评》⑤；孙鑛有《孙文融批评国语》⑥；等等。这些“批评”以新鲜、便捷、灵活的形式汇聚到自古以来的史学批评的脉络中，极大地促进了史学思想的表达与传播。像凌稚隆的《史记评林》《汉书评林》就吸收了茅坤《史记批评》《汉书批评》以及诸多学人的批评文字，成为《史记》《汉书》研究的重要成果；王世贞《史乘考误》、朱明镐《史纠》、张自勋《廿一史独断》等都是由评议历代史书及史学的片断文字汇聚而成的史学批评专书；李贽的《藏书》《续藏书》为纪传体，重心不在史学评论，却也在书中写了诸多评论性文字；朱荃宰《文通》书中汇集有关于

① 蔡献臣：《清白堂稿》卷二《赴任就道夙疾陡发恳乞天恩允放以安愚分疏》，明崇祯刻本。

② 祁承爜：《澹生堂藏书目》集部（上）“辞赋”，上海古籍出版社2015年版，第632页。

③ 朱之瑜：《舜水先生文集》卷二五，日本正德二年刻本。

④ 顾起元：《遁园漫稿》己未卷《后汉书批评序》，明刻本。

⑤ 茅坤：《茅鹿门先生文集》卷四《再与张王屋书》，《续修四库全书》第一三四四册，上海古籍出版社2002年版，第515页。

⑥ 祁承爜：《澹生堂藏书目》经部“春秋·外传”，上海古籍出版社2015年版，第271页。

史学评论的文献；卜大有《史学要义》列举了历代史学讨论的佳作，除少数历史评论之外，多数为批评史家、史书、史学现象或者史学问题的史学评论。这些都是多少受到“批评”影响、无“批评”之名却含“批评”之实的著述。明代史学批评的繁盛是明代学术“议论”成风的一个具体表现。尽管“议论”在宋代已经兴起，但是，明人李维桢称，“今议论烦嚣殆甚于宋”①。这从学术风气的一个侧面进一步反映了明代史学批评不同于前代的地方。

其三，明代史学批评的主要内容。

在史学批评发展的内在驱动与明代社会发展的外在环境共同作用下，明代史学批评逐渐呈现出一些相对突出的、具有一定共性的主题。我们初步认为，这些主题可以概括为以下几个方面。

——修撰前朝史而引发的对前朝史史著尤其是二十一正史的批评。明朝取代元朝后，很快便着手编修《元史》。土木堡事件前后，续修《通鉴》宋元部分被提上议程，并于成化年间完成。这两次官方修史活动对明代史学批评的影响是深远的。它们直接关系到如何评价《元史》，关系到《宋史》《辽史》《金史》“三史”批评，还推动明人深入认识《春秋》《资治通鉴》《通鉴纲目》在史学发展史中的地位，并牵动着对史学发展史中的众多史书尤其是二十一史的评判。在这些史书批评中，史书与历史、

① 李维桢：《大泌山房集》卷八《皇明琬琰录序》，《四库全书存目丛书》集部第一五〇册，齐鲁书社1997年版，第469页。

史书与史料、史书与表达、史书与价值观等各种关系的问题得到了广泛而深入的讨论。但是，归根结底，史学批评的背后是历史评论，史学批评与历史评论是一对表里相依的辩证关系。是为本书的第一章。

——因修撰实录或国史等本朝史的需求而产生了对本朝史修撰的评论。这一主题大约包含以下内容：围绕明朝修史制度的批评；对本朝实录不实的批评；对私修本朝史的批评；对时人所修方志、家谱的批评。这些批评涉及众多理论问题，诸如史料的可靠性、修史的专职性、史学的独立性；历史记录与历史的关系、历史记录的表达方式、历史记录的取舍、历史记录的可信度；私修的意义、私修与官修的关系；志书与史体的关系、志书内容的设置、志书的表达风格；修谱的理论依据、修谱的原则；等等。总而言之，关于本朝史修撰的批评中贯穿着官修与私修或者国史、野史与家史的矛盾，是明人对当时的社会、事件与人物的价值判断的深刻体现。是为本书的第二章。

——史书批评中涉及史料、史体、史义、史文等历史撰述的具体方面。在史料方面，有关批评主要分析了稗史、野史、杂史、家史、碑传等作为史料的真实性。在史体方面，明人对编年、纪传、纪事本末等主要史书体裁的特点有所评论，并就编年可以记录哪些史事、纪传如何编排各类人物、不同体裁史书中的人物传记如何撰写等方面，都有具体的讨论。在史义表达方面，明人一则对史书末尾的论赞颇为关注，诸如论赞的作用、标准、优劣、必要性等问题都有所涉及；一则对会通性的编撰方式比较留意。在史文方面，明代的批评甚为重视文字的繁简关系以及行文风格。这些批评从总体上反映出明代史学走向社会后呈现出更为丰富生动的面貌。是为本书的第三章。

——史学有其主体，因而史学批评离不开对史学主体的批评。明代关于史学主体的批评有超出前代的地方。受限于明代的修史制度，明代的史官主体暴露出不少问题而引起批评家的关注，诸如史职与任人、史职与修史、史职与布衣、史官与人品、修史与选人、私心与公论等关系到史官主体的问题得到了发掘与讨论。无论史官主体还是私修主体，皆为史家。在继承唐代刘知幾“才”“学”“识”的基础上，明人对史家的批评多所更张。或者深入分析刘知幾史才三论，或者补充“心术”或“公心”，或者变换角度、另立名目，常有发明。要之，明人十分强调“公心”“公论”或“公评”。在史学主体批评中，明人多从知人论世的心态出发，注重因时因地而作具体分析，避免僵化刻板，往往能够开拓出新的认识境界。明代关于史学主体的批评继承了前代的理论成果，且对后代产生了不可忽视的理论影响。是为本书的第四章。

——史学因其独特价值而受到关注，故有关于史学功用的认识与批评。明代也不例外。就古今联系而言，明代贤人重视史学对于承载、认识古今联系的必要性。无论是少数民族政权、偏霸政权，还是具体的典章制度、天文地理、学术文化，有关批评皆能从以古鉴今的角度予以重视。就史学与实政的关系而言，明代贤能也多能看到史学对于促进现实治理的重要意义。皇帝如明太祖朱元璋、明孝宗朱祐樘等从以史为鉴出发主持、推动诸多史书或典章的编纂、刊行与学习，大臣如李东阳、张居正、丘濬等或领衔或亲自编纂史书，明末《明经世文编》更是将史学引向实政潮流。就经史关系而言，针对当时社会上存在着的重经而轻史的倾向，明代贤达多强调史学对于经学的意义，主张经与史在根本上是一致的，经史互为表里而须臾不可分，甚至认为天下书籍或学问都属于史学范畴。在继承自古以来的史学价值观的基础上，明人对史学功用的理解活泼、深入而不失矩范，是其史学功用论的独到之处。是为本书的第五章。

——明代史学批评的兴盛催生了对过往史学批评的关注与研究。最为突出的，是对唐代刘知幾《史通》的留意。弘治年间，史馆陆深即研读《史通》并加以校订。之后，又有张之象、张鼎思、何乔新、祝允明、杨慎、彭汝寔、焦竑、胡应麟等人，或校刻，或评论。其中，陆深的《史通会要》、李维桢的《史通》评、郭孔延的《史通评释》、王惟俭的《史通训故》是对《史通》进行系统研究的重要成果，对后来的《史通》研究以及史学理论的发展产生了重要的影响。除《史通》研究之外，明朝还出现了前代少有的对历来史学批评著述进行整理的史学现象。像梁梦龙的《史要编》、卜大有的《史学要义》、王圻《稗史汇编·史评类》、朱荃宰《文通》的部分卷目等，这些著作汇集了前代直至明代讨论史学的专门篇章，反映出的史学批评意识令人印象深刻。明人对于探究史学自身特点与规律的兴趣，是明代史学注重理论的一个突出表现。是为本书的第六章。

本书内容大体上始于史书批评而以理论批评告终，由毛春伟和廉敏共同完成。其中，廉敏撰写前言、第一章、第二章和结语，毛春伟撰写第三章、第四章、第五章、第六章并承担统稿工作。书中内容难免有重复、粗疏和错误之处，希望得到学界的批评和指正。

第一章　关于前朝史修撰的评论

改朝换代后，新朝为旧朝修史，本是中国古代史学的一个传统。然而，在延续这一传统时，明代已然经历了前所未有的历史变迁。如何看待这种变迁？如何看待被明朝推翻的那个史无前例的少数民族统一政权以及它所牵涉的宋、辽、金、元历史？过去记述这些历史的史书及其记述历史的方式是否仍然值得信任？明人应该如何记述过去，方能昭示明代的现在与未来？……这些问题非常现实地横亘在明人面前。前朝史史书批评便是在这样的思想基础上发生的。

首先是《元史》批评。《元史》是明朝开国之初便着手修撰的一部前朝正史。对《元史》的评论出现于整个有明一代，观点颇有影响。大体上，明初以肯定《元史》保存一代史实为主，之后则以批评《元史》立场以及疏漏为多。

其次是宋元史改修及其批评。《元史》修成之后，反思宋元之间历史、重新审视有关史书尤其是元人所修《宋》《辽》《金》三史，成为明代史学批评的又一项重要内容。其间涉及体例优劣、三史得失、价值标准、野史是非等角度。

再次是对通代史书的批评。这是宋元史改修及其批评深入发展的一个衍生现象，是明代史学批评走向纵通的一个表现。其间涉及国史的体例、修史者的身份、史文的内在属性、价值导向、经史关系等角度。

最后是对历代正史的批评。这是流风所及、明代史学批评蔚然成风的一个突出表现。《元史》《宋史》《辽史》《金史》已有专门论述，于此另立两节，分述《史记》《汉书》批评与其余正史批评。

在明代，往代史书大量地出现在时人的批评视野之中，呈现出深浅不一、琳琅满目的批评旨趣。本章撷取重要者依次论之。

第一节 《元史》批评

一、“一代之兴衰，必有一代之史以载之”

关于《元史》的第一种观点，以朱元璋为代表。

朱元璋的军队攻克元朝都城时，曾获得元代十三朝实录。洪武二年（1369）二月，明太祖朱元璋诏令开局修《元史》。《明实录》这样记录当时朱元璋的态度：

> 上谓廷臣曰：“近克元都，得元十三朝实录。元虽亡国，事当记载。况史纪成败、示劝惩，不可废也。”……诸

儒至，上谕之曰："自古有天下国家者，行事见于当时，是非公于后世。故一代之兴衰，必有一代之史以载之。元主中国殆将百年，其初君臣朴厚，政事简略，与民休息，时号小康。然昧于先王之道，酣溺胡虏之俗，制度疏阔，礼乐无闻。至其季世，嗣君荒淫，权臣跋扈，兵戈四起，民命颠危。虽间有贤智之臣，言不见用，用不见信，天下遂至土崩。然其间君臣行事有善有否，贤人君子或隐或显，其言行亦多可称者。今命尔等修纂，以备一代之史。务直述其事，毋溢美，毋隐恶，庶合公论，以垂鉴戒。"①

上述记载中，关于朱元璋如何看待即将修撰的《元史》，表述有所不同：一则称"元虽亡国，事当记载"；一则称"一代之兴衰，必有一代之史以载之"。虽然如此，这些表述在语义上并没有根本性的差异。这段文字表明，明朝开国皇帝朱元璋明确肯定为元代修撰正史一事。其中，还包含了朱元璋对《元史》修撰所涉及的一些问题的意见：一是如何理解"史"（这里指史书及史事）的意义。由"纪成败""示劝惩"等语来看，朱元璋认同"史"所具有的垂鉴价值。二是如何看待元代历史。对此，朱元璋承认元朝对"中国"的入主与治理；承认元代前期对国家治理的贡献；对元代亡国原因的分析出于公心而非私情；对元代末世的评论并非绝对否定。对于元代这样一段由少数民族统治

① 《钞本明实录》第一册《明太祖高皇帝实录》卷三九（洪武二年二月丙寅），线装书局2005年版，第212页。

的历史，朱元璋像对待其他汉族政权一样一视同仁，他尊重元代历史。三是对待元代历史应当采用怎样的修史方法。朱元璋提出“直述”，也即直书其事、少作取舍与评论，这也显示出朱元璋对史学有所了解。总而言之，在修撰《元史》的问题上朱元璋的气度是非凡的，见解也是明智的。

明太祖朱元璋关于《元史》的意见虽然带有先见之嫌，但时人以及后学也据此评论《元史》，则反映出朱元璋的《元史》观在史学批评上令人无法忽视的意义。有两件事突出地显示了这一影响：

一件即是《元史》修撰。明太祖的《元史》观深深地影响着《元史》总裁之一的宋濂，他屡次提到明太祖的观点。在《进元史表》中，宋濂郑重提到明太祖的倡导之功：“独谓国可灭而史不当灭。”① 一个“独”字透露出朱元璋史识的不凡以及宋濂对明太祖修史见识的钦佩。吕复搜访元人资料归来，宋濂为其《目录》作序时又提及明太祖保存元代历史的思想：“（皇帝）慨然悯胜国之亡，其史将遂湮微。乃洪武元年冬十有一月，命启十三朝实录，建局删修。”② 这里渲染出的是明太祖主张为元代修史的情怀以及宋濂由此产生的共鸣。宋濂寄望于苏伯衡以《春秋》编年之法修元史时，再次肯定新修《元史》对元代历史的记录与保存：“《元史》幸新修，纵有漏遗，十四朝之行事亦

---

① 宋濂：《宋濂全集》卷二《进元史表》，黄灵庚编辑校点，人民文学出版社 2014 年版，第 47 页。

② 宋濂：《宋濂全集》卷二四《吕氏采史目录序》，黄灵庚编辑校点，人民文学出版社 2014 年，第 500 页。

颇粲然可睹。”[①] 明太祖的《元史》观也真切地影响着《元史》的编撰、塑造了《元史》的面貌。《元史》少有“史臣曰”之类，便是朱元璋“直述”思想的结果。

如果说宋濂对《元史》的评价尚处于《元史》的修撰阶段，不完全具有史学批评之义，那么，万历时黄凤翔在《读元史说》中的评价则更加凸显了朱元璋对《元史》的认识所具有的史学批评价值。黄凤翔有言曰：

> 元一统天下，开辟以来，世运之一大变也。其舆国之广、人民之众，亦自古帝王所未有之天下也。夫中国不可以之治治也，故其制诏、号令、法度、纪纲皆准古酌今，俾当于人情，协于时宜，用以维乾坤于不毁。而又广征名儒，尊濂洛关闽之学，以为多士倡。其一时措注，烨然改观。百年间文治华风，蒸蒸乎盎溢宇宙。视辽金之际，霄壤相悬矣。厥后，以任用匪人，政刑日紊，而束手失之，其覆辙昭然可睹。我太祖高皇帝御宇初年，辄命儒臣纂修《元史》，越一岁告成，自古汗青之业未有若是其敏者也。维时握管史官，如宋学士濂、王待制祎，皆卓负词望者，岂不能仿马、班之体，创突兀之观？顾奉高皇帝明谕，俾文辞勿致艰深，事迹务令明白，善恶了然在目，将来足示劝惩。猗与！圣神独

① 宋濂：《宋濂全集》卷二三《送国子正苏君还金华山中序》，黄灵庚编辑校点，人民文学出版社2014年，第466页。

见，真非世儒所能窥测矣。[1]

从这段文字可以看出，黄凤翔不仅继承了明太祖朱元璋对元代历史的肯定，而且赞颂了朱元璋对《元史》修撰的积极态度与质朴的修史思想。可以说，黄凤翔对《元史》的评价基本上不出朱元璋的意见。

其他，如王宗沐撰《宋元资治通鉴》，谓元代“虽其起于夷狄，顾尝立朝廷，颁正朔，御宇内矣。其间善恶，岂无有足以为万世法程者”[2] 等，都可见明太祖朱元璋关于《元史》态度的影响。兹不赘言。

另一件是建文朝历史的修撰。洪武三十一年（1398），明太祖去世，皇太孙朱允炆即位，改元建文。建文四年（1402），通过内战推翻侄子而上位的明成祖朱棣废除建文年号，复称洪武三十五年，一年后改元永乐。这一历史事件同时也造成了明代史学上的一个难题，即建文朝短短四年的历史要不要撰写、怎样撰写。从《明实录》来看，自嘉靖十四年（1535）始，陆续有大臣奏言，请求编修建文朝历史，恢复建文年号。所列举的理由之中，有一条便是明太祖朱元璋对元朝历史的态度。例如，涂山曰：“且太祖定天下，首命儒臣纂修《元史》，尚谥元主顺帝。

---

① 黄凤翔：《田亭草》卷一〇《读元史说》，明万历四十年刻本。

② 王宗沐：《宋元资治通鉴》卷五三《元纪一·世祖圣德神功文武皇帝上》卷末“王宗沐曰”，《四库未收书辑刊》第一辑第一四册，北京出版社 2000 年版，第 631 页。

我成祖即位初，犹称建文为少帝，而一时在位诸臣犹有不念旧恶之旨。”① 意即，元帝作为少数民族以及曾经的政敌尚可在太祖时修纂的青史中留名，建文帝的历史何以在本朝反而不能被承认?！在为屠叔方《建文朝野汇编》作序时，陈继儒表达得更为直截了当：“昔高皇帝既定胡服，遂命宋濂、王祎等纂修《元史》。元将福寿战殁，敕以崇祀，谥以忠肃，擢其子为太仆少卿。圣祖培植不三四十年，而死国者项背相望，岂非风厉之明验与！夫《元史》且修，何况建文？元臣且旌，何况诸君子？此叔方是编之所由汇也。”② 黄起龙则直接批评朝廷不复具有明太祖修《元史》的气量：“昔太祖驱除胡运，亦命儒臣修《元史》。惜靖难后，诸臣拘于忌讳，未有慨然直任史事，致遗迹散落。且谓诛党可以禁奸，至追戮逮治不遗余法，殊非圣明宽假初衷。”③ 可以说，上到修改实录下至野史编纂，建文年间的历史修撰莫不得益于朱元璋对《元史》的支持。

尽管在明代中后期的修史实践中出现了非常鲜明的贬斥元代历史的声音，但没有一个学人明确质疑过明太祖当初诏修《元史》的观点。例如《元史弼违》著者周复俊的态度。周复俊基于极端的夷夏立场抨击元朝历史以及《元史》，但他不敢否定明太祖的诏旨，却将责任推诿于《元史》修撰诸臣而大加咒骂：

---

① 涂山辑：《新刻明政统宗》附卷《论洪武、永乐尊称二祖　建文革除逊位年号辨》，《四库禁毁书丛刊》史部第三册，北京出版社2000年版，第184页。

② 陈继儒：《陈眉公集》卷五《叙·建文朝野汇编序（代）》，明万历四十三年刻本。

③ 黄起龙：《请修圣朝遗事并乞谥仗节诸臣以崇盛典疏》，吴亮辑：《万历疏钞》卷一四，《续修四库全书》第四六八册，上海古籍出版社2002年版，第587页。

"皇祖诏修《元史》，而授儒臣'毋虚美，毋隐恶'。而载笔缀言之彦，私填胸臆，公肆谩欺，天语弗崇，家风尽废。"[①] 再如薛应旂撰《宋元通鉴》，于保存元史之外另揭乱华之旨："仰窥渊睿，岂但曰'国可灭，史不可灭'，亦以见元之乱华，皆本于宋之用匪其人所致，而千万世之永鉴莫有大于是也。"[②]

近人与今人中，陈垣先生及其学生杨志玖教授对《元史》的肯定与朱元璋略为相近。杨教授在一篇总结陈垣元史研究的文章中称："清代学者以《元史》成书仓促，讥为疏陋或荒芜，多所改编，如《元史类编》等，但其中有关也里可温等资料反不及《元史》之详赡。陈先生认为，这是由于《元史》修于草率之间，悉本诸《十三朝实录》，不轻笔削之故。"[③] "不轻笔削"大概是陈垣先生的用语，也即明人所称"直述"等义。这说明，陈垣先生对《元史》"直述"的思想是认同的，但是，与"一代之兴衰，必有一代之史以载之"的气度相比，与朱元璋等对元代历史的肯定相比，还有一定的距离。

二、"虽竭忠勤，难逃疏漏"

关于《元史》的另一个评价来自《进元史表》。

在《进元史表》中，宋濂曾对当时所修《元史》的不足这

① 周复俊：《元史弼违》卷首《元史弼违自序》，《丛书集成续编》第二七七册，（台湾）新文丰出版公司1989年版，第95页。

② 薛应旂：《宋元通鉴》卷首《宋元通鉴序》，《四库全书存目丛书》史部第九册，齐鲁书社1996年版，第685页。

③ 杨志玖：《陈垣先生对元史研究的贡献——纪念陈垣先生诞生110周年》，《北京师范大学学报》1990年第5期，第2页。

样概括：

> 恐玩时而愒日，每继晷以焚膏。故于五六月之间成此十三朝之史。况往牒舛讹之已甚，而它书参考之无凭。虽竭忠勤，难逃疏漏。若自元统以后，则其载籍无存，已遣使而旁求，俟续编而上进。愧其才识之有限，弗称三长；兼以纪述之未周，殊无寸补。①

明末钱谦益表示："《元史》成于洪武二年，元统已后，续成于三年。自开局以至削稿，皆不过五六月而已。国初禁网促数，多所忌讳，而又限之以条例，要之以时日。焚膏宿火，仅而成书。非有老于文学，熟谙掌故，如宋、王二君子总领其事，欲成一代之史，何可得也？然仅可称稿草而已。其初进之表，所谓往牒舛讹之已甚，而他书参考之无凭，虽竭忠勤，难逃疏漏者，盖实录也。"② 这里具体谈到《元史》存在的以下几个方面的问题：

一是修纂时间短促。洪武元年（1368）年底，明太祖朱元璋即有意安排《元史》修纂事宜。洪武二年（1369）二月初一，朱元璋正式下诏纂修《元史》，开局于天界寺。同年八月十一日，《元史》初成《本纪》三十七卷、《志》五十三卷、《表》

① 宋濂：《宋濂全集》卷二《进元史表》，黄灵庚编辑校点，人民文学出版社 2014 年版，第 47 页。

② 钱谦益：《牧斋初学集》（下）卷九〇《制科三·天启元年浙江乡试程录·策三道·第三问》，钱曾笺注、钱仲联标校，上海古籍出版社 2009 年版，第 1872－1873 页。

六卷、《传》六十三卷，共一百五十九卷。这一次修纂前后历时六个月零十一天，共一百八十八天。宋濂《进元史表》所谓“五六月之间”，即针对初修《元史》而言。在初修期间，因顺帝朝无实录可以依据，欧阳佑等人被遣往北平等地采辑元顺帝元统及至正三十六年事迹，以备增修。洪武三年（1370）二月初五，朱元璋下诏续修《元史》。七月初一，又成《纪》十卷、《志》五卷、《表》二卷、《列传》三十六卷，共五十三卷。这一次用时近五个月、共一百四十三天。合前后二书，共二百一十二卷，“全部编撰工作，历时只三百三十一天”①。明人亦称，“自古汗青之业未有若是其敏者也”②。这也成为《元史》质量得不到保障的原因。明前期的杨士奇即云：“此书于元百余年之事备矣，而亡国之际，忠邪之迹或略，或于故老所传者相戾。盖当时急于成书，不暇遍访而详核也。”③

二是材料“舛讹”严重。根据现有资料，我们无法判断宋濂所谓“舛讹”的确切内涵，但有一种涵义是明确的，即《元史》修纂者不得不采用从地方征集而来的各级文书，而这些文书的错误颇令人遗憾。宋濂有言曰：“濂尝奉诏总修《元史》，凡天下有关史事者，下郡国长吏博加采辑，悉上送官。往往吏非知书者，以致庞杂淆乱，不足以取征。孝友之人动至数千，皆溢

---

① 中华书局编辑部：《出版说明》，宋濂等：《元史》书首，中华书局1976年版，第1页。
② 黄凤翔：《田亭草》卷一一《读元史说》，明万历四十年刻本。
③ 杨士奇：《东里文集》卷一〇《书元史后》，刘伯涵、朱海点校，中华书局1998年版，第151页。

浮辞而乖实行。”[①]“吏非知书者”，道出了文书质量堪忧的由头；“庞杂淆乱”，则描述了这些文书以及“有关史事”的可信度问题。虽然这些地方资料“不足以取征”，但事实上《元史》修纂者无法避免使用这样的材料。对此，明代嘉靖、万历年间，王世贞非常不客气地批评道：“《宋》《元史》，烂朝报也。”[②] 因何称之为“烂朝报”？万历、天启间，朱荃宰举例曰：“《元史》，冗烂朝报也。如完者都、完者拔都，名止多一字，履历无复大别。惟叙事小有详略，当是一人化身。前史浅谬，未有若此者也。”[③]顾炎武也称：“十八卷完者都，十九卷完者拔都，亦一人作两传。”[④] 而且，他的观点在清代汪师韩《韩门缀学》、王玉树《经史杂记》、袁枚《随园随笔》等著作中皆有所传承与延伸，所举类似的事例的确不少。对此，洪武年间，明太祖即令解缙纠正《元史》诸种舛讹。清人赵翼所言甚详：“史成后，即有朱右作《拾遗》，解缙作《正误》，而缙致董伦书并有‘《元史》舛误，承命改修’之语，则明祖亦已知《元史》之未善，而有改修之命。今《拾遗》《正误》及缙所改修者皆不传，殊可惜也。”[⑤]

---

① 宋濂：《宋濂全集》卷七一《元故孝友祝公荣甫墓表》，黄灵庚编辑校点，人民文学出版社 2014 年版，第 1712 页。

② 王世贞：《艺苑卮言》卷三，陆洁栋、周明初批注，凤凰出版社 2009 年版，第 50 页。

③ 朱荃宰：《文通》卷二《评史》，《四存全书存目丛书》集部第四一八册，齐鲁书社 1997 年版，第 381 页。

④ 顾炎武：《日知录》卷二六《元史》，黄汝成《日知录集释》本，栾保群、吕宗力校点，上海古籍出版社 2006 年版，第 1473 页。

⑤ 赵翼：《廿二史札记》卷二九《元史》，王树民《廿二史札记校证》本，中华书局 2013 年版，第 680 页。

三是材料“无凭”。根据《明实录》以及宋濂文集，《元史》初修时，所依靠的材料主要是元十三朝实录、《元经世大典》；增修元顺帝元统之后三十六年史事时，已无实录可依赖，只能凭借四处搜访而得的书籍。这种简陋的资料基础在当时即引发了有识之士的共识，徐一夔甚至因此而在《与王待制书》中拒绝王袆修史的邀请：“仆自有知，颇识元朝制度，文为务从简便。且闻史事尤甚疏略，不置日历，不置起居注。独中书置时政科，以一文学掾掌之，以事付史馆。及一帝崩，则国史院据所付修实录而已。尚幸天历间诏修《经世大典》，虞公集依《六典》为之，一代之典章文物稍备。其书止于天历，而其事则可备十三朝之未备。……今夫顺帝一朝三十六年之事，既无实录可据，又无参稽之书，惟凭采访以足成之。窃恐其事未必核也，其言未必驯也，其首尾未必贯串也。……诚恐不能化臭腐为神奇以副执事之意。”[①] 徐氏指出，《元史》材料匮乏，源于元朝修史制度荒略；由于这一问题的存在是根本性的，故“恐不能化臭腐为神奇”。《与王待制书》虽然也提到其他修史因素，但材料的根本性匮乏却是核心内容。明末王宗沐亦曰：“《元史》二百一十卷，其行事二百五十余年。虽其起于夷狄，顾尝立朝廷，颁正朔，御宇内矣。其间善恶，岂无有足以为万世法程者？但其立国，自世祖以前以史官未立，译字杂夷，语音不通，则自宪宗以前，其行事多不概见。故于功臣，则如博罗浑、赤老温，皆失其传。他如

① 徐一夔：《与王待制书》，程敏政编：《明文衡》卷二六，《四部丛刊》第三三二册，上海书店 1989 年重印。

宗亲、后妃、谋臣、猛将，其战阵之功亦多缺略。”①

四是记载“疏漏”。明人对《元史》进行了持续不断的、多层次的补充工作，充分反映出宋濂所谓“疏漏”这一难以回避的事实。

《元史》甫成，编修诸臣即有补遗之作。史称，洪武九年（1376）去世的朱右曾作《元史补遗》藏于家，可惜未能流传至今，不知其详。因《元史》有所难详，胡翰肯定《状》《铭》对于保存元代人事如义士胡元祚事迹的价值：“又十有一年，朝廷修《元史》，凡忠臣、义士，于法得立传。余欲取其事载之，无以究极其详。又八年，余至永康，见其子裕，问君所以致死。裕哀形于色，为余言其先人之没。裕不能援，而与之俱。尝图其不朽，有韩先生循仁之《状》、宋先生濂之《铭》在，余读而悲其不幸，然未尝不壮其为人。”② 宋濂出于同样的原因而为元朝文林郎、同知重庆路泸州事罗文节撰写《墓志铭》：“予昔总修《元史》，每求刚正之士在下位而不伸者载焉。盖以谓虽不能拔之于当时，聊使其暴白于后世，庶几死者无憾而生者不愧。惜乎有司不上君之事也，于是徇大纪之请，执笔而具书之。百世之下，必有因予文而知君者。”③ 又为故元嘉议大夫、礼部尚书汪泽民作《碑铭》：“濂奉敕总修《元史》，凡忠义、循吏之事，天

① 王宗沐：《宋元资治通鉴》卷五三《元纪一·世祖圣德神功文武皇帝上》卷末“王宗沐曰”，《四库未收书辑刊》第一辑第一四册，北京出版社2000年版，第631页。

② 胡翰：《胡义士墓表》，程敏政编：《明文衡》卷九一，《四部丛刊》第三三四册，上海书店1989年重印。

③ 宋濂：《宋濂全集》卷五八《元故文林郎同知重庆路泸州事罗君墓志铭（有序）》，黄灵庚编辑校点，人民文学出版社2014年版，第1366页。

下郡县悉上送官，而宛陵汪先生独阙。既而先生族子克宽来与纂修，始以其门人汪文炳所摭事状相示。濂既命史官删削立传，克宽以为史乃一代成书，其法当略；墓文乃私家所撰，其纪宜详。复致其孙德垕之言，请濂揭铭于隧上。”[①] 又为真人刘思敬作《传》：“夫事不可传而传之者，非也；可传而不传者，亦非也；要在精察之而已矣。真人之殁，李君存为序其书，方君从义又嘱予作传。二君精察皆胜于余，必确然有征，因为著诸简牍，以俟他日修《元史》者。”[②] 又为詹士龙作《小传》：“予总修《元史》时，有司不以闻，失于纪载，因徇其孙婿佘文昇之请，删其墓志，为小传一通以传。”[③] 又为故元资政大夫、江南诸道行御史台侍御史周伯琦作《墓志铭》：“《元史》虽为之立传，恨不能知其详。今宗仁以门人谢徽状请铭，故不复辞，而备著之，使读者可互见焉。”[④] 又补记天台三节妇之事：“余修《元史》时，天台以三节妇之状来上，命他史官具稿，亲加删定，入类《列女传》中，奉诏刻梓行世。先是，会稽杨廉夫为之作传，其事颇多于史官。盖国史当略，私传宜详，其法则然也。近与台士

① 宋濂：《宋濂全集》卷五三《元故嘉议大夫礼部尚书致仕赠资善大夫江浙等处行中书省左丞上护军追封谯国郡公谥文节汪先生神道碑铭》，黄灵庚编辑校点，人民文学出版社2014版，第1236页。

② 宋濂：《宋濂全集》卷一八《刘真人传》，黄灵庚编辑校点，人民文学出版社2014年版，第345页。

③ 宋濂：《宋濂全集》卷一九《詹士龙小传》，黄灵庚编辑校点，人民文学出版社2014年版，第367页。

④ 宋濂：《宋濂全集》卷六六《元故资政大夫江南诸道行御史台侍御史周府君墓铭》，黄灵庚编辑校点，人民文学出版社2014年版，第1563页。

游，尝询之，则廉夫所载犹有阙遗者，因摭其言补之。”① 王祎也因《元史》有所阙失而为刘焘孙作《传》：“余顷奉诏修《元史》，于凡以死徇国者必谨书之，厉世教、扶人纪也。当时得畊孙死事，既已登载，而有司不复以焘孙事来上，使其传阙焉。何世之不乐成人之善者，类如是欤？焘孙之子颖方以学行用世，为余道其父事甚悉，余固信之。因为著之于篇，以补史之阙文。”② 高启则为瞿孝子作《行录》：“余尝预修《元史》，见民之以孝义闻于朝者颇众，其能冬月得瓜以奉亲者，则若王荐；刲股肉以疗父病者，则若孔全；施财以周乡里之乏者，则若贾进，皆得具著于篇。瞿孝子之行盖兼三子而有之，而当时有司不以闻，史无所考据。又主者不与，故不得书，以与荐等并传。虽然，孝子今年八十余，幸际圣明之时，既得谢君之所表章，则当世执笔之士岂无为之采录，收附于国史者哉？其传固在是矣。……庶他日书者或有所征焉。”③ 贝琼为黄国华作《传》：“昔余预编《元史》，凡朝廷大臣，下至岩穴、隐逸，无不备录为传。一言一行，虽小必见。若叔文者，仁以周约，义以革暴。方乱离中，屹然为一境所恃，岂不足方古之王彦方乎？时有司弗能访其事上之，使纪载有阙，惜哉！后七年，其五世孙梦池擢秦府纪善，见余成均，言

① 宋濂：《宋濂全集》卷三六《题天台三节妇传后》，黄灵庚编辑校点，人民文学出版社2014年版，第803页。

② 王祎：《王忠文集》卷二一《刘焘孙传》，《景印文渊阁四库全书》第一二二六册，台湾商务印书馆2008年版，第445页。

③ 高启：《凫藻集》卷五《书瞿孝子行录后》，《景印文渊阁四库全书》第一二三〇册，台湾商务印书馆2008年版，第318页。

其始末。故私笔于册，庶备异时太史氏采择云。”[①] 苏伯衡则为义士胡嘉祐作《传》：“洪武己酉，诏修《元史》。嘉祐于法得立传，其子以事在前代，无裨圣朝，既不敢以闻，而时人又无能以其事送史馆，以故秉笔者亦莫得而登载焉。有如嘉祐之所树立，岂以褒赠不褒赠、立传不立传而加损哉！夫其以义自奋，志在为国殄寇，以身徇之，且犹不恤，况家财乎？斯可谓大忠矣。苟无称焉，则何以激劝哉！余过永康，父老为余言，是以具著之。”[②] 如此种种，不再枚举。

除却编修诸臣补记之外，其他因各种机缘参考《元史》而发现记载缺略的情形更是不一而足。永乐间，胡粹中作编年体《元史续编》，即“以明初所修《元史》详于世祖以前攻战之事，而略于成宗以下治平之迹，顺帝时事亦多阙漏，因作此以综其要”[③]。成化年间，丘濬于《大学衍义补》中提到：“自古中国所以为衣者，丝麻葛褐四者而已。汉唐之世，远夷虽以木绵入贡中国，未有其种，民未以为服，官未以为调。宋元之间，始传其种入中国关、陕、闽、广，首得其利。盖此物来自外夷，闽广海通船商，关陕壤接西域故也。然是时，犹未以为征赋，故《宋》《元史》《食货志》皆不载。”[④] 陆简修纲目体《元史》时，因

① 贝琼：《清江文集》卷二二《黄国华传》，《景印文渊阁四库全书》第一二二八册，台湾商务印书馆2008年版，第437页。

② 苏伯衡：《苏平仲集》卷三《胡嘉祐传》，《景印文渊阁四库全书》第一二二八册，台湾商务印书馆2008年版，第577页。

③ 永瑢等：《四库全书总目》卷四七《元史续编》提要，中华书局1965年版，第429页。

④ 蔡清：《四书蒙引》卷一五《尽心章句上》“孟子曰有布缕之征”条，《景印文渊阁四库全书》第二〇六册，台湾商务印书馆2008年版，第716页。

《元史》“事多舛复”而“芟繁撮要，决疑阐隐”[①]。弘治间，汪舜民修《徽州府志》时发现：“《元史》误以泽民为宋端明学士藻之七世孙，与族谱不合。”[②] 正德年间，明朝欲修祠以褒奖历代忠义时，何孟春提到，“梁王巴图、右丞律尔、左丞达德之死在修史后，《元史》不载”[③]，当为之立祠祭祀。嘉靖时，崔铣修《彰德府志》时指出，“自侯公以下，《元史》无传”[④]。医学史研究者因《元史》所记医家李杲不详而另作一传：“余阅《元史·李杲传》，颇病其不详，而复采真定路儒学教授邙城砚坚所为《东垣老人传》以益之。”[⑤] 万历年间所刻《续文献通考》称，关于元制钦象大夫、正仪大夫，“《元史》不载此阶，见《辍耕录》”[⑥]。天启前后，明人笔记称道，《刘静修集》所记元朝兵制“较之《元史》为详明多矣”[⑦]。崇祯年间，何乔远《名山藏》出版，其中列举了不少《元史》未记或记之未详之事。如关于朝鲜，何氏称，“读《元史》，遗漏甚多”[⑧]。

五是修史者能力有限。宋濂在《进元史表》中称“愧其才识之有限，弗称三长”，杨士奇在明成祖、明仁宗《两朝实录》

① 程敏政：《篁墩文集》卷四一《故嘉议大夫詹事府詹事兼翰林院侍读学士赠礼部右侍郎陆公行状》，《景印文渊阁四库全书》第一二五三册，台湾商务印书馆2008年版，第29、30页。

② 汪舜民纂：《（弘治）徽州府志》卷九，明弘治刻本。

③ 何孟春：《何文简疏议》卷八《祠祀疏》，《景印文渊阁四库全书》第四二九册，台湾商务印书馆2008年版，第208页。

④ 崔铣纂：《（嘉靖）彰德府志》卷一《地理志》“墨井”条，明嘉靖刻本。

⑤ 李濂：《医史》卷六《东垣老人传（元砚坚）》，明刻本。

⑥ 王圻：《续文献通考》卷一〇〇《职官考·司天散官》，现代出版社1991年版，第1518页。

⑦ 茅元仪：《暇老斋杂记》卷三〇，清光绪李文田家钞本。

⑧ 何乔远：《名山藏》卷一〇五《王享记一·东南夷·朝鲜　日本》，张德信、商传、王熹点校，福建人民出版社2010年版，第2933页。

上表中亦言“深愧乏三长之称”[①]……仿佛表章定式，难免自谦之嫌。

观《元史》编修诸官，至少在当时颇负众望。时人皆知，《元史》修纂者来自全国由推举而出的才能之士：“起山林遗逸之士，使执笔焉。凡文儒之在官者无与。”[②]总裁官宋濂亦称，“于时预执笔者凡数十人，皆四方豪俊”[③]。在野之士徐一夔亦称，“预于纂修之士”中他所认识的几位“皆有史学”[④]。

不过，人无全能，所谓“才识之有限”亦非完全出于谦逊。点滴材料显示，《元史》修纂诸臣在若干问题上曾出现不同意见。

例如，神怪之人与事是否当入《元史》。宋濂曾经谈及此种分歧：“鲁阳援戈而麾，日退三舍；邹衍仰天而哭，六月降霜。夫以匹夫之微，精诚所格，而天且应之，况葆真之士乎？所谓葆真之士，其虑冲，其志静，虚其神，凝以全，故其一语默，一吸嘘，诚可啸呼麾斥，鞭笞魑魅于指顾之间矣。呜呼！此事然也，则夫有事周、孔之学，以致中和之功者，其应神速，又为何如哉？参天地而妙万物，固宜有在也，世之人胡不尔思？随物变迁，至与人道弗类，其可悲也夫，抑亦可慨也夫！予尝总修

① 杨士奇：《两朝实录成史馆上表》，程敏政编：《明文衡》卷五，《四部丛刊》第三三二册，上海书店1989年重印。

② 赵汸：《送操公琬先生归鄱阳序》，程敏政编：《明文衡》卷三八，《四部丛刊》第三三三册，上海书店1989年重印。

③ 宋濂：《宋濂全集》卷三〇《味梅斋稿序》，黄灵庚编辑校点，人民文学出版社2014年版，第656页。

④ 徐一夔：《与王待制书》，程敏政编：《明文衡》卷二六，《四部丛刊》第三三二册，上海书店1989年重印。

《元史》，已类月鼎入《释老传》。或以为涉于怪神止之，然予心窃有感也，复别书之，以示玄学者。”① “月鼎”为道人莫起炎之号。据称，此人可以“召雷雨，制鬼魅，动若有神物从之”②。由上述引文可知，宋濂相信天人感应之说，认为莫月鼎等人属于天人感应之类事迹，当在《元史》中有所记述。但是，这一想法大约未能在同僚中获得共识，有人质疑此事涉嫌神怪，且这一质疑发挥了作用，莫月鼎入《释老传》一事“止之”。因此，我们可以看到，《元史》中不见莫月鼎的事迹。

我们不知当时何人在莫月鼎之类事迹上与宋濂意见不一，但同为史臣的王彝关于名道张雨未尝入传的解释则反映出另一种观点：“历代史臣不为释老氏立传。或老氏有可书者，则以置《方技传》中。皇明诏修《元史》，始别有《释老传》之目。而老首丘处机，释氏首八思马，且各有数人焉。张雨生东南，以工书善诗为名道流，一时学士大夫若赵文敏、虞文靖、黄文献诸公多与游。乃不得入传，或者疑之。然处机、八思马之徒，其在太祖、世祖时，大抵皆以功业显，故释、老氏有传，盖不徒以其法而然者。则夫雨之可传，政不在此。余尝执笔从史官，后得预是议。今观雨自书杂诗于温陵陈宝生家，词翰之妙如是，自当与赵、虞诸公诗集并传也。”③ 王彝所言表明，当时史臣关于释老人物应

---

① 宋濂：《宋濂全集》卷四八《元莫月鼎传碑》，黄灵庚编辑校点，人民文学出版社 2014 年版，第 1071－1072 页。

② 柯劭忞：《新元史》卷二四三《释老·莫起炎》，1920 年天津退耕堂刻本。

③ 汪砢玉：《珊瑚网》卷一一《法书题跋·张贞居杂诗册》，《景印文渊阁四库全书》第八一八册，台湾商务印书馆 2008 年版，第 179－180 页。

否入传有所讨论，且其标准即在于有关人物的“功业”而非其“法”术或技能。

宋濂欲为莫月鼎作传而被否决，王彝表示释老入传乃由“功业”所定，这一反一正两则材料透露出《元史》修纂史臣在释老入传这一问题上的争论。争论的结果是，莫月鼎等人的神怪事迹不得入传，宋濂作为总裁官的意见未被史官群体采纳。《元史》对于这一问题的处理延续了中国古代史学重人事、轻神异的大势，展示了《元史》修纂史臣的集体的智慧与能力。在这个意义上，分歧反倒成为次要的，《元史》史臣的才学识正堪表彰。对于宋濂个人而言，其对于释老人物的认识的确不如他的同僚。而且，这种认识在宋濂心目中颇为顽固，即便遭遇同好的异见，他仍在文集中保留了莫月鼎的碑文并再三致意。柯劭忞《新元史·莫起炎传》大约由此而来。

除却可理解的谦逊之意，《进元史表》对《元史》的评价是诚实可靠的。它通过言简意赅的方式指出了《元史》存在的主要问题及其内在联系：时间短促、材料无凭且舛讹，不利的客观条件从根本上决定了《元史》的修纂质量；记载疏漏，是《元史》问题的集中表现；《元史》编修诸臣的能力则关系到《元史》对元代人事的详略去取及其观念。

三、《宋元纲目》对《元史》的批评

《元史》所获得的另一个曾经占据主流的评价来自续修《通鉴纲目》之时。

早在永乐元年，即有胡粹中私修纲目体《元史续编》。景泰年间，“敕儒臣纂修宋元史书，仿朱文公例编纂，上接《资治通鉴纲目》，共为一书”①。后因时局变化，未能施行。成化帝即位后，《宋元资治通鉴纲目》（下文简称《宋元纲目》）的编纂工作正式展开并最终完成。《宋元纲目》对《元史》的批评在于：

其一，此次官修《宋元纲目》主要致力于价值观而非事实。《凡例》所列八项条例中只有一条与事实有关，且表明事实仅在于核实而不在于采辑：“凡事迹悉据正史（谓宋辽金元史及皇明实录）。正史或有阙略异同，参取宋《长编》、元《经世大典》等书增入订正。或事有可疑、正史不载而传闻彰著者，略述于目之末，以圈隔之。或出‘某人曰’以为别，疑以传疑也。”② 其他诸项则分别为“提纲分目”、推举“得天下”者、区别对待“未一统者”与统一政权、“外邦”与“中国”、“不成君”者与君王、“辽金元官名”与汉族政权以及论断的列举方式，乃在于运用一定的书写方法来表达史臣对于宋元历史的褒贬、扬抑等观念，尤其是对分裂政权、外族政权的贬斥态度。这一《凡例》体现出《宋元纲目》对君权的维护。

其二，《宋元纲目》对元史的态度发生了变化。在进表中，史臣批评以往的元史著述“罔有折衷”，于正统、繁简、善恶、是非、前后、予夺等皆失于乱；而《宋元纲目》根据朱熹《通

---

① 陈建撰，高汝栻订、吴桢增删：《皇明通纪法传全录》卷二一（甲戌景泰五年四月），《续修四库全书》第三五七册，上海古籍出版社2002年版，第350页。

② 商辂等：《御批续资治通鉴纲目》“凡例”，《景印文渊阁四库全书》第六九三册，台湾商务印书馆2008年版，第6页。

鉴纲目》的旨意与成例，既能够承认元代一统中国的事实，又可以采用一定的书法来表达与此不同的历史观与价值观。所谓："若胡元之主中华，尤世运之丁极否，冠履倒置，天地晦冥，三纲既沦，九法亦斁。第已成混一之势，矧复延七八之传，故不得已大书其年，亦未尝无外夷之意。"① 在这里，《宋元纲目》史臣既承继了洪武年间明太祖对待元朝历史的认可，也增添了《元史》所没有刻意强调的华夷之辨。《宋元纲目》史臣对元史的态度与口吻进一步反衬出《元史》在华夷之辨问题上的轻淡。

其三，《宋元纲目》修纂之时及之后，指摘《元史》观点的现象逐渐多起来，一些元史著述中对《元史》的态度甚至非常激越。

以《宋元纲目》所记宋臣张世杰抗拒元军一事为例：

> 自寿庚叛逆，至是周一载，天道亦小变矣。世杰方谋举兵，而《纲目》即以"会师讨寿庚"书之，诛乱臣、讨贼子，汲汲然惟恐或后。盖以大盗未除，环四海之内无有能正之者。世杰是举虽不能成功，要之名曰"为宋"，其讨贼之意固可暴白于天下。故《纲目》大书于册，亦足以见讨贼有人，大义未遂终泯者也。然《元史》之修，既以元氏继宋，故于世杰讨寿庚之事，往往以"入寇"书之。夫诛乱臣、讨贼子，大义所在，反谓之"入寇"，可乎？此君子所

① 商辂：《商文毅公集》卷一《进续宋元资治通鉴纲目表》，《四库全书存目丛书》集部第三五册，齐鲁书社 1997 年版，第 8 页。

为惧，《纲目》所由作也。噫！必有君子者出，而后《纲目》之义大明于天下矣。[①]

查宋濂《元史》相关内容，唯有卷一六三《乌古孙泽》所记与此最为相应："至元十四年，元帅唆都下兵闽、越，见泽，与语而合，即辟元帅府提控案牍。时宋广王据福州，改元炎兴，度我军且至，遂入于海，复聚兵甲子门。其将张世杰攻泉州，兴化守臣陈瓒举郡应之。文天祥置都督府于南剑州，守臣张清行都督府事，谋复建宁。闽中郡县往往复从宋，江东大扰。"[②] 将《宋元纲目》与《元史》相比较，则可以看出：《宋元纲目》所记张世杰"讨寿庚"一事，《元史》未尝在意；且二书的叙述方式呈现出不同的主体立场，《宋元纲目》站在宋臣张世杰一方，并代其立言，而《元史》则以元人立场叙事（这一点在其他张世杰的相关记载上体现得比较明显）；《宋元纲目》还通过"发明"的方式发表了议论，表达了对张世杰正义之举的郑重褒扬，对《元史》叙述立场及其历史观的严重不满，《元史》一向谨遵"述而不论"的原则。彰显事迹、转换立场、注重遣词、发表议论，借由这些方式，《宋元纲目》实现了端正纲常的价值诉求。

《宋元纲目》还特别列举出元泰定帝时期所发生的两次"盗窃武宗神主"之事，以表示元人对元武宗的不满以及明人对

---

① 商辂等：《御批续资治通鉴纲目》卷二二"张世杰会师讨蒲寿庚于泉州传檄诸路遂复邵武军"条下"发明"，《景印文渊阁四库全书》第六九四册，台湾商务印书馆2008年版，第249页。

② 宋濂等：《元史》卷一六三《乌古孙泽》，中华书局1976年版，第3831页。

《元史》未尝突出此事的不满[①]；对宋徽宗、元成宗、元顺帝时黄河“清”之事特别发表议论，以彰显此类事情出现得“反常”以及《元史》对其中深意的不察[②]；等等。对此，《谢一夔传》总而言之：“一夔分修《元史》，凡所褒贬，一依朱子书法，多正前史之谬。”[③]《宋元纲目》流风所至，对《元史》及其史臣的批评也顺势而起。嘉靖七年（1528），何孟春《余冬序录》贬斥《元史》史臣危素：“呜呼！危，故史官，知畏史，力能存史，然得罪元史深矣。《元史》初成，无直笔，其乃来君子之议乎？”[④] 嘉靖十三年（1534），河南儒生安都撰《十九史节定》，即“远尊《春秋》”“近拟《纲目》”之意。其于《元史》则曰：“《元史》成于国初，善恶无容异议。每临研览之际，勃起紊驳之吁。”[⑤] 意即，安都虽不敢妄议明太祖亲自指导修纂的《元史》，但是，《元史》带给他的强烈的善恶“紊驳”之感却无法遮挡。这一事例反映出民间对《元史》价值观的不满。明末清初，受到民族形势的压迫，王夫之对《元史》总裁宋濂的

① 商辂等：《御批续资治通鉴纲目》卷二五“帝如上都〇夏四月盗窃武宗神主”条下“发明”：“泰定之世，两书盗窃神主”，《景印文渊阁四库全书》第六九四册，台湾商务印书馆2008年版，第340页。

② 商辂等：《御批续资治通鉴纲目》卷二七“十一月黄河清”条下“发明”：“然历宋而元，历年四百，其间有仁民爱物、敬天恤政之君，岂无河清？而不见于《纲目》，是君子于他君皆削之矣。独宋徽书‘河清’、元成书‘河清’、顺帝书‘河清’，则存而弗削。缘此三君获罪于天，宜得水旱凶灾、山崩川竭之谴，今乃河清，则是反常也。故以为异，特存耳。此一事也，在不修《纲目》，则为庆祥；君子笔之，为变异，是《纲目》因《元史》旧文、能立兴王之新法也。”《景印文渊阁四库全书》第六九四册，台湾商务印书馆2008年版，第401页。

③ 雷礼辑：《国朝列卿纪》卷二〇《谢一夔》，《续修四库全书》第五二二册，上海古籍出版社2002年版，第345页。

④ 雷礼辑：《国朝列卿纪》卷五《弘文馆学士行实》，《续修四库全书》第五二二册，上海古籍出版社2002年版，第71页。

⑤ 陈继儒：《见闻录》卷四，明宝颜堂秘籍本。

抨击更是激烈："宋濂中华之士，与闻君子之教，佐兴王以复［中华］者也，非有崔浩族诛之恐，而修蒙古之史，隐其恶，扬其美，其兴也，若列之汉、唐、宋开国之君而有余休；其亡也，则若无罪于天下而不幸以亡也。濂史成，而天下之直道永绝于人心矣。濂其能无愧于浩乎？浩以赤族而不恤，濂以曲殉虞集、危素而为蒙古掩其［腥秽］，使后王无所［惩］以［厚］其［防］，后人无所［愧］以［洁］其身。人之度量相越，有如此哉！后之作者，虽欲正之，无征而正之，濂之罪，延于终古矣。"①

以上便是以《宋元纲目》为代表的《元史》批评观。《宋元纲目》等史著作者对《元史》"纲常""不正"的批评，基于《元史》记载（所谓"因《元史》旧文，能立兴王之新法"②），涉及史事"多"，流传深远，成为《元史》批评史上一段不容忽视的事实。需要注意的是，虽然这种观点在明代中晚期十分流行，但是，仍然不乏像前述万历时期的黄凤翔那样的士人坚持明太祖对待元史的立场。

第二节　宋元史改修及其批评

编年体史书是中国古代史学的一个传统，尤其在宋代出现

---

① 王夫之：《读通鉴论》卷一五《文帝十九》，中华书局 1975 年版，第 504–505 页。

② 商辂等：《御批续资治通鉴纲目》卷二七"十一月黄河清"条下"发明"，《景印文渊阁四库全书》第六九四册，台湾商务印书馆 2008 年版，第 401 页。

《资治通鉴》《通鉴纲目》之后，这一意识更为突出。《元史》修撰之后，续写编年体宋元史很快便成为明人的另一个心愿。洪武三年（1370），《元史》新修成，宋濂即寄望于苏伯衡续修司马光《通鉴》："有能搜纂以续司马之书者，将不在今日乎！"[①]景泰年间，朝廷有意修《宋元通鉴纲目》。会英宗复辟，此事搁浅。成化九年（1473），朝廷再次开启《宋元纲目》的修纂工作。成化十二年（1476），商辂等进《续资治通鉴纲目》。之后，重修宋辽金元史、研究《春秋》《通鉴》《纲目》等编年体史书、关注通史等现象随风而起，代代不绝。其中，即包含着对有关问题的评价。这里着重论述明人对前代所修宋元间历史的批评。

宋濂希望苏伯衡为《通鉴》续写宋元之间的历史，出于延续"国史之法"的考虑。他看重编年胜过纪传。其言曰：

> 古者国有国史。下至闾巷之间亦有闾史，皆据官守勿失，纪善恶以示劝戒。其国史之法见乎《书》，备乎《春秋》，以事系日，以日系月，以月系时，以时系年，殆犹山岳之有定形不可易者。太史迁别出新意，轻变编年之旧，创为十二《纪》，以序帝王；十《表》，以贯岁月；八《书》，以述政事；三十《世家》，以录公侯；七十《列传》，以志士庶。历代史官遵之，而《春秋》之义类隐矣。[②]

---

① 宋濂：《宋濂全集》卷二三《送国子正苏君还金华山中序》，黄灵庚编辑校点，人民文学出版社 2014 年版，第 466 页。

② 宋濂：《宋濂全集》卷二三《送国子正苏君还金华山中序》，黄灵庚编辑校点，人民文学出版社 2014 年版，第 465-466 页。

在宋濂看来，自古以来，无论国史还是闾巷之史，其重要之处在于“国史之法”；“国史之法”以《春秋》为代表，形式上以编年为体，为恒定而不可轻易变更之法则；司马迁《史记》所创造的纪传体与编年体不同，实属轻率变更；纪传体相沿成习后，《春秋》中包含的“义类”思想便逐渐隐晦不传了。宋濂以此寄望苏氏修编年体宋元史书，其言外之意即，当时所见宋元史失却了《春秋》精神而令人无法满意。

正统十三年（1448），周叙建议重修《宋史》。在解释重修的原因时，周叙对《宋史》《辽史》《金史》作出了比较详细的评论：

> 叙窃观《宋》《辽》《金》三史，前元至正初始修。元以强力入主中国，辽、金二虏皆其族类。当时柄国大臣又多辽、金之子孙，遂不以正史归之。于宋分而为三，且以宋列于辽、金之下。揭文安公、欧阳文公时司总裁之寄，不得不任其责。但在当时，局于势，有不能耳。惟史臣王理辈首议统纪不合，诸儒有识之士莫不相与上书争之，而不能得。理复著《三史正统论》，推明修端之言，欲以辽、金为北史，宋自太祖至靖康为《北宋史》，建炎以后为《南宋史》。不过迁就时议，曲加折衷，非尽至论。然亦未之从，三史遂流传至今。元季，四明陈子桱修《通鉴续编》，遂仿文公《纲目》之义，一以宋为正统，而附见辽、金之事，故虽元灭金、夏，奄有中国，而亦系于宋下，以明天命之示绝。周伯

温序之曰："地有偏全，而统无偏全。势有强弱，而分无强弱。"诚哉斯言！可谓得去取之公矣。但其为书，乃编年之体，而一代纪载全书未有厘正之者。且《辽》《金》二史板帙简省，书坊尚存；《宋史》繁多，板本复毁，散在四方甚少。至有号称为儒，没首不及见者，不亦重可嗟惜哉！①

周叙在文中谈到三史在观念、版本方面存在的问题，而尤以观念即"义例"为重。对于三史的"义例"，周叙特别指出，三史不以正史归宋，而分为三，且列宋于辽、金之下。他深入追溯了三史之所以存在此种"义例"的时代、环境因素以及历史上儒臣捍卫史书"义例"的努力：当时处于少数民族统治之下，迫于形势，总裁修史之臣不得已而采用平均看待宋、辽、金并立政权的做法。这样做，既体谅了当时的编修诸臣，又为改朝换代之后得以重修三史一事埋下了伏笔。同时，周叙还追述，从三史修纂之时开始，就有史臣王理、陈桱等通过《三史正统论》《通鉴续编》等撰文、修史诸方式，为保持史书正统之例、纠正三史"统"例之失而不懈地努力。这样，当他再提三史"义例多舛"而亟须重修时，其理由便更加充分、适足而引起重视了。周叙对三史，尤其是《宋史》"义例"的不满折射了史学批评的时代性，同时，更加强烈地体现了中国古代史学对"义例"的执着。

景泰六年（1455），皇帝朱祁钰下令续修《纲目》时称：

① 周叙：《论修正宋史书》，黄宗羲编：《明文海》卷一七四，中华书局1987年版，第1740页。

“朕惟古昔帝王盛德大功，载诸典谟、训诰、誓命之文。春秋二百四十二年之事，著于孔子褒贬之书，足为鉴者，不可尚矣。自周威烈王至梁、唐、晋、汉、周、五代事，书于朱文公《通鉴纲目》，亦天下后世之公论所在，不可泯也。朕尝三复，有得于心。独宋元所纪，窃有歉焉。卿等其仿文公例，编纂官上接《通鉴纲目》，共为一书，以备观览。”① 从中可知，皇帝欲知历来帝王得失，主要参考编年体《春秋》及《通鉴纲目》，且尤其看重两书“足为鉴”“天下后世公论所在”这样的思想价值。这种具有思想高度的史书仅仅写到五代，无法兼及宋元，对于明代人物来讲，自然是一段憾事。因此，续写《纲目》的需求便顺势而生。景泰帝要求续修《纲目》，旨在以《春秋》《纲目》的思想来撰写宋元时期的历史，这是宋明时期程朱理学盛行在最高统治者层面的反映。

成化九年（1473）《宋元纲目》开始修纂，成化十二年（1476）书成，皇帝朱见深序曰：

> 朕惟天地纲常之道载诸经，古今治乱之迹备诸史。自昔帝王以人文化成天下，未始不资于经史焉。我太宗文皇帝表章五经四书，辑成《大全》，纲常之道粲然复明，后有作者不可尚已。朕祗承丕绪，潜心经训，服膺有年。间阅历代史书，舛杂浩繁，不可殚纪。惟宋儒朱子因司马氏《资治通

① 《钞本明实录》第七册《明英宗睿皇帝实录》卷二五六（景泰六年秋七月乙亥），线装书局2005年版，第201页。

鉴》著为《纲目》，权度精切，笔削谨严。自周威烈王至于五季，治乱之迹了然如指诸掌，盖深有得于孔子《春秋》之心法者也。展玩之余，因命儒臣重加校订，锓梓颁行。顾宋元二代之史迄无定本，虽有《长编》《续编》之作，然采择不精，是非颇谬，概以朱子书法，未能尽合。乃申敕儒臣发秘阁之载籍，参国史之本文，一遵朱子凡例，编纂二史，俾上接《通鉴纲目》，共为一书。始于宋建隆庚申，终于元至正丁未，凡四百有八年，总二十有七卷，名曰《续资治通鉴纲目》。而凡诛乱讨逆、内夏外夷、扶天理而遏人欲、正名分以植纲常，亦庶几得朱子之意，而可以羽翼乎圣经。[①]

在序里，朱见深依次表达了这样几层主要意思：一是天地古今的大道大迹都保存在经史书籍里；一是明太宗即明成祖朱棣时所辑《性理大全》对于“道”的弘扬功莫大焉；一是他自己服膺经书，但见史书太过“舛杂浩繁”；一是史书中唯有朱熹《通鉴纲目》深得《春秋》之意，值得推举；一是关于宋元两代的史籍仍然没有满意之作，《纲目》于“宋元正史未备”[②]，而质量相对突出的宋人李焘《续资治通鉴长编》、元人陈桱《通鉴续编》，在历史观点方面又无法与《纲目》颉颃；一是以《纲目》

① 商辂等：《御批续资治通鉴纲目》卷首《成化御制原序》，《景印文渊阁四库全书》第六九三册，台湾商务印书馆2008年版，第5页。

② 《钞本明实录》第一〇册《明宪宗纯皇帝实录》卷二九三（成化二十三年八月），线装书局2005年版，第64页。

为体例重修宋元史。一言以蔽之，即以《纲目》为标准着重在观点层面重修宋元历史。

万历年间，有策问直斥宋人私史为“异端”。问者列举《碧云騢》（传为梅尧臣撰）、《孔氏野史》（相传为孔平仲撰）、《建隆遗事》（王禹偁撰）、《林氏野史》（林希撰）诸私史，称“其诬善盖愆，即唐以前所未有也”，问“诸士能举其略与”[①]？又问：“盖又有为《宋史辨疑》者，果足以讨杂传之失与？”[②] 董其昌则以私史“至于宋，而遂有不可诘者”为应和，答曰：

> 读《碧云騢》而先忧后乐，但妄语耳；读《孔氏野史》而焚香告天，定欺人耳。王元之不得志于史职也，则有《建隆遗事》以修怨焉，若无意于赵韩王也者；林希古党于章惇也，则为《林氏野史》以盖愆焉，若持平于元祐诸君子也者。其设心积虑，将使姱修之士蒙疵纇于汗青，黠诈之夫掩肺肝于白日，而不为异中之异哉？宋臣李天性患之，于是取名臣之受诬而的然有据者，案而断之曰《典故辨疑》，诚史家之金汤乎？而执事犹若有未尽者，何也？岂以正史之中亦有升天按地、上下其手者耶？亦有茹霜喷露、寒暖其笔者耶？无论魏收，伶玄之于班椽何为耶？无论陈寿，欧公之于钱氏何为耶？即厚诛丛史以如钩，而薄贷兰台之亦党，何

① 董其昌：《容台集·文集》卷七《策》“问杨子云之言异端也”条，《四库禁毁书丛刊》集部第三二册，北京出版社2000年版，第322页。

② 董其昌：《容台集·文集》卷七《策》“问杨子云之言异端也”条，《四库禁毁书丛刊》集部第三二册，北京出版社2000年版，第322页。

以服魏秦诸人之心而关其口也？且夫熙宁之事、（苻）［符］离之役，宋之大关键也，以《实录》不能正而《遵尧录》正之；以《时政记》不敢书，而《齐东野语》书之。岂得谓私史之中无如陈瓘、周密其人，而略无助于谋野之获哉？今《宋史》具在，谓宜仿《唐书纠缪》之意，刊其曲笔，归之雅驯，亦千载一快也。[①]

从中可知，答者非但明白问者对所列诸种私修宋史语焉不详的指摘因何而发，而且根据前人宋代学者李大性（引文误作“李天性”）作有《典故辨疑》一书，已然对诸多私史的错误进行过专门驳正一事，答者还发挥出此问潜在的题外之意，即，错误记录宋史的岂止私史，“犹若有未尽者”。答者认为，如果列举尚有“未尽”之处，则“未尽”之处应当包括正史。由此，他陈列出诸多“正史”中亦存在类似于私史不实的情形：魏收《魏书》已有“秽史”之称，陈寿《三国志》立统不正，宋代实录不能反映熙宁之时王安石变法对社会造成的危害，《时政记》又不敢记录隆兴元年宋孝宗纵容张浚贸然出征，在符离遭遇金军而大败一事，等等。答者明确表示，就这类事实而言，正史反倒不如私史勇敢、真实、可靠而展现出不凡的史识。因此，他建议，像《新唐书纠谬》一样，也应当对《宋史》进行一次系统全面的纠谬工作。

---

① 董其昌：《容台集·文集》卷七《策》“问杨子云之言异端也”条，《四库禁毁书丛刊》集部第三二册，北京出版社2000年版，第325–326页。

从明初宋濂指望苏伯衡续修编年体宋元史、正统年间周叙请求重修纪传体《宋史》、景泰成化年间敕修纲目体宋元史到明代晚期策问中出现对宋史的特别批评，虽然诸多重修之念涉及的历史时段于宋、辽、金、元的侧重略有差异，对重修所诉诸的史书体裁也有编年、纪传、纲目等诸多不同，但对宋代历史诸种记录的不满则是由始至终、具有共识的。这正是上述有关史料传递出的重点信息。明人对宋史记述的不满集中表现为对其间所表现的思想观点的批评。宋濂认为，纪传体史书无法贯彻《春秋》所彪炳的“义类”精神；周叙认为，《宋》《辽》《金》三史的“义例”“统纪”或者说“正统”观念舛乱不堪；明代宗、明宪宗表示，宋元史不符合《春秋》《通鉴纲目》等“天下公论”，“是非颇谬”，难与《性理大全》等经义颉颃；董其昌等人指出，宋史中存在著史之人“升天按地、上下其手”“茹霜啧露、寒暖其笔”等有违史家公义的私心行为。诸种说法，依据不同，角度各异，文字表达亦有差别，但语义是相通的：宋元史亟须经历思想价值方面的衡量、检讨与重修，衡量的标准即《春秋》《纲目》等经典史书所示范的纲常与是非。这种需求体现了明代君臣以及士人的价值观。

第三节　对通代史书的批评

明代对《通鉴》及《纲目》的续修再次推动了另一个史学现象——批评通代史书（这里所讲的“通代史书”非指通史著

述，而是特指可以纳入通贯视野的历代史书)。《春秋》以至《通鉴》《纲目》一脉相承，是续修者希望依归的思想基础；正确理解并阐发圣贤的修史思想，是续修史书必须提前完成的思想准备。《春秋》一脉的史书修撰从西周至南宋起起伏伏，其间各种史书不断涌现，尤其是纪传体正史风尚已成，并与编年角力争先，此时要求史书修撰重归《春秋》一脉，意义何在？为此，不得不就历代史书的长短得失作一番检讨，以揭明修史追慕《春秋》的缘由。通览、批评历代史书的学术兴趣便顺势而生。

明初，宋濂鼓励苏伯衡续修编年体宋元史时，曾围绕着“国史”修撰对历代史书的体例进行了概括性的评述。他认为，国史修撰在古代便奠定了其在修史领域中的根本性地位；国史修撰的特点是官修，闾巷之史亦因其统摄于官府而从属于国史；国史修撰的目的在于纪善恶、示劝戒；国史体裁创始于《书》，完善于《春秋》，形式上以时间为序来编年纪事，结构十分稳定；司马迁以纪、表、书、世家、列传组织历史，是对编年体裁的轻率变更，不利于《春秋》之义的揭示，有损于国史善恶惩劝的功能；历史上，荀悦、萧颖士已经对《史记》有所讥讽，只是史书编撰的局面并未得到改变；司马光学习《春秋》，所著《资治通鉴》超越《史记》，得到时人刘恕的肯定；然而，纪传体正史仍然被撰修五代史、宋史、元史的史家继承；南宋李焘《续资治通鉴长编》虽然变纪传体为编年体，但是，对于不同的记载，李焘仅仅予以保存，未能进一步判断、取舍，大概以为自己的能力不足以像创作者那样具有圣断独断，而把裁断之事留给了后人；《元史》虽然新成，问题良多，仍然可以为编年元史提供首尾完具的资料。[①] 这段评述通过批评历代国史表达了作者的国史观，内涵丰富。可以看出，宋濂将历代的编年体与纪传体视为国史修撰的两种体裁，将两种体裁的此起彼伏视为国史修撰历史中所发生的或正或变两种变化，肯定编年体为国史修撰的正途，认为纪传体不适宜于修撰国史，表达了国史应当勇于取舍、观点明确、惩劝意向鲜明的价值取向与史学观点。

正德、嘉靖间，王鏊也对史著的古今变迁多次表达过批评。与宋濂关注编年体与纪传体孰优孰劣不同的是，王鏊针对撰述者的身份检讨了撰述者对历代史著优劣的影响。他指出，汉代之前，史家保存着家世传承的特征，这既有助于他们以史官的身份获取关于君主、朝政、国家的决定性资料，也有助于他们培养良好的史学素养，且对史著拥有更高的自主权，由此保障了史著的质量及流传程度；然而，汉代之后，史书撰述者与史学之间的联系不再紧密，或者修史的人员流动频繁，或者史职远离了纂修国史的核心资料，或者权臣干预修史等等，故而史书的质量堪忧。出于此种认识，王鏊断言："班固死，天下不复有史矣。"[②] 这里明显带着愤激的情绪，它强烈地表达了王鏊对后世史职难以专心治史的不满。虽然如此，王鏊对历代史臣由家传到任命这一身份变迁及其对史书质量的影响的洞察却是切中肯綮的。不过，我们

① 宋濂：《宋濂全集》卷二三《送国子正苏君还金华山中序》，黄灵庚编辑校点，人民文学出版社 2014 年版，第 465-466 页。

② 陈全之：《蓬窗日录》卷之四《世务二 · 信史》，顾静标校，上海书店出版社 2009 年版，第 192 页。

不能由此认为王鏊完全否定了汉代之后的史著。因为他还说过，自古以来的史著多是“一人之笔”即独修，一直到《史记》之后、《宋》《辽》《金》之前的正史也基本上保持了这一传统，所谓“自《史记》下十七代之书亦皆一人成之，《唐书》虽文忠与景文共之，然而卷帙互分，两美相合”[1]。这说明，因其独修成分居多，“自《史记》下十七代之书”还是值得肯定的。但是，元修三史时，“此法坏矣”：“原其所以，由胡人在位，大臣寡学，不欲中国之人擅其所长，故不惟其人惟其官，不惟其实惟其名，其长不知所美，其短不知所委，其先后矛盾复何怪哉？”[2]这无疑是元朝对史家世传及其独修的修史传统造成的极大破坏，也是史书出现“先后矛盾”等诸多问题的时代根源与制度根源。令王鏊痛恨的是，后世未能修正元代因社会变迁而产生的修史制度的问题，反而承袭了元代之法，遂使“今日一代之史可以一人成，不以为骇则以为狂矣”[3]。至此，可以看到，从史家身份的角度，王鏊至少将历代史书的编撰史分成了三个阶段：汉代之前依古法修史；汉代之后、元代之前维持独修；元代之后的史职任命随意，修史质量呈现江河日下之势。撇开其间的情绪与具体结论，关于史家由世传到任命的身份变迁以及元代对传统修史制度的怠弃，王鏊是有见地的。

---

① 陈全之：《蓬窗日录》卷之四《世务二·信史》，顾静标校，上海书店出版社2009年版，第193页。

② 陈全之：《蓬窗日录》卷之四《世务二·信史》，顾静标校，上海书店出版社2009年版，第193-194页。

③ 陈全之：《蓬窗日录》卷之四《世务二·信史》，顾静标校，上海书店出版社2009年版，第194页。

大约同时，李梦阳也对历代史书表达了自己的看法，他是根据史文的标准来衡量众史的。其言曰：

仆尝思作史之义，昭往训来，美恶具列，不劝不惩，不之述也。其文贵约而该，约则览者易遍，该则首末弗遗。古史莫如《书》《春秋》。孔子删修，篇寡而字严。左氏继之，辞义精详。迁、固博采，简帙省缩。以上五史，读者刻日可了。其册可挟而行，可箱而徙。后之作者，本乏三长，窃名效芳，辄附笔削，义非指南，辞殊禁脔，传叙繁芜，事无断落。范晔《后汉》亦知史不贵繁，然剜精铲采，著力字句之间，故其言枯体晦，文之削者也。盖不知古史文约而意完，非故省之言之妙耳。下逮《三国》《南》《北》诸史，远不及晔，漫浪难观。《晋书》本出群手，体制混杂，俗雅错棼。欧阳人虽名世，《唐书》新靡加故，今之识者购故而废新；《五代史》成一家言，是矣；然古史如画笔，形神具出，览者踊跃，卓如见之，欧无是也。至于《宋》《元》二史，第据文移，一概抄誊，辞义两蔑。其书各逾百帙，观者无所启发，展卷思睡矣。得其书者，往往束之高阁。[1]

从这番论说来看，李梦阳评论历代史文是有其逻辑依据的：史书有其内在规定性，即古人所谓史书为“以古劝今”而生；

① 李梦阳：《空同集》卷六二《论史答王监察书》，《景印文渊阁四库全书》第一二六二册，台湾商务印书馆2008年版，第568-569页。

史书的内在规定性决定了优秀的史文必然具有“约而该”的特点，以使读者既能够遍览这些史籍又不会遗失丰富的历史信息。可以说，李梦阳的史文观是建立在史书的本质之上的，是有根底的。运用这样的史文观来评点历代史书，李梦阳认为，《尚书》《春秋》《左传》《史记》《汉书》皆为“约而该”的优秀史著，且各有特色；后代多数史书的文字则难以达到“约而该”的水平，或者失于“义”，或者失于“辞”，或者失于“叙”，或者失于“事”；范晔的《后汉书》在“约而该”方面还是颇有作为，只是文字删削得有点过度；《三国志》《南史》《北史》表达混乱；《晋书》风格不一；《新唐书》还不如《旧唐书》；《新五代史》倒是可称得上“一家之言”；《宋史》《元史》只是材料堆积。李梦阳从史文得失的角度解释了各部史书在历史上的不同地位与影响。

嘉靖年间，丰坊论历代史书曰：

> 古者，史官大事书之简册，小事书之布帛。故有太史以职简册，简册者，纲，若《春秋》之经；内史以职布帛，布帛者，目，若《尚书》，若内、外《传》之体是已；外史职列国之书；小史职百家之说。四职备而史法具。由黄帝以来，未之有改也。吕政隳天，典籍是灭；史官不设，厥职遂散。汉兴，司马迁作《史记》，始立纪传，纪传立而太史之法亡矣。荀悦变纪传而作编年，编年作而内外小史之职混矣。降若班固、郑玄、崔寔……胡粹中、梁寅、王浚、金燫

之徒，述作虽繁，皆未闻君子之大道也。唯宋司马公《通鉴》叙事有法，镕铸贯穿，成一家言，信超乎诸氏矣；而是非之公，尚有待于朱子。朱子《纲目》，明天人之道，昭监戒，著几微，诚有于圣人之传者。顾书成于师渊，而晦翁之手笔无几。是以纲词多费，非谨严之体；目记太略，无以考见本末，学者每遗憾焉。若夫四史之法，则概乎未之及也。①

丰坊是从史职的角度来褒贬历代史书的。在他看来，司马迁《史记》所创立的纪传体破坏了古代太史以简要为特点的史法；荀悦《汉纪》虽然不再以纪传为体，然而其编年体例也不能反映古代内外史、小史所职掌的丰富而有层次的历史内容；汉代班固以下，直到明代修史之人，其间众多史家虽然创作出繁富的史书，但尽数远离圣贤君子意欲揭示的根本性的道理；只有司马光的《资治通鉴》体现出了传承古意、近乎圣贤的史法，超越众人、卓尔不群，但其历史见解仍然存在不足；朱熹的《资治通鉴纲目》对于历史道理的揭明可谓得到圣贤的真传，惜其文字出于弟子之手而详略有所失当，而且，《纲目》也谈不上继承古代史职的作史之法。丰坊对诸史近乎无视的批判态度，出自他为《世统》一书的自序。《世统》强调历史统系，此番批评是其过于看重历史统系的结果。

---

① 张萱：《西园闻见录》卷二九《史局·前言》“丰坊曰”，民国哈佛燕京学社印本。

嘉靖十三年（1534），河南儒生安都进呈《十九史节定》一百七十卷。其上疏批评诸史云：

载观历代之书，浩繁无纪；考其垂训之意，评品多疵。乃若处士贫贱之退羞，与夫奸雄苟得之进贵；四皓、纪信之黜削，杨雄、荀彧之褒崇；《史记》作于谈、迁，固为有蔽；《汉书》成于班、范，岂能无讹！晋陈寿志三国，帝曹魏而寇蜀汉；唐太宗撰两晋，纵充、昭以等诸臣；南北朝皆篡君以得国，犹存帝号；隋杨坚亦挟主而受禅，不减尊称；武后革唐为周，处帝王本纪之例；朱温弑主夺国，效鲁公宜君之书；弥文昧于宋纪，从艺祖篡君之非；专史作于辽金，失中国正统之义；《元史》成于国初，善恶无容异议。每临研览之际，勃起紊驳之吁！①

安都主要批评历代史书不足以为后人提供良好的价值观引导。他通过考察前代史书的“垂训之意”（是为中国古代史学素来讲求的终极的价值功用），看到诸史的史观存在重重问题（所谓“评品多疵”），诸如《史记》埋没隐士、羞称贫贱、肯定奸雄；两《汉书》不为四皓、纪信立传，反而作有《扬雄传》《荀彧传》；陈寿《三国志》以曹魏为帝，却以蜀汉为敌；唐修《晋书》，对于“叛逆”贾充、李昭未加贬斥；《南史》《北史》对

① 夏言：《夏桂洲文集》卷一二《参效儒士安都进呈史书疏》，明崇祯十一年吴一璘刻本。

于篡夺帝位者，仍然承认其帝位；隋文帝杨坚以武力得“禅”，《隋书》以帝称之；武则天革去唐命、自立周朝，两《唐书》为她作《则天皇后本纪》；朱温分明弑主篡国，新旧《五代史》却呼之为帝，且欧阳修更是“妄称”此举正是《春秋》认可篡位鲁公、尊重事实的遗意；《宋史》也顺从了宋太祖篡位这样的叛逆；《辽史》《金史》弃正统思想而不顾；《元史》因作于本朝开国皇帝，不宜评价其是非。如此种种，令安都读之，“勃起紊驳之吁”。因此，他想继承《春秋》《纲目》的史学思想，“进圣贤忠孝”，“退奸雄幸逆”；“立隐送、节义”，“抑党恶、篡弑”；“帝蜀汉，黜曹瞒”；“置充、昭为弑逆”；篡位之君“惟存本号”，“遂削尊称”；以分注的方式揭露“武后之奸”，且将其传“录于国史之末”；“记朱温之逆”，“削艺祖以国称”，“附辽金于宋史”①。其时，嘉靖皇帝及礼部大臣以为“历代史书已有正定”，安都之书属于“无知妄作”，最终下令焚毁。后朝陈继儒却以为其书“亦有可采者”② 而为之惋惜。

嘉靖四十五年（1566），薛应旂的《宋元通鉴》刊刻。书中，他对历代正史与编年体史书作出这样的比较与评价：“旂少读二十一史，苦其浩瀚。既取荀悦、袁宏前后《汉纪》，范祖禹《唐鉴》，欧阳修《五代史》读之，各成一书，咸可法戒。然会而观之，犹若未备。及读司马光《资治通鉴》，上起战国，下终五代，先后贯穿，而一千三百六十二年之事迹灿若指掌矣。自宋

① 夏言：《夏桂洲文集》卷一二《参效儒士安都进呈史书疏》，明崇祯十一年吴一璘刻本。
② 王棠：《燕在阁知新录》卷二四《安都》，清康熙刻本。

以下，虽有李焘之《长编》，刘时举、陈桱之《续编》，而纪载失次，笔削未当，仍为缺典。于时不自揆量，妄意删述，以绍司马氏之事。”[①] 从中可以看出，薛应旂先是阅读前代正史，但是正史过于“浩瀚”，阻碍了他的阅读志趣；待到选取和阅读荀悦《汉纪》、袁宏《后汉纪》、范祖禹《唐鉴》、欧阳修《新五代史》这几部史书之后，方才领略到史书的垂鉴之意而有所收获，但是，通观这些史书及其背后的历史时，又发现断代为书还是不够完备；直到阅览司马光的《资治通鉴》之后，历史的完整、贯通、丰富与明晰被这种撰写方式强烈地体现出来，这才让他觉得愉快舒畅、出口称赞；然而，《通鉴》之后的史书在记载宋代以后的历史时，编次失于紊乱，详略褒贬有所不当，可以说，宋元史仍然缺乏一部令人满意的史学作品。因此，他决定勉力实现此事。这里，薛应旂对历代史书的评价表达得很简单，却因真实的阅读体验、具有章法的阅读顺序以及对完善程度要求较高的标准的存在，所以这些简洁的评价体现出值得信任的力量。

万历年间，陈懿典曾从详略的角度评论历代史书。他认为，圣人编纂的史著，也即优秀的史著都是删略前代文字的结果：“盖《尚书》，删上古以及三代之史者也；《春秋》，删鲁定以及哀之史者也。自有《书》，二帝三王之治烂若日星，其余皆可以存而不论，不嫌于略也；自有《春秋》，二百四十年之行事明如

① 薛应旂：《宋元通鉴》卷首《宋元通鉴序》，《四库全书存目丛书》史部第九册，齐鲁书社 1996 年版，第 685 页。

指掌，其余皆可以论而不议，亦不嫌于略也。此圣人之史也。”① 然而，随着时间的推移，史臣纂辑的史书较前代越来越详细，而较其后的史书又显得简略：“《诗》《书》而后，载籍日增。战国秦汉之间，何啻充栋？司马迁网罗放失，创立纪传，作为《史记》。虽或有讥之者，而自此书一出，帝皇王霸之迹可按籍而知。较之《尚书》《春秋》，则过详；比于后之作者，则已略。此史臣之史也。”② 但是，当纪传体史书历代因袭之后，史书就日益浩繁而难以卒读了：“《史记》之后，两汉、两晋、隋、唐、三国、六朝、五代称十七史，不可谓不多。故在宋，已有‘一部十七史，从何处说起’之论。于是有为《十七史详节》者。至我明，而宋、辽、金、元史皆备，称‘二十一史’，卷帙繁重。经生寒士即欲博览，而未必能有其全书；缙绅先生力能有之，而或非其所好；即心好之，而官守世纷，夺其暇日，往往不能尽卒其业。”③ 在这里，陈懿典道出了明代之所以出现各种节略史书的原因，正是二十一种纪传体断代史书过于详细的必然结果。陈懿典的评论揭示出史书在详与略的矛盾关系中向前辩证发展的一种规律。

天启年间，朱荃宰《文通》刊行。此书多集前人议论，借以表达自己的思想。书中，他对通代史书进行了多角度的观察、

---

① 陈懿典：《陈学士先生初集》卷一《史书纂略序》，《四库禁毁书丛刊》集部第七八册，北京出版社2000年版，第626页。

② 陈懿典：《陈学士先生初集》卷一《史书纂略序》，《四库禁毁书丛刊》集部第七八册，北京出版社2000年版，第626页。

③ 陈懿典：《陈学士先生初集》卷一《史书纂略序》，《四库禁毁书丛刊》集部第七八册，北京出版社2000年版，第626页。

汇选与批评。而元代刘因从经史关系的角度衡量、评断诸史的思想在全书的史学批评中最为根本，也最具有代表性。其言曰：

史之兴，自汉氏始。先秦之书，如《左氏传》《国语》《世本》《战国策》，皆掇拾记录，无完书。司马迁大集群书，为《史记》。上下数千载，亦云备矣。然而议论或驳而不纯，取其纯而舍其驳可也。后世史记皆宗迁法，大同而小异。其创法立制，纂承六经，取三代之余烬，为百世之准绳。若迁者，可为史氏之良者也！班固《前汉史》与迁不相上下，其大原则出于迁，而书少加密矣。《东汉史》成于范晔，其人诡异好奇，故其书似之。然论赞情状有律，亚于迁、固。自谓“赞是吾文之奇作，诸序论往往不减《过秦》”，则比拟太过。《三国》，陈寿所作，任私意而好文，奇功伟迹往往削没。非裴松之小传，一代英伟之士，遂为寿所诬。后世果有作者，必当改作，以正寿之罪，奋昭烈之幽光，破曹瞒之鬼贼，千古一快也。《晋史》成于李唐房、杜诸人，故独归美太宗耳。繁芜滋漫，诬谈隐语、鄙亵之事具载之，甚失史体。《三国》过于略，而《晋书》过于繁。南北七代，各有其书。至唐李延寿，总为《南》《北史》，遣辞记事，颇为得中，而其事迹污秽，虽欲文之，而莫能文矣。《隋史》成于唐，兴亡之际，徼讦好恶，有浮于言者。《唐史》二，旧书刘煦所作，固未完备，文不称事；而新书成于宋欧阳诸公，虽云完备，而文有作为之意，或过其实，而议论纯正，非旧书之比也。然学者当先旧而后新。《五代》二书皆成于宋，旧则薛居正，新则欧阳子也。新书一出，前史皆废，所谓一洗凡马空者也。宋金史皆未成，金史只有实录，宋事纂录甚多，而《东都事略》最为详备。[①]

借助刘因的论述，朱荃宰表达了自己对通代史书之优劣得失的认识。他认同这些观点：《史记》在先秦史书的基础上编纂而成，具有先秦史书无法企及的完备性；《史记》的思想观点既存在驳杂，又不失纯粹可取之处；纪传体的创立能够被后世持续采用，显示了司马迁作为一个史家的卓越；班固《汉书》与《史记》不差上下，它主要习自《史记》，只不过较《史记》更为详细；范晔《后汉书》失之于诡异好奇，但其论赞不亚于司马迁与班固；陈寿《三国志》过于简略，埋没了不少奇功伟绩，幸得裴松之以注相补，但其尊曹操、抑刘备的罪过仍须后代来纠正；《晋书》取舍无度、剪裁失当，太过繁冗，距离史书的体例甚远；李延寿的《南史》《北史》在文字与叙事方面可谓适宜，但其价值受到南北朝历史杀伐、混乱、难堪之状的拖累；《隋书》存在恶意攻讦、言语浮夸的现象；刘昫《旧唐书》不够完备，文字能力不足以反映事实；欧阳修《新唐书》较《旧唐书》完备，除文字存在言过其实之外，思想见识值得肯定；欧阳修《新五代史》问世后，薛居正的《旧五代史》就被淘汰了；元代

① 朱荃宰：《文通》卷一《叙学》，《四库全书存目丛书》集部第四一八册，齐鲁书社1997年版，第369-370页。

刘因之时，《宋史》《金史》都还没有完成。这段论述评价了元代之前的十二部纪传体正史（不包括当时尚未完成的《宋史》《金史》），对每部正史的优劣得失皆言简意赅、直击要害，锋芒所至，涉及史书的史料基础、体例体裁、内容取舍、文字功夫、史事事实、思想观点等，表达了尊崇经书、树立正统、反对杀伐等价值取向。

明代对通代史书的批评不止上述内容，这里仅取其中略具代表性的若干事例。明人以通贯的视野广泛检讨历代史书，始自明初续修编年体宋元史的诉求；但这不是唯一的、静止的原因，我们至少可以从之前的元代、之后明人编修当代国史一事中看到其他的讨论历代史书的需要。明人评价通代史书，各自有其切入的角度，诸如国史、史职、褒贬、体验、经史等等，显示出理性维度的多样性，由此带来了对史书价值的异彩纷呈的判断。无论这些评价多么不同，我们都可以看到明人对史书的认识中存在着一定的共通性：其一，史书修撰在历史中并非杂乱无章，它们呈现出一定的脉络，得失有所依循；其二，总体上，编年体较纪传体更加优越；其三，不以绝对优劣对待编年体、纪传体及诸体史书，而能灵活处理史书的具体情况。

第四节　对《史记》《汉书》的批评

一、《史记》对历史记述手法的卓越贡献

明代出现了一部有名的汇集诸家《史记》研究成果的作

品——《史记评林》。从中，我们可以在大体上总览明人对《史记》的认识。

《史记评林》由吴兴凌稚隆（字以栋）辑校而成，于万历四年（1576）刊刻面世。是书以宋代注释本（即以南朝宋裴骃《史记集解》、唐司马贞《史记索隐》、唐张守节《史记正义》为注释，散入《史记》正文之下）为基础，运用旁注、眉批的方式，博采历代讨论《史记》的文字以及辑校者本人的意见，可谓明代万历之前《史记》研究的集中呈现。

其新意则主要在于汇集各种讨论文字，而非训诂。这也是《史记评林》之所以称之为“评林”的原因所在。王世贞即称：“然何以称《评林》也？夫有训诂者在而独称评，志评也。其于以栋，取志焉可也。”[①] 凌氏又称之为“批评”。其《凡例》第一条即云：

> 太史公《史记》批评，古今已刻者惟倪文节《史汉异同》、杨升庵《史记题评》、唐荆川《史记批选》、柯希斋《史记考要》。其抄录流传者，何燕泉、王槐野、董浔阳、茅鹿门数家。若杨铁崖、王守溪、陈石亭、茅见沧、田豫阳、归震川数十家，则又搜罗而出之，悉选录入兹刻。更阅百氏之书，如《史通》《史要》《史钺》《史义》《唐宋确论》《史纲辨疑》《黄东发日抄》、丘琼山《世史正纲》、

① 王世贞：《史记评林叙》，凌稚隆辑：《史记评林》卷首，《四库未收书辑刊》第一辑第一一册，北京出版社2000年版，第3页。

《日格子》《学史》之类。凡有发明《史记》者，各视本文标揭其上。间有《总论》一篇，大旨者录于篇之首尾。事提其要，文钩其玄，庶其大备耳。①

凌氏叙其主旨，开篇即云“《史记》批评”，直截了当地表明了自己对《史记》“批评”的关注。他所讲的《史记》批评包括宋代倪思的《史汉异同》、明代杨慎的《史记题评》、唐顺之的《史记批选》、柯维骐的《史记考要》以及其他著述中“发明《史记》”的文字。这些文字往常通过批注的方式出现在所阅《史记》的页面上，表达读者对《史记》有关文字的思考与评议，故称之为“批评”。凌氏借以表达前人对《史记》的分析及评论。在他所搜集、采纳的《史记》评议中，以宋、明两代作者为多，明代学人则最多。上述引文尚不足以反映凌稚隆所采录的明代的《史记》研究者，《史记评林姓氏》中列举的“国朝”学者多达八十一人。②

综观书中明代学人对《史记》的“批评”，肯定者胜过否定者，阐发文意者多过文字注释或者事实考证，洋溢着对司马迁高超的叙事能力的由衷赞叹。

例如，王鏊称：“《史记》如伯夷、屈原、酷吏、货殖等《传》，议论未了，忽出叙事；叙事未了，又出议论，不伦不类。

---

① 凌稚隆辑：《史记评林》卷首《史记评林凡例》，《四库未收书辑刊》第一辑第一一册，北京出版社2000年版，第25页。

② 凌稚隆辑：《史记评林》，《四库未收书辑刊》第一辑第一一册，北京出版社2000年版，第28-29页。

后世决不如此作文，奇亦甚矣！”[①] 又称：“《史记》不必人人立传。孟子《传》及三驺子，荀卿《传》间及公孙龙、剧子、尸子、吁之属，卫青、霍去病同《传》，窦婴、田蚡、灌夫三人为一《传》。其间叙事合而离，离而复合，文最奇，而始末备。”[②] 王维桢称：“迁史之文，或由本以之末，或操末以续颠，或繁条而约言，或一传而数事，或从中变，或自旁入，意到笔随，思余语止。若此类，不可毛举，竟不得其要领。”[③] 何孟春称：“太史公文字，如《封禅》《平准》之类极长，《货殖》《儒林》之类极短。长短各自成章，鹅胫不可剪，凫颈不可续。”[④] 茅坤称：“屈、宋以来，浑浑噩噩，如长川大谷，探之不穷，揽之不竭，蕴藉百家，包括万代者，司马子长之文也。”[⑤] 如此种种，语虽不同，意却一致，可谓众口一心。难怪王世贞有此赞叹：“盖至于今而阛阓其书，操觚之士腹笥吻笔，亡适而非太史公。噫嘻！亦盛矣哉！”[⑥]

细观这些称赞，大体可分为三个层面：

其一是就《史记》文字的组织结构来作分析。这类“批评”

---

① 凌稚隆辑：《史记评林》卷首《读史总评》，《四库未收书辑刊》第一辑第一一册，北京出版社2000年版，第35页。

② 凌稚隆辑：《史记评林》卷首《读史总评》，《四库未收书辑刊》第一辑第一一册，北京出版社2000年版，第35-36页。

③ 凌稚隆辑：《史记评林》卷首《读史总评》，《四库未收书辑刊》第一辑第一一册，北京出版社2000年版，第36页。

④ 凌稚隆辑：《史记评林》卷首《读史总评》，《四库未收书辑刊》第一辑第一一册，北京出版社2000年版，第36页。

⑤ 凌稚隆辑：《史记评林》卷首《读史总评》，《四库未收书辑刊》第一辑第一一册，北京出版社2000年版，第38页。

⑥ 王世贞：《史记评林叙》，凌稚隆辑：《史记评林》卷首，《四库未收书辑刊》第一辑第一一册，北京出版社2000年版，第2页。

涉及《史记》的各级文字：最细微处是对字或辞的评析，然后，由字到句，由句至段，又由段至篇。例如，针对《史记》中字词的运用："杨循吉曰：不曰'爱象'，而曰'爱后妻子'，妙甚！"① 此处评语指出，司马迁采用"后妻子"是有意为之，并对此种表达大加赞赏。再如，针对《史记》中的句子："张之象曰：先着此二句，便觉下文叙事了然。"② 这里的评语则强调，在《史记》中，有些语句表达得十分及时、巧妙，有助于清晰地叙述历史事实。又如，针对《史记》中的小节或者段落："此一段四节，文法四变。"③ 这一批语表明，司马迁一节一节或者一段一段叙述历史事实时，节与节、节与段或者段与段之间也可能是蕴含着匠心的。以及针对《史记》中的篇章："李涂曰：文字有终篇不见主意而结句见者。贾谊论'仁义不施而攻守之势异'，此类是也。"④ "主意"即主要思想。它从文章分析的角度表明，作为史书，《史记》远非我们寻常理解的纯粹客观地记录历史事实，而是寄寓着作者司马迁对历史人物或者历史事件的基本看法。

其二是就《史记》文字所表达的内容来作分析。这类"批

---

① 凌稚隆辑：《史记评林》卷一《五帝本纪》杨循吉议"叟爱后妻子"，《四库未收书辑刊》第一辑第一一册，北京出版社 2000 年版，第 64 页。

② 凌稚隆辑：《史记评林》卷七《项羽本纪》张之象评"当是时，项羽兵四十万，在新丰鸿门；沛公兵十万，在霸上"。《四库未收书辑刊》第一辑第一一册，北京出版社 2000 年版，第 169 页。

③ 凌稚隆辑：《史记评林》卷六《秦始皇本纪》凌稚隆评"八年，王弟长安君成蟜"一段，《四库未收书辑刊》第一辑第一一册，北京出版社 2000 年版，第 135 页。

④ 凌稚隆辑：《史记评林》卷六《秦始皇本纪》，《四库未收书辑刊》第一辑第一一册，北京出版社 2000 年版，第 157 页。

评”涉及有关内容的材料出处、文字内容与真实事情之间的关系、内容的性质、内容产生的效果等各种情形。例如，从文字出处的角度评析《史记》：“柯维骐曰：太史公此文前后百余言，皆采《国语》而稍删省。其云‘二官咸废所职，而闰余乖次，孟陬殄灭，摄提无纪，历数失序’，此则太史公所增者也。《汉书·刘向传》：昔孔子对哀公，并言夏桀、商纣暴虐天下，故历失则，摄提失方，孟陬无纪。太史公盖述孔子之言耳。”[①] 此即表明评论者试图寻找、比勘《史记》文字所依据的材料（在这里，关于先民创造历法一事，司马迁依据的是《国语》，但又不只是《国语》，评议者认为还依据了孔子之语），并借此来进一步认识司马迁排比事实、诉诸文字的方法。再如，从事实的角度来认识《史记》的文字：“茅坤曰：《平准》一书，太史公只叙武帝兴利，而其精神融会处，真见穷兵黩武、酷吏兴作、败俗偾事、坏法乱纪，俱与兴利相为参伍、相为根柢。故错综纵横，摹写曲尽。”[②] 这里，茅坤将《平准书》所讲武帝兴利一事与他处所讲穷兵黩武诸事联系起来，不仅突出了《平准书》“只叙”武帝时商业活动的特点，而且揭示出《平准书》与《史记·孝武本纪》等其他内容之间的内在联系，深入展示了司马迁“错综”叙事的能力以及深度“摹写”历史的效果。又如，对《史记》

① 凌稚隆辑：《史记评林》卷二六《历书》柯维骐评“故二官咸废所职，而闰余乖次，孟陬殄灭，摄提无纪，历数失序”。《四库未收书辑刊》第一辑第一一册，北京出版社2000年版，第468页。

② 凌稚隆辑：《史记评林》卷三〇《平准书》，《四库未收书辑刊》第一辑第一一册，北京出版社2000年版，第530页。

有关内容的性质（是叙事还是议论）作出判断："陆瑞家曰：叙中有断，井井然，真良史哉！"[①] 这是在称赞司马迁将自己的论断与对历史的记叙能够有条理地融合在一起呢！还有评议《史记》文字效果的："（茅坤）又曰：转入懿公、戴公、文公处，令人流涕太息矣。"[②] 这里表达了读者阅读《史记》文字之后的感受。

其三是就《史记》文字所传达的主旨来分析。在发明《史记》文字背后的主旨时，这类"批评"或者就一处文字而言，或者就篇章而言，或者就一段历史而言，笔触灵活，见识往往流露新意。例如，揭示《史记》词语对于说明史家意旨的作用："林希元曰：'攻'言'并天下'以上事，'守'言'废先王之道'以下事。一篇精神命脉全在此二句。"[③] 这表明，"攻""守"二字的使用在《始皇本纪》一篇中具有核心地位，它体现了史家撰述《始皇本纪》的核心思想。再如，揭示《史记》语句背后的意旨："杨循吉曰：二世即位，诛大臣及诸公子，致宗室振恐。复作阿房宫，致'咸阳三百里内不得食'，暴虐益炽，愈速诸侯兵矣。太史公叙胜等起兵，在'用法益深刻'句后，

---

① 凌稚隆辑：《史记评林》卷七《项羽本纪》陆瑞家评"赵相张耳素贤，又从入关，故立耳为常山王，王赵地，都襄国"。《四库未收书辑刊》第一辑第一一册，北京出版社2000年版，第172页。

② 凌稚隆辑：《史记评林》卷三七《卫康叔世家》，《四库未收书辑刊》第一辑第一一册，北京出版社2000年版，第593页。

③ 凌稚隆辑：《史记评林》卷六《始皇本纪》林希元评"仁义不施，而攻守之势异也"，《四库未收书辑刊》第一辑第一一册，北京出版社2000年版，第157页。

有深意在。”[①] 这里是在暗示读者：《史记》所言“用法益刻深”有其深意所在，应当由此来思考秦朝灭亡的原因。又如，揭示司马迁对一段历史的看法：“凌约言曰：一篇关键，总在王诸吕、诛诸吕上着力，以汉室兴替所关也。太史公乃见其大者。”[②] 这里实际上反映出，在评阅者看来，透过《吕太后本纪》中若干内容的详略，可以看到史家司马迁对于汉朝兴衰原因的认识。《燕召公世家》一篇也可以通过详略来探知史家的心意：“茅坤曰：燕僻处北鄙，不与中国会盟，及其境内真人君子所通于上国者少，故《燕世家》所书不数事，特以纪世次而已。”[③] 又如，比较、鉴别后人对《史记》一书意旨的判断孰是孰非：“杨慎曰：《平准书》，讥横敛之臣也；《货殖传》，讥好货之君也。太史公之旨，千载而下有赵汸知之，懿哉！”[④] 这进一步反映出认识《史记》中史家意旨的不易以及深入研究的必要。

这些赞叹基于对《史记》文字近乎严苛而全面的检讨与分析。它们细微到遣词造句、段落承接、篇章结构等语言运用及表达能力，又兼顾事实、文字与史义之间的关系，而最终的关切还是在于《史记》的宏旨深意。

---

① 凌稚隆辑：《史记评林》卷六《秦始皇本纪》杨循吉评“复作阿房宫，外抚四夷，如始皇计。尽征其材士五万人，为屯卫咸阳令教射狗马禽兽当食者多，度不足，下调郡县转输菽粟刍稿，皆令自赍粮食。咸阳三百里内，不得食其谷，用法益刻深。七月，戍卒陈胜等反故荆地，为张楚。”《四库未收书辑刊》第一辑第一一册，北京出版社2000年版，第151页。

② 凌稚隆辑：《史记评林》卷九《吕太后本纪》凌约言评“代王即夕入未央宫”，《四库未收书辑刊》第一辑第一一册，北京出版社2000年版，第208页。

③ 凌稚隆辑：《史记评林》卷三四《燕召公世家》，《四库未收书辑刊》第一辑第一一册，北京出版社2000年版，第578页。

④ 凌稚隆辑：《史记评林》卷三〇《平准书》，《四库未收书辑刊》第一辑第一一册，北京出版社2000年版，第530页。

二、《汉书》严谨的编次风格

历来讨论《汉书》的著述不如讨论《史记》者多，所谓“世之读两家者，于《史》大较数，而于《汉》大较疏”[①]。明代也是这样。即便如此，在万历期间刊行的《汉书评林》一书中，所采纳的“国朝”评论者也有六十七人之众[②]，尚不包括编辑者凌稚隆本人。检讨其间明人对《汉书》的评议，有校对不同版本的文字出入者，有分析文字运用、语句表达以及篇章结构等文法者，有讨论《汉书》所述事实者。而以后两类为多，明人以“文”与“事”括之，称其“赡而文著，详而事彰”[③]。若论这些随文出现、内容不同的众多评议是否存在一定的贯通性的思想，则不能不提茅坤对《汉书》的评价。

在《刻汉书评林序》中，茅坤这样评价《汉书》：“太史公与班掾之材，固各天授，然《史记》以风神胜，而《汉书》以矩矱胜。”[④]《楚辞·离骚》“曰勉升降以上下兮，求矩矱之所同”，王逸注曰：“矩，法也；矱，於缚切，度也。”[⑤] 可知“矩矱”即法度。茅坤称《汉书》“以矩矱胜”，这是在称赞《汉书》在编次上有规矩、讲法度，是一部严谨的史著。何谓有规矩、讲法度？茅坤进一步说明道：“惟其以风神胜，故其遒逸疏

① 茅坤：《刻汉书评林序》，凌稚隆辑：《汉书评林》卷首，东京印刷会社明治刻本。
② 凌稚隆辑：《汉书评林》卷首《汉书评林姓氏》，东京印刷会社明治刻本。
③ 陈文烛：《汉书评林序》，凌稚隆辑：《汉书评林》卷首，东京印刷会社明治刻本。
④ 茅坤：《刻汉书评林序》，凌稚隆辑：《汉书评林》卷首，东京印刷会社明治刻本。
⑤ 萧统选编，李善等注：《六臣注文选》卷三二《骚（上）·离骚经》，浙江古籍出版社1999年版，第594页。

宕，如餐霞，如啮雪，往往自齿颊之所及，而指次心思之所不及。令人读之，解颐不已。惟其以矩矱胜，故其藻画布置如绳引，如斧钊，亦往往于其复乱庞杂之间，而有以极其首尾节凑之密。令人读之，鲜不擢筋而洞髓者。"[①] 这里的切实之处在于"于其复乱庞杂之间，而有以极其首尾节凑之密"一句。"复乱庞杂"既可以理解为治史材料的繁复庞杂，也可以理解为历史事实的纷繁杂乱；"首尾节凑"象征着历史事物在运行中的细微关键之处；整句则意在表明，《汉书》能够在纷繁复杂的材料及事实中洞察并揭示出历史发展的脉络与关键。通过将《汉书》与《史记》比较，茅坤认为，与《史记》的浪漫风格不同，《汉书》是史家的匠心之作。

这一思想在《汉书评林》的书评及随文批注中得到了来自明代诸多批评家的不同角度的近似的表达。从中，我们可以进一步认识《汉书》"以矩矱胜"的特点。

例如，明代批评家指出，《汉书》的体例设置中凝聚着史家的意旨及匠心。王袆曰："纪、表、志、传之制，马迁创始，班固继作，纲领昭昭，条理凿凿。三代而下，史才如二子者，可谓特起拔出，俊伟超卓。后之作史者，世仍代袭，率莫外乎其矩矱。"[②] 在这里，王袆虽然同时标举司马迁与班固，且二人尚存在"创始"与"继作"的高下之分，但是，王袆并未因为班固仅为"继作"便否定其在纪传体发展史上的贡献与地位。由此

① 茅坤：《刻汉书评林序》，凌稚隆辑：《汉书评林》卷首，东京印刷会社明治刻本。
② 凌稚隆辑：《汉书评林》卷首《汉书总评》，东京印刷会社明治刻本。

可见，班固在纪传体发展史中的“继作”之功是被明人认识并肯定的。而“继作”之所以被肯定，是因为班固认识到了司马迁所“创始”的纪传体的价值，并运用纪传体撰写出自己的史著《汉书》，使得有汉一代的历史由此变得“纲领昭昭，条理凿凿”，对后世产生了长远的影响。可以说，在这里，“矩矱”（“矩彟”）表现为对纪传体的运用以及清晰明辨的“纲领”与“条理”。

上述王祎所评，乃就《汉书》全书的体制而言。不仅如此，《汉书》在体例方面的用心还存在于内部即纪、表、志、传诸体自身的设计中。凌稚隆曾就《汉书》的诸多列传作出这样的分析：“列传首尾悉有次第。如《陈项第一》以首难故次之；《张陈》以并起故又次之；《魏田韩》以旧国自立故；至末，则《四夷》之后为《外戚》，以外戚祸甚于四夷也；《外戚》之后为《元后》，以汉室之亡由元后也；而后终之以篡汉之莽，而汉事毕矣。”[①] 也就是说，《汉书》列传从起首的《陈胜项籍传第一》《张耳陈馀传第二》《魏豹田儋韩王信传第三》，再到尾部的四夷列传（《匈奴传第六十四上下》《西南夷两粤朝鲜传第六十五》《西域传第六十六上下》）、《外戚传第六十七上下》、《元后传第六十八》，直至末篇《王莽传第六十九上中下》，其间篇次的安排皆出于史家班固的匠心独运，贯穿着班固对影响汉朝兴亡的人物及其主次顺序的理解与把握，并非随意为之或者茫然无序。

① 凌稚隆辑：《汉书评林》卷首《目录》凌稚隆“按”，东京印刷会社明治刻本。

可以说，在这里，“矩矱”表现为列传之间的“次第”。

再如，明代批评家还就《汉书》行文中的匠心作出过不少评析。

陈文烛评《汉书》书名曰：“昔虞夏之典、商周之诰，孔子所撰，皆谓之‘书’。孟坚以‘书’为名，斯刘子玄所云‘稽古之伟制’乎？”[①] 意谓班固拟取书名时亦作过斟酌，欲借一“书”字上追孔子的心意。此为一字之评。

凌稚隆评《汉书》“秋七月，陈涉起蕲，至陈自立，为楚王。遣武臣、张耳、陈馀略赵地。八月，武臣自立为赵王，郡县多杀长吏以应涉。九月，沛令欲以沛应之”几句，称：“陈涉起蕲一段加‘七月’‘八月’‘九月’字，较《史记》更有头绪。”[②] 考《史记·高祖本纪》，此处文字为：“秦二世元年秋，陈胜等起蕲，至陈而王，号为‘张楚’。诸郡县皆多杀其长吏以应陈涉。沛令恐，欲以沛应涉。”[③] 两相比较，《史记》关于此段历史的记述只提供了几件事情的先后顺序及内在的因果联系，在时间记载上的确不如《汉书》明白，则知《汉书》怀疑、考查并恢复了这一段叙事中几件事情的时间关系，使得这一段叙述的故事性与主观性减弱、历史性与客观性增强，历史逻辑更为清楚，故而可谓“更有头绪”。此为用词之评。

卢舜治评“楚地已定，义帝亡后，欲存恤楚众，以定其主。

---

① 凌稚隆辑：《汉书评林》卷首《汉书总评》“陈文烛曰”，东京印刷会社明治刻本。
② 凌稚隆辑：《汉书评林》卷一《高帝纪第一上》“隆按”，东京印刷会社明治刻本。
③ 司马迁：《史记》卷八《高祖本纪》，中华书局1982年版，第349页。

齐王信习楚风俗，更立为楚王，王淮北，都下邳。魏相国、建城侯彭越勤劳魏民，卑下士卒，常以少击众，数破楚军。其以魏故地王之，号曰梁王，都定陶”一段，曰：“封信于楚，封越于魏，所以践固陵之遣，使从张良之计画也。史文前后相顾周匝。”① 所谓“固陵之遣”“张良之计画”，指的是该卷卷首韩信、彭越未赴刘邦的固陵之会，张良建议刘邦将楚、魏之地分别封赐韩信与彭越，以笼络韩、彭二人所统率的军事力量。卢舜治的点评指出，此处文字意在呼应卷首所言之事，表明史家班固的史文有“相顾”之意，且“相顾”有“周匝”之效。此为语段之评。

徐中行评《律历志》曰：“《律历志》博大典核，足称千古奇文。”② 何为“博大典核”？我们通过卢舜治的评论即可以略知大概。卢氏曰：“夫一十百千万，所同用也；律度量衡历，所别用也。故体有长短，捡以度；物有多少，受以量；量有轻重，平以权衡；声有清浊，协以律吕；三光运行，纪以历数。然后，幽隐之情、精微之变可得而综核之。此班氏《律历志》有见于一本之学者。”③《律历志》讲述“备数”“和声”“审度”“嘉量”“权衡”五方面内容，而且，这五方面通行于宇宙间的万事万物，乃至于最为隐幽、精微之处，所谓“幽隐之情、精微之变可得而综核之”，可堪“博大”；反过来讲，如此广博精微的事

---

① 凌稚隆辑：《汉书评林》卷一《高帝纪第一下》“卢舜治曰”，东京印刷会社明治刻本。

② 凌稚隆辑：《汉书评林》卷二一《律历志第一上》“徐中行曰”，东京印刷会社明治刻本。

③ 凌稚隆辑：《汉书评林》卷二一《律历志第一上》“卢舜治曰”，东京印刷会社明治刻本。

物，竟然可以通过数、律、度、量、衡、历几个概念逻辑地联系在一起，体用兼备，由本及末，有始有终，可以说“有见于一本之学”，是可谓“典核”。“博大典核”是对《律历志》的内容及思想的盛赞。而如此“博大典核”的“奇文”亦有其逻辑起点，即“数”：“‘由数起’三字，一《志》根本。”[①] 此皆为一篇之评。

上述这些“批评”虽然涉及字、词、句、段、篇等不同层次的行文，且深浅程度不一，但是，透过对行文的分析，我们可以看到，班固在《汉书》的行文过程中遣词造句、谋篇布局常常讲究一定的章法，诸如“稽古”“头绪”“相顾”“本”等。这些皆可谓“矩矱”在行文中的表现。

又如，明代批评家更多地指出，《汉书》着意表达了史家班固对历史的认知，尤其是他的历史观对儒家思想的遵循与恪守。

王祎评曰：“论者以为迁、固之书，其与善也隐而彰，其惩恶也直而宽，其贱夷也简而明，其防僭也微而严。是皆合乎圣人之意，非庸史之敢与。”[②] 宋濂亦称司马迁、班固为“文史之儒”[③]。在这里，王祎、宋濂将司马迁与班固的史著与其他众多著述相较而言，突出了《史》《汉》“合乎圣人之意”的相同性。

但是，若就马、班而论，《汉书》在遵从“圣人之意”方面显然较《史记》更为突出。王宗沐即云：“迁之《史记》，诚千

---

① 凌稚隆辑：《汉书评林》卷二一《律历志第一上》“隆按”，东京印刷会社明治刻本。
② 凌稚隆辑：《汉书评林》卷首《汉书总评》“王祎曰”，东京印刷会社明治刻本。
③ 凌稚隆辑：《汉书评林》卷首《汉书总评》卢舜治“又曰”，东京印刷会社明治刻本。

古绝调。顾其初以英倔之气未能自伏，薄游海内欲以发其奇，而其晚又以宫幽不得志而舒其愤。好奇则不纯，怀愤则不平。故其为书，于豪侠、货财、兵争以及感慨悲喜之间，有溢于人情者。虽其文足以发人意而使其笃嗜，然以概于孔子叙书之旨，与夫垂载帝王经纶之全，则以视固书不得并也。”① 简而言之，《史记》散发着光芒照人的史家超绝的浪漫精神，但由此伴生而来的“不纯”“不平”也影响了《史记》对“圣人之意”以及帝王治国经邦之道的继承与传播；正是这一点，令《史记》无法比及《汉书》。

我们还可以从众多评论中看到《汉书》对“圣人之意”的遵照。从君臣关系上来看，《汉书》不仅没有为王莽立纪，而且把他排在列传之尾。对此，卢舜治即揭橥这一形式背后存在着的思想依据：“首十二帝纪，而斥王莽于末传，所以为汉家立纲纪、正名分炳焉。一班氏《春秋》也。”② 意谓班固承袭《春秋》精神，视王莽为《春秋》所斥的恶臣，将其贬入列传之中，且置于末尾，以示汉皇朝的“纲纪”“名分”不容置疑。杨恽、盖宽饶被下刑，班固行文曰：“大臣杨恽、盖宽饶等坐刺讥辞语，为罪而诛。”对此，吴京指出：“曰‘大臣’，则刑不上大夫；曰‘坐刺讥词语’，则罪非杀无赦。此《春秋》书法也。”③ 意谓班固习用《春秋》以“微言”传“大义”的“书法”，讥刺汉宣

① 王宗沐：《刻汉书评林叙》，凌稚隆辑：《汉书评林》卷首，东京印刷会社明治刻本。
② 凌稚隆辑：《汉书评林》卷首《目录》“卢舜治曰”，东京印刷会社明治刻本。
③ 凌稚隆辑：《汉书评林》卷九《元帝纪第九》“吴京曰”，东京印刷会社明治刻本。

帝滥用刑法。对楚汉关系的处理也是如此。凌稚隆称："《史记》先纪项籍次纪高祖，乃详于楚而略于汉；《汉书》首纪高祖后传项籍，乃详于汉而略于楚。"① 通过对形式上的"首"与"后"及其背后史家用意的"详"与"略"的提举，凌氏在这里实际上表达了他对班固维护汉朝历史地位的肯定。在制度编排方面也体现出班固的儒家思想。凌稚隆评《礼乐志》云："《史记》分《礼》《乐》为二书，而班掾则合而为一志，词旨与《史记》不同。大概立论之意，无非欲修明王制，兴复雅乐，施行董、贾、王、刘辈之所论疏云。"② 这里明确指出，虽然同为礼、乐记述，但由于班固与司马迁的立意不同，且班固更加维护汉朝诸儒的政治及政策意见，因此，《汉书》的《礼乐志》在体式、"词旨"即语言表达方面与《史记》不同。像这样具体而微的点评以及班固对儒家思想的点滴照应不一而足，兹不枚举。

若就读者由浅入深来看，《汉书》"以矩矱胜"的特点可以通过体例、行文、意旨三个层次渐次得以说明。但是，就史家著书而言，意旨则是先行而统领全书的，体例、行文皆服从于史家的著述旨意。由此，班固对"圣人之意"以及"帝王经纶"等儒家思想的谨守便在《汉书》中具有了全面的意义，其体例、行文也必然挟带着以儒家为尊的烙印，共同烘托出《汉书》"以矩矱胜"的风格。凌约言所谓"孟坚之才，赡而有体"的

---

① 凌稚隆辑：《汉书评林》卷一（上）《高帝纪第一上》"隆按"，东京印刷会社明治刻本。
② 凌稚隆辑：《汉书评林》卷二二《礼乐志第二》"隆按"，东京印刷会社明治刻本。

"体"[1]，王维桢所谓"孟坚之文，以整而奇"的"整"[2]，都是对这种风格的不同表达。当然，肯定《汉书》严整，并不意味着《汉书》没有纰缪。事实上，明人对《汉书》的批评毫不掩饰。诸如"今本与古本不同如此""稍相乱""此固失矣""此迂腐之见""疑有阙文"等等不绝于书。此非重点，故不再予以详述。

第五节　对其他正史的批评

除前述《史记》《汉书》《宋史》《辽史》《金史》《元史》之外，明人对历代史著的批评还涉及其他正史，皆有可观之处。这里对其逐一略加陈述。

其一，评《后汉书》。

朱右批评《后汉书》"文气萎下，纪述肤陋"[3]。李梦阳评《后汉书》"亦知史不贵繁"，然而，"言枯体晦，文之削者也"[4]。对此，胡应麟颇不以为然。他认为，《后汉书》紧随《史记》《汉书》之后，其成就受到了《史》《汉》光芒的遮蔽；如果由此而忽视《后汉书》的优秀之处，则是不顾历史条件而对史家、史著有所苛责了。在胡应麟看来，《后汉书》的质量仅在

---

① 凌稚隆辑：《汉书评林》卷首《汉书总评》凌约言"又曰"，东京印刷会社明治刻本。

② 凌稚隆辑：《汉书评林》卷首《汉书总评》"王维桢曰"，东京印刷会社明治刻本。

③ 朱右：《白云稿》卷三《史概》，《景印文渊阁四库全书》第一二二八册，台湾商务印书馆2008年版，第36页。

④ 李梦阳：《空同集》卷六二《论史答王监察书》，《景印文渊阁四库全书》第一二六二册，台湾商务印书馆2008年版，第569页。

《史》《汉》之下而超越了后来的各代正史："不知迁、固而后，文质兼该、赡而不秽、详而有体者，仅晔庶几。"[①] 如果说李梦阳从史文"约而该"的角度肯定《后汉书》"亦知史不贵繁"，那么，胡应麟则是从"繁"的角度称赞《后汉书》妥善地处理了繁文与简质的关系，较好地避免了因繁致乱、详而失体的问题。因此，他盛赞范晔的史才："昔人谓孟坚死而史职亡，余亦谓蔚宗殇而史才绝。"[②] 就后代史家、史著难以匹敌范晔《后汉书》而言，胡应麟与李梦阳则是一致的。

其二，评《三国志》。

明人对陈寿《三国志》多所批评，且其批评又多指斥《三国志》处理统绪问题完全错误。不过，如何理解陈寿所犯的"错误"，评议者所见则各有千秋。嘉靖年间，安都上呈《十九史节定》，抨击"晋陈寿志三国，帝曹魏而寇蜀汉"[③]，态度颇为简单。万历年间，叶向高在《季汉书叙》中这样评价《三国志》："陈氏徒以魏晋相乘之故，乃使其正帝号，承汉统，偃然得附于神明之祚。而涑水复以其私伸魏而抑汉，史家谬戾至此极矣。襄阳、紫阳后先矫正，于是魏氏父子诎，而所谓汉统、帝号、神明之祚者，举而归之中山之帝裔，偏安一再，传之蜀，而世共称快也。然陈氏之书，世称其简质、善叙事，自《史记》、

---

① 胡应麟：《少室山房集》卷一〇一《读二十一首·读后汉书》，《景印文渊阁四库全书》第一二九〇册，台湾商务印书馆2008年版，第734页。

② 胡应麟：《少室山房集》卷一〇一《读二十一首·读后汉书》，《景印文渊阁四库全书》第一二九〇册，台湾商务印书馆2008年版，第734页。

③ 夏言：《夏桂洲文集》卷一二《参效儒士安都进呈史书疏》，明崇祯十一年吴一璘刻本。

两《汉书》外，此为巨擘。徒以统绪舛错，为正论所不满。而其所为三国之名称、鼎足之基业、胪列瓜分于一家之言者，卒莫之能合。”[①] 这一评论于贬中含褒，字里行间流淌着深深的遗憾、同情与警示。曹学佺之序与叶氏之意十分相似：“夫陈寿之失，政在诎汉为蜀耳。……惟是史才，寿无愧色，简质叙事，实为可观。然鲁史不修，则恐纰谬亦多矣。”[②] 陈邦瞻之论亦兼及《三国志》的文才与统绪：“是故陈寿之书简而质，雅称良史才，而终不见予于君子者此也。且寿既帝丕而纪魏矣，复以三国名书，进退失据。夫其私心亦有不自安者欤?”[③] 陈邦瞻提出了问题，但没有直接回答。王图在《季汉书叙》中以自己的方式进行了回答：“寿，晋臣也。晋承魏禅，尊魏所以尊晋也。然其书尚以三国为名。三国，敌体之称也。寿亦心知汉统之必不可奸，而其势又不能不尊魏，故特存敌体之名以见意。然使后世懵然于嫡庶之辨，而因以开夫乱臣贼子窃钩问鼎之谋，则寿实为戎首矣。”[④] 王图将《三国志》统绪错误的原因归咎于陈寿的私心。吴士奇指陈陈寿“宴然”给予曹魏正统地位之举“太悖”之余，则认为陈寿此举背后的原因在于他没有能够认识到“名不正则言不顺”的道理：“孔子曰：‘名不正，则言不顺。’不顺而中还自

① 叶向高：《季汉书叙》，谢陛：《季汉书》卷首，《四库全书存目丛书》史部第三〇册，齐鲁书社 1996 年版，第 2 页。

② 曹学佺：《石仓文稿》卷一《季汉书序》，明万历刻本。

③ 陈邦瞻：《谢氏季汉书序》，谢陛：《季汉书》卷首，《四库全书存目丛书》史部第三〇册，齐鲁书社 1996 年版，第 7 页。

④ 王图：《季汉书叙》，谢陛：《季汉书》卷首，《四库全书存目丛书》史部第三〇册，齐鲁书社 1996 年版，第 4 页。

疑，疑则两可而言益支，即寿亦不自觉其穷矣。吾故谓寿有史才无史识。"[①] 对于同一问题而存在有所出入的态度及意见，展示出明代史学批评在思想认识上的细腻及深入。

其三，评《晋书》。

朱右评《晋书》"有江左余风，文多骈俪，非作史之体"[②]。李梦阳这样谈及《晋书》："《晋书》本出群手，体制混杂，俗雅错棼。"[③] 意谓《晋书》出于合修，组织结构不统一，语言风格不协调。如果有机会重修，那么《晋书》是"必修"之一[④]。王世贞称《晋书》"稗官小说也"[⑤]。在《重刻晋书序》中，王世贞又称《晋书》于"《世说新语》《语林》《幽明录》《搜神记》亦所不废"[⑥]。则知其所谓"稗官小说"是指《晋书》在取材方面毫不避讳地吸收了《世说新语》《语林》《幽明录》《搜神记》等不够典核信实的材料。胡应麟非常认可李、王二氏的评论，并在此基础上新添了"备载话言履历"一条："李献吉极论《晋书》芜杂当修，而王元美以为稗官小说之伦，皆得之矣。第惜自竹林而后，风流崇尚，芬溢齿牙，而此书备载话言、履历，故

---

① 吴士奇：《绿滋馆稿》卷一，明万历刻本。

② 朱右：《白云稿》卷三《史概》，《景印文渊阁四库全书》第一二二八册，台湾商务印书馆2008年版，第36页。

③ 李梦阳：《空同集》卷六二《论史答王监察书》，《景印文渊阁四库全书》第一二六二册，台湾商务印书馆2008年版，第569页。

④ 李梦阳：《空同集》卷六二《论史答王监察书》，《景印文渊阁四库全书》第一二六二册，台湾商务印书馆2008年版，第569页。

⑤ 王世贞：《艺苑卮言》卷三，陆洁栋、周明初批注，凤凰出版社2009年版，第50页。

⑥ 王世贞：《弇州续稿》卷四一《文部·序·重刻晋书序》，《景印文渊阁四库全书》第一二八二册，台湾商务印书馆2008年版，第537页。

清声雅致往往有使人绝倒者，犹胜于宋元之尘陋也。”[①] 黄凤翔不仅具体分析了《晋书》的修史人员、所依凭的史料如何不利，而且认为，“乃至义例取裁、人物臧否、纪载详略，尤多不满人意”[②]。从总体上来看，明人对《晋书》的看法是比较一致的，即《晋书》的修史人员和材料依据从主客观两方面决定了其在组织结构、内容取舍、文字表达及思想判断等层次均捉襟见肘；不过，若与后来的《宋史》《元史》相比，《晋书》的缺点反倒显得不那么突出了。

其四，评南北朝正史。

关于记述南北朝史事的几部正史，明人的贬低之意溢于言表。朱右述论南北朝诸史：“齐沈约撰《宋书》；梁萧子显撰《齐书》；贞观姚思廉受诏，续父察，撰《梁》《陈书》，魏徵裁其总论；北齐魏收撰《北魏书》；唐李百药撰《北齐书》；唐初，令狐德棻、岑文本撰《北周书》；颜师古、孔颖达、魏徵撰《隋书》，房玄龄总之。六朝以来，天下参隔，互相抵牾。”[③] 李梦阳说“南北诸史”，只有“漫浪难观”四个字[④]，意指它们既无头绪，又无见识，令人不欲翻阅。王世贞提及“南北史”，与《晋书》一样，皆曰“稗官小说也”[⑤]。甚者，则不屑言及。

---

① 胡应麟：《少室山房集》卷一〇一《读二十一首·读晋书》，《景印文渊阁四库全书》第一二九〇册，台湾商务印书馆2008年版，第734-735页。

② 黄凤翔：《田亭草》卷一〇《读晋书说》，明万历四十年刻本。

③ 朱右：《白云稿》卷三《史概》，《景印文渊阁四库全书》第一二二八册，台湾商务印书馆2008年版，第36-37页。

④ 李梦阳：《空同集》卷六二《论史答王监察书》，《景印文渊阁四库全书》第一二六二册，台湾商务印书馆2008年版，第569页。

⑤ 王世贞：《艺苑卮言》卷三，陆洁栋、周明初批注，凤凰出版社2009年版，第50页。

关于沈约《宋书》，议者往往以为，史家沈约的品性是导致其书诸多问题的根源。沈约修《宋书·裴松之传》，遭到裴子野文字报复。沈约“徒跣诣裴谢，遂两易其文”[①]。议者称沈约此举“固已卑卑”[②]。沈约打算为袁粲立传，却向齐世祖请示可否。对此，议者不满地指责：“使人主预闻其事，安所得直笔矣！”[③]有人称许沈约“博洽”，但议者认为，沈约生于华丽文章盛行的六朝时期，其“博洽”适足以成为对于修史更加不利的因素，所谓“约虽博洽，弊乃更甚”[④]。之所以这样说，是因为，沈约将不属于宋朝时期的制度或者事情写入《宋书》，“为宋事者十之三，为往事者十之七”；又将不少“事无关于军国，义不系于劝惩”的文章、歌赋收入《宋书》中[⑤]。

关于萧子显《齐书》（《南齐书》），比较详细的评议来自黄凤翔。一则，黄氏不满萧子显自损史学的独立品格，称“萧子显撰《齐书》，实自请于梁武帝而为之者也”；一则，他以《高逸传》“史臣曰”所言“服膺释氏，深信冥缘”为例，认为萧子显倾向于佛教，这种思想“不为时论所归”。但是，黄凤翔不完全认同宋代曾巩于《南齐书目录序》中对萧书“刻雕藻缋”的批评，他这样讲道：“然其书比之休文，颇为简质。间有书疏

① 胡应麟：《少室山房集》卷一〇一《读二十一首·读宋书（二则）》，《景印文渊阁四库全书》第一二九〇册，台湾商务印书馆2008年版，第737页。

② 胡应麟：《少室山房集》卷一〇一《读二十一首·读宋书（又）》，《景印文渊阁四库全书》第一二九〇册，台湾商务印书馆2008年版，第737页。

③ 黄凤翔：《田亭草》卷一〇《读宋齐书说》，明万历四十年刻本。

④ 黄凤翔：《田亭草》卷一〇《读宋齐书说》，明万历四十年刻本。

⑤ 黄凤翔：《田亭草》卷一〇《读宋齐书说》，明万历四十年刻本。

繁芜，不能删繁就约，则以时俗习染，亦犹不多。若谓多雕刻藻缋之词，又似不尔也。独其传李珪之于《良吏传》、卞彬于《文学传》、纪僧真于《幸臣》，则于公评甚为未惬。”黄氏通过比较以及列举的办法说明《齐书》的问题没有到达“刻雕藻缋”的地步。总体上，黄氏对《齐书》的评价还是否定多于肯定：“然则子显任意褒贬，亦未为实录。”①

关于姚思廉的《梁书》《陈书》，明人中目前仅见黄凤翔的专门评议。黄凤翔称《梁书》“结撰体制严整可观，然所品评人物未为确论”。其以何胤、顾宪之、陶季直之《传》为例，认为三人皆为前朝显宦、大臣，不应当因为没有就职于梁朝而被列入《梁书·处士传》或者另拟《止足》一传而加以标明。对于《陈书》，黄凤翔径言，“今观其书，词类多曲笔”。所谓“曲笔”，乃指《陈书》讳言陈宣帝“废其兄之子而自立”、为“佞幸邪臣，倾覆国家”的江总护短等事而言。②

关于魏收《魏书》，众人皆指摘史家魏收的品格。胡应麟称：“魏收，北士之小有才耳。其人之鄙屑庸猥，不可更仆道也。”③ 黄凤翔则列举多事，说明魏收“擅自握管，恣情褒贬”“收之曲笔实多不可谓”④。

关于李百药《北齐书》，黄凤翔指出，此书不能获得明君的

---

① 黄凤翔：《田亭草》卷一〇《读宋齐书说》，明万历四十年刻本。

② 黄凤翔：《田亭草》卷一〇《读梁陈书说》，明万历四十年刻本。

③ 胡应麟：《少室山房集》卷一〇一《读二十一首·读魏书》，《景印文渊阁四库全书》第一二九〇册，台湾商务印书馆2008年版，第737页。

④ 黄凤翔：《田亭草》卷一〇《读魏书说》，明万历四十年刻本。

支持，因其君“用干戈立国”，“荡然无中华礼义之风”；又无著述基础，“即祖珽、阳休之等间有著述，不过纪其征讨之事、勋贵之阀而已”；而李百药修撰《北齐书》时，尚且年少。由此，其书“事欠条贯，词多俚鄙”[①]。不仅书中采用过多“谣语、梦语、谶语、鬼语”，而且对斛律光、陆法和、祖珽等《传》的先后安排、是非评价都有失妥当。

关于令狐德棻等撰的《周书》，黄凤翔将之与《北齐书》比较而论，显示出《周书》的几个优点：具备“右文”之君的支持；又有《世谱》《起居注》《周纪》等撰述作为基础；而令狐德棻亦能“叙事详核”。因此，《周书》处理令狐整、赵轨、王褒、庾信、韦夐等追记时显示出史家乃“确然有定见者”。不过，黄凤翔也指出，《周书》同样存在“繁芜”的地方；他认为，这一缺点可能是“时趋”导致的[②]。

关于李延寿的《南史》《北史》，议者给予的表彰多于指摘。被表彰的方面在于李延寿二史的简要。其简要在前史的衬托之下显示出来。对此，朱右继承了宋人的观点：“司马文正公谓延寿书亦近世佳史，陈寿之后可以亚之。”[③] 胡应麟表达得更为具体些：“读沈约、魏收诸史而知李延寿之史之得也，其浮词简也；读范晔、陈寿二史而知李延寿之史之失也，其琐说详也。”[④] 即，

---

① 黄凤翔：《田亭草》卷一〇《读北齐后周书说》，明万历四十年刻本。

② 黄凤翔：《田亭草》卷一〇《读北齐后周书说》，明万历四十年刻本。

③ 朱右：《白云稿》卷三《史概》，《景印文渊阁四库全书》第一二二八册，台湾商务印书馆2008年版，第37页。

④ 胡应麟：《少室山房笔丛》卷一三《史书占毕一》，上海书店出版社2009年版，第134页。

与南北朝诸史相比，李延寿二史减汰“浮词”的优点便得以凸显；但是，若与范晔、陈寿之书相比，《南史》《北史》仍然显得繁琐。再具体地讲，则如“临川《世说》，《晋书》掇拾，几无孑遗；沈约、魏收等史，卷动盈百”，李延寿皆“芟除芜蔓”；而“小说、谐辞，种种备载”，却是“其人多好，且习尚所趋，未能骤变也”[①]。黄凤翔亦称：“李延寿独创体裁，务从简约。于诏册、表奏、书牍、辞赋之繁碎冗长者，概从删削。”[②] 指摘则主要来自黄凤翔。他表示，“顾其所创义例，亦有于理未惬者”[③]。为此，他列举了三种情形：一是人物列传忽视改朝换代，将遭逢改朝换代的祖孙、父子或兄弟的传记依次排列在一起，而置于其中一人所属朝代，失却了“史书列传专以纪载人物，而一代之政事寄焉”的本意；一是原本从属于类传中的人物，或褒如“诚节”，或贬如“酷吏”，只在类传存名，传记内容却与有关人物的家传归并在一起，无法实现“史以垂后，华衮斧钺，定于一言”的初衷；一是《南史》列传中包含了“列女”，却没有像《北史》那样树立“列女”类传，而是纳入类传“孝义”之中，令人摸不着头脑。此外，二史还有“抑扬之间，互有得失”“语神语怪，曲为傅会”“不经”“苟于徇人、果于任己”等诸多问题。虽然如此，在黄凤翔看来，《南史》《北史》仍然

---

① 胡应麟：《少室山房集》卷一〇一《读二十一首·读南北史》，《景印文渊阁四库全书》第一二九〇册，台湾商务印书馆2008年版，第738页。

② 黄凤翔：《田亭草》卷一〇《读南北史说》，明万历四十年刻本。

③ 黄凤翔：《田亭草》卷一〇《读南北史说》，明万历四十年刻本。

是两部“足传于世”的佳作。[①]

其五，评《隋书》。

一则肯定，尤其是褒扬《隋志》。因《隋书》之志优秀，宋人郑樵推重《隋书》。对此，明人胡应麟表示，《隋书》的成就不在于志书的设立，而在于《隋志》同时兼具人员与材料之长：“惟《隋志》一编古今卓绝。唐室诸臣分任，备极研摩。又承隋世嘉则殿三十七万之后，物力全盛，海宇綦隆，而魏徵诸公得以肆意于此。故自班氏《艺文》后，独赖是编之存，得以考究古今载籍离合盛衰，其关涉非浅鲜也。”[②] 黄凤翔也认为，“隋享国三十八年，旧臣故老，唐时尚有存者。文献足征，讨论日久”[③]。

一则批评《隋书》的编撰方式，兼及志书与纪传。依据对榜样即孔子《春秋》的分析，黄凤翔表达了对《隋书》编撰的诸多不满。他指出，史书中的天文、五行当纪一代之事，而《隋书》名为“隋”，却记录了南北朝时期的天文或灾异；音乐、歌曲中如果具有堪当“盛典”的，则史志当录，像汉代流传的十八首鼓吹之乐，因其不实、难解，班固《汉书》也未尝著录，但是，《隋书》却沿袭沈约《宋书》，对其进行了追记；隋炀帝弑父，本当“暴明其罪恶”，但《隋书》与之相关的纪传，如《高祖纪》《宣华夫人陈氏传》《张衡传》，全无此意；兰陵公主

① 黄凤翔：《田亭草》卷一〇《读南北史说》，明万历四十年刻本。

② 胡应麟：《少室山房集》卷一〇一《读二十一首·读隋书》，《景印文渊阁四库全书》第一二九〇册，台湾商务印书馆2008年版，第738页。

③ 黄凤翔：《田亭草》卷一〇《读隋书说》，明万历四十年刻本。

乃夫死再嫁者，不当入《列女传》；源雄等人有功则详录恩奖之诏，尹式等人兵败则寥寥数语，裴矩事仇却因同属史局而得到史臣称赞；《诚节传》表面上以刘弘为首，实际上却推举皇甫诞；等等。这些情形在黄凤翔看来反映出《隋书》存在“骛繁艳而少简质、溺旧例而乖正轨”的问题[①]。

其六，评《唐书》。

关于《旧唐书》《新唐书》，明初朱右以二书前后相承而论，突出两《唐书》，尤其是《新唐书》成于众手。[②] 王鏊以为，《新唐书》虽由欧阳修与宋祁共同完成，但“卷帙互分，两美相合”[③]，较后来之史尚有可取之处。王世贞却不以为然。他对两《唐书》的不屑溢于言表：“《旧唐书》，稗官小说也；《新唐书》，赝古书也。”[④]《唐书》是优是劣，源于议者持有的评价标准不同。

若论新旧《唐书》孰优孰劣，则议者的倾向颇有不同：

李梦阳认为《新唐书》不如《旧唐书》，原因在于“新靡加故”，所以，“今之识者购故而废新”[⑤]。陆深也不认可《新唐书》，他承接宋人观点，认为“欧、宋之失”正来自他们所追求

---

① 黄凤翔：《田亭草》卷一〇《读隋书说》，明万历四十年刻本。

② 朱右：《白云稿》卷三《史概》，《景印文渊阁四库全书》第一二二八册，台湾商务印书馆 2008 年版，第 36-37 页。

③ 陈全之：《蓬窗日录》卷四《信史》，顾静标校，上海书店出版社 2009 年版，第 193 页。

④ 王世贞：《艺苑卮言》卷三，陆洁栋、周明初批注，凤凰出版社 2009 年版，第 50 页。

⑤ 李梦阳：《空同集》卷六二《论史答王监察书》，《景印文渊阁四库全书》第一二六二册，台湾商务印书馆 2008 年版，第 569 页。

的“其事则增于前，其文则损于旧”[①]。沈昌世进一步指出，《新唐书》之所以遭到“事增文损”的诟病，是因为，其书虽然留意简约文字，但是史事也随之更加“郁而不彰”了[②]。何良俊认为，“世以为（《新唐书》）不如刘昫之书为胜”，在于宋祁所撰《新唐书》部分于“唐事或多遗漏”[③]。杨慎则以姚崇《十事要说》为例，指出《旧唐书》的确比《新唐书》详细明白：“旧书所传问答，具备首尾，照映千年之下，犹如面语。新书所载，则剪截晦涩，事既失实，文又不通，良可慨也。”[④] 黄凤翔认为，吴缜的《新唐书纠谬》尚未谈及《新唐书》的义例问题。他则详细列举了《新唐书》中“纪载义例、褒贬品评有当订正者”：武则天临朝称制期间，当以皇帝纪年，而不应以武后纪年；为武则天而战的将军、大臣不应“与死节者同书”；既然在列传中已经详述宰相事迹，则不应在年表、世系表中接连再叙；方镇沿革宜通过《百官志》来记述，无须再用表格；诸多公主不必一一列传，只要保留具有劝惩价值的几位人物即可；李密不当与单雄信同传；部分奸臣当入逆臣；阳城的为人谈不上“卓行”，不必特别分类；陆羽而入《隐逸传》，是对隐士的羞辱。[⑤] 黄凤翔由此对欧阳修的史才表示遗憾。

---

① 陆深：《俨山外集》卷二六《史通会要下 · 丛篇四》，《景印文渊阁四库全书》第八八五册，台湾商务印书馆2008年版，第152页。

② 张萱：《西园闻见录》卷二九《史局 · 前言》，民国哈佛燕京学社印本。

③ 何良俊：《四友斋丛说》卷五，中华书局1959年版，第47页。

④ 杨慎：《升庵集》卷四七《二唐书》，《景印文渊阁四库全书》第一二七〇册，台湾商务印书馆2008年版，第371页。

⑤ 黄凤翔：《田亭草》卷一〇《读新唐书说》，明万历四十年刻本。

虽然对《新唐书》持抑制态度的观点自宋以来颇为流行，但是，仍有议者更加看重《新唐书》。《旧唐书》重新刊刻时，文徵明指出，《旧唐书》“不能无议者”：旧史不记段秀实豪言壮语，不如新书刻画人物有力；旧史不载柳宗元文章，由此可知“其所遗亦多”；旧史诋毁韩愈《顺宗实录》，可谓“失实”[①]。胡应麟则批评《旧唐书》及议者对《新唐书》的诟病：“《旧唐书》无论大义乖剌，其辞过俚而不文也，其体过冗而靡节也。《新书》虽晦涩务奇，二病则庶乎免也。事增文减，作史名言，岂容以书废哉。”[②] 即胡氏认为，《新唐书》没有《旧唐书》“辞俚”“体冗”的毛病，更不能因为《新唐书》处理不善而质疑“事增文省”的作史原则。胡氏还讲道：“谓《新唐书》之简不若《旧唐书》之赡也，是不知赡而不秽之说者也。”[③] 言外之意，《旧唐书》固然详赡，但是，达不到“赡而不秽”的要求，如此“详赡”是不值得称道的。他不同意杨慎对《新唐书》的批评，认为不当以宋祁所撰来“蔽责于欧阳”[④]。也有议者质疑以“繁简”而论优劣的观点：“繁简之间，果足定新唐之得失乎哉？”[⑤] 还有议者以为，“《新唐书》之病，不在简略，而在不出一手”[⑥]。无论两《唐书》孰优孰劣，文徵明、胡应麟等人皆以为二书当

---

① 文徵明：《重刻旧唐书序》，贺复征编：《文章辨体汇选》卷二八七，《景印文渊阁四库全书》第一四〇五册，台湾商务印书馆2008年版，第499-500页。

② 胡应麟：《少室山房笔丛》卷一三《史书占毕一》，上海书店出版社2009年版，第129页。

③ 胡应麟：《少室山房笔丛》卷一三《史书占毕一》，上海书店出版社2009年版，第130页。

④ 胡应麟：《少室山房笔丛》卷二三《艺林学山五》，上海书店出版社2009年版，第227页。

⑤ 孔贞时：《在鲁斋文集》卷四《评新唐书与两汉文章如何（馆试）》，明崇祯刻本。

⑥ 刘鸿训：《四素山房集》卷八《评新唐书与两汉文章何如》，明崇祯刻清雍正印本。

并行不废。

其七，评欧阳修《新五代史》。

关于新旧《五代史》，明人几乎只对《新五代史》表现出了一定的兴趣，而且多对欧阳修的史笔由衷地称赞。李梦阳称："《五代史》成一家言，是矣。"[①] 何良俊称："自陈寿《三国志》后，惟欧阳公《五代史》平典质直，最得史家之体。"[②] 陆深称："《五代史》成于一人之手，欧阳可以上踵班马矣。"[③] 孙能传称："盖《五代史》出公一人，其淋漓逸宕处直欲追踪子长。"[④] 在明人看来，《新五代史》之所以有所成就，主要原因在于义例恰当、文辞突出。

首先是义例。明初的朱右即称："其立例皆寓褒贬，为法甚精。书减旧史之半，而事迹稍增。议者以为功不下马迁。而笔力驰骋，反无驳杂之病。纪例精密，则不及耳。"[⑤] 这里先强调"立例"，然后认可欧史的文字能力，最后又回归到"例"，表达了朱右对《新五代史》"立例"的高度肯定（《史记》在义例方面甚至不如《新五代史》）。这一观点被杨士奇认可："而义例之精，《史》《汉》不及。"[⑥] 孙慎行也如此称赞："善夫！欧阳

① 李梦阳：《空同集》卷六二《论史答王监察书》，《景印文渊阁四库全书》第一二六二册，台湾商务印书馆2008年版，第569页。

② 何良俊：《四友斋丛说》卷五，中华书局1959年版，第47页。

③ 陆深：《俨山外集》卷二六《史通会要下·丛篇五》，《景印文渊阁四库全书》第八八五册，台湾商务印书馆2008年版，第153页。

④ 孙能传：《剡溪漫笔》卷四《两欧史》，明万历四十一年孙能正刻本。

⑤ 朱右：《白云稿》卷三《史概》，《景印文渊阁四库全书》第一二二八册，台湾商务印书馆2008年版，第37页。

⑥ 杨士奇：《东里文集》卷一〇《书五代史后》，刘伯涵、朱海点校，中华书局1998年版，第146页。

子之为《五代史》也。事一朝者分为各朝传，历事数朝者总为杂传。他贤好不论，独论君臣大义，忠贞叛逆。一开卷，判若□曰，可谓继《春秋》而垂教，先《纲目》而立义者也。”[①] 以《新五代史·杂传》为例，黄凤翔对欧书之“例”进行过比较详细的分析。他指出，五代时期很特别，“专事一朝”的大臣“不逮百人”，而背叛君主之臣达到一倍还多；这种情形对于忠君的传统价值观来说是莫大的挑战，对于史家如何编撰史书以实现劝惩的本旨也是极大的考验。李延寿所作《南史》《北史》中的纪传便不能“分别”五代时期君臣的善恶；但是，欧阳修通过创设“杂传”一例，将侍奉多朝的不忠之臣统统列入《杂传》，妥善地解决了时代与忠奸、劝惩之间的难题。像这样的“大体”，甚至连专门撰写《五代史纂误》的吴缜也“不能有所刺讥”。于是，黄凤翔禁不住赞叹：“其创立《杂传》，殊觉机轴圆转，而分义严明。”[②] 钱谦益则对《新五代史》诸多体例的意义有所发现：不适合《本纪》的内容，则通过《家人传》来表达，以见其“不可道也”；《纪》中所讳后唐庄宗之事，通过《伶人传》来揭示，可实现“讳而不没其实”的要求；欧氏将后晋出帝投降契丹一事记入《家人传》，将石敬瑭甘做契丹“儿皇帝”一事记入《四夷附录》，有效地做到了“为中国讳”；《一行》排在《死节》《死义》之后，“所以劝忠”；《唐六臣》放在《一行》之后，“所以耻六臣”；《六臣》之后是《义儿》《伶官》《杂

① 孙慎行：《玄晏斋集》卷一《编杂传序（十一月初八日）》，明崇祯刻本。
② 黄凤翔：《田亭草》卷一〇《读五代史说》，明万历四十年刻本。

传》，“所以著类”。通过这些体例，欧阳修将“上下五十余年”“贯穿八姓十国”有机地记录为一编。钱谦益认为，这正是《新五代史》“史家之法备”的结果。[①]

其次是文字表达能力。前述朱右所谓“书减旧史之半，而事迹稍增”“笔力驰骋，反无驳杂之病”[②]，正是称赞《新五代史》能够运用流畅的笔调、简洁的文字有条不紊地叙述复杂历史的表达能力。黄凤翔则提到：“至其《司天》《职方考》《十国世家》，皆考据详核，简质无剩语。”[③] 即，通过《新五代史》的《司天考》《职方考》《十国世家年谱》，可以见识欧阳修事实详核、文字简洁的处理能力。钱谦益称《新五代史》“事各有首尾，人各有本末”“其文章之横发旁肆”[④]，也是针对欧史的文字表达能力而言。

不过，对于《新五代史》的意见并非众口一辞。王世贞即嘲讽杨士奇对欧阳修的称赞，认为欧史“所谓义例者，亦不为甚当”，诸如五代诸君或起于叛臣或出身“夷狄”，“何必尽仿古帝王之例而全予之”，等等；欧史的文辞也颇无聊，“腴不如范晔，雅不如陈寿”[⑤]。杨慎认为，《新五代史》缺乏《史记》所依

① 钱谦益：《牧斋初学集》卷九〇《制科·天启元年浙江乡试程录·策三道·第三问》，钱曾笺注，钱仲联标校，上海古籍出版社2009年版，第1870-1871页。

② 朱右：《白云稿》卷三《史概》，《景印文渊阁四库全书》第一二二八册，台湾商务印书馆2008年版，第37页。

③ 黄凤翔：《田亭草》卷一〇《读五代史说》，明万历四十年刻本。

④ 钱谦益：《牧斋初学集》卷九〇《制科·天启元年浙江乡试程录·策三道·第三问》，钱曾笺注，钱仲联标校，上海古籍出版社2009年版，第1870、1871页。

⑤ 王世贞：《读书后》卷三《书五代史后》，《景印文渊阁四库全书》第一二八五册，台湾商务印书馆2008年版，第43、44页。

凭的广博典核的材料基础，因此，其书不可能企及《史记》：“其（《史记》）所为独冠诸史，非特太史公父子笔力，亦由其书荟萃《左氏》《国语》《战国策》《世本》及汉代司马相如、东方朔辈诸名人文章，以为桢干也。《五代史》所载有是文章乎？况其笔力萎靡，不足窥司马迁藩篱。而云胜之，非公言也。”[①] 他讥讽宋人对欧史的推重：“宋之琐儒，乃以《五代史》并迁，此不足以欺儿童而可诬后世乎？”[②]

在元明陵替之历史变迁及明代享有的诸多社会条件的共同作用下，明人对前朝史史书的商讨是广泛而深入的。它以历代纪传体正史为主、编年体与其他体裁为辅，以贯通与比较的心思系统地考察了众多史籍的优劣得失，是对各种条件下史书修撰的经验与教训的一种总结性认识。在这些史书批评中，普遍体现出明人对史书应当传达怎样的历史观这一问题的重视，也即明人所讲的“公论”“善恶”“三纲”“义类”“义例”“统绪”等等，突出地反映出元明之际的历史变迁对时人历史观的冲击，见证了明人对这些问题的思考与回应。这些批评还涉及史书自身的体例问题，即怎样的体例才能够更加合理有效地揭示历史真相。对此，明代谈锋深入史籍的材料依据、事实取舍、事文关系、文字表达、文义关系等许多层面。尤其是文字的详略、繁简等形式如何影响历史事实及历史启示，明代讨论甚多，颇有心得。不过，对

① 杨慎：《升庵集》卷四七《五代史》，《景印文渊阁四库全书》第一二七〇册，台湾商务印书馆2008年版，第370页。

② 何良俊：《四友斋丛说》卷五，中华书局1959年版，第48页。

于同一史著，明人的视角往往多样，针对也有所不同。因此，甚或可能出现同一学者评价同一史著而结论有别的现象。要之，在认识明代史学批评的遗产时，既须在个性中发现共性，又当在普遍中具体分析。

第二章　关于修撰本朝史的批评

继前朝史批评而起的，是明人关于本朝史修撰的批评。对此，可以分为本朝修史制度批评、本朝实录批评、私修本朝史批评、时人所修方志及家谱批评五个部分来认识。

其一，关于修史制度的批评在本章中是具有根本性的。根据《明史·职官志》，明朝修史之事分属殿阁大学士、翰林院学士、翰林院史官（包括修撰、编修、检讨）。殿阁大学士的职责之一，即“修实录、史志诸书，则充总裁官”[①]。翰林院学士“掌制诰、史册、文翰之事，以考议制度，详正文书，备天子顾问。凡经筵日讲，纂修实录、玉牒、史志诸书，编纂六曹章奏，皆奉敕而统承之”[②]。翰林院史官“掌修国史。凡天文、地理、宗潢、礼乐、兵刑诸大政，及诏敕、书檄，批答王言，皆籍而记之，以备实录。国家有纂修著作之书，则分掌考辑撰述之事。经筵充展书官，乡试充考试官，会试充同考官，殿试充收卷官。凡记注起

① 张廷玉等：《明史》卷七二《职官一》，中华书局1974年版，第1732页。
② 张廷玉等：《明史》卷七三《职官二》，中华书局1974年版，第1786页。

居，编纂六曹章奏，誊黄册封等咸充之”[①]。虽然名号、品级、权责、隶属等间或有所变动，但明代修史制度大体上不出上述格局。这一格局隐藏了诸多问题，为时人批评当时的修史制度埋下了伏笔。

其二，本朝实录批评是本章中的重点。明人陈于陛曾称，朝廷修史，“独有列圣实录，藏之金匮石室”[②]，既反映出明朝官修史书种类较少，也反映出实录在明代朝廷修史中一枝独秀的局面。但是，即便如此，由于受到政治的侵扰，明代实录的质量未能得到保证，其所招致的批评绵延数朝，甚至几度沦为严重的政治事件。大体说来，争议较大的实录有：《太祖实录》（初修之后又经过明成祖朱棣的两次大规模修改）；《英宗实录》（明代宗不能拥有自己的《实录》，景泰年间的事迹被附见于《英宗实录》）；《孝宗实录》（“受到了大宦官刘瑾及其党羽焦芳的干扰”[③]）；《武宗实录》（“把武宗一生违背‘祖训’之荒唐政治及怪诞行径，无不记载，而且都是赤裸裸的”[④]）；《献皇帝实录》（明世宗为“并未做过一天的皇帝”[⑤] 的父亲兴献王所修实录）；《光宗实录》（被魏忠贤及其党羽改修）。明代关于实录的批评便是以这些事件为基础并围绕这些事件发生的。

其三，私修本朝史批评与官修本朝史批评颉颃而行。官修本

① 张廷玉等：《明史》卷七三《职官二》，中华书局 1974 年版，第 1786 页。

② 陈于陛：《恭请圣明敕儒臣开书局纂辑本朝正史以垂万世疏（纂辑本朝正史）》，陈子龙等辑：《明经世文编》卷四二六，中华书局 1962 年版，第 4656 页。

③ 谢贵安：《明实录研究》，上海古籍出版社 2013 年版，第 116 页。

④ 李洵：《读〈明武宗实录〉条记》，《明史研究》第一辑，黄山书社 1991 年版，第 131 页。

⑤ 谢贵安：《明实录研究》，上海古籍出版社 2013 年版，第 122 页。

朝史书的诸多问题成为明人私修本朝国史的重要动因。明初，王祎因实录中名臣事迹“久犹阙如”[①] 而撰《国朝名臣传》。嘉靖、万历间，王圻《续文献通考》则出于明代文献遗落：“我明高皇帝开天启运，列圣肇述宏修，诸贤翊赞，其礼乐制度文章之精，轶唐虞，陋宋元，郁郁乎盛矣！昭代文献又乌可无稽？此云间王元翰《文献通考》所由续也。”[②] 万历间，屠叔方纂辑《建文朝野汇编》即因实录不载建文朝事：“夫《元史》且修，何况建文？元臣且旌，何况诸君子？此叔方是编之所由汇也。”[③] 其他私修国史虽未见得明确表示类似的承衰救弊之意，但私修风气已开，各种人物传记、建文史事等撰述便纷纷出现。对此，明人的批评反差较大。

其四，明代方志批评也值得留意。“明代地方志，起元代之衰而转向兴盛。”[④] 永乐十年（1412）和十六年（1418），明成祖朱棣先后颁降《修志凡例》，有力地推动了明代方志的发展。除《大明一统志》外，省、府、州、县甚至边关、要塞、卫所等大小区域，都有相应的志书。一些志书还成为我国地方志发展史上的名志。明代志书兴盛的背后，有着明人对志书的理性思考。在方志诸《序》中，记录有明人对志书的肯定或者批评意见。透过这些序文，我们可以领略明人有关思考的旨趣。有关评论实际

① 王祎：《王忠文集》卷五《国朝名臣传序》，《景印文渊阁四库全书》第一二二六册，台湾商务印书馆2008年版，第94页。

② 温纯：《温恭毅集》卷七《续文献通考序》，《景印文渊阁四库全书》第一二八八册，台湾商务印书馆2008年版，第557页。

③ 陈继儒：《陈眉公集》卷五《建文朝野汇编序》，明万历四十三年刻本。

④ 彭静中：《中国方志简史》，四川大学出版社1990年版，第22页。

上以如何编纂志书或志书应当呈现出怎样的面貌这个问题最为集中，而这个问题又牵涉志书的定位、体例、详略、意义等诸多方面。本章着重探讨其中的体例、内容与文字三个方面。

其五，明代谱牒批评是另一个值得注意的内容。在明人的文集中，保存了不少家谱序文，可知当时修谱相当普遍。根据明人的说法，这种普遍性有其历史必然性："汉魏以降，宗法废而门地盛，于是谱谍之学兴焉。"① 虽然明人对谱学发展史的认识并不完全相同，但是，谱学后来兴盛且明代仍然身处其中，则是明人普遍的自觉的意识。这种普遍的自觉意识包含着明人对谱学的思考。它涉及谱牒的由来、谱牒与社会的关系、谱学的兴盛、谱牒的功能、修谱的意义、谱法、谱与史的关系、家谱典范、各种家谱或家乘存在的问题等等。其中，对谱法的思考则体现出明代谱学中具有代表性的批评意识。

本章将按照上述顺序依次展开论述。

第一节　本朝"史职之废"

明代留传下来一些奏疏，如明代张瀚所辑《皇明疏议辑略》、吴亮所辑《万历疏钞》、王圻纂《续文献通考》等皆有"史职"或"史官"一类。从中，我们可以看到明代修史制度存在的问题以及时人为解决这些问题作出的努力。

---

① 王祎：《王忠文集》卷五《金华俞氏家乘序》，《景印文渊阁四库全书》第一二二六册，台湾商务印书馆1986年版，第108页。

弘治年间，储巏上呈《奏纪注言动》疏。在此疏中，他讲道："臣备员班行，每睹陛下宣召群臣登对，多系帷幄之语、造膝之言，近臣不得以听闻，史官何由而纪录？臣窃惜之。"[①] 这表明，当时的明朝廷已经不再像传统的史官制度那样设有专门记录君臣言行的史官，而作为国史编撰重要资料依据的君臣言行也已经流失了很长时间。这引起了具有史学意识的储巏的注意与担忧。他引古据今，力陈记录君臣言行的必要。在如何记录的问题上，储巏粗涉明代的史官制度："窃考本朝史职，似与前代稍异。"[②] 至于如何"稍异"，储巏没有深谈。他也没有针对明代史职提出变更意见，只是建议相关大臣随时记录并进呈："臣愚，欲乞陛下特敕在廷臣僚先后会蒙召问者，备录当日于何殿下钦奉圣论及奏对之词，具本进览，宣付史馆。如事干机密、不宜宣露者，御览讫，仍行封识，付之谨密之臣，藏诸深严之地所谓金匮石室者，以俟将来。庶圣君言动举无所遗，群臣论说亦以附见。"[③]

弘治、正德间，王鏊对史官有若干评论，颇为有名，其中一条批评明代修史制度曰：

> 我朝翰林皆史官，立班虽近螭头，亦远在殿下。成化以来，人君不复与臣下接，朝事亦无可纪。凡修史则取诸司前

① 储巏：《柴墟文集》卷一二《奏纪注言动》，明嘉靖四年刻本。
② 储巏：《柴墟文集》卷一二《奏纪注言动》，明嘉靖四年刻本。
③ 储巏：《柴墟文集》卷一二《奏纪注言动》，明嘉靖四年刻本。

后奏牍，分为吏、户、礼、兵、刑、工为十馆，事繁者为二馆。分派诸人以年月编次，杂合成之，副总裁删削之，内阁大臣总裁润色之。三品以上，乃得立传，亦多纪出身官阶迁擢而已。间有褒贬，亦未必尽公，后世将何所取信乎？[①]

这里提到几点：其一，明朝殿前有翰林院的史官当班，但距离皇帝比较远，无法完成记言、记行的修史任务。这与前述储巏反映的史官无法靠近君臣议政的情形是一致的。其二，成化以至弘治、正德时期，皇帝怠慢朝政，与大臣关系疏远，史官更加无从记述君臣是如何议政的。这表明，当时不只史官制度自身存在缺陷、无法保障修史诸多环节的完成，就连史官的依附对象、服务对象、记录对象——朝政——也呈现出脱离修史轨道的局面。这无疑是对信史的更为核心的危害。其三，在当时，修史所依据的资料主要来源于六部奏牍。在王鏊看来，奏牍的史料价值当然不及君臣议政的言论，但毕竟可以作为国家修史的资料依据。其四，是当时的修史流程及大概标准。这段话流露出王鏊对这样的一种修史制度能否修撰信史的不信任态度。

同样，在弘治、正德间，何瑭所作《史职议》也得到了众多认可，其中信息较多，兹录如下：

修史职以备国典事。伏以有官守者，则思修其职；有言

---

① 王鏊：《震泽长语》卷上《官制》，王鏊、王禹声：《震泽先生别集》，王永熙汇辑，楼志伟、韩锡铎点校，中华书局2014年版，第26-27页。

责者，则思尽其忠。此人臣之大防，而古今之通谊也。臣以菲薄待罪史官，伏睹内外百司各有职守，而史官独若无所事者，朝参之余退安私室，于国家政务无分毫补益，犹且月受俸钱、日支廪给。既失官守之职，难逃尸素之讥。每念及兹，不胜惶愧。臣谨考：古者，王朝列国皆有史官掌记时事。我祖宗设修撰、编修、检讨，谓之史官，俾司纪录，法古意也。谨按《国朝名臣录》：在太祖时，刘基条答天象之问，上悉以付史馆。在太宗时，王直以右春坊右庶子兼记注，凡圣政、圣训之当书者，皆录之，以备纂述。由此推之，史官之职在国初犹未失也。不知因循废坠始于何时？沿袭至今，未克修举。臣于受职之初，即欲陈奏。自以无所考据，又虑人微言轻，未必听用，徒为哓哓，实亦何补？含愧苟禄，奄过岁时。既又念圣贤相逢，百废皆举，择言而从，不以人废，于此时而不言，是终无可言之日矣。方拟陈奏，不幸孝宗皇帝奄弃万国，哀慕方切，岂暇图此？方今山陵既毕，政治维新，伏望遵祖宗所已行，修史职于久废，敕令修撰、编修、检讨值史馆。凡陛下之起居、臣工之论列、大政事之因革弛张、大臣僚之升降拜罢，皆令即时纪录。止用据事直书，不须立论褒贬。仍于纸尾书“某官某人记”，藏之椟柜，以待纂述。史职既修，国典斯备。上则圣君贤臣、嘉谟嘉猷不至有所遗落，下则憸夫小人惧遗万世之讥，亦有所惩戒，不敢纵恣为恶。公则明朝廷无虚设之官，私则使人臣免素餐之愧，事体甚便。或谓馆阁之地，所以储养异才，不必择以职守。臣窃谓，养才之道，当使之周知天下之务，方可以备他日之用。今诸人于国家政事初不闻知，虽欲练习，其道无由。若令史馆供职，庶因纪录之间，得练习政事之体，他日任用不至疏脱，是于修职之中实寓养才之意。臣愚不胜惓惓。①

这位卑微的史官顾虑再三之后，终于鼓起勇气向当朝皇帝上疏，希望改善史职。他主要谈到这样四个问题：一是当时的史官空有职位与俸禄而终日无所事事。这一点是前述储巏、王鏊没有提到的，它来自史官的亲身体验。而这种现象一直到嘉靖时期仍然存在。其时曾有史官亦云："今史官之于史乃独无所事事，而又得以逃其失官之罪者，其初本具名而无实，有官而不属之以事，非如户之钱谷、刑之狱讼，各有司存云耳。"② 何氏则进一步指出了明朝史官无所事事的原因，即在于史官设立之初便没有赋予史官实际的专属的事务，从而触及现象背后存在着的官制的原因。二是明代的史官不知从何时起沦落为空职。三是希望当朝恢复史官的职能，并提出具体方案。四是婉转批评并辗转迎合当时的史官制度，即纳史官于馆阁之中。这便涉及明代修史制度的大格局。也即嘉靖时期史官王立道所言"自后国史院起居注之

① 何瑭：《柏斋集》卷一《史职议》，《景印文渊阁四库全书》第一二六六册，台湾商务印书馆2008年版，第467-468页。

② 王立道：《具茨文集》卷五《明职守疏》，《景印文渊阁四库全书》第一二七七册，台湾商务印书馆2008年版，第813页。

官不设，而以史官并附之翰林院”[①] 的情形。史官何瑭在这里实际上谈到了史官职能与馆阁隶属之间的矛盾，即史官职在修史（要求专业）而馆阁责在育才（务求实用），史官必定受到馆阁隶属的掣肘。王鏊所谓“副总裁删削之，内阁大臣总裁润色”，则是史官受到馆阁制度束缚的表现之一。面对这种制度，何瑭只能委曲求全。

隆庆年间，仍有上疏批评史职荒废而请求整饬史职者。其言曰：

其十曰修史职以传盛大。臣闻史职之废也久矣，诸臣之建言亦不一而足矣，而卒未有议行之者，臣知其故矣。不谓先帝实录方成，无暇及此，则谓祖宗所未举，不敢遽也。祖宗所未举，正有望于后人，而事关疑信，道存鉴戒，早一日得一日之力。四海之广，何患无才？朝廷之大，何爱一官？而事固有动而不相害者。况今面奏之典既行，则圣君贤辅、嘉言懿动，必有超今迈古者，不可不纪述其详，光显其实，以传一时之盛。而一二奸邪情状，亦有当备之，以鉴今而惩后者。宋神宗有言，人臣奏对，有颇僻谗慝者。若左右有史官书之，则无所肆其奸矣。斯言也，有以哉！祖宗设编撰等官，名之曰史，而非九年不得迁。使不遇易世，岂使之坐食而已！臣愿陛下察古人重史之意，求祖宗设官之心，每日必

① 王立道：《具茨文集》卷五《明职守疏》，《景印文渊阁四库全书》第一二七七册，台湾商务印书馆2008年版，第813页。

轮该若干员，密迩乘舆，言动奏报。凡耳目所得及者，执简备书，修为实历；其耳目所不及者，诸司或以月报，或以季报，或以岁报，随其事机、道里之缓急远近，而随至随纂，亦以附焉。故史职不可不修也。[①]

疏中称“史职之废也久”，表明明朝史官无所事事的情形仍在持续；“诸臣之建言”“而卒未有议行之者”表明，尽管历朝皆有进言，却始终未能付诸实践；所谓“其故”，亦不过是冠冕堂皇的借口，实则历朝皇帝根本无心史事（遑论史事，从王鏊所言来看，皇帝甚至连理政之心亦无）；又言“非九年不得迁”，与明朝前期每逢实录修毕便为与修的各级人员赏赐、进阶相比，则明朝史职因制度造成的下滑与荒芜便展现得更加细致入微。此疏从细节上进一步反映了明朝修史制度的荒废。虽然用心良苦、言辞恳切，上疏之人骆问礼的结局却是“坐狂妄，降边方三级”[②]，可见仍未引起明朝皇帝的重视。

隆庆皇帝殁后，万历皇帝登基。正当《明穆宗实录》纂修之际，阁臣张居正上疏批评朝廷纂修实录不力，要求“事必专任”“工必立程”：“查得：隆庆元年六月初一日，开馆纂修《世宗肃皇帝实录》，经今六年，尚未脱稿。虽屡廑先帝圣问，迄无成功。任总裁者，恐催督之致怨，一向因循；司纂修者，以人众

① 骆问礼：《恭遇圣志励精效涓埃以赞盛大疏面奏》，陈子龙等辑：《明经世文编》卷四七〇，中华书局1962年版，第5162页。

② 何乔远：《名山藏》卷二九《典谟记》（穆宗庄皇帝三年十月），张德信、商传、王熹点校，福建人民出版社2010年版，第808页。

而相捱，竟成废阁。臣等日食大官之馔，茫无一字之补，素飧旷职，实切兢惭。然揆厥所由，皆以未尝专任而责成之故也。”①此疏有几点需要注意：一是实录编修耗时长而无结果，是从修史成果的角度再度反映出明朝修史制度的荒废。二是与修人员从“总裁者”到“纂修者”皆有怠职、怠工的理由与现象，即从人的角度反映了当时修史制度的低效。三是阁臣与修，但实际上并不承担具体事务。四是指出修史低效的原因即“未尝专任而责成”，即未将实录编修的责任落实到个人。这实为小补，而未触及明朝修史制度的大格局。

万历时期，针对明朝修史无果，陈于陛也专意上疏。《疏》中有言曰：“洪惟我朝建立法制，事事超越前代。而史书独有列圣实录，藏之金匮石室。似只依仿宋世编年、日历之体，但可谓之备史，未可谓之正史。至于《大明会典》，屡修颁布，凡六曹政务因革损益之宜，虽已该载，而庙堂之谟谋册诰、臣工之议论文章不与焉，但可谓之国家典制、百司遵行之书，而非史家之体。盖本朝纪、表、志、传之正史，经二百余年来，学士大夫踵袭因循，阙略不讲。在今日，似不可不亟图者。”② 在这里，陈于陛指出，明朝仅修实录与《会典》，但实录只能算作“备史”即为正史作准备，而《会典》亦非“史家之体”，皆不能被视为“正史”。因此，他建议当朝开始纂修本朝正史。万历皇帝“诏

① 张居正：《纂修事宜疏（世穆二宗实录）》，陈子龙等辑：《明经世文编》卷三二四，中华书局1962年版，第3458页。

② 陈于陛：《恭请圣明敕儒臣开书局纂辑本朝正史以垂万世疏（纂辑本朝正史）》，陈子龙等辑：《明经世文编》卷四二六，中华书局1962年版，第4656-4657页。

从之。三月癸卯，命词臣分曹类纂，以王锡爵、赵志皋、张位为总裁，于陛及南京礼部尚书沈一贯、少詹事冯琦为副总裁”[①]。不过，根据汪若霖所言，“于陛既殁，同列憎成，遂使九重懿举委于半途，列圣芳猷厄其全璧”[②]，陈于陛去世之后，正史修纂进程也随之阻断。

崇祯时期，文震孟曾对《光宗实录》的不实作出专门的揭露。从中可以看出，朝廷修史在明朝末期受到政治斗争的干预已经到了毫无尊严的地步：“臣猥以菲才，备员史局。顷因纂修《熹宗皇帝实录》，从阁中恭请《光宗皇帝实录》副本较对，见其间舛误甚多。而悖谬之大者，如先帝之册立与挺击、红丸大事，皆祖《三朝要典》之邪说而应和之。盖天启三年七月十六日《实录》进呈，则礼臣周炳谟等、史官庄际昌等所纂修，而阁臣叶向高、韩爌等所总裁者也。至天启六年，逆党崔呈秀等谓《实录》非实，请旨重修，则崇祯元年二月十七日所进、今皇史宬之所藏者也。”[③] 这里指出一个事件：《光宗实录》于天启三年（1623）已然修成，但阉党得势之后，竟因不满《光宗实录》所载而要求重修，新成的《光宗实录》于天启六年（1626）又被藏入皇史宬。在这一事件中，朝廷修史的主宰者已经完全溢出明朝修史制度中规定的任何人员，修史沦为政治斗争及得胜势力的

① 陈鹤：《明纪》卷四三，清同治十年江苏书局刻本。

② 汪若霖：《馆职简授宜精史局纂修宜竟疏（简馆职竟纂修）》，陈子龙等辑：《明经世文编》卷四六九，中华书局1962年版，第5152页。

③ 文震孟：《孝思无穷疏（改正实录）》，陈子龙等辑：《明经世文编》卷五〇〇，中华书局1962年版，第5517页。

工具，严重损伤自身的独立性。

以上聊举数例，以从不同角度观察明代修史制度的弊病以及时人不绝如缕的批评。根据明人所论，明代修史制度出现了前代很少存在的一些问题：皇帝的言行无法被记录、修史机构人浮于事、史官的修史职责几被遗忘、朝廷所修史书问题重重……万历间，焦竑上《修史条陈四事议》，“四事”即“本纪之当议”“列传之当议”“职官之当议”“书籍之当议”[①]，依次讨论对明代皇帝的记录、收录大臣的史例、史职、修史资料的收集及贮存等，基本上涵盖了前述明代修史制度批评的主要方面。关于书籍、史籍的收集、贮存、抄录、传播等，明代亦有相关制度及相关讨论，但相较而言并不突出，因此，这里主要围绕史籍的编撰展开。

究竟是何原因导致如此之多的问题？明人的认识程度深浅不一。分内但位卑者不敢深言，权重却非专职者又不以为念。所以，无人有心探寻朝廷修史之所以出现问题的根本症结所在。多数只是就事论事，在若干环节上施以补救措施罢了。但明人的批评也隐约透露出，朝廷修史的根本问题在于，修史权力几乎完全不在史官手中，而在翰林院学士，尤其是入阁的大学士即阁臣的掌控之下。这使得朝廷修史无法自成体系，史官也无法安于专业，史学受到政治左右成为必然。明朝宗室朱诚泳曾有论曰：“呜呼！董狐死，天下无直笔久矣。觅米作传，谀墓得金，史尚

① 焦竑：《澹园集》卷五《修史条陈四事议》，李剑雄点校，中华书局1999年版，第29-31页。

可信哉？何则？汉以前，史有世官，不相侵轶；唐以下，则史官必出翰林，而翰林必为宰相，此史之所以不得其真，而世之所以莫可取信也。”[①] 明代后期归有光读南宋岳珂《金陀粹编》时也曾感叹：“自宰相监修国史，史官之失职久矣。”[②] 这些言论揭露出唐宋以来以至于明代朝廷修史存在的一个共同的问题，即由宰相或者阁臣监督国史的修纂。这一思想在有关批评中是最为深刻的。如此，则明代修史制度的大格局便已然埋下了朝廷修史诸多问题的隐患。

第二节 本朝实录编撰的乱象

一、实录不能反映建文朝的历史存在

建文之后，皇位传承遭逢变故，致使其实录的编纂成为难题。史称：“洪熙初，天子慨然叹，以为方孝孺等皆忠臣，实弛奸党之禁。正统末，太皇太后疾大渐，阁大臣入问疾。……士奇言：‘建文君尝临御四年，其实录当仍以建文纪年，方孝孺诗文乞弛禁。’太后默然而止。”[③] 则知靖难之事在政治上已于洪熙初年有所松弛，但在朝廷修史方面至正统末年仍未提上日程。

成化间，杨守陈曾感叹明朝修史有三件缺憾，其中两件皆明

---

① 朱诚泳：《小鸣稿》卷九《丰城游氏族谱序》，《景印文渊阁四库全书》第一二六〇册，台湾商务印书馆2008年版，第335页。

② 归有光：《震川先生集》卷五《读金陀粹编》，周本淳校点，上海古籍出版社2007年版，第112页。

③ 邓元锡：《皇明书》卷三一“方孝孺”条，明万历刻本。

确针对实录而言："诏本官兼詹事，专职史馆。乃太息，言国家史事有三大阙未举也：靖难后不记建文帝事，使当时朝政与死事诸臣皆阔落无传，及今搜采，犹可辑补；景帝已复位号，《英宗实录》犹称郕戾王；疏留中者，即忠信正义关国家大体者，例不得录，乞宣付史馆。"[①] 这里所谓"三大阙"的前两条明确针对建文帝与景泰帝的实录，且皆被视为阙文。这是可见的较早的一则关于建文、景泰两朝实录的奏疏，可惜疏未上而人先亡。

万历十四年（1586），"礼部请复建文年号；修景皇帝实录；定恒、岳旧祀；移太庙；侑祀亲王及功臣于四庑；进世庙诸妃葬金山者配食永陵，宜各专官，毋兼摄；改诸王诸坟所祀文称谓之未妥者。上报，可。……至是，部覆。惟建文年号、景帝实录尚有待"[②]。则祭祀诸礼也得到了皇帝的认可，而关乎修史的"建文年号、景帝实录"在统治者那里仍然如鲠在喉，难以松口。

万历二十三年（1595）七月，礼科给事中杨天民称，"累朝缺典，究竟难湮。恳乞圣明及时修举，以成祖德，以光正史事。奏建文年号不宜革除，见在修史，乞赐允行"[③]；同年九月，四川道监察御史牛应元又称，"国史肇修，阙典当正，恳乞圣明，断在允行"[④] ……这一时期，此类奏疏密集上呈，成为万历年间朝廷修史引人注目的现象。其中原因并非单一，但万历期间陈于陛请修本朝正史并得到朝廷许可一事则是一个明显的契机。虽然

① 邓元锡：《皇明书》卷二三"杨文懿公"条，明万历刻本。
② 高汝栻辑：《皇明续纪三朝法传全录》卷三（万历十四年三月），明崇祯九年刻本。
③ 屠叔方辑：《建文朝野汇编》卷二〇，明万历刻本。
④ 屠叔方辑：《建文朝野汇编》卷二〇，明万历刻本。

这些言论是借正史之机而意在正史，但是，鉴于当时国史只有实录而尚无正史，所以从中也可以看出，认为实录中建文朝史事遗落是时人普遍的看法。

尽管本朝正史得以开馆修撰，却迟迟未见成果。万历三十七年（1609），黄起龙上疏，仍然痛惜建文朝历史湮没无闻。其疏曰："昔太祖驱除胡运，亦命儒臣修《元史》。惜靖难后，诸臣拘于忌讳，未有慨然直任史事，致遗迹散落。且谓诛党可以禁奸，至追戮逮治不遗余法，殊非圣明宽假初衷。"[①] 疏中不仅批评史臣不敢担当，以致国史中建文朝君臣的事迹遗落，而且谈到有关士民在政治上受到了酷烈的迫害。

纵然历朝的批评与诤言不断，有关禁制、忌讳也渐次有所开放，但是，终明一世，建文朝的实录也未能修成。"因此，建文帝从无单独的实录，他的事迹一度附于某本《太祖实录》之后，但流传至今的《太祖实录》诸本，皆已无载。"[②] 其中，政治是非是建文朝实录无法正常修撰的关键。最高统治者的态度与认识决定了建文君臣在何种程度上以何种面目呈现在史书中。如果为建文朝修实录，则需要面对无法评价自己的祖先明成祖朱棣，需要打破成制、改修多朝实录、触动当朝利益格局等问题；如果不修建文实录，则违背历史、国史失信而野史泛滥、明君忠臣义士蒙羞、损害风化而终将危及朝廷。这便是最高统治者作难之处，

---

① 黄起龙：《请修圣朝遗事并乞谥仗节诸臣以崇盛典疏》，吴亮辑：《万历疏钞》卷一四，《续修四库全书》第四六八册，上海古籍出版社 2002 年版，第 587 页。

② 谢贵安：《明实录研究》，上海古籍出版社 2013 年版，第 104 页。

也是历朝诤臣不惜犯颜也要知难而上的原因。诸多对建文朝实录的批评，既来源于史学不能不真的内在规定，也出自朝政治理及国家与社会正常运转的外在要求。这是实录兼具史学与政治双重性质的反映。

二、实录中诸多体例不符合历史事实

围绕着恢复建文朝实录一事，除痛惜建文君臣事迹不得记录于国史之外，各种批评还指出了既有实录中存在着的体例问题。

对此，明人有言曰："事欲其核也，名欲其真也，所以彰往垂后、昭示乎百千万祀也。"[①] 结合上下文，此处的"名"才是重点，它实际上指的是建文这个年号，其所针对的是明成祖以建文之事附缀于《太祖实录》之后而杜撰出"洪武三十二年"至"洪武三十五年"等年号之事："暨成祖文皇帝以靖难登极，遂削去其年号，而《高庙实录》于是有三十五年之称矣。"[②]

虽然不过是用以纪年的年号，但是，相较于宽赦具体的人与事而言，唯有年号引起的批评持续最久、恢复之路也最为艰难。我们可以从万历二十三年（1595）范谦疏请恢复建文年号的奏章中看到这一点："夫于理、于势、于情、于事皆可，而革除之年沿袭未复，则以因循苟且之意多，而触忌冒嫌之心重耳。然臣等复因是而考之：……夫《元史》可修，奈何失其实于当代？胜国之君可谥，奈何削其号于本朝？景泰之位号可改，奈何靳其

---

① 屠叔方辑：《建文朝野汇编》卷二〇，明万历刻本。
② 屠叔方辑：《建文朝野汇编》卷二〇，明万历刻本。

名于建文？一时死事之臣尚可褒恤，奈何遗弃其君，而令湮没于百世之后？由斯以谈，不独非太祖之心，非我皇上之心，即成祖之心亦有不自安者矣。”[①] 从靖难之变到万历二十三年几近二百年，被革除的建文年号迟迟不能恢复，于理“未顺”，于势“难掩”，于情“未惬”，于事“有不必尔者”；在疏通“情”“理”、坐待形“势”发酵、解析“事”变之余，还需要面对并克服“因循苟且之意”与“触忌冒嫌之心”，建文年号所引发的思想矛盾与心理负担可想而知，而恢复建文年号尤其是在实录中恢复建文年号，对于“理”“势”“情”“事”“心”诸多方面都具有关键性的意义。这就是明人不遗余力地争取恢复革除年号、要求“名欲其真”的原因。范谦此疏得到了万历皇帝的认可，这是近二百年明人奋争的结果。

得益于建文年号的恢复，亦不止于年号恢复，要求建文朝实录脱离《太祖实录》而独立，则是明人在体例上的进一步考虑。崇祯五年（1632），南京礼部主事周镳奏称：“至于建文事迹，往史载于洪武之后。自神宗二十三年，允礼臣范谦之请，始有追复年号之旨。然实录编次多失伦序，且记载乖实，遂使死难诸贤之美阙略不章。臣恐正史不早裁定，则稗官野史益以缘饰附会，传之万世，尤非所以光祖德而扬盛美也。臣以为，莫若令词臣重修建文实录。上考金匮之藏，下稽舆人之论，将所载建文朝事迹及诸臣死忠始末咸得采录，删其芜僻，存其大义，以见国朝节义

① 屠叔方辑：《建文朝野汇编》卷二〇，明万历刻本。

之盛有非前代之所可及。则不独鼓臣子忠孝之心，并所以显高皇帝作人之化，此尤皇上缵绪之大典也。”“帝命所司确酌以闻。”[①]

对景泰实录的指摘与批评建文实录相似，主要是“名号”（亦属体例）问题。

明代宗事实上在位七年，结果被复位的明英宗贬为郕戾王，又被继位的英宗之子宪宗在实录中否定了他的帝位，仅以“郕戾王附”的形式附于《英宗实录》的正统朝之后。在《英宗实录》的编纂过程中，总裁曾主张革去明代宗的景泰年号，但遇到了编修尹直的抗争。当时争议的焦点即在体例上：“初，景皇帝名号未定，或欲从昌邑、更始例，公力辨不可。”[②] 对此，《明史》有更为详细的记载：“总裁欲革去景泰帝号，引汉昌邑、更始为比。直辨曰：‘《实录》中有初为大臣，后为军民者。方居官时，则称某官某，即罢去而后改称。如汉府以谋逆降庶人，其未反时，书王书叔如故也。岂有逆计其反，而即降从庶人之号者哉！且昌邑旋立旋废，景泰帝则为宗庙社稷主七年。更始无所受命，景泰帝则策命于母后。当时定倾危难之中，微帝则京师非国家有。虽易储失德，然能不惑于卢忠、徐振之言，卒全两宫，以至今日。其功过足相准，不宜去帝号。’时不能难。”[③] 由此则知，政治成败波及修史体例，景泰朝实录的体例决定着景泰人事

① 《钞本明实录》第二六册《崇祯长编》卷六二（崇祯五年八月乙卯），线装书局 2005 年版，第 572 页。

② 费宏：《费宏集》卷一七《明故资善大夫太子少保兵部尚书兼翰林院学士谥文和尹公墓志铭》，吴长庚、费正忠校点，上海古籍出版社 2007 年版，第 591 页。

③ 张廷玉等：《明史》卷一六八《尹直传》，中华书局 1974 年版，第 4530 页。

在历史评论中的是非走向，故而引起争议；而当时异见双方皆有体例依据，但体例符合历史才是判断体例为“宜”的标准，从而赢得普遍共识。

明代实录中尚有《献皇帝实录》，为明世宗于嘉靖四五年替其父亲兴王朱祐杬所修，是皇权左右修史制度的又一个产物。与建文、景泰朝的历史被人为地删削正相反，兴王从未临朝称帝，历史上也没有一个由“献皇帝”执政的时期，《献皇帝实录》意欲宣告一段人为添加的历史。它同样存在体例方面的问题。明神宗万历年间，正史副总裁余继登就献皇帝是否可以立纪发表如下意见：

> 至献皇帝积德累仁，笃生神圣，遂垂万世不拔之基。然其发祥之长，亦不过如德、懿、熙、仁四祖止耳。四祖不纪，而独为献皇帝立纪，岂惟臣子之心不安，即皇上之心亦必不安；岂惟皇上，恐献皇帝在天之灵亦且有踧踖不自安者矣。况纪号献皇帝，而所书者乃弘治、正德之年；纪名为帝，而所载者乃藩王之事，皇上以为于义、于例当耶？否耶？且自古由藩封入继大统者非一人，试考史书，未见有为其祖父作帝纪者。彼非不能纪，不欲以私害公耳。臣窃以为四祖事只宜附见于太祖高皇帝纪之前，献皇帝事只宜附见于世宗肃皇帝纪之前。或别起一例，亦宜与列圣帝纪有别，庶使名实不紊，体裁不淆。不然，以献皇帝之子孙臣庶欲纪则

纪矣，如天下后世之公议何?[1]

此论以明太祖追尊四代祖先而不给他们立纪为例，说明不当为“献皇帝”立纪；又从体例的角度指出，若以“献皇帝”为帝，则与弘治（敬皇帝年号）、正德（毅皇帝年号）之纪年不协调；若冠名为“献皇帝”，则与藩王之事实与内容不相符；像这样名实难副，是史书“义”“例”所不允许的。这里针对的是正在进行中的正史帝纪的修撰。但是，如果前面没有《献皇帝实录》开例，正史帝纪的修撰则不会遇到这样的问题。因此，可以说，余继登在这里表达的关于“献皇帝”问题的意见也同样适用于《献皇帝实录》。

又，崇祯七年（1634），右谕德许士柔上疏批评《神宗实录》，称其对帝王世系的记载有所疏漏，违背了实录的“定体”：

帝王之世系不可略，实录之挂漏不可解。本朝实录即古帝王本纪，史家编年遗意也。其中提纲章目最重且大，莫若圣明述作、世系相传之际。故总纪之，则父子母后之伦，书之必其备；分纪之，则兄弟同宫异寝之序，书之必其明。惟明且备，乃为实录，此定体也。……今阅《实录》有弗可解者，则问以皇上婿教之年、圣诞之日，不书也；命名之典、潜邸之号，不书也；更考圣母出何氏族、受何世号，不

① 余继登：《修史疏（建文献皇帝纪）》，陈子龙等辑：《明经世文编》卷四三七，中华书局1962年版，第4779-4780页。

书也；而且编及诸王之生与所生之自、花萼相辉之盛、鸣鸠并饲之仁，不书也。所书者，三十三年乙巳先帝第一子而已。夫先帝实生五子，而何以独纪其一？皇上实有四兄，而何以竟遗其三？使读先帝实录者，谓圣躬之诞降果何辰？谓圣母之发祥果何姓？谓其间花萼辉映者更果几何人？是使圣朝父子母后兄弟之大伦皆缺而不书，晦而莫办也。职所不解者此也。又曰：宫闱更有大典，今日不容不著明者。孝元贞皇后，先帝之元配也。溯青宫、承华春，则当以万历四十一年十二月书辞御，以正其终，今录弗书也。天下后世考先帝配元之始，将何征也？孝和皇后，熹庙之所钟发也，在承华悬矢之辰，业已于万历二十四年三月书封号，以著有初。至景殿惊葭之久，必当以万历四十七年三月书辞御，以著有卒，今又弗全书也。天下后惟考熹庙发祥之始末，又将何征也？至孝纯皇后之辞御日月，已载诸祀典，而其年勿著于录中，此又当议载者也。①

论及实录的体裁，实录为编年之体，这是历代共识；但具体到帝王世系、宫闱当以何种体例书写，未曾见到其他的有关讨论。许士柔的观点可作为一种参考。果如许氏所言，神宗有五子而实录只载其一，确属疏漏，易起误解，则许氏的批评并非虚妄。更为重要的，是许氏在这里提到的实录的体例：实录不单是

---

① 高汝栻辑：《皇明续纪三朝法传全录》卷七“十二月二十四日东宫第五子生是为今上生母选侍刘是为孝纯皇后”条所附“高汝栻曰”，明崇祯九年刻本。

编年纪事；还要讲究轻重之分，即实录有其“提纲章目”，且其中亦有“最重且大”者；具体到帝王世系传承，还有“总纪”与“分纪”之别；总之，实录的编修务求“明”且“备”。虽然只是一个具体的世系记载问题，但其中关于具体问题与实录整体之间的关系、具体问题对于实录整体的意义、记载方式以及记载任务等一系列的思考体现出明人理性的态度、精神与水平，也体现出明人严格要求史书体例的自觉的学术精神。

三、实录对人事言行的显隐去取不符合事实

嘉靖年间修《武宗实录》时，大臣董玘曾揭露《孝宗实录》受到严重的政治干扰而无法取信：

> 臣惟今日之实录，即后日之史书，所以传信于天下万世者也，此岂容以一人之私意参乎其间哉！昔者，武宗毅皇帝即位之初，纂修《孝宗敬皇帝实录》，臣以菲才，滥与其末。于时，大学士焦芳依附逆瑾，变乱国是，报复恩怨。既已毒流天下矣，而犹未足也；又肆其不逞之心于亡者，欲遂以欺乎后世。其于叙传，即意所比，必曲为掩互；即夙所嫉，辄过为丑诋。又时自称述，甚至矫诬敬皇而不顾。凡此类，皆阴用其私人誊写圈点，在纂修者或不及见。惟事之属臣者，黾勉载笔，不敢有所前却，而其他则固非所及也。兹者恭遇皇上入继大统，敕修《武宗毅皇帝实录》。内阁所藏《孝宗皇帝实录》副本，例发在馆，誊写人员及合用纸扎之

类，不烦别具，欲加删正，此其时矣。特旨将内府所藏《孝宗实录》正本一并发出，仍敕总裁大学士杨等，及比时曾与纂修、备谙本末者数人，逐一重为校勘。凡十八年之间，诏令之因革、治体之宽严、人才之进退、政事之得失，已据实者，无事纷更。至若出焦芳一人之私者，悉改正之。其或虽出于芳而颇得实状者，亦自不以人废。则为费不多，事亦易集。使敬皇知人之哲无为所诬，诸臣难明之迹得以自雪，而人皆知公是公非所在，不容少私如芳者。纵或肆行于一时，而竟亦莫掩于身后，庶乎孝宗一代之书藏之中秘，而传于无穷者，必可据以为信矣。不然，万世之下，安知此为芳之私笔也哉！①

因《武宗实录》之修而批评前朝实录，缘于《武宗实录》的修撰需要参考前朝的《孝宗实录》。前朝实录不实，自然不当被后朝实录沿袭、借鉴。这既是实录须为信史的史学要求，实际上也牵涉着有关人物在政治上以及社会环境中的是非与利益，可谓维系千秋功德与当下出处于一体。董玘此《疏》所争体现出他的理性精神。作为《孝宗实录》曾经的与修人员，董玘来自亲身经历的批评值得征信。大学士焦芳依附宦官刘瑾，权势炙手可热，时人尽知；但焦芳避开修纂人员视线、任用私人点窜实录文字，甚或公然强行灌输自己的态度与主张，史职之外若干人等

① 董玘：《较勘实录疏（改正孝宗实录）》，陈子龙等辑：《明经世文编》卷一五二，中华书局1962年版，第1517页。

则不易知晓，董玘的批评则令焦芳干预《孝宗实录》编修的事实暴白于天下。董氏《疏》中未尝罗列具体事实，但是谈到“曲为掩互”其所中意者、“过为丑诋”其所嫉恨者、“时自称述”“矫诬敬皇”等情形，无不涉及人物是非。虽不知董氏所指究竟为何人的何种是非，但董氏及其所代表的士大夫不满《孝宗实录》所传达的是非观念，这一点还是非常清楚的。这是后人利用《孝宗实录》时需要注意的地方。

天启初，诏修神宗、光宗两朝实录。这两朝实录的纂修主要牵涉的是人物是非问题，而这些问题皆因帝位继承而起：明神宗因有意废嫡立宠而在朝廷上引发了“国本之争”；之后，又发生了太子朱常洛居住的宫殿被人持棒冲撞一事；接着，朱常洛即位为明光宗仅一月，便因药丸之嫌而丧命；光宗遗妃李选侍试图把持朝政，遭到群臣反对而要求迁宫。后三件事即明末历史上有名的“三大案”——梃击案、红丸案、移宫案。从时人的奏疏中，我们可以看到这些事件对实录修纂的干扰与影响：天启三年（1623）“七月，南御史李希孔再折邪议，以定两朝实录。《疏》曰：‘窃惟国家有一朝，必有一朝之实录，谓是是非非、功功罪罪一录其实，而不得以私掩也。今者，神、光两朝宫闱之际难言之矣。然而，不能掩也。伏惟特敕纂修诸臣据事直言，无疑无隐。’奉圣旨：实录传信万世，自力公论。这所奏着付史馆参酌，务求至当，以光重典。该部知道”[①]。这里没有明确指出神、

① 陈建辑、江旭奇补订：《皇明通纪集要》卷五二，明崇祯刻本。

光之间的是非功罪所谓何事，但面对历史上的是非功罪而主张在史学（此处为实录）中据事直书、“不得以私掩”的立场还是值得称许的。

四、对本朝实录的整体评价

明人对本朝实录的批评之声可谓不绝于耳，万历朝之后有关实录的抱恨之情更是溢于言表。王世贞在其《史乘考误》中开篇即由“国史之失职”谈及本朝实录，称其“无所考而不得书”，“有所避而不敢书”，“有所考无所避而不欲书”，“即书，故无当也”[①]。沈德符《实录难据》一篇则径斥本朝实录“皆不经之举也”[②]。李建泰列举本朝实录有选择地“书”与“不书”之后，慨叹道：“文献之不足征久矣！”[③] 明人对本朝实录整体评价不高，这一现象引起了近人与今人的注意。吴晗先生即称：“前于季野之明代史家，则对《实录》多所指摘。”[④] 傅吾康先生更是断言：“实录的纂修主要是一件政治工作，而不是一种超然的学术活动。”[⑤] 谢贵安教授亦云：“引人注目的现象是，明代士大夫多从整体上否定实录的价值，指责它通篇曲笔。”[⑥]

---

① 王世贞：《弇山堂别集》卷二〇《史乘考误一》，魏连科点校，中华书局1985年版，第361页。

② 沈德符：《万历野获编》卷二《列朝·实录难据》，中华书局1959年版，第61页。

③ 李建泰：《（名山藏）序》，何乔远：《名山藏》卷首，张德信、商传、王熹点校，福建人民出版社2010年版，第3页。

④ 吴晗：《记明实录》，《中央研究院历史语言研究所集刊》第一八本，“中央研究院”历史语言研究所1948年刊，第386页。

⑤ 傅吾康：《明代的历史著述》，［美］牟复礼、［英］崔瑞德编：《剑桥中国明代史（1368—1644年）》上卷，中国社会科学出版社1992年版（2007年重印），第711页。

⑥ 谢贵安：《明实录研究》，上海古籍出版社2013年版，第374页。

但是，应该看到，明人对本朝实录持续的关切与严厉的批评正是源自他们对本朝实录非同一般的倚重，是本朝实录重大价值的必然体现。明人对本朝实录的批评是以肯定实录的价值为前提的。诚如前文所论，董玘曾经表示："臣惟今日之实录，即后日之史书，所以传信于天下万世者也，此岂容以一人之私意参乎其间哉！"① 董玘看到的是本朝实录传信于后世的史学价值。周镳论曰："臣恐正史不早裁定，则稗官野史益以缘饰附会，传之万世，尤非所以光祖德而扬盛美也。"② 周镳看到的是本朝实录对于野史的端正作用。沈德符则提到："本朝无国史，以列帝实录为史。"③ 他看到的是本朝实录在本朝历史编撰中独一无二的地位。而通过对国史、野史、家史的辩证思考，王世贞则中肯地指出了本朝国史（即实录）的得与失："国史人恣而善蔽真，其叙章典、述文献，不可废也。"④ 对此，吴晗先生肯定地指出："其较能持平，灼见《实录》在史料上之价值者仅王世贞一人。"⑤

除此之外，还需要注意到的是，《明实录》的价值在后世日益受到重视。吴晗先生称："明清两代诸史家中，万季野最推崇

---

① 董玘：《较勘实录疏（改正孝宗实录）》，陈子龙等辑：《明经世文编》卷一五二，中华书局1962年版，第1517页。

② 《钞本明实录》第二六册《崇祯长编》卷六二（崇祯五年八月乙卯），线装书局2005年版，第572页。

③ 沈德符：《万历野获编》卷二《列朝·实录难据》，中华书局1959年版，第61页。

④ 王世贞：《弇山堂别集》卷二〇《史乘考误一》，魏连科点校，中华书局1985年版，第361页。

⑤ 吴晗：《记明实录》，《中央研究院历史语言研究所集刊》第一八本，"中央研究院"历史语言研究所1948年刊，第388页。

《明实录》。”[①] 所引万斯同评价《明实录》之语曰：“盖实录者直载其事与言而无所增饰者也。因其世以考其事，核其言，而平心察之，则其人之本末，十得八九矣。”[②] 这是明清时期对《明实录》的价值最为肯定的说法。康熙时，诏《明史》修成之时，“应将实录并存”，也是出于对《明实录》独特价值的肯定：“史事所关甚重，若不参看实录，虚实何由悉知。”[③] 民国时期，学人吴廷燮从修撰边志的角度称赞《明实录》记载周详：“建置月日，屯卫经画。洪纤始末，罔不胪列。”[④] 后来，史语所所长傅斯年先生因看重《明实录》的重要性而决定“一方面整理内阁大库档案，编印《明清史料》，同时又筹划校勘《明实录》”[⑤]。吴晗先生也十分重视《明实录》。他读《明实录》，“札记盈数尺”，并且从评陟、史官、仪制、掌故、传布五个方面搜录与《明实录》相关的史料，略作点评，撰成长文《记明实录》。[⑥] 黄云眉《明史考证》“自始至终将《明实录》作重要证据”[⑦]。陈高华等在其《中国古代史料学》中“把《明实录》作为明史史料

① 吴晗：《记明实录》，《中央研究院历史语言研究所集刊》第一八本，“中央研究院”历史语言研究所1948年刊，第385页。

② 钱大昕：《潜研堂文集》三八《万先生斯同传》，转引自吴晗：《记明实录》，《中央研究院历史语言研究所集刊》第一八本，“中央研究院”历史语言研究所1948年刊，第385-386页。

③ 王先谦：《东华录》康熙三十九，《续修四库全书》第三七〇册，上海古籍出版社2002年版，第188页。

④ 杨书元：《吴廷燮写本〈明实录〉》，《社会科学辑刊》1984年第4期，第116页。

⑤ 黄彰健：《影印国立北平图书馆藏红格本明实录并附校勘记序》，《中央研究院历史语言研究所集刊》第三二本，“中央研究院”历史语言研究所1961年印，第1页。

⑥ 吴晗：《记明实录》，《中央研究院历史语言研究所集刊》第一八本，“中央研究院”历史语言研究所1948年刊。

⑦ 谢贵安：《〈明实录〉研究述略》，《人文论丛》1998年卷，第402页。

中‘基本史料’的第一种，而把《内阁大库明档案》作为‘其他史料’的第九种，足见《明实录》在明史研究中的首要地位”①。

表面上看，《明实录》经历了本朝以批评为盛、后世以肯定为主的变迁，但是，在现象的背后，无论是当时还是后世，《明实录》的重要性都是首屈一指的。所不同的是，与后世注重《明实录》的史料价值相比，明代的实录批评更为看重的是《明实录》的社会价值。这一差异与新旧史学的巨大变迁存在着深刻的联系。此非本书宗旨，故不再展开论述。

第三节　对私修本朝史的两种价值取向

一、先天不足，但于史有补

弘治进士黄金辑《开国功臣录》，顾璘认为：“夫纪事之籍，近则详而实，远则略而失。真愈远愈失，其蔽也罔。然则黄君之作，固他日之所稽也，其可少乎哉！”② 黄金生活于明朝开国一百多年之后，距离真相越来越远，容易陷入迷惘的流弊；然而，《开国功臣录》毕竟提供了查考的可能，这样的史著也不能没有。

万历间，王世贞辑《明野史汇》。在自序中，他对野史作出一段精彩的评论：

---

① 谢贵安：《〈明实录〉研究述略》，《人文论丛》1998年卷，第396页。

② 顾璘：《顾华玉集·息园存稿文》卷一《开国功臣录序（代作）》，《景印文渊阁四库全书》第一二六三册，台湾商务印书馆2008年版，第457页。

野史，稗史也。史失求诸野，其非君子之得已哉！野史之弊三：一曰挟隙而多诬，其著人非能称公平贤者，寄雌黄于睚眦，若《双溪杂记》《琐缀录》之类是也；二曰轻听而多舛，其人生长闾阎间，不复知县官事，谬闻而遂述之，若《枝山野记》《剪胜野闻》之类是也；三曰好怪而多诞，或创为幽异可愕，以媚其人之好，不核而遂书之，若《客座新闻》《庚巳编》之类是也。其为弊均，然而其所由弊异也。舛诞者，无我；诬者，有我。无我者，使人创闻而易辨；有我者，使人轻入而难格。於乎！录之枝也，而弗芟也，是宁非余之罪乎？[①]

王世贞认为，野史存在三类问题：一是挟带私心，语涉诬陷；二是轻信传闻，记载错误；三是性好怪诞，不加核实。王世贞的概括反映了当时私修明史的复杂情形。他还指出，野史虽然都具有这样或那样的弊病，但产生这些弊病的原因及后果却有所不同：记载错误或者荒诞者，书中不尝夹杂作者之意，属无意之失；语存诬陷者，书中可见作者私心，属有意之过。无意之失，读者会察觉到突兀而容易辨认；有意之过，读者则将不知不觉陷于错误而难于抗拒这种诱引。如此说来，野史无论种类多么繁杂，也无论属于哪种类型，王世贞的分析无疑提供了这样一个启示，即，区别野史中有无作者的私心（“无我”与“有我”）都

① 王世贞：《弇州四部稿》卷七一《明野史汇小序》，《景印文渊阁四库全书》第一二八〇册，台湾商务印书馆2008年版，第218页。

将是判断野史质量的重要依据。王世贞对野史的认识是非常深入的。也正是基于这样的理性，王世贞委婉地表示，愿意接受并利用野史作为“录之枝”的史学价值，“而弗芟”。不仅汇集他人所修野史，王世贞自己还撰有《皇明盛事述》《皇明异典述》《皇明奇事述》《皇明琬琰录》等著，也是私修明史的一部分。为《皇明琬琰录》作序时，李维桢认为，王世贞所修史著是明代难得的史学成果：“乌有其有三长如弇州先生，徒令以文士成名，可不为长太息哉！”①

万历间的焦竑对野史的认识也比较清醒。他说：“余观古今稗说，不啻千数百家，其间订经子之伪，补史传之阙，网罗时事，缀辑艺文，不谓无取；而肤浅杜撰，疑误观听者，往往有之。余尚欲投一枝于邓林间哉！顾国家之典制，师友微言，间有存者，当不以余之鄙而废之也，在览者择之而已。”② 与王世贞一样，焦竑也接触了大量的私史。他认为，有的私史能够订正经子等书的错误、弥补史书的阙失、广泛地记录时人时事、保存国家经籍目录无法收录的著述作品，是可取的；但有些的确肤浅错误，会令读者生疑、误会。尽管私史泥沙俱下，焦竑依然愿意成为私史作者中的一员。因为在他看来，他所经历的一些关于国家典制、人物言行的信息是值得记录下来的。读者可以根据自己的需要与判断来作出选择。焦竑所言表达了明人对私史价值的辩证

① 李维桢：《大泌山房集》卷八《皇明琬琰录序》，《四库全书存目丛书》集部第一五〇册，齐鲁书社1997年版，第469页。

② 焦竑：《焦氏笔乘》卷首《焦竑自序》，李剑雄点校，上海古籍出版社1986年版，第1页。

认识以及对待私史的积极态度，也透露出明代私史发展的原因与面貌。

二、私史对国史形成压力

国史及实录等朝廷修史的不足刺激了私修明史的发展，但私修明史的发展并非畅通无阻。从明人的评论中来看，私史对朝廷修史造成了很大的压力，以致于数度发生摧毁私史的事件。

明嘉靖间，东莞陈建撰《皇明通纪》（《皇明资治通纪》），记录明初至正德时国家人物、事迹。隆庆时，给事中李贵和上疏："我朝列圣实录，皆经儒臣纂修，藏在秘府。建以草莽僭拟，已犯自用自专之罪。况时更二百年，地隔万余里，乃以一人闻见，荧惑众听，臧否时贤。若不禁绝，为国是害非浅，乞下礼部追焚原板，仍谕史馆勿得采用。""上从之。"[①] 我国传统中朝廷修史在先、私人修史在后。明朝仍然以朝廷修史为重，实录为当时朝廷修史的代表。儒臣以其位近君臣、易于掌握朝政资料的优势，增强了修史的权威性。实录修成，藏于秘府，防止篡改，为的是维护国史的可信度。陈建远离君臣朝政等资料中心，而且时隔二百年，又是以一人之力完成一部事关明代国家的史著，其可信度确实堪忧。这里的重点是，不像后来的王世贞、焦竑等对私史的辩证的观点，更没有他们对私史的接受的态度，李贵和对待陈建《皇明通纪》的评价流露出十分的不满与深重的戒备。

---

① 沈德符：《万历野获编》卷二五《著述·焚通纪》，中华书局1959年版，第638页。

虽然我们尚不能得知所谓“荧惑众听，臧否时贤”具体针对何人何事而言，但是，可以确切地知道，陈建在《皇明通纪》中的记录及其褒贬与李贵和所了解的事实及其意味乖离，在李氏看来甚至危害到国家。从皇帝批准焚毁《皇明通纪》看来，李贵和的观点在当时的朝廷上具有相当的普遍性，表明否定陈建《皇明通纪》、同意禁毁的意见并非个例。在这一事件中，围绕着陈建《皇明通纪》的具体是非反倒变得次要，值得注意的是，除小补于史、错误难免的评价之外，同样记录国史的私史是否也能够像实录等国史那样承担国史担当，也是私史的价值尺度之一。

南明弘光元年（1645），工科都给事中李清的上疏则从另一个角度表达了私史与国史之间的张力。其言曰：

> 今日修史何先？惟急修先帝之实录而已。夫先帝历年十七而惠庙历载四，其实录易编耳。止缘当时珥笔诸臣摇手革除，于是化国书为家乘，而子虚乌有皆佐笔端，则史彬《致身录》其最也。若非先臣吴宽集内载彬《墓志》甚详，而安知从亡之说赝？又安知从亡之数十人，皆赝之赝（阙文）。今日不举先帝实录，亟行搜缉，恐淆乱不止《致身录》矣。且此十七年间，或黑白互淆，或玄黄迭战，墙壁坚于庙堂，而封疆之藩篱反瑕，则逆闯之伺隙以入正，此为厉阶。谓宜早成是录，昭示来兹，俾千载后知咎有所归，而不致以故宫禾黍为宵衣旰食之圣主咎，则暴诸臣罪正以扬先

帝美也。[①]

李清指出，“先帝十七年”以及“惠帝四年”的实录修得不好，以致私人纷纷从个人的角度出发补写这些时段的人与事，结果呈现出来的内容甚至子虚乌有，以史彬所著《致身录》的错误最为严重；而且，十七年里的许多人事，或者黑白颠倒，或者彼此交战，臣强主弱，朝政紊乱，边疆疏于治理，满族伺机入侵，不能不说正是十七年的历史混乱才促使事变发生；所以，应当早日修饬这一时期的国史，使得是非咎责各得其所、君臣各得其位。出于惩戒私史与明鉴历史的考虑，李清建议纂修实录。这表明，私史对国史造成的压力反过来也刺激了国史的发展。

第四节　本朝修志批评中的志体认识

一、志与史

明人对志书体例的思考颇具特色。志书的体例，首先是指笼统意义上的一种书体。这一涵义是由志书与施政的关系所决定的。对于这样一种书体，明人普遍承认其重要性。例如，所谓“志之为体重矣”[②]，表达的就是这种思想。它强调志书这一书体对于施政者的征用、采信价值；同时，也特别注意避免志书流为

---

① 李清：《南渡录》卷四，清抄本。

② 孙承恩：《文简集》卷三〇《华亭县志序》，《景印文渊阁四库全书》第一二七一册，台湾商务印书馆2008年版，第393页。

徒具形式的空文（“岂特为具文”）。这样的思想还转化为志与史的异同、志法、志书的文质繁简等问题，凸显出明代的思想风气。这里着重论述明人关于志书体例除书体之外的其他涵义的批评与认识。

关于志与史之异同的评论，实则关乎志书的创作宗旨，涉及对志书的定性，即，志书属史体抑或是志体，这是志书体例的第二层涵义。它是由志书与史书的关系决定的。在这一问题上，明人的倾向出现了分歧。

一种观点强调志书的史书性质，但不否认志与史不同。如称：“邑之有志，犹国之有史也。史与志虽有小大不同，其示劝惩则一而已矣。”[①] 这种观点要求志书遵从史书劝惩的编纂取向，以孔子《春秋》为范例，“谨华夷之辨，严善恶之等，别冠履之分，拨乱世而反之正”，“以至书一忠臣，书一孝子，书一贤圣，其使人勃勃莫不皆然”，反对“邑志之修，岂止为山川、道里、建置、沿革而已”；这样的话，即便是一邑之志，也可谓“同乎史矣”[②]。又如，李梦阳的《白鹿洞志》成，其门人从史书的角度理解这部志书：“志者，史之流也。夫史者，述往以诏来，比辞以该事，所以示鉴垂戒者也。是以古之圣贤道有不行，则托史以寓志，故孔子退而《春秋》作，朱子遁而《纲目》修，皆伤

① 庄昶：《定山集》卷七《长兴县志序》，《景印文渊阁四库全书》第一二五四册，台湾商务印书馆2008年版，第289页。

② 庄昶：《定山集》卷七《长兴县志序》，《景印文渊阁四库全书》第一二五四册，台湾商务印书馆2008年版，第289、290页。

道之不明不行焉耳。”[1] 不过，这种观点在明代似乎不在风气之内。前面主张以《春秋》为例者，请序之人曾经对其观点颇有疑问；后面门人所论，李梦阳也表示“岂敢哉”而另陈心意。与之相比，另一种观点则显示出奋发的势头。

另一种观点强调志书自身的特点，但不否认志书与史书存在相通之处。邵宝为《许州志》作序时表示，志属史体，但又与史有所不同，可谓“志之变”：“志也者，史家之一体耳。今疆域之类则兼乎图，建置之类则兼乎表，人物之类则兼乎传，文辞之类则兼乎集，考异之类则兼乎论辨，似不纯于一体者。然而，恐失于略，故求其详；恐失于浮，故求其核，要于备焉而已。此亦志之变也。”[2] 在邵宝看来，志书虽为史书的一种体例，但并非单纯采用史体；为了追求“备”要，志书在体例上需要适当的变通。在《抚州府志序》中，他再次表达了类似的观点：“志非史也。或能修之以时，无废前传，无绝后载，则文献之征于天下后世者，是亦史尔。抑何必如古之云哉！”[3] 他说，志书并非史书；但是，如果志书能够尽可能地保存历史，使得后世可以享有“文献之征”，又何必拘泥于古说而认为志非史呢？这里，“是亦史”是对“志非史”的引申。在《酆都志序》中，邵宝还纠正了从史书的角度评论志书的观点：“今观斯志，简而不夸，

---

① 李梦阳：《空同集》卷五〇《白鹿洞志序》，《景印文渊阁四库全书》第一二六二册，台湾商务印书馆2008年版，第466-467页。

② 邵宝：《容春堂集·前集》卷一三《许州志序》，《景印文渊阁四库全书》第一二五八册，台湾商务印书馆2008年版，第132页。

③ 邵宝：《容春堂集·前集》卷一三《抚州府志序》，《景印文渊阁四库全书》第一二五八册，台湾商务印书馆2008年版，第138页。

质而不浮，正而不诡，学以基之，政以参之，而文献之不可诬者于斯焉在。君子谓‘斯志也，其史乎？’古之为史者，观其所书，而知其所不书。故左氏释《春秋》，每致意于不书之故，以求圣人之情，其义精矣。今天下言丰都者，多神怪之说，而温甫顾略焉不书，则其所书者其实而审哉！其公而断哉！书曰：‘绝地天通。’此天下之大义也。以一邑之志，而大义存焉，使其当国史之任，又将何如邪？”① 当邵宝评价《酆都志》保存了“文献”时，有人质疑，认为这样只是有所记录而尚未完成史书的目标。邵宝称，志书有所书而又有所不书，也正是史书传承“大义”的表现。这里辗转寻求志与史的相通之处，正是为了维护志书独立成为一体的观点。顾璘区别史与志曰：“愚谓：史者，左右史所纪，详于人主言动；志，则山川、食货、刑法、礼乐之类皆是也。”② 刘麟亦曰：“志法于史最近，然不得谓志为史，犹史之不可以为经。”③ 这是以经史不能相混为例，表明志、史为二体。陆深曰：“近世，郡邑作志甚多。多附丽于史法，而艺文为工。大抵史以记往，志以开来；记往以存鉴戒，开来者则经纶之业系焉。虽史家，犹以作志为难。此体例之辨而名实之际也，致用有间矣。”④ 这是批评以史法编纂志书者不能区分“记

① 邵宝：《容春堂集·前集》卷一三《酆都志序》，《景印文渊阁四库全书》第一二五八册，台湾商务印书馆1983年版，第141-142页。

② 顾璘：《顾华玉集·凭几集》卷五《常德府志序》，《景印文渊阁四库全书》第一二六三册，台湾商务印书馆2008年版，第299页。

③ 刘麟：《清惠集》卷七《湖州府志序》，《景印文渊阁四库全书》第一二六四册，台湾商务印书馆2008年版，第383页。

④ 陆深：《俨山集》卷三八《武宁县志序》，《景印文渊阁四库全书》第一二六八册，台湾商务印书馆2008年版，第235页。

往”与“开来”的撰述目的，从“致用”“名实”的角度深化志与史的不同。从历史发展的角度，杨慎也有“志流别于史”[①]之说。无论是从历史发展的角度还是针对志与史的不同之处抑或相通性来评论，只是认识角度不同而已，这些观点都呈现出共同的倾向性，即志体当为一种独立的书体。

二、志书的内容

志书的体例问题不仅仅是主张志体区别于史体的独立性，还包括一些具体的思考：志书应当记录的内容；不同区域的志书应当享有不同的写法；志书针对的不同内容应当运用不同的写法；不同的作者在志书的编纂上也可以拥有自己的特色，等等。这些思考有助于深化对志体独立性的认识。

关于志书应该记载哪些内容，明人的见解常常因人、因事而异，但表现出的针对性、严肃态度与理性思索则是相似的。唐顺之针对志书发展过程中出现的轻重倒置倾向，以家庭实用记事与娱乐记事为比喻，指出户口、田亩等内容对于志书的重要性："后之所谓地志者，则异是矣。其叙山川也，既无关于险夷潴泄之用；而其载风俗也，亦无与于观民省方之实。至于壤则赋额、民数一切不纪，而仙佛之庐、台榭之废址、达官贵人之墟墓、词人流连光景之作，满纸而是。呜呼！此何异于家之籍专记图画、狗马、玩具为妆缀，而租甋、钱贯所以需衣食之急者漫不足征

① 杨慎：《升庵集》卷三《剑州志序》，《景印文渊阁四库全书》第一二七〇册，台湾商务印书馆2008年版，第29页。

也？其亦何取于为家也？与知家之有籍，本以治生，而非以观美；国邑之有志，本以经世，而非以博物，则得之矣。窃闻国朝集诸儒臣修《一统志》时，两人相诮。其一人欲载科目之数，则曰‘此非进士录也’；其一人欲载户口、田赋之数，则曰‘此非黄白册也’。科目则别有录矣，不载宜也。户口、田亩固天下之大命，而经国者所必稽也。且若彼之说，则《禹贡》、周《职方》其亦黄白册也哉？彼固以是为琐细俚俗焉，而不载也。”①这一批评反映出，志书发展到明代，对山川、风俗、地理等记载已经疏离人们的生产与生活，越来越倾向于记录文化的浅表层面；尤其透露出明修《一统志》时对于内容取舍问题的尴尬的争议情景，成为明人所谓志法已坏的真实注脚。又如，黄仲昭议论不同于全国一统志的地方志如何纂修：“郡之事所当纪者固伙，然其大要不过疆土、人才、风俗三者而已。他如山川、贡赋、学校、选举之属，则皆不出三者之外也。”②这体现出明人对方志的各部分内容之间轻重、从属关系的思考。他还特别重视人物在志书中的地位。修《八闽通志》，黄仲昭有感于旧志多不录人物，特发议论曰：“先儒广汉张子尝论‘修志不可不载人物’，岂不以人物乃典刑所系而有补于世教乎？仲昭纂辑斯志，而尤慎重于是者，盖亦广汉张子之遗意也。”③由此可知，明人

① 唐顺之：《荆川集》卷六《江阴县新志序》，《景印文渊阁四库全书》第一二七六册，台湾商务印书馆2008年版，第318-319页。

② 黄仲昭：《未轩文集》卷二《延平府志序》，《景印文渊阁四库全书》第一二五四册，台湾商务印书馆2008年版，第388页。

③ 黄仲昭：《未轩文集》卷二《八闽通志序》，《景印文渊阁四库全书》第一二五四册，台湾商务印书馆2008年版，第391页。

在思考志书体例时，不仅考虑内容对于国家治理的意义，也会考虑到制定志法的理论依据。

三、志书的文字

就方志而言，如果说方志的性质、志与史的关系、志书内容的取舍这些问题是对志体本身进行层层深入的思考的话，那么，针对志书的文或质、详或略、繁或简的批评就涉及志体的外在表现了。这是明代常见的一种批评视角，我们可以在诸多史学批评领域中遇到它。

李东阳评价《嘉兴府志》时，含蓄地批评了当时“文胜质”的风气。他认为，如果志书“以文胜质”，还不如不修志书：“先王之政，随世文质以为简繁。……今文运熙洽，疆域之广、人物之富殆过前代。浙江首藩，嘉兴大郡，非上古之荆蛮偏安之畿辅可比。凡天下之号令制度，皆累朝德泽所在，正修典章、隆文献之日，而况地之尤盛如兹郡者乎？然世所谓政，若教化，若户口，若赋税、词讼，往往取办乎书簿文字间，而究其实不及其半，此则文胜之弊分，保邦制治之虑者所宜加意也。若志以文尚，其胜质尤易。志而不质，亦孰若勿志之为愈哉！观是志者，苟取其序述之详、纪录之实，则文质之际两无遗憾。由是而传之，可以久而不坠矣。”① 虽然伴随世界发展而来的必有文化的繁荣，但是，如果仅仅根据“书簿文字”来处理“教化”“户

① 李东阳：《怀麓堂集》卷二〇八《嘉兴府志序》，《景印文渊阁四库全书》第一二五〇册，台湾商务印书馆2008年版，第293-294页。

口”“赋税”“词讼”等政务，则很难符合事务的实际情形，这就是虚文脱离实际（“文胜”）的弊病。志书如果追求文化性，则更容易脱离实际事务；如果这样，其不良影响则远远胜过不修志书。志书只有记录真实、叙述详细，才能流传久远。顾璘也有类似的表达：“近世乃不然。张皇形胜，藻饰艺文，徒以备方册之玩，率非其本实耳。呜呼！志之设谓何？乃亡本实，至以侈观乎！不如无志。”①

第五节　本朝修谱批评中的谱法探索

一、谱法的依据

明代有一种观点认为，谱法是继宗法之后替代宗法而存在的凝聚家庭成员、社会秩序的力量。王祎曾有论曰：“族之有谱，其犹宗法之遗意欤？”② 苏伯衡则详细阐发了谱法的这种功能：

> 嗟夫！族蕃而分，世远而疏，地殊而忘，此其势有所必至者。然而君子使之合于已分，戚于已疏，不忘于已殊，未尝无其法焉。三代以上，维持以宗法；秦汉以来，维持以谱法。谱法之行，犹宗法之行也。何也？自吾之所自出，以至

① 顾璘：《顾华玉集·凭几集》卷五《常德府志序》，《景印文渊阁四库全书》第一二六三册，台湾商务印书馆2008年版，第299页。

② 王祎：《王忠文集》卷五《金华俞氏家乘序》，《景印文渊阁四库全书》第一二二六册，台湾商务印书馆1983年版，第108页。

大父之所自出，以至于大大父之所自出，又推之以及乎始受姓之祖，又推之以及乎属之疏远者，无不登载。昭穆以辩之，字行以联之，系序之承传，支派之分异，皆可得而详。虽数百世之久，千百人之众，其初一人之身。其一人之身，而痒疴疾痛不相关乎？平居或有老壮稚弱不相敬让慈爱者，宁不愧乎？或有力不相借、灾不相救、死不相收者，宁不悔乎？或有以富贵加之而凌侮之者，宁不改行乎？则虽分而恒合矣，虽疏而恒戚矣，虽殊而不忘矣。谱之所系如此，有尊祖、敬宗、收族之心者，未有不用其情者也。余观蔡氏之谱，自九府君至仲谦十六世，仲谦之下又四世，世常百余人，不为不蕃；由五季历宋元至于今，不为不远；或家旸奥，或家步廊，或家新城，或家永嘉，不为不殊；而某为叔伯行，某为兄弟行，某为子姓行，其名某，其字某，其配某氏，未尝不可考。其合族之人，服虽穷，亲虽尽，而岁时伏腊未尝不相往来，冠婚丧祭未尝不相赴告，患难缓急未尝不相扶持，岂不以谱之立乎？然则仲谦于谱之修，乌得不汲汲用其情也！虽然，今通都大邑故家旧族虽可指数，而子孙日就衰替，其克保先业者盖甚少也。而蔡氏独茂衍丰殖，不改其旧，果何以致是哉？天下之物其基厚者其积高，其源深者其流长。故积善之家，传委必远。蔡氏由九府君而下，皆知力学，而有德行。……其族之昌，大非他姓所可及，尚有由然哉。①

苏氏指出，家族成员日益疏远，是自然趋势所致，但是，并非没有办法来克服这种无力感；三代之前的先民依靠宗法制度，秦汉之后则借助谱法；谱法之所以可以像宗法那样维系家族成员，是因为在谱牒中详细记载了自己的身世传承、自己与其他相关家庭成员之间的血缘关系以及诸人的言行，这样便对每个家庭成员产生了来自亲情的感召，促使众人合力推动家族的发展；蔡氏的族谱正是因为发挥了谱法的作用，才促成了蔡氏一族的兴旺发达。如果谱法具有如此魅力，何乐而不为呢？这是对谱法重要性的认识。王祎、苏伯衡等人依据这一点对《金华余氏家乘》《蔡氏重修族谱》等谱牒作出了评价。

还有一种观点，是从史学的角度评价谱法。所谓“国有史，家有谱”或者“谱者，史也”，等等。

这种观点认为，谱学与史学在源头上是一体的。《史记》等史籍的《表》、叙传等篇章便是谱牒的写法。唐桂芳曰：“尝爱太史公作《世》《年》《月》等十表，彪分昈列，犹谱系也。”② 张宇初也称：“故谱牒之制，而后帝王世序乃明。”③ 罗洪先则认为《史记》与家谱皆源于周代小史所掌邦国之志：“按《周礼》：

① 苏伯衡：《苏平仲文集》卷四《蔡氏重修族谱序》，《景印文渊阁四库全书》第一二二八册，台湾商务印书馆2008年版，第598-599页。

② 唐桂芳：《白云集》卷七《题先人序李氏族谱后》，《景印文渊阁四库全书》第一二二六册，台湾商务印书馆2008年版，第885页。

③ 张宇初：《岘泉集》卷四《杨氏族谱跋》，《景印文渊阁四库全书》第一二三六册，台湾商务印书馆2008年版，第473页。

小史掌邦国之志，奠系世，辨昭穆。所谓邦国之志者，志前人之行事，而系世昭穆缘是可明。此三代之世教也。三代既远，马迁《史记》所述《世家》，自始祖受封，至于累传，片辞征事、骏功盛烈，靡不毕传，其尚有所本乎！小史业废，而后邦国始各有志，志不备而后名家贵族各记其前人行事，将以补邦国志之所不足，而后有族谱，有文献集。"[①] 王世贞也有论曰："史之兴，莫备于司马迁。迁之纪皇帝、三代以至春秋列国、西京世家，靡不具其所由来，而至于《自叙》则益详矣；其他同姓、异姓之诸侯于绩无可纪者，亦必昭明其世次而为之《年表》。班固氏因之。以至范氏而后，不能推见《世家》《年表》之意而略之；而至于《自叙》，未尝不追本其所由始，追大王父而后班班矣。乃至修《唐史》而表宰相世系，虽于事不甚雅，而后之名家巨公欲为谱者，更于是取资焉。余故曰：史即谱也。"[②] 宗室朱诚泳未曾见过家谱，不知家谱何以类似国史；待见到家谱时，则称："见其卷首详次世系，犹年表也；末述行实，犹列传也。乃笑谓邦贞曰：有是哉！"[③]

这种观点还认为，谱牒有补于史学。例如，论小家之谱也有其文献价值："国有史，家有谱。子孙执笔，书曰仕不仕，娶某

① 罗洪先：《念庵文集》卷一一《螺陂萧氏文献集序》，《景印文渊阁四库全书》第一二七五册，台湾商务印书馆2008年版，第231页。

② 王世贞：《弇州续稿》卷五四《吴江吴氏家乘序》，《景印文渊阁四库全书》第一二八二册，台湾商务印书馆2008年版，第708页。

③ 朱诚泳：《小鸣稿》卷九《丰城游氏族谱序》，《景印文渊阁四库全书》第一二六〇册，台湾商务印书馆2008年版，第335页。

氏，享年几，某日卒，亦佐史之不及也。君子何病焉？”[1] 此论意在指出，虽非大宗大族，修谱也有助于弥补国史的不足。又如，论国史未必能像家谱那样翔实：“史立法简严，非殊勋伟绩、穹爵盛名，则略而弗书；谱载事详明，为子若孙，苟其祖父一言一行之懿，惟恐或遗。然则家谱者，所以佐国史之不及也。”[2] 亦即国史有其简略之时，家谱有其详尽之处。邵宝所论更详细地揭示了家谱在文献中的地位。他说：“谱也者，一家之书也，而有关于天下。一家之书曷为而关于天下也？天下之史，所以纪天下之事也；纪天下之事，则天下之人亦与载焉。天下之事二：在朝廷，则为典礼，为命讨；在郡邑，则为风俗，为德行；以言乎人，则内之为公卿大夫，外之为士农庶品，莫不出于家焉。书之所载，而美刺行乎其中矣，而旌别存乎其中矣，而因革，而会通寓乎其中矣。若是，而谓非关于天下乎？故天下之史得，则郡邑同之；其不然者，史失而求之志，志失而求之谱，亦理势之所必至也。”[3] 邵氏以“天下之史”必定兼顾朝廷与地方、“公卿大夫”与“士家庶品”为前提，指出国史、方志与家谱作为文献的阶梯性存在模式；国史得体，则方志与家谱随之各得其所；国史一旦沦丧，则还有方志、家谱可以顺次征询，以获得文献。这样一来，家谱作为国家文献的价值便扎实有据了。

---

① 唐桂芳：《白云集》卷七《题先人序李氏族谱后》，《景印文渊阁四库全书》第一二二六册，台湾商务印书馆 2008 年版，第 885 页。

② 唐文凤：《梧冈集》卷五《吴氏族谱序》，《景印文渊阁四库全书》第一二四二册，台湾商务印书馆 2008 年版，第 593 页。

③ 邵宝：《容春堂集·续集》卷一二《三山郭氏族谱序》，《景印文渊阁四库全书》第一二五八册，台湾商务印书馆 2008 年版，第 604-605 页。

二、谱法的原则

无论是从宗法还是史学的角度（时常两种角度会同时出现），因为二者具有内在的一致性，所以，在评论中，二者都会指向谱法的原则或者标准问题，即谱牒必须信实。

由宗法出发，明人认为，信实是作谱的原则，而阙疑是保证谱牒信实的重要方法及标准。众多谱序表达了这种批评视角。王直之论颇有代表性。其论曰："夫谱所以明其所自出，使后人知本源之盛，而思不辱焉。故著其所可知，而阙其不可知，所以传信也。眉山苏氏出于唐眉州刺史味道，然皆失其世。老泉为谱，断自其所知者而录之，不敢加一辞，惧不信也。此作谱之法也。"[①] 即，谱为后人所作，必须将确实可靠的信息传递给后人，因此，应当记录可以证实的信息而缺省不可知者。这里提到苏洵及其所作《苏氏族谱》，是因为明人作谱常以苏谱为范本，而王直希望借助苏谱阙疑这样的典范来加以引导。由此，他评价《全椒陈氏宗谱》"异乎人之牵合附会"，称赞其"贤矣哉！其用心也"[②]；又评价《慈溪王氏族谱》"录其可知，而缺其不可知，不肯妄引以自诬，其用心厚矣哉"[③]；批评《金华阮氏族谱》"作

① 王直：《抑庵文集·后集》卷八《全椒陈氏宗谱序》，《景印文渊阁四库全书》第一二四一册，台湾商务印书馆2008年版，第494页。

② 王直：《抑庵文集·后集》卷八《全椒陈氏宗谱序》，《景印文渊阁四库全书》第一二四一册，台湾商务印书馆2008年版，第494-495页。

③ 王直：《抑庵文集·后集》卷一七《慈溪王氏族谱序》，《景印文渊阁四库全书》第一二四一册，台湾商务印书馆2008年版，第739页。

谱者强欲牵缀，而反使人疑之，此其失也”[1]。李东阳也质疑一些作谱者为了家族荣辱而不惜在谱中弄虚作假：“自《世本》不作，谱局不置，而天下之宗法遂废。其为谱者，或又傅会冒妄，慕华贵而讳寒畯，君子以为不足信，则并其实者疑之。谱之所以传信，而反召疑，则虽无作可也。”[2] 程敏政则指出本族谱牒中存在不可靠之处：“余见程氏各族之谱多，其间脱误讹舛亦往往而是。”[3] 王世贞也称：“而修谱之家，陋者安于挂漏，侈者骛于张饰，而谱之用复浸微矣。”[4] 诸如此类，不再枚举。

由史学出发，较为常见的，是按照史学的标准来衡量谱法。如谓：“家之有谱，犹国有史，贵纪实也。史而不实则诬，故良史不知者必阙。孔子曰‘吾犹及史之阙文’，以见古人慎重之意。谱者，记吾宗本原之所自，支派之所分，尤当慎重者也。”[5] 此则由史“阙”之义引出谱学“慎重”之说。又如论：“太史公作《燕世家》，亦从而录之，不敢加一辞焉，惧不足信也。故夫有家者，作谱以明世系，宜录其可知，而阙其不可知。牵合附会以自诬，岂尊祖敬宗之道哉！”[6] 此以《史记》为例要求谱学阙

---

① 王直：《抑庵文集·后集》卷一九《金华阮氏族谱序》，《景印文渊阁四库全书》第一二四一册，台湾商务印书馆2008年版，第787页。

② 李东阳：《怀麓堂集》卷六二《洛阳刘氏族谱序》，《景印文渊阁四库全书》第一二五〇册，台湾商务印书馆2008年版，第634页。

③ 程敏政：《篁墩文集》卷二三《绩溪坊市程氏族谱序》，《景印文渊阁四库全书》第一二五二册，台湾商务印书馆2008年版，第398页。

④ 王世贞：《弇州续稿》卷五四《吴江吴氏家乘序》，《景印文渊阁四库全书》第一二八二册，台湾商务印书馆2008年版，第708页。

⑤ 杨士奇：《东里集·续集》卷一九《艾氏谱后》，《景印文渊阁四库全书》第一二三八册，台湾商务印书馆2008年版，第623页。

⑥ 王直：《抑庵文集》卷四《皋兰黄氏宗谱序》，《景印文渊阁四库全书》第一二四一册，台湾商务印书馆2008年版，第82页。

疑，反对牵强附会。又有论曰："有家者可以不慎于谱哉！谱而不详不核，将郡邑无据焉，将天下无考焉。其颠倒是非以变乱名实者，又不必论也。是故家必有谱，谱必如志，志之法无他，信而已矣；志必有史，史之法无他，亦信而已矣。然人鲜能之者，夸与忽病之也。家而无谱者，十九；谱而如志、若史者，什一。谱而不如志、史，犹无谱也。家而无谱，犹无家也，而何足以为天下之事、之人、之地也哉！"[①] 此论视谱如志、如史，明确指出谱法当如志法与史法即"信"，评论世人所修家谱中的十分之一做到了"有志、若史法"，径直把那些不存志法、史法的家谱看作"犹无谱"而贬入"无谱"的十分之九之列。

当然，"史"中也有不可尽"信"者，尤其是明代国史修纂已经呈现出众多违背史法的现象。因此，也有论者由"史"而及于"谱"："抑不独此也。予又闻，江南有以修谱为业者，往往窃故家真谱，规重赂，以鬻诸新造富室焉。遂使数世之后真赝莫辨，其弊殆与史同。然则邦贞之谱亦然哉？殆非也。其系真，其言核，盖一家之信史矣。予因论史，偶及之。夫安得世之为谱者真而核，皆如此谱；而世之为史者，复如为谱者乎？"[②] 也即，史而无信的情形不仅仅表现为国史为政治所左右所导致的真伪难辨，也表现为修谱之人为了迎合谱主的虚荣心以谋求营利而在谱中张冠李戴、杜撰谱系；因此，倘若有谱符合真实情况，便视为

① 邵宝：《容春堂集·续集》卷一二《三山郭氏族谱序》，《景印文渊阁四库全书》第一二五八册，台湾商务印书馆2008年版，第605页。

② 朱诚泳：《小鸣稿》卷九《丰城游氏族谱序》，《景印文渊阁四库全书》第一二六〇册，台湾商务印书馆2008年版，第335-336页。

难得，加以提倡。

明人对家谱的批评多数针对某家某族之谱而发，优劣得失常常因谱而异；批评者有之，但肯定其值得肯定之处者为多。透过这些具体家谱的评论，可以看到明代谱学的一些共同之处。对谱法的关注最为突出。谱法并非凭空而立，在明人思想中，宗法、史法为其主要的存在依据；无论针对哪家之谱，也无论采用哪种角度，谱法的重要意义及信实的原则与标准，都成为明人评价家谱的共同的价值取向。这也是明代谱学对当时史学不实的救弊的努力。当然，有关评论也会涉及谱法的独特性，因其材料相对次要，这里不予论及。

针对本朝史修撰，明代史学批评的对象仍以朝廷及其所修国史为主，而辅以私修、方志及家谱。这些批评揭示出，明代的本朝史修撰由于官修失职而不得不退求私修以及志与谱，又由于私修以及志与谱先天不足而不得不寻求几种修史途径相资以用。这仅仅是就明代本朝史批评对于史学的积极意义而言。其实际情形更复杂些，诸如对史职的批评中寄托着更张制度的请求，指斥实录不实的同时是在坚守信史维持人心的社会功能，一边不屑于私修的编造，一边又认识到私修的补史价值，不同的理解中包含着对志谱理论的探索，表面上的否定传递着内在的追求，而积极的批评与诉求在封建王朝衰老的历史大势下终究未能换来本朝史学修撰的根本性改善，等等。总而言之，明代的本朝史修撰批评有助于我们生动而深入地认识修史制度与修史实践、官修与私修、国史与志及谱之间的辩证关系以及它们各自的利弊得失。

第三章　关于历史撰述的评论

历史撰述是史家在诸多历史记载的基础上，经过整理、分析和综合，按照一定的体裁体例要求和史文表述方式完成历史著作的活动，包含着史家撰述史书的一般过程。明人关于历史撰述的评论，主要集中于四个方面。一是关于史料采撰的评论，主要是围绕史料的来源展开讨论，包括对稗史与野史，家史、家传以及行状、碑志等史料的价值、局限的评论，其中还涉及历史考证方面的问题。这些评论反映出明代学人在史料采撰方面的辩证认识，而王世贞的“三史”之论更是这方面的代表。二是关于史书体裁体例的评论，主要集中于对编年和纪传这两种史书体裁的讨论，以及明人在这两种体裁的具体体例方面的变通和认识。三是关于史书论赞和会通之义的评论，主要包含史书论赞的价值和史家作论赞之时应当具有的态度，以及在史书会通之义方面的继承和发展。四是关于史文表述的评论，主要包含明人对史书文字表述要求，以及关于史文风格和特点的讨论，反映出明人在史文表述方面的丰富认识。

第一节　论史料采撰

一、稗史与野史

稗史和野史出自私家之手，是相对于官修或得到官方承认的正史而言的史书，其内容丰富，形式多样。明代学人常批评本朝史官失职，未能修成一部完善的国史，同时将目光转向私人所撰的稗史和野史。

明代学者杨慎认为："古今政治之盛衰，人物之贤否，非史不足以纪治乱、示褒贬。故历代皆有国史，而往往不无舛漏。于是岩穴之士网罗散失、捃摭逸事以为野史，可以补正史之阙。"① 在他看来，野史的作者大多是远离庙堂的"岩穴之士"，野史的编纂侧重于搜罗为国史所遗漏的史料与史事，因而具有"补正史之阙"的意义。

同时，杨慎还注意辨析野史中存在诸多记载不实的情况。他说："唐之《河洛春秋》，诬颜杲卿上禄山降表，而郭子仪、陆贽之贤，皆加诬焉。宋代尤多，如诬赵清献娶倡，司马温公、范文正公奔竞，识者已辩之。"② 他考察了唐代《河洛春秋》对颜杲卿、郭子仪和陆贽等人的诬蔑，以及宋代野史中关于赵抃、司

---

① 杨慎：《升庵集》卷四七《野史不可尽信》，《景印文渊阁四库全书》第一二七〇册，台湾商务印书馆1983年版，第372—373页。

② 杨慎：《升庵集》卷四七《野史不可尽信》，《景印文渊阁四库全书》第一二七〇册，台湾商务印书馆1983年版，第373页。

马光、范仲淹等人的不实记载[①]。此外，他还考察《汲冢周书》《十洲记》《汉武帝内传》《神异经》《洞冥记》《王子年拾遗记》《四公子传》《天宝遗事》《碧云騢》《云仙散录》《清异录》等书，指出其中荒诞不经的记载，甚至认为“可以焚弃”[②]，不足以作为史料来加以采用。由此，杨慎强调“野史不可尽信”[③]。

史学家焦竑在其所撰《国史经籍志》中，于史类列有“杂史”一目。焦竑认为杂史“盖出纪传、编年之外，而野史者流也”[④]，在他看来杂史亦可视为野史。他说：

> 古天子诸侯，皆有史官，自秦汉罢黜封建，独天子之史存。然或屈而阿世，与贪而曲笔，虚美隐恶，失其常守者有之。于是岩处奇士偏部短记，随时有作，冀以信己志而矫史官之失者多矣。夫良史如迁，不废群籍，后有作者，以资采拾，奚而不可？但其体制不醇，根据疏浅，甚有收摭鄙细而

---

① 按，《河洛春秋》二卷，为唐代包谞所撰，专记安禄山、史思明事，今已亡佚。《资治通鉴考异》对《河洛春秋》所记详加考辨，如关于颜杲卿上安禄山降表，《资治通鉴考异》云：“然杲卿忠直刚烈，糜躯徇国，舍生取义，自古罕俦，岂肯更上书媚悦禄山，比之汉高、魏武，为之画割据并吞之策，此则粗有知识者必知其不然也。盖包谞乃处遂之子，欲言杲卿初无讨贼立节之意，由己父上书劝成之，以大其父之功耳。观所载杲卿上禄山书，处遂等上杲卿书，田承嗣上史朝义疏，其文体如一，足知皆谞所撰也。”见司马光：《资治通鉴》卷二一七《唐纪三十三》，中华书局1956年版，第6949页。

② 杨慎：《升庵集》卷四六《文人作伪书》，《景印文渊阁四库全书》第一二七〇册，台湾商务印书馆1983年版，第357–358页。按，四库本标目将“文人”误为“又人”，今据明刻本改之。

③ 杨慎：《升庵集》卷四七《野史不可尽信》，《景印文渊阁四库全书》第一二七〇册，台湾商务印书馆1983年版，第373页。

④ 焦竑辑：《国史经籍志》卷三《史类·杂史》，《丛书集成初编》本，中华书局1985年版，第67页。

通于小说者，在择善之而已矣。[1]

焦竑认为，由于史官存在曲笔阿世、虚美隐恶的情况，民间私著野史以矫正史官之失，可供后人采辑。焦竑同时也指出野史存在“体制不醇”“根据疏浅”之弊，需要善加选择。焦竑的这一认识，在其《焦氏笔乘》自序中亦有所表露：“余观古今稗说，不啻千数百家，其间订经子之讹，补史传之阙，网罗时事，缀辑艺文，不谓无取；而肤浅杜撰，疑误观听者，往往有之。”[2]这里焦竑进一步阐明野史有“订经子之讹，补史传之阙，网罗时事，缀辑艺文”之用，但同时存在“肤浅杜撰，疑误观听”的局限。他将其所著《焦氏笔乘》视为“稗说”，亦希望读者善加别择。

焦竑所说“余观古今稗说，不啻千数百家”，并非虚指。万历三十五年（1607）前后，史家王圻纂成《稗史汇编》一百七十五卷，分天文、时令、地理、人物、伦叙、伎术、方外、身体、国宪、职官、仕进、人事、文史、诗话、宫室、饮食、衣服、祠祭、器用、珍宝、音乐、花木、禽兽、鳞介、征兆、祸福、灾祥、志异，共二十八门。记事上起上古，下至万历年间，汇集近八百种稗史笔记[3]，有学者称此书“堪称我国古代社会的

---

① 焦竑辑：《国史经籍志》卷三《史类·杂史》，《丛书集成初编》本，中华书局1985年版，第67页。

② 焦竑：《焦氏笔乘》卷首《自序》，李剑雄点校，上海古籍出版社1986年版，第1页。

③ 参见王圻辑：《稗史汇编》卷一《引书目录》，《四库全书存目丛书》子部第一三九册，齐鲁书社1995年版，第535-541页。

百科全书，文史知识的分类辞典”[1]。王圻在《稗史汇编引》中，阐述了他对稗史的源流及作用的认识，他说：

志乘也者，将以羽翼六艺，而天下后世目之曰“正史”。正史具美丑、存劝戒备矣，间有格于讳忌，隘于听睹。而正史所不能尽者，则山林薮泽之士复搜缀遗文，别成一家言，而目之曰“小说”。又所以羽翼正史也者，著述家宁能废之？

六朝以降，遂有谐史、逸史、尘史、野史、桯史，相继递出，其他为论、为表、为记、为录，杂然流布于宇内。虽今昔殊时，纯驳异致，均之能通道略物，要不能为《洪范》《商颂》，亦奚必不为《洪范》《商颂》也。元儒仇远博采群书，著为《稗史》，而陶九成氏又从而增益之，作为《说郛》，二先生用心良亦苦矣。

……移山跨海之谈，倾天折地之说，非不为厌常玩俗者所欣艳。然由之以阐发经传、总领风教，不得而与也。[2]

王圻首先强调稗史具有“羽翼正史”的重要作用，史家不能弃之不用。其次，王圻谈到六朝以来野史的不同名目和形式，并提到仇远和陶宗仪对野史汇编的成果。最后王圻指出，由于野

① 姜纬堂：《影印〈稗史汇编〉前言》，王圻辑：《稗史汇编》书首，北京出版社 1993 年版，第 1 页。

② 王圻辑：《稗史汇编》卷首《稗史汇编引》，《四库全书存目丛书》子部第一三九册，齐鲁书社 1995 年版，第 532-534 页。按，文中“尘史”疑误，或当为“麈史”。

史中不免有“移山跨海之谈”“倾天折地之说”，因而其在“阐发经传”“总领风教”方面，是很有限的。

王圻《稗史汇编》书首载有数篇序文，从中亦可见时人对稗史、野史的认识。张九德在《稗史汇编叙》中写道：

> 史非世官，域听睹，规避忌，欲书而不敢书，虽书而不尽书。则山泽之臞掇拾其遗闻，各勒一家言。由周秦晋魏迄于今，亡虑数百种。世以其不列掌故，不藏金匮石室也，而一切稗目之。夫命名以“稗”，明乎其非正史矣。顾托以征是否，削隐讳，正史所遗佚挂漏而不及胪于天下后世者，昭昭乎揭日月而行，则稗胡可废也。[①]

张九德先从史官受到自身认知和对某些史事忌讳的角度，指出史官修史过程中存在着“不敢书”“不尽书”的情况。继而他强调稗史可以“征是否，削隐讳”，弥补正史的疏漏。

周孔教在《稗史汇编序》中，对正史与稗史之关系，以及稗史所具有的作用，亦提出了自己的见解。他说：

> 夫史者，记言记事之书也。国不乏史，史不乏官，故古有左史、右史、内史、外史之员。其文出于四史，藏诸金匮石室，则尊而名之曰“正”。出于山臞巷叟之说，迂疏放

① 张九德：《稗史汇编叙》，王圻辑：《稗史汇编》卷首，《四库全书存目丛书》子部第一三九册，齐鲁书社1995年版，第525-526页。

诞，真虚靡测，则绌而名之曰“稗”，稗之犹言小也。然有正而为稗之流，亦有稗而为正之助者。[①]

在他看来，史书“有正而为稗之流，亦有稗而为正之助”，即正史与稗史相辅而行。进而他还强调“稗官实正史之羽翼也”[②]，进一步阐明稗史有羽翼正史之用。

此外，周孔教同样指出稗史中有诸多不经之载，他说：“然谭飞升则鸡犬皆仙，道幽冥则鹅兔亦鬼。志怪而为疏属之贰负，述幻而为阳羡之书生，情感而为崔少府之弱女。诸如此类，大都皆载鬼一车之渺论。”[③] 他认为这些内容虽然“可以脍耳食者之口”，“倘有厌词林之跖者，鲜不以嚼蜡吐去矣”[④]，应当被史家所摒弃。

周孔教还总结说，稗史“虽事不关诸经国，体亦逊于编年，不离稗官之筏。而其义使远者可绎，近者可指，善者可兴，败者可鉴，几与金匮石室之藏同备大观”[⑤]。他指出稗史尽管在内容、体例方面存在诸多不足，但由于其所载不乏考论古今、鉴戒善败之处，因此与官修史书同样具有保存史料的意义。

---

① 周孔教：《稗史汇编序》，王圻辑：《稗史汇编》卷首，《四库全书存目丛书》子部第一三九册，齐鲁书社 1995 年版，第 519 页。

② 周孔教：《稗史汇编序》，王圻辑：《稗史汇编》卷首，《四库全书存目丛书》子部第一三九册，齐鲁书社 1995 年版，第 520 页。

③ 周孔教：《稗史汇编序》，王圻辑：《稗史汇编》卷首，《四库全书存目丛书》子部第一三九册，齐鲁书社 1995 年版，第 520 页。

④ 周孔教：《稗史汇编序》，王圻辑：《稗史汇编》卷首，《四库全书存目丛书》子部第一三九册，齐鲁书社 1995 年版，第 520 页。

⑤ 周孔教：《稗史汇编序》，王圻辑：《稗史汇编》卷首，《四库全书存目丛书》子部第一三九册，齐鲁书社 1995 年版，第 521 页。

二、家史、家传与行状、碑志

家史、家传主要记叙某姓家庭的发展历程和谱系，行状、碑志则主要记述传主世系和生平事迹，都是人物资料的重要来源。

对于家史和家传，杨慎一方面认为不能完全相信。他说："《史记》《世本》《国语》，载后稷至文王凡十五世。愚按：后稷始封至文王即位，凡一千九十余年，而止十五世，可疑也。或曰：'上古人多寿考。'然而父子相继，三十年为一世，常理也。以十五世而衍为一千九十余年，即使人皆百岁，亦必六十而娶，八十始生子，而后可叶其数，岂有此理邪？稷与契同封，契至成汤四百二十余年，凡九十四世。而稷至文王，年倍而世半之，何稷之子皆长年，而契之子孙皆短世乎？"① 杨慎对《史记》等书中关于后稷至周文王经历一千零九十多年，却仅历十五世的记载，提出了怀疑：一是按常理三十年为一世，一千多年只历十五世，让人很难相信；二是以商王成汤以前的世系与之比较，商始祖契与后稷处于同一时代，契到成汤有四百二十余年，共经历了十四世②，而后稷至文王经历的年数倍之，世系却几乎相同，因而很可疑。依据这两点，杨慎认为《史记》《世本》《国语》中关于后稷至周文王的世系记载不确。由此，杨慎从书中所载君王

---

① 杨慎：《升庵集》卷四七《周后稷世》，《景印文渊阁四库全书》第一二七〇册，台湾商务印书馆1983年版，第377页。

② 按，杨慎所云"稷与契同封，契至成汤四百二十余年，凡九十四世。而稷至文王，年倍而世半之"，不确。今检《史记》所载，契至成汤凡十四世，杨慎于"十四"前多一"九"字，有误，"九"字当为衍文。参见司马迁：《史记》卷三《殷本纪》，中华书局1982年版，第92页。

世系联想到家谱，说道："夫以周家帝王之世，国史载之，犹难明若此。近世家谱，可尽信乎？"①

另一方面，对于一些载有重要史事的家谱和家传，杨慎则予以充分肯定。他说："柳玭称李泌佐肃宗，两京之复谋居多，其功大于鲁连、范蠡，而取范阳之谋，其首也。史多逸其事，惟《邺侯家传》为详，司马公《通鉴》多载之。"② 李泌辅佐唐肃宗，为收复河山出谋划策，是唐肃宗、代宗、德宗三朝有影响的人物。杨慎认为，两《唐书》中对李泌的谋略记载较少，若非有《邺侯家传》，某些史事可能会被遗漏，而《资治通鉴》正是从中获取了史料，补充了前史之阙。可以看到，对于家谱和家传，杨慎同样是从正反两方面加以认识，既看到其不足，也认识到其所具有的价值。他引用宋人史炤之言，表明对家谱和家传的态度："诚不可尽信，亦岂得尽不信哉？"③

同时，杨慎还根据碑志所载来说明某些历史人物传记中的问题。如关于范仲淹的身世，《宋史》本传载范仲淹两岁时父亲去世，后母亲改嫁，从姓朱，但是没有明确记载其生父姓名④。杨慎对此作了考察：

---

① 杨慎：《升庵集》卷四七《周后稷世》，《景印文渊阁四库全书》第一二七〇册，台湾商务印书馆1983年版，第377-378页。

② 杨慎：《升庵集》卷四七《李泌家传》，《景印文渊阁四库全书》第一二七〇册，台湾商务印书馆1983年版，第381页。

③ 杨慎：《升庵集》卷四七《李泌家传》，《景印文渊阁四库全书》第一二七〇册，台湾商务印书馆1983年版，第381页。

④ 脱脱等：《宋史》卷三一四《范仲淹传》，中华书局1977年版，第10267页。

范仲淹镇延安，夏人相戒曰：“小范老子胸中有数万甲兵，不比大范老子也。”注：“大范，名雍，仲淹之父。”传之至今，无人知其误者。按范仲淹作《范雍墓志》云：“公讳雍，字伯淳，蜀人也，为龙图待制、振武军节度使，镇延安。卒谥忠献。”又观富郑公作《范文正公墓志》云：“仲淹父名墉，为钱俶掌书记。仲淹二岁而孤，随妣陈氏再适朱氏。”则雍岂仲淹之父乎？相传不考之误至此。世系且不明，则史之善恶是非，颠倒多矣。①

后人时有误以范雍为范仲淹之父，杨慎根据富弼所作墓志，指出范仲淹之父名为范墉，由此澄清了一些史书记载的错误。进而杨慎还申言，史书中如果连人物的世系都不明晰，那么人物的善恶就更难以明辨了。因此，在杨慎看来，碑文墓志在考察人物事迹方面的记载显得尤为重要。

学者陆粲则强调，在撰写史书时，对于行状、碑志所载内容需要谨慎地加以甄别和采用。他说：

故凡有事于史，不先泛观博取，而能成一家言者，未之有也。今二代之史，乃独据其当时所谓实录者云尔，而实录所据又不过诸家行状、碑志之属。行状、碑志之辞，能尽善乎？是非善恶，能尽公乎？乃至全篇载入，不复刊削。（自

① 杨慎：《升庵集》卷四七《大范小范》，《景印文渊阁四库全书》第一二七〇册，台湾商务印书馆1983年版，第383页。

注：如《元史·赵孟頫传》："曾祖某，宋某官，国朝赠某官；父某，赠某官。"直当时志文中语耳。此类颇多，姑举其一。）又不问其人何如，凡阶级稍崇者，辄为立传，其间直叙官职迁转，而事迹寂寥，如一由状然。故其书卷帙虽数倍于前史，而文辞乃无一篇可与陈寿以下诸人争衡。非但笔力不逮，亦以纪载过繁，难于捡括故也。[①]

陆粲以《元史·赵孟頫传》为例，批评史家修史直录行状、碑志之文，详于传主官职而略于事迹。由此，他建议修史者对此应当"痛扫去之"，并且"自立机轴，先广开献书之路，求诸野史、小说、杂传记，详核其异同之故"，广泛搜集文献，扩大史料采撰来源，"以正史订杂书之缪，以杂书裨正史之阙"[②]。

史家何良俊也同样指出："我朝名臣即《言行录》所载诸公，大率皆是矣。但其所载，皆用墓志碑文以及饯赠序记之语编入。此等皆粉饰虚美之词，且多是套子说话。以之入于史传，后人其肯信之乎？"[③] 他认为墓志碑文以及饯赠序记之中，多粉饰之语、虚美之词，在采撰之时不可轻信，需要详加考辨。

三、王世贞的"三史"之论及其影响

从前述有关史料采撰的评论，可以看出明人对不同类型的史

① 陆粲：《与华修撰子潜论修史书》，黄宗羲编：《明文海》卷一七四，中华书局1987年版，第1742页。

② 陆粲：《与华修撰子潜论修史书》，黄宗羲编：《明文海》卷一七四，中华书局1987年版，第1742页。

③ 何良俊：《四友斋丛说》卷三八《续史》，中华书局1959年版，第345页。

料来源及其价值和优缺点多有探讨。而在这一方面认识最为突出的，当数明代史学家、文学家王世贞对“三史”即国史、野史和家史的批评。

（一）评骘“三史”的局限和价值

关于国史，王世贞指出：“国史之失职，未有甚于我朝者也。故事有不讳始命内阁、翰林臣纂修实录，六科取故奏，部院咨陈牍而已。其于左右史记言动，阙如也。是故，无所考而不得书，国忸衮阙，则有所避而不敢书。而其甚者，当笔之士或有私好恶焉，则有所考无所避而不欲书，即书，故无当也。”[①] 王世贞认为，明朝史官修纂有实录、奏议、文牍等成果，但却未能修编完成一部较为完善的国史。他总结这大概是由三方面的原因造成的：一是由于缺少必要的史料依据，尤其是缺少关于君主言行的记录，而无法完成撰写；二是涉及君主过失的方面，因有所避忌而不敢撰写；三是由于职掌史官之人出于个人好恶，对那些有根据且无须避忌的史事，出现或是不愿意撰写，或是撰写出来也并不恰当的情况。

既然国史有所缺失，那么史家自然转向私人所撰野史。王世贞接着分析了野史存在的问题，他说：“史失求诸野乎？然而野史之弊三：一曰挟郄而多诬。其著人非能称公平贤者，寄雌黄于睚眦，若《双溪杂记》《琐缀录》之类是也。二曰轻听而多舛。其人生长闾阎间，不复知县官事，谬闻而遂述之，若《枝山野

① 王世贞：《弇山堂别集》卷二〇《史乘考误一》，魏连科点校，中华书局1985年版，第361页。

记》《蓢胜野闻》之类是也。三曰好怪而多诞。或创为幽异可愕，以媚其人之好，不核而遂书之，若《客坐新闻》《庚巳编》之类是也。”① 王世贞将野史的弊端归结为三个方面：一是“挟郄而多诬”，撰史者出于私怨，有意歪曲事实；二是“轻听而多舛”，撰史者由于学识和见闻所限，轻信传闻，记载多有不实；三是“好怪而多诞”，撰史者追求怪诞奇谈，投好媚俗，对所载内容的真伪不加辨析。

此外，王世贞还注意到撰史者之身份有在朝、在野的不同，从而分析其所撰野史之弊的差异：在朝者存在“修郄而灭其公是，逞己而欺其独非”，以撰史为手段，或借机报复旧日私怨，或欺瞒掩饰自己的过失；在野者存在“剽一时之耳而遂为目，信他人之舌而用为笔”②，道听途说、徒信传闻，对所载内容的真实性不加考察。二者均造成野史不可信的一面。

如果说国史失职、野史多弊，那么采之家史、家乘又当如何呢？王世贞认为家乘、家史“谀枯骨、谒金言”③，又说“家乘稍具生卒、世系、迁转、履历而已，要之无非谀墓者。改事之非而称是，略人之美而归己，则又不可信也。”④ 他指出家史、家乘中不仅有对逝者的阿谀奉承，甚至还存在改非为是、略人之美

① 王世贞：《弇山堂别集》卷二〇《史乘考误一》，魏连科点校，中华书局1985年版，第361页。

② 王世贞：《弇州四部稿》卷一一六《第三问》，《景印文渊阁四库全书》第一二八〇册，台湾商务印书馆1983年版，第811页。

③ 王世贞：《弇山堂别集》卷二〇《史乘考误一》，魏连科点校，中华书局1985年版，第361页。

④ 王世贞：《弇州四部稿》卷一一六《第三问》，《景印文渊阁四库全书》第一二八〇册，台湾商务印书馆1983年版，第811页。

的情况，因而不可尽信。

王世贞一方面对国史、野史和家史之弊端提出了尖锐的批评，而另一方面，他理性地分析了这“三史”的优劣和价值：

> 国史人恣而善蔽真，其叙章典、述文献，不可废也；野史人臆而善失真，其征是非、削讳忌，不可废也；家史人谀而善溢真，其赞宗阀、表官绩，不可废也。[①]

王世贞指出，国史的局限在于肆意歪曲而隐蔽真相，但其在保存典章、记述文献方面是不可缺少的；野史的局限在于主观臆测而易失真实，但其在探究是非、去除讳忌方面是不可缺少的；家史的局限在于阿谀奉承而夸大事实，但在叙述家世、表彰官绩方面是不可缺少的。因而“三史”各有局限和价值，不可偏废。

这里，王世贞首先认识到，不同的历史撰述者因主客观条件、立场和认识上的差异，从而导致对历史事实记述上有所差别。其次，王世贞认识到不同种类的史料来源尽管存在差异，但都包含着对历史事实的记录，在一定的层次、范围上保存了历史真实，具有一定的史料价值和意义。在王世贞看来，史家如果能对这些不同类型史料来源的局限和价值所在有清楚的认识，就更能达到接近事实的历史之真的境地。[②]

---

① 王世贞：《弇山堂别集》卷二〇《史乘考误一》，魏连科点校，中华书局 1985 年版，第 361 页。

② 向燕南：《中国史学思想通史·明代卷》，黄山书社 2002 年版，第 279 页。

（二）“三史”采撰的原则和国史撰述的设想

王世贞对国史、野史和家史的认识，并不仅仅满足于知其利弊所在，他还进一步提出了相应的采撰原则：

> 夫家乘是而疑誉者，吾弗敢擿也，野史非而疑毁者，吾弗敢救也。其龃龉而两有证者，吾两存之，其拂而核者，吾始从阳秋焉。鄙人之途听而诞者也，纤人之修郄而诬者也，则弗敢避矣。①

这其中主要包含三个方面：一是虽为家史所肯定但怀疑存在过誉的记载，或虽为野史所否定但怀疑是被诋毁的记载，但因仅仅是怀疑，且缺乏必要证据，则不轻易予以摒弃或纠正；二是出现两种记载相互抵牾的情况，但二者各自有证据，则两种记载都予以保存，若存在有违事实的地方，则以国史所记为准；三是对于道听途说的荒诞不经之言，或品行卑劣之人因昔日怨恨而作的诬蔑不实之词，则均不予以采录。

此外，王世贞还提出了他关于国史撰述的史料来源的总体设想，他说：

> 悉出金匮石室之闷，录其副以授夫载笔之臣。而益以郡国志、记，及向所云野史、家乘之可采者。使公平该博之

---

① 王世贞：《弇山堂别集》卷二〇《史乘考误一》，魏连科点校，中华书局1985年版，第361页。

士，持衡其是非，而尔雅遒古之才，藻润其辞事。会典之所辑，星官之所职，六尚书之故牍，可以书，可以志，可以表。而我明一代之业，当无逊于西京矣。[①]

王世贞所论主要包括：一是将官方所藏有关典籍和史料文献，尽数交付史官以备修史之用；二是在此基础上，广泛搜集地方文献，以及野史、家乘中可供采用的内容；三是选择“公平该博之士”以评论史事是非，“尔雅遒古之才”以润色叙事辞藻；四是以《会典》等所载典章制度，钦天监等专门机构的有关记录，及六部等部门的奏议等资料，撰成书、志、表的内容。可以看出，王世贞对国史修撰有着综合的考量。

在史料采撰方面，王世贞还总结说：“国以草创之，野以讨论之，家以润色之。”[②] 也就是以国史的“叙章典、述文献”为蓝本，以野史的“征是非、削讳忌”作商讨辩论，以家史的“赞宗阀、表官绩”作补充润饰，从而撰成有明一代之史。

（三）王世贞“三史”之论的意义

王世贞关于国史、野史和家史的评论，“包含着在史学批评方法论上的辩证认识”[③]，“已不是一般直观表层的泛泛之论，而是上升到普遍方法论高度的概括”[④]，具有重要的史学批评意义。

① 王世贞：《弇州四部稿》卷一一六《第三问》，《景印文渊阁四库全书》第一二八〇册，台湾商务印书馆1983年版，第812页。

② 王世贞：《弇州四部稿》卷七一《皇明名臣琬琰录小序》，《景印文渊阁四库全书》第一二八〇册，台湾商务印书馆1983年版，第219页。

③ 瞿林东：《中国古代史学批评纵横》（增订本），重庆出版社2016年版，第99页。

④ 向燕南：《中国史学思想通史·明代卷》，黄山书社2002年版，第280页。

一是从史料类型和撰史者的特点出发，阐明不同史料的局限和价值，从而有利于探求不同史料中的相对真实性；二是针对不同史料可能存在的失真的方面，提出相应的保留、纠正和摒弃的原则，从而使史料得以充分利用；三是将理论认识与具体历史撰述相结合，使史学批评服务于历史撰述，从而使史学批评更具理论指导意义。

王世贞关于“三史”的卓识，除来自他对史学的理性思考之外，更为重要的是来自他长期的史学实践活动。他曾说：

> 王子弱冠登朝，即好访问朝家故典与阀阅琬琰之详，盖三十年一日矣。晚而从故相徐公所得，尽窥金匮石室之藏，窃亦欲借薛萝之日，一从事于龙门、兰台遗响，庶几昭代之盛，不至忞忞尔。[①]

编纂一部可信的本朝国史，是王世贞一生的夙愿，他为之进行了大量艰苦的工作。虽然由于种种原因，王世贞最终未能实现这一夙愿，但其《弇山堂别集》《弇州四部稿》《弇州续稿》《嘉靖以来首辅传》《艺苑卮言》《读书后》等著述，为后人研究和撰述明史提供了丰厚的资料。

（四）王世贞“三史”之论的影响

王世贞在明代中后期文坛有着崇高的地位，钱谦益曾说：

---

① 王世贞：《弇山堂别集》卷首《弇山堂别集小序》，魏连科点校，中华书局1985年版，第4页。

“操文章之柄，登坛设墠，近古未有。迄今五十年，弇州四部之集，盛行海内”[①]。王世贞的“三史”之论也得以广泛传播，产生了很大影响。兹举其要者，列之于下。

祝世禄《昭代典则序》中云：

夫家史兴而善失真，美而溢者也；野史兴而善涉谬，传而误者也；稗史兴而善入讹，琐而鄙者也。[②]

郭正域《皇明大政纪序》中云：

比者，陈南充得请于上，开馆执简以成正史。宇内向所撰记旧闻者，始得网罗以出，亡虑数十百家，大都如元美所谓修郄以灭公是，逞己以淆独非，剽时耳遂为目，信人舌用为笔。又或改事之非而称是，掠人之美而归己，若今家乘墓谀之遗文，致不足凭也。[③]

陈继儒在为《本朝分省人物考》所作序文中云：

本朝有实录无史，实录有编年无列传。间书数行，惟首

① 钱谦益：《列朝诗集小传》丁集上《王尚书世贞》，上海古籍出版社1983年版，第436页。

② 祝世禄：《昭代典则序》，黄光升：《昭代典则》卷首，《续修四库全书》第三五一册，上海古籍出版社2002年版，第2页。

③ 郭正域：《皇明大政纪序》，雷礼等：《皇明大政纪》卷首，《续修四库全书》第三五三册，上海古籍出版社2002年版，第301-302页。

揆大总裁得秉笔，惟三品大臣、妃得挂名传中。且副草秘扃之禁林，虽荐绅章缝之家，莫由睹一班，尝一脔，况寒肤嗛腹者，而能与之滚滚考镜人物乎？

实录不获见，莫若考之野史。而伛偻山泽之癯，不练朝章故实，矢口信耳，其病在善诬。又莫若考之家史，其志状碑版，借绮舌以媚枯骨，其病在善谀。[①]

沈德符《万历野获编》中云：

本朝史氏失职，以故野史甚夥。如弇州《史乘考误》所列，其不足据明甚。而仇口污蔑，颠倒是非，又有弇州所不及见者。……此等书流传，误后世不少。弇州若在，又不知如何浩叹也。[②]

朱荃宰《文通》卷二所载《国史问》中云：

正史整而多隐，野史礉而易诬，家史谀而溢真，数者皆几，安所折衷哉？[③]

---

① 陈继儒：《〈本朝分省人物考〉叙》，过庭训：《本朝分省人物考》卷首，《续修四库全书》第五三三册，上海古籍出版社2002年版，第9页。

② 沈德符：《万历野获编》卷二五《评论·私史》，中华书局1959年版，第631页。

③ 朱荃宰：《文通》卷二《国史问》，《四库全书存目丛书》集部第四一八册，齐鲁书社1997年版，第392页。

清初，钱谦益在为邹漪《启祯野乘》所写序文中，亦谈及“三史”，他说：

史家之难，其莫难于真伪之辨乎？史家之取征者有三：国史也，家史也，野史也。于斯三者考核真伪凿凿如金石，然后可以据事迹、定褒贬。而今则何如也？自丝纶之簿，左右史之记，起居召对之籍，化为煨烬，学士大夫各以己意为记注。凭几之言，可以增损；造膝之语，可以窜易。死君亡父，瞒天谰人。而国史伪。

自史馆之实录，太常之谥议，《琬琰》《献征》之记载，委诸草莽，世臣子弟各以私家为掌故。执简之辞，不必登汗青；裂麻之奏，不必闻朝著。飞头借面，欺生诬死。而家史伪。

自贞元之朝士，天宝之父老，桑海之遗氏，一一皆沉沦窜伏，委巷道路，各以胸臆为信史。于是国故乱于朱紫，俗语流为丹青。循蟪蛄以寻声，佣水母以寄目。党枯仇朽，杂出于市朝；求金索米，公行其剽劫。才华之士，不自贵重，高文大篇，可以数缣邀取；鸿名伟伐，可以一醉博易。而野史伪。①

可以看到，这些论述直接采用或者化用王世贞的表述，反映

① 钱谦益：《牧斋有学集》卷一四《启祯野乘序》，《续修四库全书》第一三九一册，上海古籍出版社2002年版，第117-118页。

出王世贞“三史”之论的影响。同时，这些论述更多侧重于对国史、野史和家史局限性的批评，并在这一方面对王世贞所论有所发展。然而其中较少谈到“三史”的价值和意义，这与王世贞的辩证认识有一定的区别。

第二节　论体裁体例

一、关于史书主要体裁的评论

刘知幾在《史通》中将编年和纪传视为两种最基本的史书体裁，并详细讨论其源流和发展情况。明人对史书编纂的主要体裁，亦有所评论。

明初史家王祎在论及史书体裁时曾说：

> 古者作史之体，大要有二：曰实录，曰正史是已。实录之体仿乎编年，而臣僚之得立传者，其传皆系乎月日薨卒之下。及为正史，然后纪、表、志、传，门虽品列，而传又分名定目，各以类相从焉。然传之在实录者，不过具其行能劳烈之始末，而正史之传，加以论赞之辞者。实录修于当时，正史撰于后代，且其体有不同故也。[①]

① 王祎：《王忠文集》卷五《国朝名臣传序》，《景印文渊阁四库全书》第一二二六册，台湾商务印书馆1983年版，第94页。

王祎将实录和正史视为古时作史之体，实录仿自编年，而正史分纪、表、志、传。他指出二者都有关于人物传记的内容，所不同者，实录修于当时，对于可以立传的臣僚，其传系于薨卒月日之下，但只是略录其生平功业；正史修于后世，列传定名分目，常加之以论赞。这里王祎所说的“作史之体”，未出编年、纪传二途，强调实录与正史是其代表。

王世贞亦论及史书体裁，他说：

> 凡天下之言史者有二家，其编年者居其一，而左氏为最；纪传者居其一，而司马氏为最。左氏之始末在事，而司马氏之始末在人。重在事则束于事，而不能旁及人，苦于略而不遍；重在人则束于人，其事不能无重出而互见，苦于繁而不能竟。故法左以备一时之览，而法司马以成一代之业，可相有而不可偏废者也。[①]

这里王世贞谈到编年与纪传的各自优缺点：编年体史书重在史事，可“备一时之览”，但对于人物事迹则有所不逮，其失在于简略；纪传体史书重在人物，可“成一代之业”，但在史事记载上难免重出互见，其失在于繁芜。但他同时强调，对于史学而言，这两种体裁“可相有而不可偏废”，缺一不可。

此外，王世贞还谈到：

---

① 王世贞：《弇州四部稿》卷一一六《第三问》，《景印文渊阁四库全书》第一二八〇册，台湾商务印书馆1983年版，第810页。

> 大抵史之体有二，左氏则编年，而司马氏乃纪、传、世家。编年者贵在事，而纪、传、世家贵在人。贵在事，则人或略而尚可征；贵在人，则事易详，而于天下之大计不可以次第得。然自司马氏之纪传行，而后世之为史者亡所不沿袭。当左氏时，所谓晋之《乘》、楚之《梼杌》，以至魏之《汲冢》，其简者若仿经，而详者则为左。其后夺于司马氏，虽有荀悦、袁宏之类，然不甚为世称说。而能法左氏之编年者，司马氏之后人光也。光所著史曰《资治通鉴》，其文虽不敢望左氏之精凿，要亦有以继之。而上下千余年，其事为年隔而不能整栗。建安袁枢取而类分之，名之曰《纪事本末》，而左氏其祖祢也。①

王世贞同样总结了编年、纪传二体各自的长处和局限。同时，他还谈到这两种体裁的发展状况：纪传体史书自司马迁《史记》以后，历代都有沿袭；编年体史书自《左传》而后，中间虽有荀悦、袁宏的著述，但直到北宋司马光《资治通鉴》才得以充分发展。最后他还指出，《资治通鉴》“其事为年隔而不能整栗”，南宋袁枢因以“取而类分之”，撰成《通鉴纪事本末》一书。这里王世贞在编年、纪传之外，还提及纪事本末体史书的情况。

焦竑对于这三种史书体裁亦有所论述，他说：

① 王世贞：《弇州续稿》卷五〇《左传属事序》，《景印文渊阁四库全书》第一二八二册，台湾商务印书馆1983年版，第651页。

史之为体，有编年、纪传二家。编年者，以年系事，详一国之治体，盖本左氏；纪传以人系事，详一人之事迹，盖本史迁。虽各有所长，而编年为古矣。何者？纪、表、志、传自为篇章，彼此互出，不无烦复。萧颖士谓子长创作，不合典训，尝深非之。然《左传》虽以年为叙，而别为《国语》一书，国别事殊，或越数十年而竟其义，亦知事词不属，而自为错综，亦其势然也。后之史家一以马迁为程，《春秋》之义郁而不明。荀悦、袁宏始复其旧，而事止一代，于闳巨之观阙如也。

司马温公覃精史学，思总百代，为人君之鉴，乃接鲁史以迄五季，一仿《左传》之例。说者谓其为流略之津筏，经济之渊奥，讵不信哉！但世远事繁，文见于此而起义在彼者，往往有之。学者寻究其事，欲即始见终，不可骤得，不无遗憾。袁机仲氏著《纪事本末》，以参伍温公之书，随条甄举离合，始末之间，曲有微意，即谓为温公之《国语》可也。[1]

焦竑所论与王世贞大旨相似，主要有三点：一是编年体史书详于“一国之治体”，而纪传体史书详于“一人之事迹”，二者互有所长。二是纪传体史书自司马迁而后，受到历代史家的重视，而编年体史书虽有荀悦、袁宏之作，然“事止一代”，直到

① 焦竑：《澹园集》续集卷一《刻通鉴纪事本末序》，李剑雄点校，中华书局 1999 年版，第 755-756 页。

司马光《资治通鉴》成书，才有通贯宏大的著述。三是《资治通鉴》所记“世远事繁”，不可避免地出现了“文见于此而起义在彼”的情况，造成史事的始末难以骤得，而袁枢《通鉴纪事本末》则改善了这一局限。与王世贞不同的是，焦竑认为左丘明撰《国语》一书在一定程度上弥补了因《左传》编年之体而产生的不足，而《通鉴纪事本末》之于《资治通鉴》的关系，则类似于《国语》之于《左传》。

王世贞与焦竑在比较编年体和纪传体的特点的同时，肯定了纪事本末体的作用。而明人在纪事本末体史书撰述上也有所继承和发展，尤其是史学家陈邦瞻主撰的《宋史纪事本末》和《元史纪事本末》受后人关注较多，同时也加深了人们关于纪事本末体的讨论。

万历三十三年（1605）陈邦瞻在《宋史纪事本末叙》中谈到：“史自纪传而外，益以编年，代有全书，尚矣。事不改于前，词无增于旧，胪列而汇属之，以为讨论者径，斯于述作之体不已末乎？而非然也。”① 陈邦瞻认为纪传、编年二体虽代有著作，但并不意味着史书体裁已经完备。他引用杨万里评《通鉴纪事本末》之言：“提事之微以先于其明，搴事之成以后于其萌，其情匿而泄，其故悉而约”②，来强调纪事本末体史书的优点。

---

① 陈邦瞻：《宋史纪事本末》附录一《宋史纪事本末叙》，中华书局1977年版，第1191页。

② 陈邦瞻：《宋史纪事本末》附录一《宋史纪事本末叙》，中华书局1977年版，第1191页；参见杨万里：《杨万里集》卷七八《袁机仲通鉴本末序》，辛更儒《杨万里集笺校》本，中华书局2007年版，第3203页。

刘曰梧《刻宋史纪事本末序》中云：

夫古今之有史，皆纪事也，而经纬不同。左、马之义例精矣，一以年为经，一以人为经，而建安袁先生复别开户牖，乃又以事为经而始末具载，士有游心得失之林而希合出门之辙者，咸有取焉。余尝为之评曰："是书也，事固无改于前，其范围在二子之内，例则有取于会其标指为二子之功。试即所纪一事论之，志盛以举衰则升降具，镜成以照败则人事明，观变以著渐则几微彰，因事以察人则材品列。其于编年、列传，未尝不可合而见也。"①

刘曰梧认为，纪事本末体的特点是"以事为经而始末具载"，其优点主要是通过记载史事的始末，有助于知晓历史盛衰，借鉴人事的成败，能够见微知著，考察人才品列。因而纪事本末可与编年、纪传合而观之，并驾齐驱。

徐申《元史纪事本末叙》中云：

史之体有二，左氏以编年，而司马氏为纪、传、世家。编年重在事，而纪、传、世家重在人。重在事者，其人多阔略而无征，重在人者，其事常散漫而难究，故袁氏之《通鉴本末》出焉。其体兼用左、马，而取其事之最巨与其人

① 刘曰梧：《刻宋史纪事本末序》，陈邦瞻：《宋史纪事本末》附录二，中华书局1977年版，第1193页。

之最著者，各以年汇次之，一举始而终了然若指掌，读史者尤便之，而独惜其阙宋、元也。[①]

徐申强调编年体重在事，但对于历史人物“多阔略而无征”，纪传体重在人，但对于史事“常散漫而难究”。而纪事本末体则可兼二者之长，举其始而明其终，便于阅读。

可以看到，明人关于编年、纪传二体的优劣，有着较为公允的评论，同时对于纪事本末体也予以充分肯定。当然，囿于时代所限，明人所撰纪事本末体史书的数量不多，也未能预计到这一史书体裁在未来的发展趋势[②]。总的来看，明代在史书体裁和体例上讨论更多的，依然是编年和纪传。

二、论编年体史书体例

（一）薛应旂之论

明代史学家、理学家薛应旂于嘉靖四十五年（1566）编成《宋元通鉴》一书，记北宋建隆元年（960）到元至正二十七年（1367）事，凡一百五十七卷。薛应旂在谈到《资治通鉴》时说：“司马光《资治通鉴》上起战国，下终五代，先后贯穿，而

① 徐申：《元史纪事本末叙》，陈邦瞻：《元史纪事本末》附录一，中华书局1979年版，第223页。按，此文亦见于臧懋循文集中，此处仍以徐申之言加以讨论。（参见臧懋循：《负苞堂文选》卷三《元史纪事本末序》，《续修四库全书》第一三六一册，上海古籍出版社2002年版，第72页）

② 按，近人梁启超云：“盖纪传体以人为主，编年体以年为主，而纪事本末体以事为主。夫欲求史迹之原因结果以为鉴往知来之用，非以事为主不可。故纪事本末体，于吾侪之理想的新史最为相近，抑亦旧史界进化之极轨也。”参见梁启超：《中国历史研究法》，东方出版社1996年版，第24页。

一千三百六十二年之事迹，灿若指掌矣”[1]；又说：“司马温公《资治通鉴》仿《春秋左传》编年例，以事系日，以日系月，以月系时，以时系年。虽一事而始末序书，先后不紊，盖欲使后人考见时事，且以明实录也。”[2] 薛应旂在肯定和继承《资治通鉴》的同时，其关于史书体例和记载内容的认识主要有如下三个方面。

第一，注重收录宋元时期名家的记录及诏令奏议等文献资料。他说：“愚于宋以后之文章，凡有关于世道，可以垂鉴后人者，多为录入，要诸实事，不在虚文也。”[3] 又说：“鉴者监也，备前代之善恶为后世之法戒，故不曰史而曰鉴者，取斯义也。文章固非所论，然而文章亦自有不可废者。昔人谓司马迁作《史记》叙三千年事，五十万言；班固作《汉书》叙二百年事，乃八十万言，烦省不同，以是为固不如迁。愚则以为迁、固之优劣，盖自有在，不在文之烦省间也。故今历览宋元之史，及诸名家纪录，及诏令奏疏、议论启札，有可为世法戒者，直掇全文，多不裁减。恐其抑而不扬，则志意不舒，事体不悉，无以快心明目，不能使人感发惩创也。”[4]

第二，增加关于理学、政治、道学、功业及文章的内容。他

---

① 薛应旂：《宋元通鉴》卷首《宋元通鉴序》，《四库全书存目丛书》史部第九册，齐鲁书社1996年版，第685页。

② 薛应旂：《宋元通鉴》卷首《宋元通鉴义例》，《四库全书存目丛书》史部第九册，齐鲁书社1996年版，第688页。

③ 薛应旂：《宋元通鉴》卷首《宋元通鉴义例》，《四库全书存目丛书》史部第九册，齐鲁书社1996年版，第688页。

④ 薛应旂：《宋元通鉴》卷首《宋元通鉴义例》，《四库全书存目丛书》史部第九册，齐鲁书社1996年版，第687页。

说：“愚于是编，理学、政治论次旧闻，凡事关体要，言涉几微者，并为录入。”① 又说：“道德功业，相为体用。三纲五常，原于天而备于人，根于心而统于性情者，其道德也，体也。举而措之天下，能润泽生民，归于皇极，发挥蕴奥，协于训典者，其功业也，用也。所谓体用一原者也，总名之曰道也。古之圣贤，达而在上则其道行，穷而在下则其道明，君、相、师、儒，其究一也。世降俗末，偏蔽浅陋之徒，各执己见。依傍道德者，则鄙功业为庸俗；驰骛功业者，则斥道德为玄虚。持论相沿，而道德功业岐而为二。甚至，儒林、道学，《宋史》亦分为两传矣。不知儒非道学，以何为儒；道学不谓之儒，又以何者谓之儒哉？宋初未有道学之名，范希文在仁宗时，以学职属孙明复，以《中庸》授张子厚。于是徂徕有石守道，苏湖有胡翼之，各以其学教弟子。迨后，周、程继起，师友渐涵而道学日盛，实自希文倡之。论者徒以希文功业之盛，遂不得与道学并列。夫谓道学不必功业则可，谓功业非道学则不可。若谓功业非道学，则尧、舜、禹、汤、文、武之为君，夷、夔、伊、傅、周、召之为相，皆不得谓之道学乎？故愚于是编，致详于道学。而凡有功业、文章者，虽其学有精粗纯驳之不同，亦并著于篇。以为经世者之法，不敢不谓之学也。”②

第三，记叙人物生平，并增加关于贤人、儒学、隐逸的记

① 薛应旂：《宋元通鉴》卷首《宋元通鉴义例》，《四库全书存目丛书》史部第九册，齐鲁书社1996年版，第688页。

② 薛应旂：《宋元通鉴》卷首《宋元通鉴义例》，《四库全书存目丛书》史部第九册，齐鲁书社1996年版，第689页。

录。他说："若以官爵为重轻，则贤人、逸士之高尚其志，而不事王侯者，反随世就功名者之不若矣。故愚于是编，凡书卒者，其名字显晦，悉据其平生而并注之，其所重轻盖自有在，要不在于官爵之有无崇卑也。"① 又说："余于纪事，仍序书于各年月日之下，唯于名臣硕士之卒，则合其平生而并书其大略。其有年月不可考见者，则因事附书。固不没其善，亦不掩微瑕，庶俾后人知所法戒也。"② 又说："《资治通鉴》多致详于名臣硕辅之经国政事，而于儒学、隐逸或从节略。愚于此则并著之，庶穷达出处，唯其道焉，皆可以为后训也。"③

从以上可以看出，薛应旂《宋元通鉴》在体例安排和内容范围上较之《资治通鉴》有所变化。这些变化，一方面可以反映出薛应旂在"资治"方面的认识。在他看来"资治"不仅仅限于政治方面，还包括学术思想、贤人逸士和文章奏议等内容。另一方面，从薛应旂对道学的重视，也可以看出宋明理学对当时人们的历史撰述的深刻影响。

（二）严衍之论

学者严衍采历代正史及相关史料，对《资治通鉴》予以补充，于崇祯十七年（1644）九月编成《资治通鉴补》二百九十四卷。他自叙此书编纂"发端于万历之乙卯，小成于崇祯之庚

---

① 薛应旂：《宋元通鉴》卷首《宋元通鉴义例》，《四库全书存目丛书》史部第九册，齐鲁书社 1996 年版，第 688 页。

② 薛应旂：《宋元通鉴》卷首《宋元通鉴义例》，《四库全书存目丛书》史部第九册，齐鲁书社 1996 年版，第 688 页。

③ 薛应旂：《宋元通鉴》卷首《宋元通鉴义例》，《四库全书存目丛书》史部第九册，齐鲁书社 1996 年版，第 688 页。

午，又穷十年之心力，以改辑之”[①]，历时近三十年。清人钱大昕称：“其有功于《通鉴》者，胡身之而后，仅见此书耳。”[②]

严衍自述其醉心于《资治通鉴》，然读过数遍后，“时觉其有百中之一漏，全璧之微瑕”，“乃始翻历朝旧史，而一一对勘之。备者故十之七八，遗者亦十之二三。甚且有前后不符，彼此或戾”[③]。在他看来，《资治通鉴》主要有两方面的不足。

一是某些历史记载不符合正统观念。他说：“《通鉴》之作，托始于三晋之滥封，以正名分也。汉魏之际，独非名分攸关乎？乃帝魏而黜汉，至以诸葛入寇为辞，盖谓昭烈之于汉族属疏远，不能稽其世次耳。然春陵非远裔哉？光武可以继西京之统，昭烈何不可以续东洛之祧？不惟此也。周社虽亡，秦命未集，昭、襄虽强，犹齐、楚耳，而遽以纪年。朱温篡唐，毒浮于地，敬瑭臣虏，贻殃万民。是梁、晋之罪，甚于黄巢。世有鲁连，必当蹈海矣，而俨然帝之。唐、汉之兴，彼善于此。然南唐、西蜀，华姓棋分，未能兼夏，难称率土。郭、柴继统，其人华矣。加惠苍黎，其政善矣。北略至关，南侵及江，其地广矣。要之北汉未亡，则亦犹之蜀汉也。丕不宜君，备、荣岂得臣崇？故周赧入秦，七雄分据，改称前列国；唐昭陨落，五代迭兴，改称后列国。汉吕、唐武，皆宇宙异常之变，而大书纪年；王莽之篡，虽

① 严衍：《资治通鉴补》卷首《资治通鉴补自序》，《续修四库全书》第三三六册，上海古籍出版社2002年版，第511页。

② 钱大昕：《严先生传》，严衍：《资治通鉴补》卷首，《续修四库全书》第三三六册，上海古籍出版社2002年版，第505页。

③ 严衍：《资治通鉴补》卷首《资治通鉴补自序》，《续修四库全书》第三三六册，上海古籍出版社2002年版，第509页。

黜其帝号而称名，以犹大书纪年，是皆以正朔归之也。今二媪之纪，皆称附载；王莽之纪，年号细书。此紫阳氏笔削之旨，亦不肖衍窃取之义也。”①

二是《资治通鉴》所载史事和人物有所遗漏。他说：“温公于朝纲国政辑之每详，而家乘世谱辑之或略。乃略者固略矣，而详者亦未必皆详也。伟论宏议记之较备，而只行微言记之或少。乃少者固少矣，而备者亦未必尽备也。事多提其大纲，而删其节目；乃节目过删，而大纲亦或不明。文多录其体要，而剪其枝叶；乃枝叶太剪，而体要亦多不畅。是恶可以不补？至观其所载之人，则显荣者多，而遗逸则鲜矣；方正者多，而侠烈则鲜矣；丈夫者多，而妇女则更鲜矣；方内者多，而方外者绝不及矣。愚以为士之穷通，命也。季、孟居三卿之中，而颜、闵在徒步之列。显者岂必尽足述，而晦者岂必无可称乎？故咏空谷之驹，令人起絷维之想；叹山梁之雉，令人兴罗网之思。人虽微也，道则尊矣。”②

因此，严衍对《资治通鉴》所载内容予以调整或补充。从卷首《凡例》中的名目可略知此书内容，即：严正统、存残统、补僭主之名、补年号、补甲子、正谬误、理紊乱、整错杂、删重复、破拘执、辩诬枉、补政事之漏、补诏敕之遗、补文章之遗逸并删削太甚者、补名贤之卒、补隐逸、补贤媛、补艺术、补二

① 严衍：《资治通鉴补》卷首《资治通鉴补自序》，《续修四库全书》第三三六册，上海古籍出版社 2002 年版，第 509 页。

② 严衍：《资治通鉴补》卷首《资治通鉴补自序》，《续修四库全书》第三三六册，上海古籍出版社 2002 年版，第 509 页。

氏、补灾异、补史断、补注释、补附录、别补。可见，此书一方面因受到朱熹学说、《资治通鉴纲目》及当时人们关于正统认识[①]的影响，从而对《资治通鉴》中某些不符合当时正统观念的记载予以调整；另一方面，还补充了易代之际旧主年号、君主之名、年号、甲子纪年等内容，同时纠正了《资治通鉴》中的一些错误和抵牾之处，并增加了部分注释。更为重要的是，书中还大量增补了人物及相关史事。对此，严衍进一步阐述了他在体例方面的认识及所补的缘由。

第一，关于增补人物生平小传。他说："编年之书始于左氏，纪传之体辟自马迁，二者异制而同功，此论古者所不可偏废也。使有纪传而无编年，则人自为局，家自为方，一世之事，几于散碎而无纪。自邱明传《春秋》以年月为经，人事为纬，而后一世方成一统。有编年而无纪传，则行或杂见，言或杂鸣，一人之事，亦几于散碎而无纪。自子长作《史记》，帝自为纪，臣自为传，而后一人自成一家。今《通鉴》之编年，既已踵左氏，而大畅其风矣。余又撮取古人之遗芳逸美，足以写人之生韵者，或于其进身之始，或于其谢事之年，或于其薨卒之日，略叙其生平，以仿子长之例，使一书之中编年、立传若两备其体焉。"[②]

严衍讨论了编年、纪传两种史书体裁各自的优缺点，并认为二者不可偏废，否则将陷入"散碎而无纪"的境地。因此，他

---

① 参见饶宗颐：《中国史学上之正统论》，上海远东出版社 1996 年版，第 55-60 页。

② 严衍：《资治通鉴补》卷首《资治通鉴补自序》，《续修四库全书》第三三六册，上海古籍出版社 2002 年版，第 510 页。

在书中补入了有关人物传记的内容，欲使其更为完备。对于此点，《凡例》中还补充道："《通鉴》之例，凡书薨卒者，大抵居通显而卒于官者也。散秩不书，即非散秩而已去位者不书，即间有之，亦不过千百中之一二。至于征君处士，概未有书者。今依朱子《纲目》书陶潜卒例，凡其人之有善可纪，有德可称者，无论位之尊卑，人之出处，皆备书之。而以其素行之未入《通鉴》者，节取而志于其下，谓之小传，仿《史记》之例也。"① 不过，他也意识到："然采取不可太繁，纂辑不可太杂。故于十七史之中，不欲使之多遗，于十七史之外，不欲使之多赘也。"② 他强调所补人物传记以正史所载为主，不可太过繁芜。

第二，关于增补隐逸、贤媛、艺术等内容。他说："论事者因其宏纲以详其委屈，谈文者因其大意以采其菁华。人无隐显，道隆者为师；行无奇平，济物者为尚。丈夫而妇女可丑也，妇女而丈夫可学也。游于方之内者，吾以观其礼焉；游于方之外者，吾以观其意焉。则何人非吾师，何事非吾资哉？"③ 在严衍看来，凡有德行之人，不分显隐、男女、方内、方外，皆可为师。

他补隐逸云："《通鉴》于严光、周党、管宁、王烈辈，间亦采录其言行，然而未详也。其余如严君平、陶元亮辈，高风峻节，可以羽仪百世者，晋汉以后多有其人，而《通鉴》一不及

---

① 严衍：《资治通鉴补》卷首《资治通鉴补凡例》，《续修四库全书》第三三六册，上海古籍出版社 2002 年版，第 517 页。

② 严衍：《资治通鉴补》卷首《资治通鉴补自序》，《续修四库全书》第三三六册，上海古籍出版社 2002 年版，第 510 页。

③ 严衍：《资治通鉴补》卷首《资治通鉴补自序》，《续修四库全书》第三三六册，上海古籍出版社 2002 年版，第 510 页。

焉。今取古今所传诵者，特补之。”[1] 补贤媛云：“《通鉴》自后妃而外，如曹大家、宋若宪辈，皆以入官教诲，故载之。其余或因父与兄而见，或因夫与子而见，未有特笔载之者也。今取节孝、贞烈有关于风化者，亦特笔补之。”[2] 补艺术云：“《通鉴》于仓公、管辂、郭璞、李淳风辈，虽因事记之，未能详也。其余医如华佗，历如一行，相如袁天纲，书画如张芝、顾恺之等，皆称绝一代，而俱置不录。今取其事关朝廷者，补为正文，而稍涉猥琐者，补为附录。”[3] 可以看到，严衍所补还侧重“羽仪百世”、有关“风化”、“称绝一代”的人物和事迹，而并不限于政治方面。

第三，关于补充佛教和道教的内容。他说：“二氏之教，律之以孔孟之旨，则杨、墨之流也。然自汉以迄六朝，而其说大盛，流弊至于今日，不知者遂谓三教并行于世矣。夫二氏岂得与孔孟并乎？第谓六经之外，无复妙理，儒教之外，无复异人。则天地生物，但当生其大常无奇，如水寒火热、木然石坚者而已矣，何以复生温泉寒火、不烬之木、温柔之玉也哉？乃知天地以其正气生圣人以持世，又以其间气生异人以佐世。其清虚恬澹之风，玮异卓绝之行，亦足以振起流俗，破醒迷情，似不妨间录

① 严衍：《资治通鉴补》卷首《资治通鉴补凡例》，《续修四库全书》第三三六册，上海古籍出版社2002年版，第517页。

② 严衍：《资治通鉴补》卷首《资治通鉴补凡例》，《续修四库全书》第三三六册，上海古籍出版社2002年版，第517页。

③ 严衍：《资治通鉴补》卷首《资治通鉴补凡例》，《续修四库全书》第三三六册，上海古籍出版社2002年版，第517页。

之，以存正道之别派支流也。”[①] 严衍认为佛教和道教不能与儒家并立，但同时也注意到佛教和道教对社会有积极影响的一面。因此，他特意在书中补充了“二氏”的内容：“《通鉴》如佛图澄、寇谦之等，亦既因事而见矣，余皆弗录。然二氏之教，流传已久，即不足以垂训，亦何必不存其说也。今亦取其事关朝廷者补之，稍涉幻僻者为附录。”[②] 从中不难看出，尽管严衍否认“三教”并立，但他的所论也反映出佛教和道教对社会生活和历史撰述的深刻影响。

从薛应旂和严衍对《资治通鉴》的续作和补作来看，二人在继承《资治通鉴》已有体例的同时，都重视增加人物传记的内容。从史书体裁体例来说，这是有意无意地将编年体和纪传体史书相融合。究其原因，盖因他们对“资治”的认识并不限于政治方面，同时也注重历史人物在道德和世教方面的影响。

三、论纪传体史书体例

明代关于人物纪传的史书很丰富，除正史外，《明史·艺文志》收录“传记类”史书一百四十四部，一千九百九十七卷[③]。而关于纪传体史书的评论，除评骘历代正史外，主要集中于人物传记的标准和要求的讨论，这也是明人对史书体裁体例认识的重

① 严衍：《资治通鉴补》卷首《资治通鉴补自序》，《续修四库全书》第三三六册，上海古籍出版社2002年版，第509-510页。

② 严衍：《资治通鉴补》卷首《资治通鉴补凡例》，《续修四库全书》第三三六册，上海古籍出版社2002年版，第517页。

③ 张廷玉等：《明史》卷九七《艺文二》，中华书局1974年版，第2400-2404页。

要方面。

（一）何乔新评汉唐史书立传标准

成化、弘治年间，何乔新强调“史传之作，所以崇儒术，表循良，奖恬退而昭忠孝也。举世所同然者，史氏不必书，以其不可胜书也。举世所独然者，史臣宜特录，将以励薄俗也。”[①]在他看来，史传之作是为了表彰儒术、循良、恬退、忠孝之士，不必记载那些社会普遍存在的，而应记录为当时社会所缺的。进而他对记述汉唐历史的正史类传予以评论，阐述其观点。

一是对立传原因的探讨。他说：“西汉之有《儒林》，有《循吏》，非西汉之美事。盖自高祖见儒服而慢骂，而儒气不振；申、韩之术行于世，而吏治多出于刑名。班固作《西京》一书，表儒林、循吏而出之，所以伤汉之儒与吏也。东汉之有《独行》，有《逸民》，非东汉之美事。盖自矫激之俗兴，士始流为崖异斩绝之行；自廉耻之风丧，时始贵高举远蹈之人。范氏作《东都》一书，表独行、逸民而出之，亦伤士之少纯全，时之多独善也。李唐之有《孝友》，有《忠义》，非李唐之美事。盖自高祖变节于晋阳，而唐无忠义之风；文皇行亏于闺门，而唐无孝友之俗。秉史笔者表孝友、忠义而出之，盖伤当时忠孝之难得，而仅有者为足贵也。”[②] 他认为班固《汉书》设立《儒林传》

---

① 何乔新：《椒邱文集》卷二《汉唐书列传》，《景印文渊阁四库全书》第一二四九册，台湾商务印书馆1983年版，第19页。按，何乔新号椒丘，清《四库全书》收录其文集时，改“椒丘”为“椒邱”。

② 何乔新：《椒邱文集》卷二《汉唐书列传》，《景印文渊阁四库全书》第一二四九册，台湾商务印书馆1983年版，第19-20页。

《循吏传》，是因为汉高祖不重视儒学，以及当时申韩法家之术行于世，因而特地表彰儒林和循吏；范晔《后汉书》设立《独行传》《逸民传》，是由于东汉少纯全之士，因而特予以记载；两《唐书》设立《忠义传》《孝友传》，则是由于唐代忠义、孝友之风不盛，而特予以表彰之。

二是对不予立传的原因的探讨。他说："且西汉有商山之四皓，非无逸民也；有矫世之杨王孙，非无独行也。而班固不立《逸民》《独行传》者，盖以当时士之廉退者尚多，无贵乎逸民；行之纯全者犹众，无取乎独行也。东汉有江革、申屠蟠之徒，非不甚孝；有李固、杜乔之徒，非不甚忠。而范晔不立《忠义》《孝友传》者，盖以当时俗多孝友，则孝友不可悉书；人多忠义，则忠义殆不一传也。"[①] 他认为《汉书》不立《逸民传》《独行传》，是由于西汉逸民、独行之士众多；《后汉书》不立《忠义传》《孝友传》，是因为东汉忠义、孝友之人多，而难以尽书。

三是关于立传恰当者的评论。他说："若夫居《儒林》者二十有三人，经术渊源者，孔安国为之最。安国得圣人家传之学，非渊源乎？在《循吏》者六人，政治忠厚者，蜀文翁为之伯。文翁兴学校以化民，非忠厚乎？以《独行》显者二十有四，愚窃有取于范式。式以信义行于朋友，时人知其可以托死，是固本诸圣贤而不为矫激也。以《隐逸》称者十有七，愚窃有取于严

---

① 何乔新：《椒邱文集》卷二《汉唐书列传》，《景印文渊阁四库全书》第一二四九册，台湾商务印书馆1983年版，第20页。

子陵。高尚其志，卒不为光武屈，是固乐在山林，而不盗声名也。传于《忠义》者三十七人，愚则深喜全节之张巡。列于《孝友》者十人，愚则深喜义门之李知本。然西京儒者，莫如扬雄；东都循吏，莫如卓、鲁；李唐忠孝，莫如狄仁杰。其不列于数者之目，非谓不足列也，正以其全德备行，不可列于一端以小之耳。”[①] 他认为《汉书》之《儒林传》列孔安国、《循吏传》列蜀文翁，《后汉书》之《独行传》列范式、《隐逸传》列严光，两《唐书》之《忠义传》列张巡、《孝友传》列李知本，都是非常恰当的；而扬雄未入《儒林传》，卓茂、鲁恭未入《循吏传》，狄仁杰未入《忠义传》，则是由于他们德行兼备，列入类传反而显得狭隘。

四是关于立传不恰当者的评论。他说："虽然张汤、杜周，以残忍深刻著名者也，而不列于《酷吏》，则何以衰惨刻之风？蔡琰失节于胡，行非不丑也，乃以文采之故，而传诸《列女》，则何以励天下之妇？裴延龄奸佞之雄也，而不列于《奸臣》，则又非《春秋》斧钺之诛矣。”[②] 他认为张汤、杜周行事残忍严峻，当入《酷吏传》；蔡琰有文采，但曾为匈奴所虏，不应入《列女传》[③]；裴延龄是唐代奸佞之臣，应入《奸臣传》。

何乔新所论，强调人物传记应当着重记述那些为所述时代所

---

① 何乔新：《椒邱文集》卷二《汉唐书列传》，《景印文渊阁四库全书》第一二四九册，台湾商务印书馆1983年版，第20页。

② 何乔新：《椒邱文集》卷二《汉唐书列传》，《景印文渊阁四库全书》第一二四九册，台湾商务印书馆1983年版，第20页。

③ 按，事实上范晔在设立《列女传》时已说明其立传之旨："但搜次才行尤高秀者，不必专在一操而已"。见范晔：《后汉书》卷八四《列女传》，中华书局1965年版，第2781页。

缺乏的精神品质，从而彰显相关历史人物在所处时代的难能可贵。他同时还强调，类传人物的选择，既要符合历史人物的德行和主要特点，也要符合类传本身的内涵。这些认识，对类传的设立以及人物入传标准的讨论，有积极意义。但他认为，对于那些在所述时代中具有某方面特点并大量涌现的历史人物，因其不足为贵，而不必予以立传。这一看法并不符合历史撰述的应有之义，也无法让后人了解所述时代的实际情况，则是其所论的局限之处。

（二）唐顺之论立传之旨在于“治法”

嘉靖年间，史家唐顺之从“治法”的角度，来讨论历史人物的传记。他曾汇辑历代正史，对汉初至元代的历史人物予以分类，分为：君、相、名臣、谋臣、将、后、公主、戚、储、宗、宦、幸、奸、篡、乱、莽、镇、夷、儒、隐逸、独行、烈妇、方技、释、道，凡二十五类，编为《历代史纂左编》一百四十二卷。他在《自序》中说道：

> 《左编》者，为治法而纂也，非关于治者勿录也。关于治者，则妃后、外戚、储宗、宦幸、奸篡、方镇、夷狄、草莽之乱，而总之将与相，而总之君，亦云备矣。然《周官》治典所职曰师、曰儒，师儒何与于治典也？君与相与将行之，师儒讲而明之。故云师道立则善人多，而朝廷正，言师儒之系乎治者重也。故纂前史《儒林》《道学》诸传，为《诸儒传》。经生、训诂、文词、笔札，儒之别也，故次之

诸儒之后。隐士不事王侯而志可则，深处岩壑而龙光于朝，英主亦往往尊礼其人以风世，所谓以无用为用也，故纂《隐逸传》。至于前史有《方技传》，盖巫史宗祝，所以左右人君，而星历、医药、百工，皆有国者之不可缺。以汉一时论之，东方之诙谐滑稽，而要之引君于正；丘子明之卜，毛延寿之画，与巫蛊之祸，则其为奸不可穷诘。其人所系殆若此，故纂《方技传》。三代而下，儒术与二氏相晟衰，亦世道之变也。马迁传老子，范史始纪西域沙门。夫二氏之书，各五千余卷，其说侈矣。则其人宜不可以无纪也，且以观儒术之盛衰焉，纂《二氏传》。而总之为《左编》附云。[①]

首先，唐顺之将历史人物依据“治法”，分为三个层次，妃后、外戚、储宗、宦幸、奸篡、方镇、夷狄、草莽为一个层次，其上一个层次为将相，再上一个层次为君王。

其次，唐顺之强调儒学的作用。他认为对于治典而言，君王、将相重在践行，而师儒则重在讲明，这就将儒学的作用提高到了近乎君王、将相的高度。因此，他合前史的《儒林传》《道学传》而为《诸儒传》，并以经生、训诂、文词、笔札等附之。值得一提的是，唐顺之在《诸儒传》中还专门列了一卷来记录史学家，包括司马谈、司马迁、班彪、班固、范晔、陈寿、习凿

① 唐顺之辑：《历代史纂左编》卷首《荆川先生自序》，《四库全书存目丛书》史部第一三三册，齐鲁书社 1996 年版，第 1–2 页。

齿、魏收、姚思廉、李延寿、刘知幾、吴兢、宋祁、郑樵、欧阳玄。[1] 由此可以看出，唐顺之非常注意史学在儒家中的地位。

最后，他认为隐逸之士有益世风，方技之士为有国者不可缺，而佛教和道教发展的历史不容忽视，可以反观儒家的盛衰。因而他设立《隐逸传》《方技传》《二氏传》，用以专门记载隐逸、独行之士，精通天文、历法、易数、声律、医术、绘画等技术之人，以及佛教和道教中的重要人物。

可以看到，唐顺之《左编》所收录人物范围甚广，除政治方面外，还包括教育、学术、世风、技术、思想等方面的人物。对此，王畿评价说："其无关于治者，尽削弗录，不以为寡。其尤有关于治者，旁取诸家百氏、稗官野史，搜罗缀辑，类以属之，不以为赘。其有一行一节之奇，足以为劝，亦录而存之，不以为琐。"[2]

（三）焦竑论纪传体史书的撰述要求

焦竑曾从本朝国史修纂的角度出发，提出他对本纪和列传的认识。关于本纪的撰修，他认为：

> 国朝《实录》代修，如建文、景泰二朝，少者垂四年，多者七八年，向无专纪。景帝位号虽经题复，而《实录》附载，未为是正。夫胜国之君，人必为纪，以其临御一时，

---

① 唐顺之：《历代史纂左编》卷一二五《儒之四》，《四库全书存目丛书》史部第一三七册，齐鲁书社 1996 年版，第 281-308 页。

② 王畿：《历代史纂左编凡例并引》，唐顺之辑：《历代史纂左编》卷首，《四库全书存目丛书》史部第一三三册，齐鲁书社 1996 年版，第 2-3 页。

犹难泯没，所谓国可灭，史不可灭也。况在本朝，乃使之孙蒙祖号，弟袭兄年，名实相违，传信何据？此所当创为者，一也。德、懿、熙、仁四祖，本朝发祥之始，列于高庙本纪之首，如汉高之述太公，光武之述长沙，已无可议。至睿宗献皇帝，似当一遵此例，不必另纪。盖位终北面，犹人臣之列；事属追王，无编年之体。此所当附见者，二也。或当分而不必合，或当合而不必分，兰台石室之中，自有定论，但须经圣断，乃可遵行。[①]

明修实录，因靖难之役，将建文帝事迹附于《太祖高皇帝实录》；因英宗复辟，将景帝事迹附于《英宗睿皇帝实录》；明世宗嘉靖皇帝则尊其生父兴献王朱祐杬，即一位从未做过皇帝的藩王，为“睿宗献皇帝”，并为之撰修实录。由此焦竑建言，一是为建文帝、景帝修《本纪》；二是依据《汉书》之《高帝纪》、《后汉书》之《光武帝纪》的做法，将兴献王附入《世宗本纪》之中，而不为兴献王另立《本纪》。

关于列传的撰修，焦竑认为：

窃闻旧例，大臣三品以上乃得立传。夫史以褒贬人伦，岂论显晦。若如所闻，高门虽跖、蹻亦书，寒族虽夷、鳍并诎，何以阐明公道，昭示来兹？谓当贵贱并列，不必以位为

---

① 焦竑：《澹园集》卷五《修史条陈四事议》，李剑雄点校，中华书局1999年版，第29-30页。

断，一也。世传《吾学编》《名臣录》之类，多系有名公卿，至权奸误国之人，邪佞欺君之辈，未一纪述。今循此例，使巨恶宵人，幸逃斧钺，史称《梼杌》，义不其然。谓当善恶并列，不必以人为断，二也。累朝《实录》，禀于总裁，苟非其人，是非多谬。如谓方正学为乞哀，于肃愍为迎立，褒贬出之胸臆，美恶系其爱憎，此类实繁，难以枚举。至于野史小说，尤多不根。今历世既多，公论久定，宜乘此举，亟为改正，三也。[1]

焦竑建议，一是不能仅仅以官爵之高下作为入传与否的标准，而应注重德行情操，不分地位高低；二是传记之中应善恶并书，使那些权奸误国、邪佞欺君之辈，难逃历史的审判，从而达到鉴戒的作用；三是实录之中是非多谬，野史小说之中亦多有不实，因此立传时需辨别是非，以明公论。

从以上焦竑关于国史的本纪和列传的建议可以看到，焦竑认为纪传体史书撰述的核心要求在于：一是人物传记要符合历史实际，二是人物传记要能起到明辨是非善恶的作用。

（四）过庭训论纪传体史书的人物评价

天启年间，过庭训编有《本朝分省人物考》[2] 一百一十五卷。他在自述其编纂原因时说：一是“检阅本朝名臣纪，窃服

① 焦竑：《澹园集》卷五《修史条陈四事议》，李剑雄点校，中华书局1999年版，第30页。

② 按，《明史·艺文志》作《直省分郡人物考》，见张廷玉等：《明史》卷七三《艺文二》，中华书局1974年版，第2401页。

其抡选之精，而收罗未必广；又检阅列卿传，窃叹服其收罗之广，而抡选未必精”[①]；二是认为《实录》“亦有不可尽凭者”[②]。因而据《吾学编》《国朝列卿纪》《名臣言行录》《国朝献征录》等书，以及各省通志，及所藏之野史家乘，将明初至万历年间人物分省立传，汇为一书。

关于此书的主旨，过庭训说道：“是集但主褒善，虽善无私褒，宁恕无苛。故或全收，或节取。即瑜瑕相半，初终互异；而或功在社稷，与未至获罪名教，聊亦采入，以备参考。”[③] 又说：“事功、节义，率多迫而后起，不得已而后应。其有敦行足以起敝维风，修词足以信今传后，虽不以事功、节义显，而其人之不朽自在也。故详略虽随所见闻，抑或时势遭际使然。鹤长凫短，又安所轩轾其间？至若方外异人，亦多采录，以资博洽。”[④] 可见，过庭训此书以褒善为主，且不止事功方面，节义、敦行之人亦予收录，以期于博洽。

尤为值得注意的是，过庭训还谈及他对纪传体史书中关于人物评价的认识。他说：

> 官评可假，乡评难欺。是编所载，大都官评与乡评互

---

① 过庭训：《本朝分省人物考》卷首《本朝分省人物考序》，《续修四库全书》第五三三册，上海古籍出版社 2002 年版，第 4 页。

② 过庭训：《本朝分省人物考》卷首《本朝分省人物考序》，《续修四库全书》第五三三册，上海古籍出版社 2002 年版，第 7 页。

③ 过庭训：《本朝分省人物考》卷首《凡例》，《续修四库全书》第五三三册，上海古籍出版社 2002 年版，第 20 页。

④ 过庭训：《本朝分省人物考》卷首《凡例》，《续修四库全书》第五三三册，上海古籍出版社 2002 年版，第 22 页。

参，无奈见闻有限。何也？嗟乎，事垂青史，岂尽实录？从来良史犹然。惟乡之童叟，持人衡尺，或多率真，不大剌谬。故所载人物，本郡较之他郡为多，本邑又较之他邑为多。在乡言乡，其犹有管之窥也夫。[①]

过庭训认为官评可能有不实的情况，而乡里公众的评论则可能更接近真实。因此他对本朝人物的评价，是官评与乡评兼录。同时，他指出对历史人物的评价而言，不仅要依据官方文献，也要参考地方文献，这样才能获得更为全面和公允的判断。这些认识对于撰写人物传记尤其是评价历史人物，有积极的意义。

第三节　关于论赞与会通的评论

一、论史书论赞

（一）李贽“论赞须具旷古只眼”之说

论赞是史家用以阐发历史见解的重要方式，如《左传》“君子曰”、《史记》“太史公曰”、《资治通鉴》“臣光曰”等，刘知幾称其有“辩疑惑，释凝滞”[②] 的作用。明人关于史书的论赞，亦提出不少认识。

著名思想家李贽在对《汉书·贾谊传》的论赞进行评论时，

① 过庭训：《本朝分省人物考》卷首《凡例》，《续修四库全书》第五三三册，上海古籍出版社2002年版，第21-22页。

② 刘知幾：《史通·论赞》，浦起龙《史通通释》本，上海古籍出版社2009年版，第75页。

提出他的观点：

班氏文儒耳，只宜依司马氏例以成一代之史，不宜自立论也。立论则不免搀杂别项经史闻见，反成秽物矣。班氏文才甚美，其于孝武以前人物，尽依司马氏之旧，又甚有见，但不宜更添论赞于后也。何也？论赞须具旷古只眼，非区区有文才者所能措也。[①]

李贽认为，史家作论赞时不仅需要有文才，更需要“旷古只眼”，即史家作论赞不能人云亦云，而要匠心独运。对此，他在对班固《汉书·司马迁传》论赞的评论中，有进一步阐说：

此班氏父子讥司马迁之言也。班氏以此为真足以讥迁也，当也，不知适足以彰迁之不朽而已。使迁而不残陋，不疏略，不轻信，不是非谬于圣人，何足以为迁乎？则兹史固不待作也。迁、固之悬绝，正在于此。夫所谓作者，谓其兴于有感而志不容已，或情有所激而词不可缓之谓也。若必其是非尽合于圣人，则圣人既已有是非矣，尚何待于吾也？夫按圣人以为是非，则其所言者，乃圣人之言也，非吾心之言也。言不出于吾心，词非由于不可遏，则无味矣。有言者不必有德，又何贵于言也？此迁之史所以为继麟经而作，后有

① 李贽：《焚书》卷五《贾谊》，张建业主编：《李贽文集》第一卷，社会科学文献出版社2000年版，第188页。

作者，终不可追也已。《春秋》者，夫子之史也。笔则笔，削则削，初未尝案古圣人以为是非也。故虽以游、夏文学，终不能出一词以赞之。言不待赞也，而况为之传与注乎？盖夫子之心，则天下后世之人自知之矣。至其言之不可知者，初无害其为可知，又何必穿凿傅会，比拟推测，以求合于一字一句之间也。当时惟有左氏直传其事，使人详其事，览其词，高下浅深，各自得之。故昔人有言："左氏本为经作，而《左传》实自孤行。"良有见也。《史记》者，迁发愤之所为作也，其不为后世是非而作也，明矣。其为一人之独见也者，信非班氏之所能窥也与！若责以明哲保身，则死于窦宪之狱，又谁为之？其视犯颜敢诤者，又孰谓不明哲与！①

李贽的这段文字，表达了他关于历史评论的深刻认识。一是史家对历史的评论要有独立的见解。他认为史家之所以撰史，是由于"兴于有感而志不容已，或情有所激而词不可缓"，有着不得不作的强烈愿望。因而撰史是表达自身对历史见解的方式，必然带有史家的个人色彩。二是史家对于历史的评价不必"是非尽合于圣人"，不以圣人的是非为是非。因为"圣人之言"，未必是"吾心之言"。而如果史家言不由衷，那么撰写出来的史书也终将"无味"。正因如此，李贽一方面认为所谓的"残陋""疏略""轻信""是非谬于圣人"，恰恰说明是司马迁勇于表达

① 李贽：《藏书》卷四〇《史学儒臣》，张建业主编：《李贽文集》第三卷，社会科学文献出版社2000年版，第795页。

自己的“一人之独见”的表现，《史记》是司马迁自身的“发愤之所为作”，并非“为后世是非而作”。另一方面，李贽不赞同班固对司马迁的评价，同时还批评班固所看重的不过是“明哲保身”而已。

可以看到，李贽“论赞须具旷古只眼”之说，强调史家要勇于对历史进行是非判断，并且不能囿于圣人的是非标准，要独立表达自身关于历史的见解。

（二）康太和与张以诚之论

明代史学上关于论赞的讨论，还伴随着几部关于历代正史论赞辑本的编纂和刊刻而不断展开。

藏书家项笃寿于嘉靖四十五年（1566）编纂刊刻《全史论赞》一书八十卷，辑录《史记》至《元史》历代正史的论赞。袁黄曾致信项笃寿谈及史书论赞，他说：“夫古史之有论赞，实自《左传》始。左氏以‘君子曰’发例，《史记》以‘太史公曰’发例，皆举纪传所不及者而包括之，非剩语也。”[①] 袁黄强调论赞包含着纪传中所未能包含的内容，并非可有可无的话语。

康太和在《刻全史论赞叙》中提出了对论赞的认识，他说：

> 譬之行师，史其兵法也，论赞其运筹也；譬之用医，史其古方也，论赞其调剂也；譬之法家，史其律例也，论赞其断案也。故观断案而律例可通矣，审调剂而古方不爽矣，运

① 袁黄：《与项少溪书》，黄宗羲编：《明文海》卷一七四，中华书局1987年版，第1743页。

筹略而兵法莫逃矣。读诸史论赞，而古今全史不了然于胸中乎！[①]

这里康太和对历史和论赞的关系作了比喻：历史犹如兵家的兵法，论赞则如筹划指挥；历史如医家的古方，论赞则如药物配制；历史如法家的律例，论赞则如案件审判。他认为，以后者观前者，可以对前者有更为深入的认识，即读史书论赞，可以有助于对古今历史了然于胸。从这三个比喻中，可以看到康太和对论赞作用的充分肯定。

其后，万历三十七年（1609）彭以明等辑历代正史论赞，纂成《二十一史论赞辑要》三十六卷。书中凡例云：

二十一史浩繁重大，览不易竟，亦难为蓄。兹取其中论赞而辑其要，卷帙省而循阅易。三数千年间，评骘义例，犁然在目。与《性理》《通鉴》二辑要并立为三，以行于世。且见历代文辞，或任质，或穷工，随才异制，亦足尽与时高下之概也。[②]

文中说到，由于二十一史卷帙浩繁，故辑其论赞便于阅览，并希冀与《性理大全》《资治通鉴》的相关辑要之书并立，成为

① 康太和：《刻全史论赞叙》，项笃寿：《全史论赞》卷首，《四库全书存目丛书》史部第一四〇册，齐鲁书社1996年版，第3页。按，“康太和”亦有文献写作“康大和”。
② 彭以明辑：《二十一史论赞辑要》卷首《辑要起凡》，明万历三十九年周起元刻本。

士人必读之书，可见此书编者对论赞的看重。

时任翰林院修撰的张以诚在为此书所作序文中，对论赞有进一步阐述。他说：

> 论赞可据乎？曰不必其可据，要之其世近，其事核，后之人舍此而求是非安之焉？然则孔子何以不信鲁史而作《春秋》，紫阳何以不信历代之史而作《纲目》？此所谓取其义也。史官纪事，君子制义。有其人则作，无其人则僭也。义则云何？如不讨贼为弑君，不尝药为弑父，非孔子不能。若史官则直纪其不讨贼、不尝药，而不敢以弑逆加之也。紫阳之帝蜀斥魏，亦非史官所及。然谭统运者纷纷矣，故是非之实，不得不听之史，而茫茫望洋，则论赞亦渡海之斗杓也。①

张以诚有意识地区别了“史官纪事”与“君子制义”的不同，前者如鲁史、历代之史，重在记录史事；后者如《春秋》《资治通鉴纲目》，重在探求史义。他认为探求史义“非史官所及”，也许是史家所不能达到的。但同时，“君子”即品行高尚的思想家们在探求史义时，尽管见解纷然，但都必须基于史事。最后，他指出历史如茫茫大海，让人望洋兴叹，而论赞则如斗杓，成为认识历史的引导者。这里，张以诚阐明了史学家、思想

① 张以诚：《彭光宇先生二十一史论赞辑要序》，彭以明辑：《二十一史论赞辑要》卷首，明万历三十九年周起元刻本。

家在认识历史过程中的不同职能，说明其区别和联系，从而肯定论赞对认识历史具有理论指导的作用。此外，张以诚还进一步指出：

> 盖学史者患不知是非，又患随人是非而不知其故。诸史面墙而取昔人成说据吾胸中，则其人之真面目不睹，而吾心之真是非不见。如谳狱者不寻绎爰书，而成断是凭，则入与为入，出与为出，何由得平反乎?①

他认为学史之人既患不知是非，又患以他人之是非为是非。如果不读史书，而仅仅承袭前人的成说，那么就如同断案者不去推求供词文书，先入为主，使案情不能明白，冤屈难以平反。张以诚强调，认识历史不仅要了解前人论赞，要广泛阅读史籍，更要有独立的思考和判断。

（三）沈国元与毕懋康之论

崇祯十年（1637）沈国元撰成《二十一史论赞》三十六卷。他在卷首《二十一史总叙》中说：

> 读史而得其用，方谓善读。如陈唯室读史法，犹是书生章句习气。全史固宜览，但持未定之识，而游广赜中，安能遽晰其指归？博而寡要，前史所陋，譬之万派归海，则四渎

① 张以诚：《彭光宇先生二十一史论赞辑要序》，彭以明辑：《二十一史论赞辑要》卷首，明万历三十九年周起元刻本。

可分；繁星丽天，经纬可识。求约于博，则有要存焉。夫子赞《易》曰："知者观其彖辞，则思过半矣。"作史之法，贵词简而事明。史之论赞，简而又简，犹《易》之有彖，古人所谓文约而义见者是也。一寓目而凡纪事之本末，地名之同异，州县之建置离合，制度之沿革损益，悉晓其所以然。从此而上溯史绪，要归道妙。所谓浮舟千仞，纵辔万寻，宁有吕梁悬车之惧哉？[①]

沈国元认为，读史固然要博览，但宜有见识于心中，从而"求约于博"，方能得其要旨。他强调论赞则犹如《易经》之彖辞，文约而义见，可以帮助人们更好地认识历史。

毕懋康在为此书所作序文中，也有类似见解。他说：

自纪载兴而编年易，事词胜而道法衰，读史者病之。若采微文以存大义，则论赞其居要者，犹《易》之彖而《诗》之纬也。读史而舍论赞，其道无由已。盖无有一物不可识，则无一物非吾之识，而后可以语义疏也。有造化之问，有造化之对，有真玄之经，有真玄之注，辟其犹以标明本流通源，安取异耶！不然，瞀视者黈赤俱混，惟耳之恃，而又寡闻，岂得五色而幪之？[②]

① 沈国元辑：《二十一史论赞》卷首《二十一史总叙》，《四库全书存目丛书》史部第一四八册，齐鲁书社1996年版，第542–543页。

② 毕懋康：《〈二十一史论赞〉序》，沈国元辑：《二十一史论赞》卷首，《四库全书存目丛书》史部第一四八册，齐鲁书社1996年版，第531–532页。

毕懋康认为论赞之中包含着史义，如果读史而不读论赞，则不利于真正理解历史。他接着说：

> 自孔子以《春秋》口授弟子，弟子退而异言，是训故之殊。孔门以固然，况隔地旷世而欲得之哉？昔张思光有云："鸿飞天首，积远难谅。越人以为凫，楚人以为鳦。人有楚越，鸿常一耳。"我辈读天下书，持论纵横，不必同，不必异，而不必不同，而不必不异。要以理中之谈，事定之见，永释凫鳦之疑。即穷高以立表，极远以启疆，岂俾是道场险成军路乎？……若乃腹富万卷，了无主裁，此又陆公书厨，所取讥于文宪也。[①]

在毕懋康看来，即便是孔门弟子，对于孔子所授《春秋》的理解也不尽相同，更何况史事跨越古今各地，要认识历史的真实情况则更是难上加难。他认为人们对历史的评论，不必刻意求同或者求异，而是要将历史置于"理"中加以认识，形成自己的主见。只有这样，才不至于成为"陆公书厨"[②]，即读书很多但不善于运用的人。他对于"理"还作了进一步阐释：

---

① 毕懋康：《〈二十一史论赞〉序》，沈国元辑：《二十一史论赞》卷首，《四库全书存目丛书》史部第一四八册，齐鲁书社 1996 年版，第 532-533 页。

② "陆公书厨"，语出《南齐书·陆澄传》：［澄］当世称为硕学，读《易》三年不解文义，欲撰《宋书》竟不成，王俭戏之曰："陆公，书厨也。"见萧子显：《南齐书》卷三九《陆澄传》，中华书局 1972 年版，第 685-686 页。

夫沿境者易，溯像者难，迹复者易，神解者难。闻见于一室者易，而之坰、之都、之秦、之楚，莽乎其莫置耳目矣。故有物有理。黎人见物不见理，惑于名者也；贤人见理不见物，析于趣者也；至人不见物自见物，不见理自见理，合于天者也。义疏之学，其可易言哉。①

毕懋康指出人们对“物”的观察和理解较为容易，而对“理”的探寻和认识则十分困难。他将人们对“物”与“理”的认识分为三个层次，即普通人、贤人和至人，而其中至人是能够“合于天者也”的。那么史与“天”又有着怎样的联系呢？他说：

且讳桀纣必不为恶，进秦楚必不为暴，不能也。昔孔文举谓“武王伐商，以妲己赐周公”，曹孟德问所出，曰：“以意度之，想当然耳。”是又无故而开人疑窦，其病在不据正史耳。夫史有天道焉，人主不能夺，柄臣不能改。曹好曹恶不能乱史者，万世之耳目也。②

毕懋康所说的“史有天道”等语，我们大致可以理解为历史有其真相，并不会因为君王、臣子的好恶而被随意改变。进而

① 毕懋康：《〈二十一史论赞〉序》，沈国元辑：《二十一史论赞》卷首，《四库全书存目丛书》史部第一四八册，齐鲁书社1996年版，第533页。
② 毕懋康：《〈二十一史论赞〉序》，沈国元辑：《二十一史论赞》卷首，《四库全书存目丛书》史部第一四八册，齐鲁书社1996年版，第534页。

他说道：

> 荀卿氏有言曰："不知其义，谨守其数，不敢损益，以俟王公。"诸史自龙门而下，扶风整裁，平阳简质，顺阳婉缛，永康葱蒨，巨鹿离披，唐室君臣骈俪，兰陵、庐陵诸子各有所长，皆能谨守其数者。然而匪义弗可为史也。匪义而史，箕敛之簿书而已。乃若古人生脉，骎骎浮动乎楮间。时有发潜德之光，使衮褒不致溢美；抉遗奸之隐，使钺诛不至含诬者。即不必董狐之笔、南史之简，而权衡所在，往往于论赞中可以领取，诚千古得失之林也。……是诸史为载物车，而论赞为照人镜也。岂非素王之法嗣，史氏之功臣也欤哉！①

毕懋康认为史书中如果没有"义"，那么就如同堆砌的簿书一样。而史之发潜阐幽、衮钺褒贬，千古得失的权衡所在，往往系于论赞之中。因此他认为诸史就如同装满货物的车辆，而论赞则是如同可以照人的镜子，对认识历史有着重要作用。

最后，毕懋康说道："嗟乎！万人之弓，共射一招，招无不中也；十人之车，各适岐径，后者必获也。今惟取精于论赞，不降席而可遇于千百世之上若旦莫矣。"② 他比喻说，若一万个人

---

① 毕懋康：《〈二十一史论赞〉序》，沈国元辑：《二十一史论赞》卷首，《四库全书存目丛书》史部第一四八册，齐鲁书社 1996 年版，第 534-536 页。

② 毕懋康：《〈二十一史论赞〉序》，沈国元辑：《二十一史论赞》卷首，《四库全书存目丛书》史部第一四八册，齐鲁书社 1996 年版，第 536 页。

拉弓射向同一个箭靶，则箭靶肯定会被射中；若十个人驾车走不同的岔路，则后来之人必然可以找到切实可行的道路。毕懋康相信诸史论赞中有“中招”“必获”者，从中可以探求到历史的真相，而阅读论赞之精华，则有助于理解千古之事。

前述康太和、沈国元关于论赞的比喻，张以诚所论“史官纪事”“君子制义”，毕懋康所论“理中之谈”“事定之见”“史有天道”“匪义弗可为史”“权衡所在”等语，在对论赞的认识及史学的理论思考上，都具有一定的启发性。

（四）胡应麟与朱明镐之论

在对论赞的撰述上，胡应麟强调史家作论赞必须谨慎，他说：

> 夫史之论赞而岂苟哉？终身履历，百代劝惩系焉。子长诸传不尽废此义也，至称羽重瞳，纪信营墓，无关大体，颇近稗官矣。自汉而后，历代史臣一规班氏，讵皆聋聩，要在适衷。近时贵重子长，不求大体，专搜奥僻，诩为神奇，恐太史有灵，不当一笑也。[①]

在胡应麟看来，论赞承载着对人物一生的评价，并有着劝惩百世的作用，因此不可不认真对待。同时，他还对当时在论赞中出现搜罗奥僻以为神奇的现象，提出了批评。

---

① 胡应麟：《少室山房笔丛》卷一三《史书占毕一》，上海书店出版社2009年版，第131页。

朱明镐亦强调史家作论赞之时需谨慎。他在评论《北史》关于苏夔的传文和论赞时说：

> 传曰“性倾险无行”，论曰“志识沉敏，方雅可称”。一传一论，何相背之戾也。按李氏《南北史》绪论，率割裂成章，率尔而作，剽袭前人，无复己笔。间或有之，仅属一脔。李氏详于纪，密于传，疏于论，其大率也。总之作史之体，是人贤否，既具载本传，曰论、曰赞、曰评，胥属骈枝。苟无创论别闻，与本传相左右者，作传之后，不必作论。[1]

《北史》在苏夔的传记中云：“聪敏有口辩，然性轻险无行”[2]，而在卷末论赞中云：“夔志识沉敏，方雅可称，若天假之年，足以不亏堂构矣”[3]，二者相互矛盾。由此，朱明镐认为史书论赞涉及对人物的评论，而如果论赞中没有创见或者新的内容，且能够与本传相互补充的，就没有必要立论。可以看出，朱明镐强调论赞要言之有物，不能轻率为之。

---

① 朱明镐：《史纠》卷三《苏夔传》，《景印文渊阁四库全书》第六八八册，台湾商务印书馆1983年版，第498页。

② 李延寿：《北史》卷六三《苏绰传》附，中华书局1974年版，第2249页。

③ 李延寿：《北史》卷六三《苏绰传》附，中华书局1974年版，第2253页。按，李延寿此论，或出自《隋书》苏夔本传。传中云夔“少聪敏，有口辩”，但无“性轻险无行”之语，而卷末论赞云：“夔志识沉敏，方雅可称，若天假之年，足以不亏堂构矣。”（见魏徵等：《隋书》卷四一《苏威传》附《苏夔传》，中华书局1973年版，第1190、1192页）

二、论会通之义

“通”是中国古代史家孜孜以求的崇高境界。从“疏通知远”的《尚书》，“通古今之变”的《史记》，到刘知幾《史通》、杜佑《通典》、司马光《资治通鉴》，再到南宋郑樵《通志》和元代马端临《文献通考》等，都体现着对“通”的追求。在此基础上，明代学人对史学的会通也有着新的思考。

（一）瞿景淳之论

瞿景淳在会通方面提出了自己的认识。与郑樵所论相似，他指出《汉书》以后历代正史缺乏会通，说道：

> 自班固断代为史，历世踵之。人出新论，家立异见，故一帝而数纪，一人而数传。天文出于璇玑，方域定于《禹贡》，五行本于《洪范》，而每代作志，郡邑各为区别，礼乐自为更张，此表志之未同者也。居摄不附于汉平，孺子下列于新莽，抑圣公于传内，登文叔于纪首，帝曹魏而寇蜀汉，帝朱梁而寇河东，南谓北为“索虏”，北谓南为“岛夷”，尊中兴则黜永元，显义宁则隐大业，录光宅则略嗣圣，此本纪之未同者也。班固深排贾谊，范晔虚美隗嚣，陈寿谓诸葛不逮管、萧，魏收以尔朱可方伊、霍，房彦谦以玄龄而擅名，虞荔、虞寄以世南而立传。甚者，《晋史》党司马氏而魏之王凌、诸葛诞、毌丘俭遂为叛臣，《齐史》党萧

氏而宋之袁粲、刘秉、沈攸之遂为叛贼。此列传之未同者也。[1]

在瞿景淳看来，正史中的表志、本纪和列传中有诸多“未同”之处。他这里所说的“同”，含义与“通”相似。进而他列举了具有会通精神的史籍：

王通氏曰：“迁、固而下，帝王之道暗而不明，天人之意否而不交，制理者参而不一，陈事者乱而无绪。”若此者，谓之无征可也。梁吴均作《通史》，自太初以终齐室，盖主《史记》而参以两汉纪传，统六百二十卷。说者谓其上下通达，臭味相依，然列传未成，而成者又遭煨烬。至若宋庠之《通谱》、章衡之《通载》，大抵皆编年之书也。司马光乃取十六史，凡千三百余年之理乱汇为一书，号曰《通鉴》。神宗序之曰：“博而得其要，简而周于事，典刑之总会，册牍之渊林。”此非取诸其事而会通之者乎？

唐杜佑作《通典》，自上古以终天宝，盖以正典为未尽，而参益新礼，统二百卷。说者谓其纲领宏大，考订该洽，然节目未备，而备者颇欠精当。至若马总之《通历》，宋白之《续通典》，大抵皆经制之书也。元马端临乃广佑之九门，曰天文，曰地理，曰礼乐，曰兵刑，曰财用，曰职

① 瞿景淳：《续史》，林德谋辑：《古今议论参》卷二五，明崇祯年间刻本。

官，曰学校，曰封建，曰户口，为二十四目，萃为一书，号曰《通考》。本之经史而可据，会之典礼而可行。当时儒臣称之曰："纂集今古，殚尽精力，济世之儒，有用之学。"此非取诸其法而会通之者乎?①

瞿景淳将吴均《通史》、宋庠《纪年通谱》、章衡《编年通载》和司马光《资治通鉴》归为史事记载方面的会通。同时将杜佑《通典》、马总《通历》、宋白《续通典》和马端临《文献通考》，归为典制记载方面的会通。这一划分，与马端临关于《资治通鉴》详于"理乱兴衰"而《通典》详于"典章经制"的观点一脉相承。尽管瞿景淳秉承"会通"的观点对历代史籍予以评论，但他却对郑樵《通志》提出了尖锐的批评：

夫修史之难，无出于表、志。班固、范晔无表，而陈寿、李延寿无志。温公、马氏其学术非不能参稽互考，以擅一代之述作。盖温公之《鉴》，有意于本朝之弊；而马氏之《考》，亦所以补温公之遗也。若南宋郑樵《通志》，取上下数千百年之事与法而并录之，盖有志于会通者。其所撰二十略，自谓前十五略出其胸臆，不涉诸儒论议；后五略，虽本前人之典，亦非诸史之文。自任盖不浅矣。然今观之，《器服》失之疏，《艺文》失之赘，《校雠》《金石》博物之技

① 瞿景淳：《续史》，林德谋辑：《古今议论参》卷二五，明崇祯年间刻本。

也，《昆虫》《草木》稗官之说也，不可以言立法。《本纪》《世家》荒诞并述，《列传》《载记》繁芜未刊，不可以言纪事。且佑生贞元间，《通典》所载止于天宝，樵乃全用佑文，自宋以前阙而不续，谓非诸史之文不可也。樵讥迁采摭未备，又讥固专事剽窃，至其所自为书，不免蹈之。述作岂易言哉！[①]

在今天看来，瞿景淳对郑樵《通志》的批评有失偏颇，虽对郑樵的会通之旨予以肯定，然而未能充分认识到其《略》在典章制度方面的价值。但从其主要观点来看，瞿景淳强调史学会通重在“以言立法”“以言纪事”这两方面，并重申了典制记载和史事撰述的重要性。

（二）袁黄之论

袁黄对会通也有所评论，他曾说：“仆辄不自量，欲删定会通，以成一家之言”，“然仆之必欲为此者，岂敢自附于班、马、范、陈之后，而托空名于竹帛哉？亦有大不得已者存耳。”[②] 他表达了编纂通史的愿望，并道出其中的缘由：

一是历代正史内容浩繁，难以遍读。他说：“夫二十一史，简帙浩瀚，中多繁复。一人而彼此有传，一事而先后互书。如天文、五行、礼乐、兵刑之属，代代作志，互相沿袭，致使后儒小

① 瞿景淳：《续史》，林德谋辑：《古今议论参》卷二五，明崇祯年间刻本。
② 袁黄：《与项少溪书》，黄宗羲编：《明文海》卷一七四，中华书局 1987 年版，第 1743、1744 页。

生没齿不能窥其全书。其不得已者一也。”[1]

二是诸史所载有相互抵牾之处，难以断其真伪。他说：“南北两朝一百六十九年，《南史》所书日食三十六，而《北史》所书乃七十九，其间年之相合者仅二十七，又有年合而月不合者，史之失职明矣。此犹以二史相抵牾而知之也，中间一史独行者，岂无谬误？即如汉元年冬十月，五星聚于东井，高允曾讥其误。今以历法逆推之，自在七月聚耳。即此一端，而诸史所失断不少矣。某于历法偶有所窥，欲一一布算的确，以为古今信史。夫岂独天文一事哉？其不得已者二也。”[2]

三是史书所载或因作者私意，或因立场所限，存在着对人物评价不公、是非难以明辨之处。他说：“史以明是非，严如衮钺。裴、约述魏氏之家丑，魏收叙裴门之世恶。此以一人之私，而为是非者也。《晋史》摈魏，则凡忠于魏者目之为叛，使诸葛诞、毌丘俭之徒含冤九泉。《齐史》摈宋，则凡忠于宋者目之为逆，使袁粲、沈攸之之徒抱屈千古。此以一国之私，而为是非者也。据理原情，核真伸枉，岂能私一人意，将皇天后土实鉴临之。其不得已者三也。”[3]

在会通的方面，袁黄说：“昔郑夹漈谓《史记》一书，功在十表。江淹谓修史之难，无出于志。志者宪章之所系，岂易作哉！总之天下大学术，如天文、地理、律数、兵法、礼仪、乐

① 袁黄：《与项少溪书》，黄宗羲编：《明文海》卷一七四，中华书局 1987 年版，第 1744 页。
② 袁黄：《与项少溪书》，黄宗羲编：《明文海》卷一七四，中华书局 1987 年版，第 1744 页。
③ 袁黄：《与项少溪书》，黄宗羲编：《明文海》卷一七四，中华书局 1987 年版，第 1744 页。

律、河渠之类，其间有所通，通而有所未至，则书之纸墨如梦中语，何以折衷群言，而传后世？”[①] 他强调表、志在会通方面的重要作用，这与瞿景淳所论有相似之处。此外，他还提出通史编纂的设想：

> 拟每类作志，而各以纪传附之。如作《历代年表》，即帝王本纪附焉；作《百官表》，即名臣列传附焉；作《艺文志》，即附儒臣；作《兵志》，即附将帅；作《刑志》，即附循吏、酷吏；作《方技志》，即附艺术。以类相从，如网之有纲，衣之有领，使二十一史通为一书，亦千古一快也。[②]

可以看出，袁黄对通史撰述的志趣在表和志的方面。他希望撰就的通史是以表、志为纲，然后将人物传记附之于后，“每类作志”“以类相从”，从而将二十一史汇为一书。袁黄在通史方面的设想，突破了先前的纪传体、典制体体裁的界限，试图创立一种新的综合性的史书体裁。

瞿景淳和袁黄对会通之义的认识，反映出明代学者在史书体裁体例方面的思考和尝试。然而，他们未能将这些认识付诸通史编纂的实际活动。而在秉承会通之义进行历史编纂方面，邵经邦的《弘简录》是人物纪传中颇具特点的著作。

---

① 袁黄：《与项少溪书》，黄宗羲编：《明文海》卷一七四，中华书局 1987 年版，第 1743 页。

② 袁黄：《与项少溪书》，黄宗羲编：《明文海》卷一七四，中华书局 1987 年版，第 1743 页。

（三）邵经邦之论

嘉靖三十六年（1557），邵经邦纂成《弘简录》二百五十四卷，记唐代至宋辽金人物事迹。他在序文中说道："夫简，载之职也，载莫该于史。史失载之职也，愚其得已哉！有宋郑夹漈先生感会同之义，总合班、马、陈、范之书，晋、隋、南北之史，作为《通志》，以正断代之偏，救各书之失。其立例用心，可谓勤矣。"[①] 他充分肯定郑樵的"会同之义"，以及《通志》在"正断代之偏，救各书之失"方面的作用。同时，他也指出了《通志》中存在的不足：

> 愚得而纵观之，则犹夫故也，何也？所经历数千百有余年，若彼其辽廓也。中更皇王帝伯、圣哲贤否，若彼其浩繁也。一人一手，安能委曲详尽？其至大者，三皇，太古初也。有为神农之言者，依托附会于其间，而一切不遗。孔子，大圣人也，有为齐东之语者，只刊"野合"二字，而他无所改。颜、曾、思、孟，大贤人也，仍于旧贯，不能创道统之目。皋陶、伊、傅，元圣之辅也，胶于旧闻，不能正稽古之辞。自秦以下，一例相仍，不为闰附。他如《货殖》《刺客》《滑稽》《游侠》，何关治乱，一一存之，只见烦冗，要亦未成之书耳。[②]

---

① 邵经邦：《弘简录》卷首《弘简录原序》，《续修四库全书》第三〇四册，上海古籍出版社2002年版，第177页。

② 邵经邦：《弘简录》卷首《弘简录原序》，《续修四库全书》第三〇四册，上海古籍出版社2002年版，第177页。

文中所论主要在于以下方面：一是认为《通志》所记历时绵久，内容浩繁，郑樵以一人之力难以详尽；二是认为书中关于上古人物以及孔孟诸贤的记载，依旧文而成，未能加以厘正和创设门类；三是认为《货殖》《刺客》《滑稽》《游侠》等传记无关治乱，没有必要设立，由此他还推测《通志》或许是尚未完成的著作。

由于《通志》所载上起三皇，下至隋代，唐以后人物事迹未录于书中，邵经邦继而对《新唐书》和《宋史》予以批评。关于《新唐书》，他认为其所谓"事增于前"不过是增加了十五表，而其中以宰相世系居多，其所述上世苗裔亦难以凭信；其所谓"文省于旧"不过是删去了各传父祖名系和制诰之语，而各传父祖之亲，实关切伦理，不应尽删；而韩愈、柳宗元不列入《文学》，段秀实、颜真卿不列入《忠义》，李淳风、吕才不列入《方技》，是不妥当的。[①]

关于《宋史》，他认为《宋史》无凡例，"徒应故事而作，未有一人据《春秋》之义、持笔削之任者，故其立例一切蹈袭"；《周三臣传》立意不明，自相矛盾；因撰史"成非一手，先后不伦，作非一人，彼此异见"，导致《道学》《儒林》重叠互出，甚至出现"父子异传，兄弟各分"的情况；《忠义》等传所载之人，"漫不加考"，"或者以为当时所忌，姑为避讳"，当

---

① 邵经邦：《弘简录》卷首《弘简录原序》，《续修四库全书》第三〇四册，上海古籍出版社2002年版，第177页。

入者未入；等等，因此导致此书“殊非弘简之义”[①]。

进而，他说明编纂《弘简录》的旨趣和体例：

> 愚绍《通志》之后，起唐五代，迄宋辽金，其立例必先关治乱。以为天王者，至尊无上；宰辅者，兼理不遗。凡天下安危，生民休戚，世道盛衰，政治得失，举此攸系，不必更加褒贬，只于各从其类，开卷了然自见。其次曰功臣，自开国至中兴，虽有不同，其为翊运则一也。侍从，本启沃之职；台谏，实献替之官。君相借以裨益，几会借以转移，下大臣一等，其最要欤。庶官，本非一汇，大而方岳旬宣，次而郡县循吏，皆在其中。闺门，乃王化之本，后与主唐宋大相悬也，而主阴教则一。系属，为一本之谊，盛与衰国势常相倚也，而分亲疏则殊。道学，有宋特尚；文翰，唐世所同。故仍唐之儒学，去宋之儒林，庶不相悖。旌德，有国共由；杂行，无征不录。斯忠节、孝友、义烈，与夫逸民、方技、外戚、宦者、佞幸、酷吏、藩镇、叛逆，悉以该之。载记者，附国也，五代、辽、金，比一统则不足，载一乘则有余。附载者，诸伪国及四裔入焉。至《元史》乃本朝敕修，愚生不敢轻议。今自天王迄附载，合二百五十四卷，并著于篇。[②]

---

① 邵经邦：《弘简录》卷首《弘简录原序》，《续修四库全书》第三〇四册，上海古籍出版社2002年版，第177页。

② 邵经邦：《弘简录》卷首《弘简录原序》，《续修四库全书》第三〇四册，上海古籍出版社2002年版，第178页。

邵经邦有意继《通志》而作，但并未依据《通志》的门类，而是将正史中关于唐、五代、宋、辽、金的人物纪传重新分类，大致按照唐、宋两个阶段，均作类传，分为：《天王》、《宰辅》、《功臣》、《侍从》、《台谏》、《庶官》、《皇后》（宋代作《后妃》）、《公主》、《系属》、《儒学》（宋代作《道学》）、《文翰》、《旌德》、《杂行》、《载记》、《附载》等目。这一分类既不同于《通志》，也不同于历代正史，反映出邵经邦对历史人物划分及其历史作用的认识。

邵经邦曾说："夫所贵乎良史者，一戒重复，二戒蹈袭，三戒牵强，其大要须存《春秋》之义，锱铢不可爽也。"[①] 又云，曾"取两汉、三国并晋暨南北朝一十五史，一并芟除繁冗，订正修明。以先儒郑氏有作于前，愚小子不敢擅专，因名曰《学史会同》，别录其实，又弘简之别名也。"[②] 从中可以看出邵经邦的史学认识和对会通之义的追求。

第四节　论史文表述

一、"叙事之文，可不慎欤"

史文表述历来为史家所重，中国古代史学名著大多在文学上

① 邵经邦：《弘简录》卷首《读史笔记七条》，《续修四库全书》第三〇四册，上海古籍出版社2002年版，第182页。

② 邵经邦：《弘艺录》卷三二《弘斋先生自传》，《四库全书存目丛书》集部第七七册，齐鲁书社1997年版，第522–523页。按，《明史·艺文志》载"邵经邦《学史会同》三百卷"，今不见传。

亦有很高的造诣。刘知幾说："言之不文，行之不远，则知饰词专对，古之所重也。"① 其所著《史通》中的《言语》《浮词》《叙事》等篇，对史文表述作了多方面论述。明代学人在史文表述方面，亦有丰富的评论和认识。

学者陆容在其《菽园杂记》谈到了史书用词的问题，他说：

> 前代史，凡事更时未久，曰亡何，曰居亡何，曰居亡几何，曰未几。其最近者，曰顷之，曰少选，曰为间，曰已而，曰既而。至宋人作《唐书》，事或逾年，或数月，或数日，率用"俄而"字。后人效之，如叙宋太祖、太宗授受之际，一则曰"俄而殂"，一则曰"俄而帝崩"，以致烛影斧声之疑，纷纷异说。尝考之，开宝九年冬十月壬子，帝以后事属晋王，癸丑夕崩于万岁殿。太祖夜召晋王，时夜已四鼓。盖前后二夕，而曰"俄而"，一字不当，害事如此。叙事之文，可不慎欤！②

关于宋太祖、宋太宗授受之际是否有"烛影斧声"之事，元修《宋史》中并未记载，李焘《续资治通鉴长编》有所提及，而元代《宋史全文》则云：

> 冬十月癸丑，上崩于万岁殿。先是上不豫，壬子夜大

① 刘知幾：《史通·言语》，浦起龙《史通通释》本，上海古籍出版社2009年版，第138页。
② 陆容：《菽园杂记》卷七，中华书局1985年版，第83页。

雪，上召晋王光义延入大寝，属以后事。宦官宫妾，悉屏之左右，皆不得闻。但遥见烛影下，晋王时或离席，若有所逊避之状。既而上引柱斧戳地，大声谓晋王曰："好为之！"俄而上崩，时漏下四鼓矣。宋后见晋王，愕然遽呼曰："吾子母之命，皆托于官家。"晋王泣曰："共保富贵，勿忧也。"①

陆容分析说，宋太祖壬子夜召见晋王，而太祖崩于癸丑夕，两件事情是发生在前后两个晚上。而"俄而"一词，却将两件事情关联起来。他认为这是由于宋人将"俄而"一词用于逾年、数月、数日，后人效仿之，因而引发了误会和猜测。当然，由于史料记载不一，学界关于宋太祖太宗授受之事仍有争议。陆容的分析，可备一说，但亦难以遽成定论。不过他强调史书叙事文字要力求准确，即便对于"俄而"这样可能不经意而使用的词语，也必须慎重对待，则是非常可取的。

薛应旂则强调在史书叙事中，对不同文体形式的文献都要加以慎重对待。他说：

昔人谓："文有属对平仄，用事者皆不可施于史传。以为如黛粉饰壮士，笙匏佐鼓声。"为此言者，是尽专意于为文，而非有志于经世者也。君子为天地立心，为生民立命，为往圣继绝学，为万世开太平。不得已而为文，无非为经世

① 佚名：《宋史全文》卷二，《景印文渊阁四库全书》第三三〇册，台湾商务印书馆1983年版，第56页。

而作也。艺文者但曰古文古文，不知文不经世，虽古何为？譬诸火化既修，何必茹毛饮血；礼乐既制，何必俪皮土鼓？矧文至于宋，其施之郊庙朝廷，宣之华夷臣庶者，多为四六之词，亦其一代之典章也。虽司马公不喜四六，亦未尝沮朝廷不用，抑他人不为。而欧、苏诸巨公皆奉行如制，程、朱诸大儒咸遵行之。若遂削而不书，务模仿以拟迁、固之文，则非当时之实录，而一代之制度文为，亦何以考见也？①

这里的“昔人”，主要是指北宋文学家、史学家宋祁。宋祁曾说：“文有属对平侧用事者，供公家一时宣读施行以便快，然久之不可施于史传。发修《唐书》，未尝得唐人一诏一令可载于传者，唯舍对偶之文，近高古乃可著于篇。大抵史近古，对偶宜今。以对偶之文入史策，如粉黛饰壮士，笙匏佐鼙鼓，非所施云。”② 宋祁认为讲究对偶、平仄的骈文，更适用于公文，而因其过分注重修饰，不可用于史传文字。因而他在编修《新唐书》时，删减了传记中那些用骈文写成的诏令、奏议。

薛应旂批评了这一认识和做法，他认为许多文献都是用骈文写成，其中不乏典章制度等重要内容。而即便司马光、欧阳修、苏轼、二程、朱熹等人，也并未完全排斥骈文。如果彻底删除骈文文献，或将其改写为散文，则既不能反映历史文献的原貌，也

---

① 薛应旂：《宋元通鉴》卷首《宋元通鉴义例》，《四库全书存目丛书》史部第九册，齐鲁书社 1996 年版，第 687-688 页。

② 宋祁：《宋景文笔记》卷上，《景印文渊阁四库全书》第八六二册，台湾商务印书馆 1983 年版，第 538-539 页。

难以考察当时的制度实情。

对于薛应旂的观点，我们可以推而论之，从而得到一些启示。第一，文体随着时代的变化而有所变化，不同文体常常在同一时代中并存，并且都可能包含着重要的历史内容，因而不能简单根据文体形式，来作为历史文献取舍的标准。第二，史家有个人的文字表述的喜好和风格，这也是史学著作丰富多彩的一个重要方面。但是史家的个人喜好或者风格，不能影响到重要历史文献的记录和呈现，否则史书将难以表现所述时代的特点。因而，史家对于所记载的历史文献的表述形式，也需要慎重对待。

二、“文贵约而该”

李梦阳是明代文坛“前七子”之一，其倡言“文必秦汉，诗必盛唐”，对明代中后期文学有很大影响。他在一封给友人的书信中，提出对史书文字的看法。他说：“仆尝思作史之义，昭往训来，美恶具列，不劝不惩，不之述也。其文贵约而该，约则览者易遍，该则首末弗遗。”① 李梦阳从“作史之义”的角度提出“文贵约而该”，强调史书文字贵在简约并且含义表达完备。

李梦阳一方面称赞《尚书》《春秋》“篇寡而字严”，《左传》“辞义精详”，《史记》《汉书》“简帙省缩”；另一方面，他批评《后汉书》以后诸史“义非指南，辞殊禁脔，传叙繁芜，事无断落”，史文不足称道，尤其是《晋书》《宋史》《元史》

---

① 李梦阳：《空同集》卷六二《论史答王监察书》，《景印文渊阁四库全书》第一二六二册，台湾商务印书馆1983年版，第568页。

"辞义两蔑"，甚至需要重新修撰[1]。他所推崇的史文表述的境界，是人物史事如同绘画一样，"形神具出，览者踊跃，卓如见之"[2]。

嘉靖二十九年（1550），秦鸣夏在《史质序》中亦谈到史文的繁简，他说：

> 或问："史贵详乎？"曰："夫史，昭往诏来者也，是故述废兴、正统纪、审沿革、明功罪。上下数百年间，于简册焉尽之，夫恶得弗详？""然则病简乎？"曰："天下殊途而同归，百虑而一致。是故事不提其要，虽该洽其何裨？言不钩其玄，徒猥冗而可厌。上下数百年间，于简册焉尽之，夫恶得弗简？"
>
> 予尝爱班固《汉书》，叙汉二百四十年事，仅仅八十万言。其间人聚物丛，巨昕细昈，至今一展卷间，赫赫若前日事，此其故何哉？及观范晔赞曰："赡而不秽，详而有体"，乃知作者之难，而史固未可以易言也。《宋史》成于元臣之手，其间有纪有传，有志有表，烨然称一代成书。顾其为卷凡四百九十有奇，其为言殆不下数百万，岂纪宋事者独宜详与？抑所谓不秽而有体者，未之尽也。[3]

---

① 李梦阳：《空同集》卷六二《论史答王监察书》，《景印文渊阁四库全书》第一二六二册，台湾商务印书馆1983年版，第568–569页。

② 李梦阳：《空同集》卷六二《论史答王监察书》，《景印文渊阁四库全书》第一二六二册，台湾商务印书馆1983年版，第569页。

③ 秦鸣夏：《史质序》，王洙：《史质》卷首，《四库全书存目丛书》史部第二〇册，齐鲁书社1996年版，第1页。

秦鸣夏认为，一方面史书有记述废兴、厘正统纪、审悉沿革、辨明功罪的作用，加之其历上下千百年，所以不得不详；另一方面，史书如果不能提要钩玄，则将猥冗可厌，所以不得不简。他推崇《汉书》“赡而不秽，详而有体”，而批评《宋史》冗长繁芜，强调史书要能做到该洽有体、详略得当。

三、“惟求其美”与“惟贵明白”

在史文表述方面，杨慎有三个方面的观点值得留意。第一，在史文繁简和难易方面，他主张要“辨其美恶”而“惟求其美”。首先，他提倡“辞尚简要”：

> 《书》曰：“辞尚体要”，子曰：“辞达而已矣”，荀子曰：“乱世之征，文章匿采”，扬子所云“说铃”“书肆”，正谓其无体要也。吾观在昔，文弊于宋，奏疏至万余言，同列书生尚厌观之，人主一日万几，岂能阅之终乎？其为当时行状墓铭，如将相诸碑，皆数万字。朱子作《张魏公浚行状》四万字，犹以为少，流传至今，盖无人能览一过者，繁冗故也。元人修《宋史》，亦不能删节，如反贼李全一传，凡二卷六万余字，虽览之数过，亦不知其首尾何说，起没何地。宿学尚迷，焉能晓童稚乎？[1]

---

① 杨慎：《升庵集》卷五二《辞尚简要》，《景印文渊阁四库全书》第一二七〇册，台湾商务印书馆1983年版，第450–451页。

杨慎认为，宋代以来文人学者的撰述有冗繁的趋势，如朱熹所作张浚行状、元修《宋史》等，因为文字太繁，很少有人能够通览全文。他还进一步指出，这种繁复的文风还影响到了明代科举之文，形成了“冗赘”的不良习气。[①] 因此，杨慎提倡“辞尚简要”，反对文字冗长无物。

进而，杨慎认为史书文字的好坏，不能简单地用“繁简”或者“难易”来评价。他说：

> 论文或尚繁，或尚简，予曰：“繁非也，简非也，不繁不简亦非也。”或尚难，或尚易，予曰：“难非也，易非也，不难不易亦非也。”繁有美恶，简有美恶；难有美恶，易有美恶，惟求其美而已。故博者能繁，命之曰“该赡”，《左氏》、相如是也，而请客者顷刻能千言。精者能简，命之曰“要约”，《公羊》《穀梁》是也，而曳白者终日无一字。奇者工于难，命之曰“复奥”，庄周、御寇是也，而郇模、刘辉亦诡而晦。辨者工于易，张仪、苏秦是也，而张打油、胡打钗亦浅而露。论文者当辨其美恶，而不当以繁简难易也。[②]

---

① 按，杨慎云：“近时举子之文，冗赘至千有余言者，不根程朱，妄自穿凿。破题谓之‘马笼头’，处处可用也。又谓‘舞单枪鬼，一跳而上’也。起语百余言，谓之‘寿星头’，长而虚空也。其中例用‘存乎存乎’‘谓之谓之’‘此之谓此之谓’‘有见乎’‘无见乎’，名曰‘救命索’。不论与题合否，篇篇相袭。师以此授徒，上以此取士，不知何所抵止也，可以为世道长太息矣。”见杨慎：《升庵集》卷五二《辞尚简要》，《景印文渊阁四库全书》第一二七〇册，台湾商务印书馆 1983 年版，第 451 页。

② 杨慎：《升庵集》卷五二《论文》，《景印文渊阁四库全书》第一二七〇册，台湾商务印书馆 1983 年版，第 441 页。

杨慎认为单凭“繁简”“难易”，并不能衡量出史书文字的好坏，而应该用“美恶”来加以评判：博学之人可以“该赡”，写出恢宏而详备的文章；精审之人可以“要约”，善于微言大义；有奇思妙想之人可以“复奥”，写出深奥玄远的文章；擅长论辩的人，则应当用通晓易懂的文字来阐释自己的观点。他认为这四种不同的文字表现方式，都各自有成功和失败的代表，因而不能简单地根据外在形式来评价其中某种表述更优，而是要根据作者自身的特点，来选择恰当的表述方式。

第二，在选词用语方面，他提倡“因物赋形，文质得中”。他说：

> 《北史》称崔浩“尪纤懦弱，胸中所怀，乃过甲兵”，不如《说苑》称孙叔敖“秀羸多能”四字，文而不赘。先秦文人造语，如商彝周鼎，因物赋形，文质得中，后世不朴则雕矣。[①]

检杨慎所引之原文，《北史》载北魏皇帝称崔浩：“汝曹视此人纤尪懦弱，手不能弯弓持矛，其胸中所怀，乃逾于甲兵”[②]；《说苑》称孙叔敖：“秀羸多能，其性无欲，君举而授之政，则国可使治，而士民可使附”[③]。通过比较，杨慎认为先秦文人所

---

① 杨慎：《升庵集》卷四七《秀羸多能》，《景印文渊阁四库全书》第一二七〇册，台湾商务印书馆 1983 年版，第 380 页。

② 李延寿：《北史》卷二一《崔宏传》附《崔浩传》，中华书局 1974 年版，第 782 页。

③ 刘向：《说苑》卷一四《至公》，向宗鲁《说苑校证》本，中华书局 1987 年版，第 355 页。

用文字如同古时所造鼎彝，是根据其自身材料的特点和形状来进行雕铸，即“因物赋形，文质得中”，做到了恰当而且自然，而并非刻意追求质朴或者精美。因此在他看来，史家在历史撰述时要根据撰写对象的特点来选择恰当的用语。

第三，在表述宗旨方面，他强调“纪事之文，惟贵明白”。无论是“惟求其美”，或是“因物赋形”，都是很高的表述标准，而杨慎认为史书文字最根本的要求还是要让读者能够通晓明白。他通过比较《史记》和《汉书》中两句相似的记载来加以说明：

> 太史公《平准书》：“令远方各以其物贵时商贾所转贩者为赋而相灌输”，此说未明。班固采其语云：“令远方各以其物如异时商贾所转贩者［为赋］而相灌输”，此说涣然矣。盖添“如异时”三字，是谓驱农民以效商之为也。[①]

杨慎认为班固将“贵时”改为“如异时”，更能表现出“均输之法”是对商贾的效仿，即在不同时期向不同地区转贩不同商品的做法，因而更加准确和明白。进而，杨慎提出“纪事之文，惟贵明白”[②]，认为史书文字应以明白易懂作为表述的宗旨。

在史文表述方面，杨慎认为史书文字的表述方式并非单一标准，而是应当结合具体撰述对象的特点和史家自身的长处，采用

---

① 杨慎：《升庵集》卷四七《平准书食货志同异》，《景印文渊阁四库全书》第一二七〇册，台湾商务印书馆1983年版，第369页。

② 杨慎：《升庵集》卷四七《平准书食货志同异》，《景印文渊阁四库全书》第一二七〇册，台湾商务印书馆1983年版，第369页。

适合的方式。即不论选择繁、简、难、易之中的哪种方式，都应该力求做到文字的“美”，其最终目的是让读者通晓明白。他比较了各种表达形式的优势与不足，摒弃了对单一标准的追求，转向对具体对象和史家自身特点的分析，从而提出对史书文字表述和审美的认识。这些认识，在史文表述的理论与实践方面，都有一定的启发意义。

四、“简者约而该，繁者赡而整”

胡应麟关于史文表述亦多有论述，其所论主要为以下两个方面。

第一，他认为史书文字固然有繁简之别，但繁与简有各自的不同层次，因而不能简单以文字的多少来判定史书的优劣。他说：

> 《春秋》以字为褒贬者也，《左传》以词为褒贬者也，马、班以事为褒贬者也。以事者繁于词，文人能之；以词者显于字，君子能之；以字者微而彰，简而核，非大圣大贤弗能也。[①]

胡应麟认为《春秋》是以字为褒贬，《左传》是以词为褒贬，《史记》《汉书》则是以事为褒贬，而字简于词，词简于事。

① 胡应麟：《少室山房笔丛》卷一三《史书占毕一》，上海书店出版社2009年版，第128页。

那么，是否可以据此用繁简来比较史书的优劣呢？他说：

史恶繁而尚简，素矣。曷谓繁？丛脞冗阘之谓也，非文多之谓也。曷谓简？峻洁谨严之谓也，非文寡之谓也。故文之繁简可以定史之优劣，而尚有不必然也，较卷轴之重轻、计年代之近远，纰乎论哉。[①]

这里，胡应麟对“繁”和“简”二字作了辨析。他认为，所谓“繁”是指细碎杂乱、松散拖沓，而不是指文字数量多；所谓“简”是指刚劲凝练、细致严密，而不是指文字数量少。因而，简单以文字的多少来判定史书的优劣是不恰当的。对此，他继续说道：

昔人谓《史记》不如《左传》、《左传》不如《檀弓》，似也，而以一事之繁简定三氏之等差则非也。夫文固有简者不必工，而繁者不必拙，夫工与拙可以较等差，而较之乎一事吾犹弗敢也，矧一事之繁简也？举其全、挈其大，齐其本、揣其末，可与言古人矣。[②]

胡应麟重申，以一事之繁简定《史记》《左传》《檀弓》的等差是不准确的。他指出，简与繁都各自有不同的层次，不能简

① 胡应麟：《少室山房笔丛》卷一三《史书占毕一》，上海书店出版社2009年版，第129页。
② 胡应麟：《少室山房笔丛》卷一三《史书占毕一》，上海书店出版社2009年版，第130页。

单以某一事记载的繁简来比较其优劣。史书要在“举其全、挈其大，齐其本、揣其末”的基础上，即要在叙述完整、主次分明、本末清晰的基础上，再来对其繁简予以评判。

第二，他认为史书繁与简各有得失，应将两者综合起来，简者做到“约而该”，繁者做到“赡而整”。他说：

> 谓《后汉书》之文不若《三国志》之质也，是不知质胜则野之说者也；谓《新唐书》之简不若《旧唐书》之赡也，是不知赡而不秽之说者也。然《后汉》非真能文者，真能文者左氏也；《新唐》非真能简者，真能简者《檀弓》也。[①]

胡应麟认为简单以“文”和“质”来比较《后汉书》和《三国志》，以“简”和“赡”来比较《新唐书》和《旧唐书》，是不妥当的。进而他指出：

> 简之胜繁，以简之得者论也；繁之逊简，以繁之失者论也，要各有攸当焉。繁之得者遇简之得者，则简胜；简之失者遇繁之得者，则繁胜。执是以论繁简，庶几乎。合作则简者约而该，繁者赡而整；不合作则繁者猥而冗，简者涩而枯。《檀弓》《左传》繁与简俱得者也，故《左传》高而

① 胡应麟：《少室山房笔丛》卷一三《史书占毕一》，上海书店出版社2009年版，第129-130页。

《檀弓》独胜也；《旧唐》《新书》繁与简俱失者也，故《新书》僻而《旧唐》弗如也。[1]

胡应麟认为，史文的“繁”与“简”各有其得失，二者若能取长补短，则可达到“简者约而该，繁者赡而整”的境界，否则可能导致“繁者猥而冗，简者涩而枯”。他接着举例予以说明：

卫青、李广均武夫也，广事终身如睹，而青寥寥也；曹沫、荆轲同刺客也，轲事千载若新，而沫寥寥也，以叙有详略也。然则史固贵繁耶？曰简哉而繁有当也。亦观太史之叙仓公乎？连篇累牍，靡弗厌焉。相如窃女、曼倩滑稽，虽其文瑰玮可喜而大体不无戾也。[2]

在胡应麟看来，《史记》中人物传记亦详略不一，如叙李广较之卫青详，而叙荆轲较之曹沫详，而至于叙仓公则冗长繁芜，叙司马相如、东方朔亦不尽恰当。因而，即使是《史记》这样一部被后人视为叙事典范之书，其史文也不可一概而论。

胡应麟对史书文字表述的论述，有其积极的史学意义。一是他对史文的繁与简作了深入分析，认为繁与简并不在于文字的多少，而在于是否细碎拖沓或者凝练严密。因而他反对仅凭史书文

① 胡应麟：《少室山房笔丛》卷一三《史书占毕一》，上海书店出版社2009年版，第130页。
② 胡应麟：《少室山房笔丛》卷一三《史书占毕一》，上海书店出版社2009年版，第130页。

字的多少，来判定史书的优劣的做法。二是他认为史书文字的繁与简，是两种不同的表述方式，且有其各自的不同层次，繁有好和坏之分，简也有优和劣之别。因而，在不同层次上比较史书的繁与简是不可取的，而应将其置于繁与简的各自范围内进行比较，则更有实际意义。三是他强调撰述史书时，宜结合繁与简二者的得失，取长补短，从而做到“简者约而该，繁者赡而整”，在完整、明晰地完成所撰述内容的基础上，力求达到文字表述的完善。胡应麟所论，无疑推动了史文繁简问题的认识走向更为辩证和深入。

五、关于史文风格和特点的认识

（一）“风神”与“矩矱”

文学家茅坤提倡学习唐宋文章，其在万历年间选编《唐宋八大家文钞》对后世有很大影响。他对《史记》亦用力甚勤，并纂有《史记抄》一书。他在比较《史记》与《汉书》时曾说：“太史公与班掾之材，固各天授。然《史记》以风神胜，而《汉书》以矩矱胜。”[①] 这里“风神”主要是指文采神韵，而“矩矱”主要是指规矩法度。茅坤认为《史记》叙事生动传神、跌宕起伏，能让读者心领神会，仿佛亲历一般；而《汉书》叙事整齐规矩、节奏严密，能让读者相对完整地了解史事的源流。进而，茅坤还以用兵为喻来加以说明：

① 茅坤：《茅鹿门先生文集》卷一四《刻汉书评林序》，《续修四库全书》第一三四四册，上海古籍出版社2002年版，第651页。

予尝譬之治兵者。太史公则韩、白之兵也，批亢捣虚，无留行，无列垒，鼓钲所向，川沸谷夷。乃若班掾则赵充国之困先零，诸葛武侯之出岐山也。严什伍，饱糇粮，谨间谍，审向导，先为不可胜以待敌之可胜。故其动如山，其静如阴，攻围击刺，百不失一。两家之文，并千古绝调也。①

茅坤认为司马迁之文，就如同韩信、白起之用兵，虚实相间，灵活多变。而班固之文，如同赵充国、诸葛亮之用兵，坚如磐石，步步为营。二者各有特点，但都是史家为文的典范。茅坤这里是以比喻的形式来加以阐述，其所提炼的“风神”与“矩矱”，很好地揭示了以《史记》和《汉书》为代表的两种史文风格。

（二）“采缉”与“自运”

晚明文学“竟陵派”的代表人物钟惺，在为李一公（号心石）所纂《二十一史撮奇》作序时，谈到他对史书撰述的认识，他说：

余同年李心石，左官无事，天与人俱若私之以读书之日，而出其心目，佐以笔舌，纵观《二十一史》，节取其事辞之可喜可愕者，选言简章，命其书曰《撮奇》。人见以为《二十一史》中之事与辞，而不知一经心石弃取，则李氏之

① 茅坤：《茅鹿门先生文集》卷一四《刻汉书评林序》，《续修四库全书》第一三四四册，上海古籍出版社2002年版，第651页。

书，而非诸史氏之书也。

夫采缉之难于自运也久矣，未可为俗学读书作文者道也。自运者，局势机格，吾得自主之。若夫采缉古人之辞事，勒成一书，要使览者忘其事辞之出于古，若我所自著之书；而原文又无所删润，寻常口耳，忽成异观。此合述作为一心，联古今为一人者也。今所谓采缉者，饾饤而已，乌能成书乎？[①]

钟惺认为“自运”之文可以由己自主，而“采缉”之文则需将前史之事与辞汇为一书。他进而指出，采缉是在不更改原文的基础上，通过恰当的剪裁和编纂形成一部新的著作，但也并非简单罗列，而是合叙述与创作为一体。因此，他认为采缉要难于自运。这里，钟惺将著述分为“采缉”和“自运”，对于人们认识史书的风格和特点有一定的启发性。

（三）“重神简”与“采事迹”

明末徐孚远曾与陈子龙共同编纂《史记测议》一百三十卷，于《史记》正文之中加入裴骃集解、司马贞索隐及张守节正义之文，并在页眉处汇录前人评语，以及陈子龙、徐孚远的评论。徐孚远在书中序文论及《史记》和《汉书》，他说：

要而论之，太史公之作，私史之宗矩也；班掾之作，国

① 钟惺：《隐秀轩集》卷一六《二十一史撮奇序》，李先耕、崔重庆标校，上海古籍出版社1992年版，第244-245页。

史之准的也，其源流已别矣。历来史家大抵规摹班氏之书，具体而已。永叔之纪五代，乃独刻画子长，谈者以为神似。然其叙事脱略，至使五十余年之间，实迹不昭，予尝恨之。夫构文之家重神简，征实之家采事迹，此二者所为折衷也。[1]

徐孚远所论主要包含两层含义：第一，他将《史记》视为私人修史的典范，而将《汉书》视为朝代史撰述的标准。第二，他提出“构文之家重神简，征实之家采事迹”的观点，认为不同的史家在撰述历史时有不同的取向，从而形成“重神简”和“采事迹”两种不同的撰述风格。徐孚远“重神简”和“采事迹”之说，对于区分史书及史家的撰述风格和特点亦有其积极的意义。

（四）“飞扬生动”

史家谢肇淛主张史书文字表述应当“飞扬生动”。他说：

淮阴侯之用兵，司马子长之文章，王右将军之作字，皆师心独创，纵横变化无不如意，亦其天分高绝，非学力可到也。淮阴驱市人而使之战，囊沙背水，拔帜木罂，皆人意想所不到之境，而卒以成功。司马子长，大如《帝纪》、六《书》，小至《货殖》《刺客》《龟策》《日者》，无不各极其

① 徐孚远等：《史记测议》卷首《序》，明崇祯年间刻本。

致，意之所欲，笔必从之。至《伯夷》《屈原》诸传，皆无中为有，空外为色，直游戏三昧耳。今之作史，既无包罗千古之见，又无飞扬生动之笔，只据朝政家乘，少加润色。叙事惟恐有遗，立论惟恐矛盾，步步回顾，字字无余，以之谀墓且不堪，况称史哉！①

谢肇淛一方面对司马迁的史文推崇备至，认为其“各极其致，意之所欲，笔必从之”，又说其“无中为有，空外为色”，与韩信用兵、王羲之书法相并列。另一方面，他批评时人作史，“叙事惟恐有遗，立论惟恐矛盾，步步回顾，字字无余”，强调史文应能使人身临其境。而他的“飞扬生动”四字，有力地概括了史文表述的较高境界和要求。近人梁启超先生在论及史书文采时，亦特别强调飞扬生动，他称之为“飞动”，认为史书应当“字字都活跃纸上”，并指出史书“若不能感动人，其价值就减少了”②。

（五）“抑扬之中、疑似之说”见正辞

明末思想家陈子龙在《史记测议》序文中，对《史记》一书有所评述。他说：

予读《太史公自序》，以为孔子之后五百岁，不敢多

① 谢肇淛：《五杂组》卷一三《事部一》，上海书店出版社2001年版，第267页。
② 梁启超：《中国历史研究法》附录《中国历史研究法补编》，东方出版社1996年版，第181页。

让，至比其书于《春秋》，此其言诚夸失实。然其卓识远见，微言晦志，不拘牵于世俗之论，而自抒发其意，亦有得《春秋》之一端者。后之史家，体裁明密，文辞赡富，则或过之。若其序事简质，立意深长，是乌可易及哉？[①]

陈子龙认为司马迁将《史记》比于《春秋》，虽然有些夸大，但其书在远见卓识、微言晦志，以及不拘泥于世俗之见而自抒胸臆方面，确实有继承《春秋》之处。他评价《史记》“序事简质，立意深长”，并就此予以阐说：

盖君子之为史也，非独以纪其事，将以善善而恶恶也。夫善之已形，恶之已著，人皆能言之。惟其事在拟议之间，幽隐之际，非君子不能知之。而不为明之，则难遵而易畔。是故《春秋》之所褒贬，或言近而指远，或文与而实非，或彼此异辞，或前后异旨，所谓别嫌疑，明是非，定犹豫也。[②]

他认为史书不仅是记事之书，还要能褒善贬恶。若善恶已明，则不难记述；难的是善恶不明，在拟议、幽隐之际，则只有卓见之人才能明辨，否则容易与事实相背离。因而，他指出《春秋》的属辞比事、微言大义，正是为了“别嫌疑，明是非，

① 陈子龙：《史记序》，徐孚远等：《史记测议》卷首，明崇祯年间刻本。
② 陈子龙：《史记序》，徐孚远等：《史记测议》卷首，明崇祯年间刻本。

定犹豫”。在陈子龙看来，“序事简质，立意深长”是很难做到的，而《史记》能够做到，其中一个重要原因就在于：

> 太史公之书，每不立正辞，往往见于抑扬之中、疑似之说，自非博学不能深知其意。徒信其诡激宏肆之辨，溺其旨矣。①

陈子龙指出，司马迁常常不直接表达他的观点，而是在历史叙事之中，在“抑扬之中、疑似之说”之间，间接地表述出来，而这也揭示了司马迁史文表述的一个重要特点。

陈子龙提出了这一观点，然而未能展开论述。后来，著名思想家顾炎武在《日知录》中明确指出“《史记》于序事中寓论断”，他说：“古人作史，有不待论断而于序事之中即见其指者，惟太史公能之。《平准书》末载卜式语，《王翦传》末载客语，《荆轲传》末载鲁句践语，《晁错传》末载邓公与景帝语，《武安侯田蚡传》末载武帝语，皆史家于序事中寓论断法也。”② 从而将司马迁史文的这一风格和特点，阐述得更加明确，也得到后世更多学者的关注和研究。

---

① 陈子龙：《史记序》，徐孚远等：《史记测议》卷首，明崇祯年间刻本。

② 顾炎武：《日知录》卷二六《史记于序事中寓论断》，黄汝成《日知录集释》本，栾保群、吕宗力校点，上海古籍出版社 2006 年版，第 1429 页。

第四章　关于史官史职与史家修养的评论

本章主要围绕明人关于历史撰述主体的相关评论，即关于史官和史家的相关评论，来展开讨论。中国历代都设置有专门记录和编撰历史的官职，史官建置的延续对中国古代史学发展的连续性有着重要的促进作用。明代史馆并入翰林院，对史官修史产生了有利和不利的双重影响。明人对此多有论述，并主要集中于史官的选用和职守两个方面。关于史家的职责和修养，前代刘知幾、吴缜等人有过许多精彩的论述。明人在此基础上，主要集中于讨论史家在厘清真伪、辨别是非、予以褒贬等方面的职责，并强调史家要秉持“公心”“公议”，行使史家的“史权”，保持史家的独立和尊严，同时还讨论了史学家应当具备的才能。此外，明人关于史学家应当以怎样的态度来评价史家和史书，也有不少的认识。其中如“知人论世”，持论“守中”、去失存善，“磨瑕以完璧，刮朽以成材”等观念，集中反映出明人的史学批评精神，这也是明代史学批评拓展的一个重要表现。

第一节　史官选用与职守

一、史官的选用

（一）得其人而专其任

明代官修史书如《实录》《会典》等虽卷帙浩繁，然终未能有完善的官修国史成书，时人深以为憾，至有史官失职之叹。明中期以后，关于史官之得人与职守的探讨愈发热烈。

王鏊是历仕成化、弘治、正德三朝的名臣，曾长期担任史官，并参修《明宪宗实录》《明孝宗实录》和《大明会典》。他在谈到史官时说道：

孔子没，天下不复有经矣；班固死，天下不复有史矣。古之所谓史者，皆世守之，往往以身死职，不负其意。如齐南史、晋董狐，至汉班、马，犹父子相继。人主所至，执笔随之，其言其动，皆亲见而亲书之。故后世读之，若亲睹其事。……后世史官，虽具员而无定职。人主动静，邈不相及，一时政事行罢，不及预闻。惟易世之后，则紬前后奏疏，而分曹书之，且以宰臣监领。奏疏之语，果皆实乎？分曹之人，果皆才乎？宰臣之意，果皆公且正乎？且生于数十年之后，追书数十年之前，其曲直是非，皆茫然无闻。或得之传闻，已非其实，纵得其实，而亦莫能照其情伪。或夺于众不得书，或迫于势不敢书，或局于才识不能书。故一时君相谋议勋业，皆汩没不传；而奸憸情态，亦无有能发其微以为世戒。而监领者又往往以私好恶，杂乎其间。故曰不复有史矣。①

王鏊的"班固死，天下不复有史矣"之论，当然并非史学发展的实际写照，而是意在对班固以后尤其是明代史官修史未能尽职的种种情况的批评。

嘉靖年间，黄省曾亦云："古之史也，掌载有专官，言动有注记，故所撰皆实录。今之史也，于一世之终，而追笔乎数十年之事，在位者或去而老，老者亦复物故，焉得尽精神面貌而详书之也？"② 对于史官，他强调："有其事，不得其人，不可语史也；有其人，不专其事，亦不可语史也。必有其人矣，而又专其事，则迁、固之业，何难为哉？何难为哉？"③ 黄省曾认为史官只有得其人、专其事，那么修史工作才能有所成就。

瞿景淳提出朝廷对史官之任应当"贵行乎四事"，他说：

曰重委任，不以他务乱其心思也；曰假岁月，不以速成致其率略也；曰专职业，虽有选擢不令辄去也；曰访遗书，

① 王鏊：《震泽集》卷三三《拟罪言》，《景印文渊阁四库全书》第一二五六册，台湾商务印书馆1983年版，第485页。

② 黄省曾：《五岳山人集》卷三四《史说上一首》，《四库全书存目丛书》集部第九四册，齐鲁书社1997年版，第810页。

③ 黄省曾：《五岳山人集》卷三四《史说上一首》，《四库全书存目丛书》集部第九四册，齐鲁书社1997年版，第810页。

凡有著述无不搜罗也。举是以课史职，则意向笃而在上之道尽矣。①

在瞿景淳看来，朝廷对史官的任用，贵在能做到以下四个方面：一是不让史官兼任其他事务而能专注于史职；二是给予其宽裕的撰史时间；三是使其长期担任史官，不因升迁而经常变化职务；四是能够广泛搜罗书籍史料。

焦竑曾参与万历年间的国史修纂活动，对于史官修史亦有着深切的感受。他说："史之职重矣，不得其人，不可以语史；得其人不专其任，不可以语史。故修史而不得其人，如兵无将，何以禀令？得人而不专其任，如将中制，何以成功？"② 焦竑强调史职的重要，认为史官之选不仅要能得其人，更要能专其任。他又说：

盖古之国史，皆出一人，故能藏诸名山，传之百代。而欲以乌集之人，勒鸿巨之典，何以胜之？故一班固也，于《汉书》则工，于《白虎通》则拙；一欧阳修也，于《新唐书》则劣，于《五代史》则优，此其证也。今之开局成书，虽借众手，顾茂才雅士，得与馆阁之选者，非如古之朝领史职而夕迁之也。多者三十年，少者不下二十年，出为公卿，而犹兼翰林之职，此即终其身以史为官也。自非遴有志与才

① 瞿景淳：《论古今史学得失》，林德谋辑：《古今议论参》卷二五，明崇祯年间刻本。
② 焦竑：《澹园集》卷四《论史》，李剑雄点校，中华书局 1999 年版，第 19 页。

者充之，默然采其曲直是非于中外雷同之外，以待他日分曹而书之所不及，吾不知奚以举其职哉？[①]

这里，焦竑同样认为史职要能专任持久，并强调史官必须选择“有志与才”的人来担任。

胡应麟亦云：

唐以前史之人一而其业精，故史无弗成而无弗善；唐以后史之人二而其任重，故史有弗善而无弗成。唐之时，史之人杂而其秩轻，其责小而其谤巨。故作者不必成，成者不必善。刘知幾之启萧相，韩吏部之答柳州，噫！可想矣。

专任易功乎？吾于司马氏史征焉。兼收易业乎？吾于司马氏史征焉。后世不然，兼其人、专其臆，兼其任、专其笔，故班、范而后蔑矣。[②]

胡应麟对唐以后因朝臣监修而导致过度干预修史的做法提出批评，认为史官专精则修史易成。

（二）史官之选宜广而精

晚明文坛“公安派”的代表人物袁中道认为，“而其史之所

---

① 焦竑：《澹园集》卷四《论史》，李剑雄点校，中华书局1999年版，第20页。
② 胡应麟：《少室山房笔丛》卷一三《史书占毕一》，上海书店出版社2009年版，第131-132页。

由成，则曰不专用官而用士”[1]，他说：

今夫史局之官，皆居清华，其升迁无与于史之成否，故其志易怠。而又各有他司及一切应酬之累，不得专一。若处士布衣，习于劳瘁，史成冀望一官，其心切而又无事扰之，故可以计岁而成。而犹有至要者，曰独。今欲纂成一书，而广集众人，是非定于尊卑，善恶分于同异。甲可乙否，彼去此收，纷纷攘攘，何由而成？夫天下固自有有才、有学、有识之布衣，而世未有荐之者。诚有人荐起，而专以一代史付之，给秘府之奇书，收天下之文集、志乘，予以廪饩、笔札，使得自举数十人，以备采录之用，不过三年，而史可成矣。即不能如马迁，何至出班固下乎？虽然，世道日隘，人心日刻，虽有成书，必且得罪，其谁肯任之，而史又当何时成耶？即苟且成之，亦《宋史》耳。[2]

袁中道鉴于当时史官选用之途的局限，建议史馆可以招揽天下有才、有学、有识，且有志于史学的布衣之士，将修史的工作交付给他们，并给予相应的条件，这样能够更为有效地完成修史工作。

曾任内阁辅臣的吴道南提出史官之选宜广开门路，吸纳具有

① 袁中道：《珂雪斋前集》卷一九《论史》，《续修四库全书》第一三七六册，上海古籍出版社2002年版，第52页。

② 袁中道：《珂雪斋前集》卷一九《论史》，《续修四库全书》第一三七六册，上海古籍出版社2002年版，第52-53页。

专门之学的人才参与修史。他说：

> 愚以为，国朝翰苑臣以史为职，一领其职，即转而公卿，尚兼翰林之衔，是终其身以史名宦也。人筑一宫墙，家执一椎凿，其孰能降心以相从乎？惟谓总裁贵得人，果尔，则有是是非非之真心，有正正堂堂之大体，自能开诚布公，集思广益，借众贤之手，以成一家之言。然必其人之自定者，尤严于定人，似未可以易言之也。
>
> 承明著作之庭，原不乏人，广招旁引，恐开幸门。惟以乐律、星历、河渠，非专门不能精彻。余当年纂修，实领《河渠》。惟先臣之已试、言官之奏议是凭，外采诸帙，皆浮漫胸臆之谭，即其言亦自无当，况行之乎？乐律、星历，或有教外之别传，然二至二分，古之子、午、卯、酉者，今皆移之于寅、申、巳、亥。如谓失之推步，则葭灰之飞，梧叶之落，果皆推步之为乎？中星稍迁于昏后，北极渐移于枢纽，求之正殷居所之时，了不可得，果皆占验之失乎？此必通天之儒，而后可以语此。纵称能者，亦不过金石之清声，岁差之余唾，器数之末耳。其于候气观象之窍妙，似非推测之知所能透也。[①]

吴道南于万历十七年（1589）进士及第，授编修，参修国

---

① 吴道南：《吴文恪公文集》卷二《正史议》，《四库禁毁书丛刊》集部第三一册，北京出版社2000年版，第314页。

史，并主纂《河渠志》，后收录于《吴文恪公文集》。他叙述自己在修纂《河渠志》之时，史料来源非常有限，仅能借助已有的做法和相关奏议，除此而外多为主观臆见，且缺少具有实践经验的人的协助。因而他认为，对于涉及乐律、星历、河渠这样一些专门之学，宜当选拔专业精通之人参与修史。

与袁中道、吴道南所论不同，汪若霖则强调史官的遴选应当以精要为主。他在奏疏中曾说："窃惟国家抡材妙选，莫如庶常；经世鸿裁，率由史笔。是故储大任于将来，阐休烈于既往，此国运所以污昭，帝王之要务也。"[①] 汪若霖强调史官不仅承担着修史之职，而且也是国家的储备人才，由此强调史官的重要作用。他继而向皇帝建言：

> 伏乞天语叮咛，速行甄别，宁约毋滥，宁执勿徇。盖累朝旧制，每选亦二十余辈，所当选仅七八人。夫以一科而论，合诸一甲，苟得十人，则三十年之通，可得百人，不啻足矣。况乎因材而用，平则不争。温良有度者，蓄为启沃之资；端毅不回者，开以谏诤之路。概南北以为量，稽淑慝之所终。臣所谓馆职简授宜精也。[②]

汪若霖认为，循于旧制，每次科考所择史官有二十余人，而

① 汪若霖：《馆职简授宜精史局纂修宜竟疏》，陈子龙等辑：《明经世文编》卷四六九，中华书局1962年版，第5151页。

② 汪若霖：《馆职简授宜精史局纂修宜竟疏》，陈子龙等辑：《明经世文编》卷四六九，中华书局1962年版，第5151-5152页。

其实只有七八人应当入选。因而汪若霖建言应当仔细甄别，宁简毋滥，例如每次科考拣择十人，三十年可选百人，则已经足够了。

关于明代史官的选用途径，焦竑曾有所总结，他说：

> 国初修书，多招四方文学之士，不拘一途。近日内阁题请，实合此意。但世道日衰，人情不美，未得学行之人，徒为奔竞之地。其于纂修，无益有损。况今承明著作之廷，济济多士，供事有余，宁须外索？中惟星历、乐律、河渠三项，非专门之人，难于透晓，宜移文省直，访有精通此学者，或召其人，或取其书；史官就问，大加删润，以垂永久。此外决当谢绝，勿启幸门。至史馆两房中书，本供缮写，今始事之日，方翻阅遗文，搜讨故实，下笔之期茫无影响，誊录之官安所用之？而已窃大官之供，同太仓之鼠，甚属无谓。似当暂为停止，俟他日脱稿之后，经总裁改定，方可取用，量为资给。不但冗费可裁，而亦侥幸少抑。①

以上明人所论，无论是强调史官的专任持久，或是提倡广纳民间的专门之才，又或是主张精简史官数量，事实上从不同侧面道出了明代史官选用存在的诸多问题和困境。一是史官时常兼任他职，难以专注于修史工作。据《明史》载，明代史官除记录

① 焦竑：《澹园集》卷五《修史条陈四事议》，李剑雄点校，中华书局1999年版，第30页。

有关天文、地理、宗潢、礼乐、兵刑诸大政，及诏敕、书檄、批答王言以备实录，纂修相关史书外，同时还要参与科举考试、编纂六曹章奏、誊黄册封等工作[①]。二是史馆并入翰林院，而翰林院实际上是明代人才储备和培养的重要场所，升迁或外放为地方官的机会不少。因而担任史官之人，往往难以久任史职。然而史学若不积岁月之功，则难有所成。这就导致了明代担任史官的个人对修史活动难以持续，治史能力亦难以得到提升。三是由于史官的人选大多来自一甲进士和庶吉士[②]，受科举考试内容所限，在担任史官之前，少有精通史学、素习典故之士，并且对于一些专门之学，如天文、地理、历法、河渠等，更是缺乏必要的知识积累和专业训练。因而进入史馆之人未必皆适合于修史工作，而某些具备史才之人则又缺少进入史馆的途径。这就造成了明代史官自身的知识和才能与修史所需之间的矛盾，也造成了明代史官人员看似不少，但实际可用之人不多的困境。

二、史官的职守

（一）史职之失与史职整饬

万历初年，时任翰林院编修的张位在《史职疏》中曾痛陈明代史官失职。他说：

> 臣闻古者左史记动，右史记言，故当时圣君名臣经世之

① 参见张廷玉等：《明史》卷七三《职官二》，中华书局1974年版，第1786页。
② 参见张廷玉等：《明史》卷七三《职官二》，中华书局1974年版，第1788页。

迹，炳然侈于后观。历代建置不同，厥任均重。我祖宗时，尚设起居注官，故圣政记、日历诸书，谟烈孔彰，允为昭代启佑之典。后因详定史职，以翰林修撰、编修、检讨专任纪载之事，而起居注遂罢。今国史之员虽设，其名存其实废矣。臣顷备员纂修，切见先朝政事，不过檃括章疏之存者纪之。若非出于诏令，形诸建白，则近者以无据而略，远者以不知而遗。中间精神脉络，每每不相联贯，致使圣代鸿猷茂烈，郁而未章，非所以媲前徽而光后范也。

旧闻史氏中，亦有随所睹记暗疏之者，因事无专责，往往中缀。纪载既失其职，徒令野史流传，淆乱失真，甚亡谓也。况不值纂修，则史官充位，无以自效，徒日费大官供给。循名责实，其将谓何？兹事关系不细，举世知之，以为宜复久矣。①

在张位看来，明代史官失职主要表现为三个方面：一是罢起居注，使帝王之言行难以得到及时记录；二是未能修成国史；三是虽保存奏议章疏，但其中往往原委不明，多有遗漏。因而他批评当时史官名不副实，尸位素餐。进而他建言：

夫当职而不能举，守官之耻也。主上明圣，而德不布闻，有司之过也。以臣愚见，今不必大为更张，别创名秩。

① 张位：《史职疏》，陈子龙等辑：《明经世文编》卷四〇八，中华书局1962年版，第4430页。

第令见在诸臣，日轮数人进直史馆。候有明旨，及朝讲召对，宫禁游习，凡一言一行，为师保大臣所及知者，谨据见闻敬纪之。其各衙门所奏所行大事，疏下六科者，亦据缘由，纪其节略。藏之秘府，以备参考。且今之史官，将以储讲论弼直之选者也。学古而未通今，奚以待用？诚使之日有见闻，明习国家政体，异时备顾问、当大事，不患无具。夫天下事不知其非而安之，犹可言也。今明知之，转移无难，逡巡莫肯先发，欲何待也！臣切忧之，不特此一事为然。伏乞敕下阁部，会同计议。如果臣言可采，事体无碍，特赐斟酌施行。则盛美传而国典备，职业修，人才储，于治道未必无补万一矣。①

张位建议，一是恢复起居注之职，记录帝王的言语和活动；二是记录各衙门所奏行的大事，以及有关奏疏，以备参考；三是以史官作为政治人才的储备，通过履行史职来学习施政的要领。

张位《史职疏》上呈后，经内阁商议，内阁辅臣张四维等上《乞申饬史职疏》云：

国初设起居注，迨后详定官制，乃设翰林院修撰、编修、简讨等官，盖以纪载事重，故设官加详，原非有罢废。但自职名更定之后，遂失朝夕记注之规。以致累朝以来，史

① 张位：《史职疏》，陈子龙等辑：《明经世文编》卷四〇八，中华书局 1962 年版，第 4430-4431 页。

文阙略。即如迩者纂修世宗皇帝、穆宗皇帝实录，臣等职在总裁，一切编纂事宜，俱遵先朝故事，不过集诸司章奏，稍加删润，檃括成编。至于仗前注下之语，章疏所不及者，即有见闻，无凭增入。与夫稗官野史之书，海内所流传者，欲事访辑，又恐失实。是以两朝之大经大法，虽罔敢或遗；而二圣之嘉谟嘉猷，实多所未备。凡此，皆由史臣之职废而不讲之所致也。[①]

张四维等同样指出，因缺失起居之记，而诸司奏章又不无遗漏，而导致“大经大法”和“嘉谟嘉猷”多所未备。因此提请“申明史职，光复祖制，以备一代令典”，并对史官之职作出具体规定，兹录于下：

——考礼仪定式，凡遇常朝，纪事官居文武第一班之后，近上便于观听，是即古螭头载笔之意。洪武二十四年，定召见臣下仪，以修撰、编修充侍班官，是即古随仗入直纪事之意。合行修复祖制，今后但遇常朝御皇极门，用史官四员，列于东班稍上，各科给事中之前。午朝御会极门，用史官二员，列于御座东稍南，专一记注言动。其遇郊祀、耕籍、幸学、大阅诸大典礼，亦用史官四员侍班，随众纪录。其召见臣下，若朝堂公见，史官二员，如洪武仪。至于不时

① 张四维：《乞申饬史职疏》，陈子龙等辑：《明经世文编》卷三七三，中华书局 1962 年版，第 4035 页。

宣召，及大臣秘殿独对者，恐有机密，不必用史官侍班。但令入对大臣自纪圣谕及奏对始末，封送史馆诠次。其经筵日讲诸臣，既皆史官，宜每日轮一人记注起居，不必另用侍班。

——时政所寄，全在各衙门章奏。是以宋有诸司供报史馆之制，国初日历之记，其制当亦如此。今宜查复旧规，除内阁题稿并所藏谕、札、诏、敕等项，臣等令两房官员录送史馆外，仍行令六部等衙门，凡论奏题覆疏上，即录副一通。其南京并在外衙门官员诸色人等所上章疏科抄到部，即录副一通，俱送阁转发史馆。红本下科，该科具写旨意揭帖一本送阁，转发史馆。至于钦天监天文占候、太常寺祭祀日期，各令按月开报。其录副不必如副本揭帖格式，但用常行白纸，高低以尺为度，密行楷书，疏为一卷。不论疏数多寡，并用一封筒钉缄送入。

——逐日纪载，所贵详备。诸司章奏浩繁，须分曹并纂，方免遗失。所据直日史官，臣等拟每日轮日讲官一员专记起居，兼录御札、诏敕、册文等，及内阁题稿留中章疏。其六曹章奏，选年深史官六员，分为二班，人纂二曹，每月一代。其分曹之法，须以繁简相配，吏、礼一，户、刑一，兵、工一。如其日繁简顿殊，不妨通融协纂。

——今次纪录，以皇上起居为重。其他事务，亦以备异日之考求，俟后人之删述。所贵详核，不尚文词。宜定著体式，凡有宣谕，直书圣语；御札、诏敕等项，备录本文。若诸司奏报一应事体，除琐屑无用、文义难通者，稍加删窜润色外，其余事有关系，不妨尽载原本，语涉文移，不必改易。他如事由颠末，日月先后，务使明白，无致混淆。其或章奏之外，别有事迹可垂劝戒者，如果闻见真确，亦许据实备书，但不得轻听讹言，有妨传信。

——东西十馆，原系史臣编校之所，密迩朝堂，纪述为便。今次合用东馆近上四所，令直日史臣四员，分居其中，一起居，二吏、礼，三户、刑，四兵、工。除典守、誊录人随役同供事外，一应闲杂人等，不许擅入。其该馆合用纸札、笔墨、酒饭等项，俱照纂修例分给。

——国史古称为金柜石室之书，盖欲收藏谨严，流传永久。今宜稍仿此意，月置一小柜，岁置一大柜，俱安放东阁左右房内。每月史馆编完草稿，装为七册。一册为起居，附以谕、札等项。六册为六曹事迹，俱于册面明白开写，仍书年月、史官姓名，送臣等验讫，即入小柜，标记封锁。岁终臣等题请，令礼部、都察院、翰林院掌印官，公同开取各月草稿，收入大柜。先用礼部、都察院、翰林院印信标记封锁。臣等仍用文渊阁印信标护之，永不开视。

——史馆纪录所用誊录、典守官吏，臣等拟将见在史馆誊录官，选取勤谨善书者四员，专誊秘密文字。行吏部选拨善书贴吏十二名，专写六曹章牍。拨当该吏四名，专管文册及朝夕启闭馆门，常川供事。

——自皇上践祚，今且三历岁朝。兹者旷典修复，盛德大业，将来不患无述。其二年以前，言动起居，与夫诸大政令，皆诸臣耳目习所闻睹，相应追书谨录，以传万世。臣等拟令日讲官自每日轮记起居一员，仍用一员，史官三员照前供事外，余三员暂不更替，俱常川在馆。将二年以前初政，并力编纂，务期详赡，以光盛典。俟补完之日，方俱依前拟定规制行。[①]

疏中建言，一是史官应参与朝仪，并恢复起居之记，及时记录诸司奏章；二是史官需逐日记载、定期轮值，并且贵在详核，不致混淆；三是对史馆人员、修纂成果保存和誊写作出具体规定；四是对万历元年至二年之间的内容，予以及时补记修纂。此疏对史官的职务内容、修纂的具体要求、相关人员安排以及史馆条件保障等，作出具体规定，进一步明确了史官的职守。

（二）立限以责其成

万历初年，开馆修纂《明穆宗实录》，内阁首辅张居正呈《纂修事宜疏》对修史事宜提出“事必专任，乃可以图成；工必立程，而后能责效”[②] 的建言。他说：

查得隆庆元年六月初一日，开馆纂修《世宗肃皇帝实录》。经今六年尚未脱稿，虽屡廑先帝圣问，迄无成功。任

① 张四维：《乞申饬史职疏》，陈子龙等辑：《明经世文编》卷三七三，中华书局 1962 年版，第 4035-4037 页。

② 张居正：《纂修事宜疏》，陈子龙等辑：《明经世文编》卷三二四，中华书局 1962 年版，第 3458 页。

总裁者，恐催督之致怨，一向因循；司纂修者，以人众而相挨，竟成废阁。臣等日食大官之馔，茫无一字之补，素飧旷职，实切兢惭。然揆厥所由，皆以未尝专任而责成之故也。

盖编撰之事，必草创修饰，讨论润色，工夫接续不断，乃能成书。而其职任紧要，又在于副总裁官。顾掌部事，则有簿书综理之繁；直经筵，则有侍从讲读之责。精神不专，职守靡定，未免顾此失彼，倏作忽辍。是以岁月徒悠，而绩效鲜著也。今两朝并纂，二馆齐开，若不分定专任，严立限程，则因循推挨，其弊愈甚。

臣等看得吏部右侍郎兼翰林院侍读学士诸大绶，礼部左侍郎兼翰林院侍读学士王希烈，原系《世宗肃皇帝实录》副总裁官。今查各馆草稿俱已纂完，但未经修饰。二臣虽任部堂，止是佐理，尚有余功。及左春坊左谕德兼翰林院侍读申时行、右春坊右谕德掌南京翰林院事今行取王锡爵，职任官坊，事务尤简，皆可以专心著作之事。合无责令诸大绶、王希烈专管纂修《世宗肃皇帝实录》，申时行、王锡爵专管纂修《穆宗庄皇帝实录》。每日俱在史馆供事，仍立为限程。每月各馆纂修官，务要编成一年之事，送副总裁看详。月终副总裁务要改完一年之事，送臣等删润。每年五月间，臣等即将纂完稿本进呈一次，十月间又进呈一次。大约一月之终，可完一年之事；一季之终，可完三年之事。从此渐次累积，然后成功可期。

其余副总裁等官陆树声等，或理部休暇，相与讨论，或侍讲优闲，令其补益，不必责以程限，不致两妨。各馆纂修官，务以职业为重，公家为急，不得别求差假，图遂私情。书成之日，分别叙录，但以效劳多寡为差，不复计其年月久近。如此，庶人有定守，事易考成。在各官可免汗青头白之讥，而臣等亦得以逭旷职素飧之咎矣。

此虽纂修一事，而国家用人之理，综核名实之道，实寓于斯。伏惟圣明裁断，敕下臣等遵行。再照皇祖历世四纪，事迹浩繁，编纂之工，卒难就绪。皇考临御六年，其功德之实，昭然如日中天，皆诸臣耳目之所睹记，无烦搜索，不假阙疑。但能依限加功，自可刻日竣事。合无不拘朝代次序，俟《穆宗庄皇帝实录》纂成之日，容臣等先次进呈。却令两馆各官，并力俱纂《世宗肃皇帝实录》，则两朝大典可以次第告成矣。[1]

张居正认为《明世宗实录》经六年未能修成，其重要的原因在于总裁和史官身兼数职，“精神不专，职守靡定，未免顾此失彼”。由于《明穆宗实录》同时修纂，因而需要严立限程，否则完成之日将遥遥无期。张居正奏请主要为三个方面：一是令诸大绶、王希烈专管纂修《明世宗实录》，申时行、王锡爵专管纂修《明穆宗实录》，每日俱在史馆供事；二是确立限程，每月编成一年之事，月终副总裁改完一年之事送内阁删润，内阁每年五

① 张居正：《纂修事宜疏》，陈子龙等辑：《明经世文编》卷三二四，中华书局1962年版，第3458-3459页。

月、十月各进呈皇帝一次，这样数年之间就可以纂修完毕；三是加强对于史官的考核，“以效劳多寡为差，不复计其年月久近”。张居正强调史官修史要职责分明，更要确立期限以责其成效。

第二节　史家职责与修养

一、直书、实录与信史

（一）不掩恶，不废善

秉笔直书、追求信史，是中国古代史学的优良传统，也是史家的职责所在。明人对此也有着多方面的评论和认识。

黄省曾指出奏疏与墓铭有不可信之处，他说：

> 奏疏之言，亦多淆乱真实。尝观宋之人，如伊川、考亭，咸大儒也，一则目以为奸人，一则比以为正卯，惟其所恨而致讼焉。若此等疏，亦可遂信而书之乎？至于今之言官，纰缪尤甚，则奏疏不可尽据矣。古之墓铭，惟述生死岁月，以为陵谷之防。至于后来为子孙者，于其先之没，莫不盛扬其善，指空捏怪，无有穷极。试观于今之世家，孰无铭？铭孰无善？则是凡有铭者，皆可书而传也。何尧舜之代，尚有凶人，而今皆比屋可封之君子乎？是大有不然者也。以罪而黜者，志得掩其罪；以墨而去者，志得盖其墨。愚尝曰：墓志立，天下无恶人矣。十文九诬，何足为信？然

则为史之道奈何？曰：亦惟以天下之公是公非者为之而已矣。①

黄省曾认为奏疏之言中存在淆乱真实的现象，不同奏疏对同一人可能有不同的评价，因而不可尽信以为史料。而墓铭中多褒扬之辞，而无罪黜之语，也不可尽信。黄省曾还将直笔与实录提到了“史之道”的高度，认为只有做到“公是公非”，才能成为信史。

黄省曾在《史说下》中重申了史家要秉笔直书、善恶俱录。他指出洪熙、宣德之后，《实录》之中缺少褒贬劝惩之意，他说：

自是历朝以来，遵习为法，善者无大褒，恶者无深贬，而劝惩之意亡矣。夫蹇蹇匪躬之士，所以捐生命、弃坟墓、焦心虑，以建尺寸之功者，徒恃青简之名可垂耳。今又不然，则人亦何所劝而忠荩生哉？为史若此，大非国家之福也。昔迁、固之史，每传一人，则不特功德言语了了无遗，模写如画，又且并其形态之状，以铺张之。今专官已罢，固不可以望此矣。然亦当稍祖其意，纵横求之，宁繁毋略，尽录其长，务令不朽。若于今可详之时，遂忍致其落落，则年移世改，文献凋零，固将尽一世英雄之善而扫荡之矣。虽有

① 黄省曾：《五岳山人集》卷三四《史说上一首》，《四库全书存目丛书》集部第九四册，齐鲁书社1997年版，第810页。

良史之才，又乌得凿空影响而书之哉？

或曰：造偷之人，以善恶难知而性情无定，不若平平书之，为无愆也。殊不知善恶难知者，天下亦鲜，设有是人，何不遂书其难知之状？其他，如有善七而有不善三，则书其七而不掩其三，何为不可？有不善七而有善三，则书其七而不废其三，亦何为不可？善善恶恶，随其剂量多寡而信书之，如写真然，凡面目、口鼻、肥瘦、长短，一一与之差别，则亦何为而不善哉？特由作偷之人无其智，又无其才，且或挟妒嫉之私，存祸殃之惧，故缩避含糊，草草应制，求塞史官之名而已矣。以是讹承谬踵，至于今日，而犹未已也。庙堂之上，贤俊罗盈，必有能变之者。①

黄省曾强调史家如果缺少对善恶的褒贬，则失去了史学的劝惩之意。他认为人无完人，史家要做到不以其恶少而掩，不以其善少而废，善恶俱书，这也是史家的职责所在。

钱一本在《万历疏钞序》中，谈到编纂《万历疏钞》之难有三："曰招君过而不隐也，曰彰国失而不讳也，曰逢被言大小诸臣之瘅怒，恐毒痛怨恨及其子孙而莫可以赎也。"② 即一是记录了君王的过失而未加遮掩，二是显扬国政之失而不予避讳，三是担心被诸臣瘅怒，因而恐祸及子孙家人。继而，他提出对

① 黄省曾：《五岳山人集》卷三四《史说下一首》，《四库全书存目丛书》集部第九四册，齐鲁书社 1997 年版，第 810-811 页。

② 钱一本：《万历疏钞序》，吴亮辑：《万历疏钞》卷首，《续修四库全书》第四六八册，上海古籍出版社 2002 年版，第 1 页。

“隐过”的批评和对“改过”的肯定：

> 且诸疏既上之朝，邸抄达之天下，虽欲勿传，又乌得而勿传。惟是慎传之意，应不徒欲避咎远祸，或在隐恶掩过，以忠厚恻怛待天下。而子贡则谓：“君子之过，如日月之食：过也，人皆见之；更也，人皆仰之。”人不幸有过，恶与天下共见之，共知之，共改之，是之谓君子之道。以谬迷在一时，而警省在终身；愆尤在一人，而惩戒在天下。如终身有警省，则一时之谬迷，何必曲为之掩护，而掩护一时之谬迷，反无以开终身警省之端。如天下有惩戒，则一人之愆尤，何必多为之忌讳。而忌讳一人之愆尤，反或以阻天下惩戒之路。由前弃人于权奸憸佞之归，由后不绝人于贤人君子之路；由前以忠厚恻怛待人浅，由后以忠厚恻怛待人深。
>
> ……盖直道行而人各有诗，直道不行而圣独有经。其善善恶恶，使闻者知戒，惧者知悛。直不欲弃人于权奸憸佞之归，而待天下以至诚恻怛之意。故曰“《春秋》成而乱贼惧”，盖万古之纪言纪动者宗焉。①

钱一本一方面认识到史家直书实录可能会遭受祸患的现实处境；另一方面，他仍然强调史书纪事要直道而行，不掩君过、国失，肩负彰善瘅恶之职。

---

① 钱一本：《万历疏钞序》，吴亮辑：《万历疏钞》卷首，《续修四库全书》第四六八册，上海古籍出版社2002年版，第1-2页。

陈懿典曾参与万历年间的国史修纂，因而对修史之难亦有较深的感触。对此，他说道：

> 居草泽所闻朝家故实一凭邸抄，而省直流传详略已异，其它遗散，益复无纪。苟网罗或阙，即荟萃不光，其一难也。取材欲博而义例欲简，多弃则楩楠亦断沟中，赅存则瓦砾何当席上。三长所重，识莫先焉，其难二也。朝廷是非得失之林，甲可乙否，朝佞暮贤。自匪持平折衷，何由觏若画一，其难三也。而以语于两朝，则更有难焉者。隐、桓则彰，定、哀则微，自孔氏著书，不无避忌。而今之载列，多属生存，即勇于笔而健于舌，其能皆直达无婉转乎？此数年内，良未易有成书。①

陈懿典认为修史的难处主要在于：一是史料的驳杂且详略不一，难于搜集整理；二是若史家史识不足，则在撰述史书时对史料的取舍和编排难以驾驭；三是由于受到当时政治环境的影响，对时人的褒贬难以把握。在第三点上，陈懿典还特别指出对于本朝历史的撰述而言，史家即便能够“勇于笔而健于舌”，也难以“皆直达无婉转”。因而史家只有具备“持平折衷”的品质，无所避忌，才能撰写出令人信服的史书。

---

① 陈懿典：《两朝从信录序》，沈国元：《两朝从信录》卷首，《续修四库全书》第三五六册，上海古籍出版社2002年版，第1–2页。

（二）直书须得其始末

何良俊在其《四友斋丛说》中曾写下一条关于明英宗时期李时勉（名懋，以字行，谥“文毅”）的记载：

> 如李文毅，英宗时为国子祭酒，以厢房前柏树枝柯蔽覆，妨士子肄业，遂剪去数条。王振素忌其刚直，即诬以擅伐孔庙古木之罪，枷于监门。石大用率监生数千人号救请代，幸而获免。但当直书其事。今但取《古穰杂录》云“王振怒其持儒礼，构以罪”，又取罗伦跋帖语云“文毅见辱，石大用代死”。观者终不得其始末，岂得谓之实录耶？[①]

文中说道，李时勉在担任国子监祭酒时因剪去厢房前的树枝，被王振以擅伐孔庙古树的罪名而枷于监门，后经监生石大用等人请命方得获免。此事在李贤《古穰杂录》中仅书“王振怒其持儒礼，构以罪”数语，罗伦亦仅云“文毅见辱，石大用代死”。二者虽直书其事，但语焉不详，读者难以知晓事情始末原委。因而何良俊强调史家不仅要直书其事，也要得其始末，讲明事情原委，这样才能真正称得上“实录”。

（三）“据”“实”“慎”“终”

崇祯年间，张萱在《史窃序》中亦谈到著史之难，他说：

---

① 何良俊：《四友斋丛说》卷三八《续史》，中华书局1959年版，第345页。

夫史难言矣。古之为史者数十家，班固、范晔，当时一以为浅陋，一以为佻巧。自汉而下，有不稗官《晋》，齐谐六代，期期《唐书》，芜《宋史》，而夷秽辽、金、元三氏者乎？是其疵处浩如烟海，虽更仆未易悉论。其醇者，则左氏与龙门氏称良史焉。乃范宁谓左富而艳，其失也诬；王通谓史之失自迁始，曰记烦而志寡。噫！二史犹不免于腹诽，则言史于今，尤难之难矣。[①]

张萱认为即便是司马迁、班固、范晔这样的史家，后世难免也有“史之失”之议。进而，他说道：

虽然，修词之轨多端，立言之途惟一。述前者宜据，信后者宜实，谋始者宜慎，布言者宜忠。史者，所以合散而一殊者也。非据，不妄指乎？非实，不溢美乎？自我述之，自我始之，而或妄也溢也，谓慎乎？斯固言以布之也。不慎，谓忠乎？四者失一，不足以训。矧并其四而失之，势必至于流缀滥筒，踳杂而不可以观，此又今野史之通弊也。……

法丘明以为编年，法子长以为纪传。总之右质而左文，正疑而传信，务详而忌略，崇雅而黜诬。余见其纪事也，溯其所可知，非据乎？言其所必核，非实乎？疑之必阙，非慎乎？其言恻怛，尊亲是惇，非忠乎？四者备矣。分途别类，

---

① 张萱：《史窃序》，尹守衡：《皇明史窃》卷首，《续修四库全书》第三一六册，上海古籍出版社 2002 年版，第 489 页。

名义罔紊，阐幽摄显，论赞悉精，可谓括伦鉴之要，深坟素之情者矣。岂不足以上班良史之才乎?[①]

张萱指出“述前者宜据，信后者宜实，谋始者宜慎，布言者宜忠”，史书要包含据、实、慎、忠四个方面。所谓“据”就是溯其源而可信，“实”就是言必核、不虚美，“慎”就是信则传信、疑则存疑，“忠”就是恻隐、尊亲。张萱用“据”“实”“慎”“忠”四字凝练了他对史家职责的认识，这是他的独到见解。

(四)“取舍任情，笔削如意”

在史家直书其事方面，谢肇淛曾谈到：

《史记》不可复作矣，其故何也?《史记》者，子长仿《春秋》而为之，乃私家之书，藏之名山，而非悬之国门者也。故取舍任情，笔削如意，它人不能赞一词焉。即其议论有谬于圣人，而词足以自达，意有所独主，知我罪我皆所不计也。至班固效颦泚笔，已为人告发，召诣秘书，令作本纪、列传，以汉臣纪汉事，所谓御史在前，执法在后者。即有域外之议，欲破拘挛之见，已兢兢不保首领是惧矣。司马温公作《通鉴》详慎，久而未成，人即有飞语谤公，谓利得餐钱，故尔迟迟。公遂急于卒业，致五代事多潦草繁冗。

① 张萱:《史窃序》，尹守衡:《皇明史窃》卷首，《续修四库全书》第三一六册，上海古籍出版社2002年版，第489-491页。

傍观小人之掣人肘如此，纵有子长之才，安所施之？太史公与张汤、公孙弘等，皆同时人，而直书美恶，不少贬讳；传司马季主而抑贾谊、宋忠，至无所容；《封禅书》备言武皇迷惑之状。如此等书，今人非惟不能作，亦不敢作也。[1]

谢肇淛认为《史记》之所以难以复作，是因为司马迁能够“取舍任情，笔削如意”，而后人难以做到。即便是班固撰《汉书》、司马光编《资治通鉴》亦有流言蜚语，因而史家要做到直书美恶并不容易。他还认为：“董狐之笔，白刃临之而不变；孙盛《阳秋》，权凶怒之而不改；吴兢之书，宰相祈之而不得；陈桱之纪事，雷电震其几而不动容。如是者，可以言史矣。”[2] 他强调史家需要有敢于秉笔直书的精神和胆识。

谢肇淛还曾讲述他为人作传的情形：

余尝为人作志传矣，一事不备，必请益焉；一字未褒，必祈改焉。不得，则私改之耳。尝预修郡志矣，达官之祖父，不入名贤不已也；达官之子孙，不尽传其祖父不已也。至于广纳苞苴，田连阡陌，生负秽名，死污齿颊者，犹娓娓相嬲不置。或远布置以延誉，或强姻戚以祈求，或挟以必从之势，或示以必得之术。哀丐不已，请托行之；争辩不得，

① 谢肇淛：《五杂组》卷一三《事部一》，上海书店出版社 2001 年版，第 267-268 页。按，此书名《五杂组》亦作《五杂俎》。

② 谢肇淛：《五杂组》卷一三《事部一》，上海书店出版社 2001 年版，第 268 页。

怒詈继焉。强者明掣其肘，弱者暗败其事。及夫成书之日，本来面目十不得其一二矣。嗟夫！郡乘若此，何有于国史哉？此虽子长复生，亦不能善其策也。[①]

谢肇淛所述的种种情况，让读者宛如亲见一般。撰写地方志中的人物传记已是如此掣肘，那么撰写国史传记的难处也就可想而知了。谢肇淛切身感受到执笔者直书实录之难，同时也更加深刻地认识到史家“取舍任情，笔削如意”的难得和可贵。当然，需要说明的是，谢肇淛这里强调的是史家撰史的独立性，而并非主张罔顾客观事实、仅凭主观臆想来加以书写。

二、秉持公议与公心

过往的历史通过撰述者的记载呈现在世人面前，而撰述者对历史的认识和评价会或多或少地反映在史书之中。因此，史书不可避免地渗透着史家个人的感情色彩。那么史家能否去除个人私见，而秉持公心与公议，就显得尤其重要。

（一）史者“天下之公”“万世之公”

王鏊认为：“夫士之不得志于时，犹恃有后世之公论也。今一时之升黜既未必公，而后世之褒贬又未必实，则为善者亦何所恃哉？於戏！为史如此，其亦小人之幸也已，其亦君子之不幸也

① 谢肇淛：《五杂组》卷一三《事部一》，上海书店出版社2001年版，第268页。

已。”[1] 王鏊之言，道出了历史评价是影响人们行事的一个重要因素，如果史家褒贬失实，则将有损于公论，也将有损于人们对历史的尊重和敬意。

万历年间，沈鲤曾上疏请求恢复建文年号并为景泰帝纂修实录，他说：

> 夫成祖奉天靖难，再造邦家，正使年号不除，何损万一，而曲为掩讳若此？且天下后世，各有耳目，安可尽泯？稗官野史，各有纪载，安可尽革？此不但无益于事，适足示人以疑。故议复革除者，非为建文，为成祖也；议更附录者，非为景帝，为英宗也。兹皆所不必讳者也。[2]

沈鲤认为此前去除建文帝与景泰帝的年号的做法，无异于掩耳盗铃。“天下后世，各有耳目，安可尽泯？稗官野史，各有纪载，安可尽革？”即便是官修史书不予记载，民间私人撰史也会加以记录，因而不必忌讳。他认为恢复建文年号与为景泰帝编纂实录之举，之所以“实圣德圣政之第一事也，独可称昭代之信史而已耶”，正是由于“公论关乎万世，而传信无穷”[3]。

余继登在向万历皇帝所进的《修史疏》中，关于纂修本朝

---

① 王鏊：《震泽集》卷三三《拟罪言》，《景印文渊阁四库全书》第一二五六册，台湾商务印书馆1983年版，第485页。

② 沈鲤：《亦玉堂稿》卷一《请复建文年号立景泰实录疏》，《景印文渊阁四库全书》第一二八八册，台湾商务印书馆1983年版，第211页。

③ 沈鲤：《亦玉堂稿》卷一《请复建文年号立景泰实录疏》，《景印文渊阁四库全书》第一二八八册，台湾商务印书馆1983年版，第211页。

国史，他说，“列传以载一代之人物，必博访于四海，乃可协众人之公评”[①]；又说，“若有生不齿于时，殁无闻于后者，不许徇情滥褒，致淆公论”[②]。他强调修史要防止“徇情滥褒”，能协于“公评”和“公论”。

余继登还进一步说：“臣惟代之有史，捃摭故实，备载册书，明示将来，用垂法戒。非一人之书，而天下之公也；非一时之书，而万世之公也。”他认为史书有“明示将来”“用垂法戒”之用，因而是“天下之公”“万世之公”，非一人一时之书。那么如何才能做到“公”？他回答说：“是非虚实之间，子不得私诸其父，臣不得私诸其君，而后可以言公。”[③] 他认为在史书的撰写上，能够子不私其父、臣不私其君，按照实际情况记载其是非曲直，先能做到可信，之后才可以言“公”。

余继登在奏疏中表达了他的修史态度，并认为应该为建文帝修实录，因为“且事须有实，直道难枉，今野史所记已多失真，若不及今明为之纪，令后世以久愤之心信传疑之语，则史臣之失职不足惜，如圣祖何？”他还认为不应为“恭穆献皇帝”（兴献王朱祐杬）修实录，说道：“献皇帝事，只宜附见于世宗肃皇帝纪之前；或别起一例，亦宜与列圣帝纪有别，庶使名实不紊，体裁不淆。不然，以献皇帝之子孙臣庶，欲纪则纪矣，如天下后世

① 余继登：《淡然轩集》卷一《修史疏一》，《景印文渊阁四库全书》第一二九一册，台湾商务印书馆1983年版，第766页。

② 余继登：《淡然轩集》卷一《修史疏一》，《景印文渊阁四库全书》第一二九一册，台湾商务印书馆1983年版，第767页。

③ 余继登：《淡然轩集》卷一《修史疏二》，《景印文渊阁四库全书》第一二九一册，台湾商务印书馆1983年版，第767页。

之公议何?”[①] 他建言，兴献王的事迹要么附在嘉靖皇帝事迹之前，要么另起一例，但是不能与历朝帝纪相同；否则将会造成混乱，是置“公议”于不顾。余继登强调修史要考虑“天下后世之公议”，而史家也要秉持天下公议之职。

（二）“端心术，辨邪正”

杨慎强调史家对待历史要保持客观态度，认为史书的可信程度往往取决于史家的“邪正”。他说：

> 至于国史亦难信，则在秉笔者之邪正也。如《两朝国史》贬寇准而褒丁谓，盖蒲宗孟之笔也。蔡京及卞，又诬司马而谤宣仁太后，非杨中立与范冲，孰为正之？近日李默怨先太师不与翰林，及刻《孤树裒谈》，杂入王琼仇家诬辞。岭南梁亿乃梁文康公之弟，文康与先太师同年同官，本无嫌隙，特所趋不同耳。亿著《皇明通纪》，隐没先太师之善，如正德庚辰、嘉靖辛巳改革之际，迎立之诏，江彬之擒，皆匿而不书。乃以宸濠护卫之请，谓先君与之，时先君丁忧于家也。先君不草威武大将军敕，几陷于危，乃举而归之梁公。不知写威武大将军敕者，梁公也。内阁有敕书稿簿，缀撰者姓名于下，岂可诬也！无乃欲盖而弥章乎?[②]

① 余继登:《淡然轩集》卷一《修史疏二》,《景印文渊阁四库全书》第一二九一册，台湾商务印书馆1983年版，第767-768页。

② 杨慎:《升庵集》卷四七《野史不可尽信》,《景印文渊阁四库全书》第一二七〇册，台湾商务印书馆1983年版，第373页。

杨慎首先列举宋代史书中的不实之处，如《两朝国史》中对寇准、丁谓褒贬不当，蔡京、蔡卞诬蔑司马光，等等。进而他根据切身经历，辨析了当时史书中的不实之事：李默因私人恩怨，在其所著《孤树裒谈》中收录了歪曲杨慎之父杨廷和的一些言论；而梁亿因其兄梁储与杨廷和政见不和，在所撰私史中不但隐没杨廷和的功劳，反而冤枉其与朱宸濠有牵连，以及为明武宗起草威武大将军敕令等事。这些都是由于撰述者的个人感情和好恶，直接导致了记载失实。由此，杨慎认为史家的正邪直接关系到史书的可信与否，强调史家必须抱着对社会历史负责的态度，公正地撰述历史。杨慎提出的“秉笔者之邪正”，触及对史家心术的认识，并非强调史家可以完全排除主观意识，而是意在区分史家心术的“邪”与“正”，强调史家要以公正态度来对待历史撰述。

除杨慎以外，还有不少关于史家心术的论述。如万历年间王文禄在谈到修史时，亦云“心术正上也，文次之，学次之”，又云“贵公而详”[①]。其后，曾任内阁辅臣的叶向高在《皇明史概序》中认为：“国朝史官，即备辅臣之选，一主直笔，一职平章。盖皆从神明上发出，互相运用，而史为之先。正欲其端心术，辨邪正，贯通今古，他日运之掌上。此祖宗深意，而近驰骛，止为枚卜之阶，殊失其质。”[②] 他强调史家修史要能端正心

① 王文禄：《海沂子》卷三《稽阐篇》，《续修四库全书》第一一二五册，上海古籍出版社2002年版，第310页。

② 叶向高：《皇明史概序》，朱国祯辑：《皇明史概》卷首，《续修四库全书》第四二八册，上海古籍出版社2002年版，第503页。

术、辨别邪正、贯通古今，而心术是其中的第一要素。

(三)“公心”与“直笔”

胡应麟在刘知幾“史才三长”说的基础上，特别强调公心与直笔的重要。他说：

> 才、学、识三长，足尽史乎？未也。有公心焉，直笔焉。五者兼之，仲尼是焉。董狐、南史，制作亡征，维公与直，庶几尽矣。秦汉而下，三长不乏，二善靡闻。左、马恢恢，差无异说；班书、陈志，金粟交关；沈传、裴略，家门互易。史乎，史乎！①

刘知幾的“史才三长”说中已经含有“直笔”的成分，但是没有单独提出来加以讨论。胡应麟把“公心”和“直笔”归为“二善”，置于和“三长”同等的地位来看待，这可以说是他的一个学术创见。他还指出孔子是“三长”“二善”兼具，而自董狐、南史以后，“三长”不乏其人，“二善”却罕有人做到。对于“公心”和“直笔”，胡应麟还进一步阐释了二者的关系：

> 直则公，公则直，胡以别也？而或有不尽符焉。张汤、杜周之酷附见他传，公矣，而笔不能无曲也；裴松、沈璞之文相讦一时，直矣，而心不能无私也。夫直有未尽，则心虽

---

① 胡应麟：《少室山房笔丛》卷一三《史书占毕一》，上海书店出版社2009年版，第127-128页。

公犹私也；公有未尽，则笔虽直犹曲也。其圣人乎？彼子西不害其为公，礼哀公无损其为直。

甚矣，史之不易也！寸管之搜罗，宇宙备焉，非以万人之识为一人之识不可也；只词之褒贬，天壤流焉，非以万人之衷为一人之衷不可也。史百代者，搜罗放轶难矣，而其实易也；史一代者，耳目见闻易矣，而其实难也。予夺褒贬之权异也。[1]

在胡应麟看来，只有充分“直笔”才能达到“公心”的境界，也只有具备“公心”才能秉持“直笔”，二者是互为前提的。他所说的“公心”可以概括为“以万人之识为一人之识”和“以万人之衷为一人之衷”，即史家不以个人好恶作为评判的标准，而是从全局出发来认识历史人物和事件。

胡应麟提出“公心”“直笔”二善，并阐述了二者的相互关系，在继承刘知幾的基础上，对史家的职责和修养的认识有重要的发展。

涂山在所辑《明政统宗》中也认为：“论史之为职要，秉天下之公心，以裁天下之公典。言有尽而意无穷者，是谓名言。故语贵含蓄，方堪咀嚼。古人为善立言者，贵先有不朽者，以植其根果尔。信不必待诏金马，紬天禄石渠之书，始称快矣。”[2] 他

① 胡应麟：《少室山房笔丛》卷一三《史书占毕一》，上海书店出版社2009年版，第128页。
② 涂山辑：《新刻明政统宗》卷首《凡例》，《四库禁毁书丛刊》史部第二册，北京出版社2000年版，第107页。

同样强调史家要能秉持天下之公心，以取舍天下之公典，成就不朽的事业。

三、明是非，行“史权”

“史权”这一术语，在史学发展过程中大致形成两个方面的含义：一是史官的职权，二是史家对史事的是非善恶的权衡[①]，而后者犹为世人所重。北宋苏洵在《春秋论》中提出：“赏罚人者，天子、诸侯事也。夫子病天下之诸侯、大夫僭天子、诸侯之事而作《春秋》。”[②] 苏洵强调因当时君道不行，《春秋》代行天子赏罚之权。江宋符在《史权序》中云：“史胡为而作？曰权是非也。孰权之？曰心。心，天也，至公之舍也，亘古今而一者也。”[③] 他提出史书之作在于权是非，而权是非则在于公心。南宋吕祖谦云：“史官者，万世是非之权衡也。禹不能褒鲧，管、蔡不能贬周公，赵盾不能改董狐之书，崔氏不能夺南史之简。公是公非，举天下莫之能移焉。是故人主极天下之尊，而公议复尊于人主；公议极天下之公，而史官复持于公议。”[④] 他主张史官具有权衡万世是非的权力，而即便是君王也不能予夺其权。明人关于史权的评论和认识，在继承宋人的基础上有所发展，兹举其

① 参见刘开军：《论“史权”——中国古代史学批评的一个重要范畴》，瞿林东、葛志毅主编：《史学批评与史学文化研究》，黑龙江人民出版社2009年版，第71页。

② 苏洵：《嘉祐集》卷六《春秋论》，曾枣庄、金成礼《嘉祐集笺注》本，上海古籍出版社1993年版，第163页。

③ 江宋符：《史权序》，程敏政辑：《新安文献志》卷一八，明弘治十年刻本。按，此文原题作者为“江主敬”，同书卷一载有“江主敬宋符”事略，故现题为“江宋符”。

④ 吕祖谦：《东莱外集》卷三《汉太史箴》，《景印文渊阁四库全书》第一一五〇册，台湾商务印书馆1983年版，第391-392页。

要者列之于下。

明初，王祎在谈到唐代起居郎时曾说：

起居郎，古左史也。人君动则左史书之，是非之权衡，公议之所系也。禹不能褒鲧，管、蔡不能贬周公，赵盾不能改董狐之书，崔氏不能夺南史之简。公是公非，记善恶以志鉴诫，自非擅良史之才者，其孰能明公议以取信于万世乎？故人主极天下之尊，而公议所以摄人主；公议极天下之正，而史官又所以持公议者。[①]

丘濬在《大学衍义补》中云：

夫天下不可一日而无史，亦不可一日无史官也。百官所任者，一时之事；史官所任者，万世之事。《周礼》宰夫八职，有史以赞治。汉法，太史公位丞相上。天下计书，先上太史公，副上丞相。唐及宋，宰相皆兼史官，其重有如此者。自成周有左右史，汉有起居注，唐宋之起居舍人、著作郎之属，皆所谓史官也。我朝国之初，犹设起居注，其后革之，而惟以修撰、编修、检讨当国史焉。遇有纂修，则以大臣为之监修，学士为之总裁，其法制可谓简而要矣。然是职也，是非之权衡，公议之所系也。禹不能褒鲧，管、蔡不能

① 王祎：《王忠文集》卷一五《唐起居郎箴并序》，《景印文渊阁四库全书》第一二二六册，台湾商务印书馆1983年版，第323页。

贬周公，赵盾不能改董狐之书，崔氏不能夺南史之简，公是公非，纪善恶以志鉴戒。[①]

焦竑在《论史》篇中云："苏子谓史之权，与天与君并，诚重之也。"[②] 又云：

嗟夫，史之废久矣！改弦易辙则疑于纷更，循途守辙则疑于胶固，野史家乘则疑于越俎，甲是乙非则疑于聚讼。故议史于今日，难之难者也。必不得已，章奏采矣，而又参之时论；志铭收矣，而又核之乡评；馆局开矣，而又总之一家。则伪不胜真，同可为证；权不他移，事有所统。然后道法与事词并茂，刊削与铨配兼行。虽未必进之作者，庶可以备采来兹矣。[③]

焦竑在《师资论统序》中又云：

夫史，譬之狱也。先哲之评，言人人殊，所以谳狱也。《周礼》乡士、遂士、讶士，辨罪小大而上之朝。司刑、司刺乃上之司寇，达于王，而复命三公参听之，其谨如此。况古之行事，非参众论而核其本末，则是非得失，兴坏理乱，

---

① 丘濬：《大学衍义补》卷七，林冠群、周济夫校点，京华出版社1999年版，第63页。
② 焦竑：《澹园集》卷四《论史》，李剑雄点校，中华书局1999年版，第19页。
③ 焦竑：《澹园集》卷四《论史》，李剑雄点校，中华书局1999年版，第20–21页。

尚未识其大归，而何以定褒贬、予夺之所在？[①]

祝世禄在《昭代典则序》中云：

夫史难言哉！学者宏辨典记，考摭曩古，然于当代之故靡几焉。大之则弘谟洪烈之盛，锐意铺张；秘之则金匮石室之藏，烦思紬绎；公之则是非衮钺之施，叶谋而权定，甚有未易易者。司马氏世职天官，二十而南游，探舜禹故蹻，历穷海内，讲业齐鲁，以度衷于圣人。宜古今称史者亡如《史记》，乃评者犹恨焉。其称三五之际略矣，若汉兴以来故实、功令、行事之迹，靡不毕究，而八书诸志，嵬然只千古焉。以启班氏，羽翼《春秋》，良不虚耳。[②]

李维桢亦云：

史官之权，重于帝王。帝王止赏罚一时，史官则荣辱千载。六经子史，化为烈焰；图书缣帛，皆为帷裳。诚可叹恨！[③]

---

① 焦竑：《澹园集》续集卷二《师资论统序》，李剑雄点校，中华书局1999年版，第782页。

② 祝世禄：《昭代典则序》，黄光升：《昭代典则》卷首，《续修四库全书》第三五一册，上海古籍出版社2002年版，第1页。

③ 刘知幾撰、李维桢评、郭孔延评释：《史通》卷一一《史官建置》“评曰”，《四库全书存目丛书》史部第二七九册，齐鲁书社1996年版，第156页。

吴从先在为《史纲评要》所作序文中云：

人各一是非，我亦一是非，布衣可以参衮钺之权，月旦非以擅《春秋》之柄。遇恨则骂，遇嬉则笑，遇快则赏，遇奇则惊，遇愤激则按剑相从，遇节侠则欲以身代。可以史臣之肺腑通之我，可以我之肝胆照史臣。纵口横笔，太史公复起不易吾言，而后读史无遗憾也。①

汪若霖亦云：

史者，皇王之脉络，邦国之典刑。古人尝借喻于车船，后世每奉之为蓍鉴。故曰："有国之主不知《春秋》，则前有谗而不见，后有贼而不知。"由兹以观，可容旷阙？夫以本朝臣子，修昭代典章，祖宗精意，既可推求，理乱大纲，即堪印证。况今流俗败坏，清议阙穷。固有忠臣隐节，正类孤操，奸邪或得志于一朝，顽鄙有甘心于众口。尚需一字褒贬，可为千载劝惩，助刑赏之未周，留廉耻于既灭。盖域中有三大权，而史居一焉，其道严而甚尊。臣故曰两者国运所以污昭，帝王之要务也。②

---

① 吴从先：《〈史纲评要〉序》，张建业主编：《李贽文集》第六卷卷首，社会科学文献出版社2000年版，第1页。

② 汪若霖：《馆职简授宜精史局纂修宜竞疏》，陈子龙等辑：《明经世文编》卷四六九，中华书局1962年版，第5152页。

从上述所论可以看到，明人对“史权”这一概念有过多方面的阐述。要而言之，明人主张史家要勇于行使审判历史的权力，在历史撰述和历史评论中辨明是非、褒贬善恶。因而“史权”既可视为史学的功用之一，也是史家的重要职责所在。

四、史家才能

(一) 对“史才三长”说的继承和发展

唐开元间，礼部尚书郑惟忠曾问刘知幾：“自古已来，文士多而史才少，何也?”对于郑惟忠的提问，刘知幾的回答是史家需要具备才、学、识三长，“世无其人，故史才少也”[①]。这一论述得到当时和后世的肯定。

丘濬在《大学衍义补》中，综合了前人关于史家才能的论述，他说：

> 自非得人如刘知幾所谓“兼才、学、识三者之长”，曾巩所谓“明足以周万事之理，道足以适天下之用，智足以知难知之意，文足以发难显之情”，不足以称是任也。虽然，此犹非其本也。若推其本，必得如元揭傒斯所谓“有学问、文章，知史事而心术正者”，然后用之，则文质相称，本末兼该，而足以为一代之良史矣。[②]

① 刘昫等：《旧唐书》卷一〇二《刘子玄传》，中华书局1975年版，第3173页。
② 丘濬：《大学衍义补》卷七，林冠群、周济夫校点，京华出版社1999年版，第63页。

在丘濬看来，史家需要具备刘知幾所说的“才、学、识”，曾巩所说的“明”“道”“智”“文”，尤其是揭傒斯所说的“学问”“文章”“史事”“心术”，才能称为一代良史。

学者高燿对史家的才、学、识提出了自己的认识，他说：

> 然史之所记，必采诸志之所录而参互之。则志之所系，不尤重哉？故作志者，必有雄伟俊逸之才，以铺张庶事；必有渊深博洽之学，以考订典籍于上下数千载之间；必有洞达宏远之识，以出入群史法程，兼之立言体要，而又慎择取舍，综核名实。斯于所谓志者得之。①

高燿是从方志撰述的角度，阐述史家需要具备三个方面的才能：一是“雄伟俊逸之才”，即具备充分叙事的才能；二是“渊深博洽之学”，即具备考订古今典籍的知识基础；三是“洞达宏远之识”，即具备精通诸史程式的见识，取舍有度，综核名实。高燿所论，对才、学、识“三长”之说作了自己的阐释。

詹景凤于“三长”之中尤重史识，他说：

> 夫史之所从来，遐哉邈矣！然古之所谓史，其与经有非二也。后世搜奇广异，思欲陵跨先代，使来斯吐舌，莫敢抽绪，故述列多不经。于是始有以经专明道，而史专记事者，

① 高燿：《保定府志序》，《保定府志》卷首，明万历三十五年刻本。

第事须目击乃庶无讹。史家既出传闻，则疑信宁无杂错？又作者多未知德，往往好异轻信，牵合凑会，于是非曲直间，是任己意，岂大道之云尔乎？史才之难遘于末代，固其宜也。

作史在学博，尤贵识高。盖该核在学，删取在识，宣叙在才。才自天成，非由力致；学则可以力求；识非见道明即高，终涉过当。唯道明而见超物表，斯其犹日月之照临，无私故也。刘知幾曰史有三长，才、学、识，然自昔罕能兼之。[①]

詹景凤认为，古之史与经并无二致，由于后来史书所记有谬误不实之处，加之是非难辨，因而未能承担载道之任。由是，他感慨史才难得。对于才、学、识三者，他认为“学”主要是在对史料的广泛考核方面，“才”主要是在叙事方面，而“识”主要在史事的选取方面。詹景凤尤其强调史识，认为史家要能深入历史的表象，认识到历史的本来面目，这样才能做到公正无私。詹景凤对史识的认识，与刘知幾所说“犹须好是正直，善恶必书，使骄主贼臣，所以知惧”[②] 有所不同。刘知幾是从史家心术即主观“正直”的角度来阐释史识，而詹景凤则是从认识史学撰述对象客观性的角度来说明，应该说这是在史学认知方面的一

① 詹景凤：《詹氏性理小辨》卷三〇《史学》，《四库全书存目丛书》子部第一一二册，齐鲁书社 1995 年版，第 396 页。

② 刘昫等：《旧唐书》卷一〇二《刘子玄传》，中华书局 1975 年版，第 3173 页。

种发展。

袁中道亦重视史家的史识，他说：

> 作史之人，其所重如古所云三长者，固不可少，而尤重在识。夫识者，又所以运其才与学也。昔人谓胡风侵于内地，故歌曲皆胡。予以谓胡之所染者浅矣，宇宙之内，自一染于理障之后，然后人皆拘挛庸腐，了无格外之见。其论甚狭，而其眼甚隘，其所取之人全是小廉小谨之辈。不然则掩袭回互，毫无疵议之夫。而至于世之英雄豪杰，出于常调、超于形迹者，乃射影索瘢，极其苛刻。能于长中求人之短，而不于短中求人之长。能见人于皮毛，而不能洞人于骨髓。数百年内，习气相沿，已入于人之膏肓。故今之时，非无一二颖脱者，而出口下笔，俱是庸人雷同和合之见。使此辈执笔，则有眼如盲，尽收平常缘饰之士，而汰去迹相可疑之真人。安能于众是之中而断人非，于众非之中而得人是哉？则信乎非高识不可也。[①]

袁中道认为，史家才与学的运用有赖于高超的史识，而若眼界狭隘、见识不足，则难以做到去伪存真，准确评价历史。因而在袁中道看来，史识在“三长”之中居于统领的地位。

---

① 袁中道：《珂雪斋前集》卷一九《论史》，《续修四库全书》第一三七六册，上海古籍出版社2002年版，第52页。

（二）“史有别才”

除对“史才三长”说的继承和发展外，明代学人还尝试从另外的方面来探讨史家才能问题。其中最为突出的，就是胡应麟的“史有别才”之说。兹将其所论，列之于下。

《少室山房笔丛》卷十三《史书占毕一》中云：

> 孟坚、武仲，有伯仲之称。而班以《汉书》崛然与司马争雄，晋、唐之际几左席焉；傅没没于崔、蔡之间，而莫能自异也。颜、谢文章日揭江左，范之誉闻盖远非俦，而《后汉》一书逾寿接固，延之、灵运遂为词人。昔人谓诗有别才，吾亦谓史有别才也。
>
> 以昌黎《毛颖》之笔而驰骤古人，奚患其不史也？而《顺宗录》有取舍之讥，《曹王碑》多轧茁之调。柳以史笔推韩，与书翊戴至矣，而韩弗任也。《段秀实传》一脔足珍，他绝不睹。李习之翱锐以史自居，第唐一代讵止高、杨两女子哉？宋王、曾、苏氏重名，居馆职，徒成故事。《隆平集》今传，非荀、袁匹也。史有别才，历较唐宋诸子，益信矣。①

《少室山房笔丛》卷二十七《九流绪论上》中云：

① 胡应麟：《少室山房笔丛》卷一三《史书占毕一》，上海书店出版社2009年版，第132页。按，此本原有“柳以中笔推韩”之语，“中”为“史”之讹误，今改之。

史与子，皆文之一体也。余尝谓史有别才，惟子亦然。刘（基）、宋（濂）并兴胜国，刘之文非宋匹，以《郁离》视龙门，则或相倍屣焉。李（梦阳）、何（景明）方驾盛明，何之文非李匹，以《大复》视《空同》，则大有径庭焉。夫龙门亟撰亟就，而《空同》漫笔也，《郁离》《大复》，则伯温、仲默生平寓焉，兹所以异与。①

《少室山房集》卷九十八《欧阳修》中云：

欧阳氏之史五代也，当时尊之，谓出太史公上。历宋至元，无弗以上接班《书》，余子弗论也。乃本朝杨用修列之司马家奴，王元美拟之下里学究，胡毁誉悬殊，至于斯极哉！

余尝以西京而下，史有别才，运会所钟，时有独造。故文之高下虽以世殊，而作者递兴，主盟不乏。自春秋以迄胜国，概一代而置之无文，弗可也。若夫汉之史、晋之书、唐之诗、宋之词、元之曲，则皆代专其至，运会所钟，无论后人踵作，不过绪余。即以马、班而造史于唐，李、杜而掞诗于宋，吾知有竭力而亡全能矣。

乃至陈寿、范晔之才，不过三国六朝中人之上者，其于昌黎、河东、庐陵、眉山兄弟不同日语，审也。乃昌黎中书

① 胡应麟：《少室山房笔丛》卷二七《九流绪论上》，上海书店出版社2009年版，第270-271页。按，括号内人物名字为引者所加。

一传，真足颉颃司马，而意欲自开堂奥，尽削陈言。故太史之文不以驰骤于《顺宗》，而以戏剧于《毛颖》，他可推已。河东《段氏逸事》体法孟坚，余率己调。眉山家世，序、论、表、策，其所偏精，而纪传之文，寥寥绝响。独欧阳究心史学，摹勒马、班，《五代》一书，差存劝戒，而以晔《书》、寿《志》较之，犹将瞠乎尘后。是固时代所压，未易超然；要亦史有别才，难于兼美也。不然，谓数君子之才，而出陈、范二子下，可乎？司马君实尝谓："唐三百年，巨公间出，遂无一人足与陈寿、范晔伍。"而宁知历宋迨明，而二书之悬揭自若也。

吾故以西京而下，史有别才，而运会所钟，时有独造也。善乎！李献吉之言史曰："古史笔形神涌出，览者跃如。《五代》虽成一家言，而无是也。"此欧史之定品也。[①]

胡应麟所说的"史有别才"，大致可以归结为两层意思：一是史之才与文之才不同，在文学上有高深造诣之人，如韩愈、苏轼，未必能撰成精湛的史著。二是史学与书法、诗、词、曲等文体和艺术形式有类似之处，在历史发展的长河中，往往"代专其至""运会所钟，时有独造"，会在某一时期达到其高峰，而无论后世如何发展，都只能承其余绪，难以超越。因而尽管欧阳修究心史学，但其所撰《新五代史》比之陈寿《三国志》、范晔

① 胡应麟：《少室山房集》卷九八《欧阳修》，《景印文渊阁四库全书》第一二九〇册，台湾商务印书馆1983年版，第715页。

《后汉书》尚且不足，更遑论《史记》《汉书》。

这里胡应麟是以举例的方式来阐说，未能就“史有别才”的内涵、外延展开论述，不无遗憾。但他所论，指出了史书与其他文体的异同，并且注意到随着时代的变化，不同文体和艺术形式的发展状况也有所不同。

关于郑惟忠之问，刘知幾着重回答了“史才少”的一面。胡应麟于“史才三长”外增加了“二善”（“公心”和“直笔”），而他的“史有别才”说则尝试回答“自古已来”和“文士多”这两个方面。因而似乎可以这样说，从开元初到万历中，在经历近九百年之后，胡应麟继刘知幾对郑惟忠之问交上了一份更为完整的答卷。

第三节　史家的史学批评精神

一、“知人论世”

史学批评精神，即史家应当秉持什么样的态度来进行史学批评。明人在史学批评方面的成果内容丰富，而其关于史学批评精神的认识也颇有可取之处。

《孟子·万章下》中云：“颂其诗，读其书，不知其人，可乎？是以论其世也。”[1] 孟子在此提出的“知人论世”之说影响甚广，就学术批评而言，后世常以此来说明要评述学术著述，需

① 《孟子·万章下》，杨伯峻《孟子译注》本，中华书局1960年版，第251页。

要深入了解作者及其所处的时代背景。

（一）王圻之论

元代马端临在评论司马光《资治通鉴》和杜佑《通典》时，提出“著述自有体要，其势不能以两得”，“时有古今，述有详略”[1]，可以看作是“史学批评中之自觉的知人论世的方法论”[2]。明代王圻接续《文献通考》，续撰南宋嘉定年间以后典章制度，直至明代万历年间，同时还增补辽金典制，并且增加节义、氏族、六书、谥法、道统、方外诸考，纂成《续文献通考》二百五十四卷。关于为何增补辽金典制，王圻说道：

> 宋真以后，辽金事迹十居六七，旧《考》削而不入，岂贵与乃宋相廷鸾子，故不乐叙其事？抑宋末播迁之际，二国文献不足，故偶缺耶？然舆图之沿革，祥异之昭垂，及政事美恶之可为法戒者，恶可尽弃弗录？余故摭其大节，补入各目下，事则取之史乘，序则附之宋末。[3]

王圻一方面强调辽金典制的重要性，另一方面并没有对马端临《文献通考》未载辽金的内容提出严苛的批评，而是设身处地地推测其中的缘由：或是马端临作为南宋丞相马廷鸾之子，不愿意涉及辽金史事；又或是马端临处于宋元之际，社会动荡，关

① 马端临：《文献通考》卷首《自序》，中华书局1986年版，第3页。
② 瞿林东：《中国古代史学批评纵横》（增订本），重庆出版社2016年版，第115页。
③ 王圻：《续文献通考》卷首《续文献通考凡例》，现代出版社1991年版，第1页。

于辽金的文献难以获得，欲记而不能记。究竟哪一种情况更符合真实的情况，我们不得而知。但是王圻在评论此事时所反映出来的精神和态度，是值得肯定的：在主观方面，他意识到马端临的家世身份，可能会影响到其撰述的取舍；而在客观方面，他注意到了马端临身处的历史环境，及其对文献获取方面造成的困难。可以说，王圻不仅继承了马端临撰述典章制度之史的事业和对“文献”价值的认识，同时也继承了马端临“知人论世”的史学批评精神。

（二）徐中行与徐孚远之论

明人“知人论世”的史学批评精神，还集中反映在关于《史记》和《汉书》及其比较的评论中。

明代文坛“后七子”之一的徐中行在《史记百家评林序》中云：“今夫史者，其得失之林乎？百世而上评于史，而史则评于百世之下。史何容易哉？甚矣，其评之难也！”① 他指出史书承载着对历史的评论，而史书本身又为后代所评论；评论历史固然不易，但评论史书则更加不易。

关于《史记》，徐中行说：“说者以古帝王右史记言，左史记事，言为《尚书》，事为《春秋》。司马迁兼之，故名曰《史记》，而评之者亡虑数百家。……《史记》所采其事其文，战国以前非惟孔子所不取，而《传》《语》之所遗者，皆穷搜而博访。《传》之以年，《语》之以国，而论其世，各得其一体。迁

① 徐中行：《天目先生集》卷一三《史记百家评林序》，《续修四库全书》第一三四九册，上海古籍出版社2002年版，第727页。

则勒而为五，以讫于天汉，固有残缺，大较其体备矣。尚未尽善，虽不免于有评；而称其尽美者，亦不能无溢词。”[①] 他认为《史记》兼《尚书》《春秋》《左传》《国语》之长，融合五种体裁而使其书大较完备，而后世关于《史记》的褒扬和批评，或有不当之处。对此，他提出了“颇异于诸家”的认识：

> 迁之自叙，远追于二正，近承乎五百，而紬石室金匮，绍明世，正《易传》，继《春秋》，本《诗》《书》《礼》《乐》之际，而自任见于言表，何其狂也。六艺各为一经，夫子且述而不作，迁各序其所长，乃猎涉其事，为三十篇，成一家之言。协异传而齐杂说，将尽三千年事，以俟后圣君子，不自掩乎阙如，何其简也！若在孔氏之门，其亦裁于进取之列矣乎？盖其乱臣贼子作，夫子志在《春秋》，上行天子之道，以知我罪我自任，文成数万，事指数千，褒贬于一字之间。而游、夏不能赞者，其义则独取，非概因乎旧史也。故本鲁国一儒，而迁为立于世家，其曰“虽不能至，然心乡往之”，其志可知已；又以“言六艺者，必折中于夫子”，其义可知已。乃志继麟止，则上历于皇帝，而变其编年，各自以为义，前无所袭，后以为法，而与《左氏传》语，皆为百世不可废。非命世之才，其孰能与于斯？[②]

① 徐中行：《天目先生集》卷一三《史记百家评林序》，《续修四库全书》第一三四九册，上海古籍出版社2002年版，第727页。

② 徐中行：《天目先生集》卷一三《史记百家评林序》，《续修四库全书》第一三四九册，上海古籍出版社2002年版，第727-728页。

可以看出，徐中行对《史记》的评论，侧重于司马迁继承孔子的“志”和“义”的方面。在对《史记》和《汉书》的比较上，他认为：

《史记》体裁既立，固因之而成书，不过稍变一二，诚易为力者耳。其时诸儒钻仰训诂，承为集解，至二十四家，而《史记》解释者少。历代之宗《汉书》，至宋为尤盛。其宗《史记》者，乃始盛于今之百家。然二氏皆良史才，而其得失靡定者，盖各因时所尚，而资之近者为言耳。若夫卓然扬扢之，不但论其才，则余不佞，窃识其大如此。①

司马迁与班固都有良史之才，但《史记》和《汉书》在后世却有着不同的评价。徐中行认为《汉书》多为后世所称颂，尤以宋为盛，而《史记》之学则在明代兴盛，这是由于不同时代人们所重视和尊崇的方面不一样，从而导致了不同的倾向和选择。因而他强调，不能仅凭某一时期人们重视《汉书》或者《史记》，来作为评价二者优劣的依据。这里徐中行指出，史学批评需要注意到不同时期的时代环境和学术特点。

徐孚远在论及《史记》时曾说：

盖小司马之序迁《史》也，以为其文古质，故汉晋名

① 徐中行：《天目先生集》卷一三《史记百家评林序》，《续修四库全书》第一三四九册，上海古籍出版社2002年版，第728页。

家未知见重。余尝观苏子瞻、黄山谷之论，皆称《汉书》，不称《史记》，岂以班文藻赡有过迁《史》也哉？

夫自太史公变编年之体而为纪、传、书、表，后之作者不能易也。班掾特修而明之耳，以为其功多于创始，未必然也。史者记事之书也，传远则难征，难征则体疏；代近则事核，事核则体密，固其所也。班掾所记二百年，蔚宗《后汉书》亦二百年，长祚以下，其年弥促，其纪弥少。且非独此也，《春秋》之作，二百四十余年耳。太史公志大而好奇，起于五帝，迄于天汉，凡数千年，包举广矣，去取褒刺，不得不疏，亦势使之然乎。夫纪数千年之事，尽于百三十篇中，疑其迫促，裁缀若有不暇者。然其为文纡回宏衍，纵意所如，浩乎不见涯涘，岂非天才峻拔，非后人之所庶几者哉！①

徐孚远并不赞同苏轼、黄庭坚等人“皆称《汉书》，不称《史记》”的做法。在他看来，史书的疏忽与细密，与所撰时代的远近有关：如果所述时代久远，则事迹难以知晓，因而所记难免会有所遗漏；而所述时代较近，则事迹容易考证，因而所载史事往往较为细密。他认为《史记》所记“凡数千年，包举广矣”，因而出现疏漏是“势使之然”。这里徐孚远强调，要综合考量史书内容和时代条件，即史书所记载时限远近、内容多寡以

① 徐孚远等：《史记测议》卷首《序》，明崇祯年间刻本。

及文献资料丰简等情况，才能对史书作出恰当的评价。

二、持论“守中”，去失存善

晚明学者朱明镐所撰《史纠》六卷，是一部考订正史并指陈其得失的著述。前五卷上起《三国志》，下迄《宋史》《辽史》《金史》，第六卷散论史书同异。四库馆臣称：“明代史论至多，大抵徒侈游谈，务翻旧案，不能核其始终。明镐名不甚著，而于诸史皆钩稽参贯，得其条理，实一一从勘验本书而来，较他家为有根据。”又云：“要其参互考证，多中肯綮。精核可取者十之六七，亦可谓留心史学者矣。”[①]《史纠》在考订诸史撰述之谬及事迹之抵牾的同时，注重评析诸史得失，并且辨析本朝史家的相关评论，其中所蕴含的史学批评精神在对两《唐书》和《宋史》的评论中反映得尤为充分。

朱明镐在考辨《新唐书》时，常将《新唐书》与《旧唐书》进行比较。首先，他指出了《新唐书》的主要优点：

> 《旧书》烦，《新书》简，《旧书》疏，《新书》密，其大较也。《旧书》立《志》十有一，《新书》立《志》十有三，而增《仪卫志》《兵志》《选举志》焉。《旧书》无表，而《新书》立《宰相表》《方镇表》《宗室世系表》焉。《旧书》武后止入帝纪，《新书》既为武后立纪，又为武后

① 永瑢等：《四库全书总目》卷八八《史纠》提要，中华书局1965年版，第755页。

立传。《新书》于诸传之外，又立《卓行传》《藩镇传》，又《奸臣》《叛臣》《逆臣传》。凡此条例，皆卓卓度越刘史，无容置议。[①]

又云：

至于及《卓行》有传，《藩镇》有传，《奸臣》《叛臣》《逆臣》有传，皆刘氏之所未备，而欧、宋二公所增修者，较《旧史》为精彩一变矣。[②]

通过比较，朱明镐认为《新唐书》在志、表、纪、传诸多方面，都较《旧唐书》有明显进步。

其次，他对《新唐书》的不足并不回避，并且分析了其中的缘由。他说：

《新书》较《旧书》本胜，欧、宋之功自不可没。顾其中流品不分者有之，持论失衷者有之，安置乖方者有之，事迹漏逸者有之，前后错乱者有之，谱系混淆者有之，秉笔率意者有之，挟议太苛者有之。[③]

---

① 朱明镐：《史纠》卷四《新唐书·诸志诸表》，《景印文渊阁四库全书》第六八八册，台湾商务印书馆1983年版，第503页。

② 朱明镐：《史纠》卷六《新旧唐书异同·书新旧唐书后》，《景印文渊阁四库全书》第六八八册，台湾商务印书馆1983年版，第530-531页。

③ 朱明镐：《史纠》卷四《新唐书·黄巢以皮日休为学士》附，《景印文渊阁四库全书》第六八八册，台湾商务印书馆1983年版，第512页。

《新唐史》本属分任，欧阳主纪、志及表，宋主列传，纂修至于八年之久，两家似宜关议，一人尤宜详较，何至一书之中自启同异。……互相违戾，更仆难数，一彼一此，使后世安所取信乎？按《新书》成日，仁宗命裴煜、陈荐、文同、吴中、钱藻共校勘之。五臣身任厥职，从容文馆，目睹瑕类，喑默不置一言。是则此书之短，五臣与欧、宋分载其半矣。[①]

朱明镐总结了《新唐书》中“流品不分”等八个方面的不足。同时，他还认为欧阳修主修纪、志、表，而宋祁主修列传，二人分头撰述，难免会有抵牾，因而校对勘核就尤为重要。他采用吴缜的说法，《新唐书》书稿初成之时，宋仁宗曾命裴煜、陈荐、文同、吴申、钱藻五人共同校勘，但未能及时发现和纠正书中的谬误[②]。因而，如果将《新唐书》之误仅归咎于欧阳修和宋祁，是不合适的。

再次，他对《新唐书》与《旧唐书》进行了总体评价：

《新书》之失既章章矣，《新书》之美亦复指不胜屈。诸志之整丽，列传之博综，立意简严，篇第周赡，胜刘昫远甚。顾昫《书》稍胜者，不过记事捷直耳。至于纪、志之

---

① 朱明镐：《史纠》卷六《新唐书·黄巢以皮日休为学士》附，《景印文渊阁四库全书》第六八八册，台湾商务印书馆 1983 年版，第 513-514 页。按，文中“吴中”当为“吴申”。

② 参见吴缜：《新唐书纠谬》卷首《新唐书纠谬序》，《丛书集成初编》本，中华书局 1985 年版，第 3-4 页。

中，类失芜复，论赞之文，间杂下俚，读者具能辨之。[①]

《旧书》是非颇不背谬，时时与《新书》分道抗行。[②]

朱明镐认为，《新唐书》无论是在志、表、传的增补，还是在篇第严整、语言简要方面，都远胜《旧唐书》；《旧唐书》则胜在记事直率方面，但其纪、志之中内容繁芜，论赞之语不够精要，是其明显的不足，然而总体上是非分明，因而能与《新唐书》并行于世。通过考辨和分析，朱明镐认为《新唐书》总体优于《旧唐书》，但二者的得失各有不同，因而并行不悖，不能相互取代。

最后，朱明镐还对杨慎等人赞誉刘昫而贬抑欧、宋的观点有所回应。杨慎曾以新旧两部《唐书》中所载"姚崇十事"之文进行对比，他认为《旧唐书》中所载"问答具备，首尾照映，千年之下，犹如面语"，而《新唐书》则"剪裁晦涩，事既失实，文又不通"[③]，由此认为《新唐书》有被高估之嫌。朱明镐对此进行了辨析：

本朝杨升庵汲汲推刘书不置，至举姚崇说玄宗十事，将

① 朱明镐：《史纠》卷四《新唐书·黄巢以皮日休为学士》附，《景印文渊阁四库全书》第六八八册，台湾商务印书馆1983年版，第513页。

② 朱明镐：《史纠》卷六《新旧唐书异同·书新旧唐书后》，《景印文渊阁四库全书》第六八八册，台湾商务印书馆1983年版，第531页。

③ 杨慎：《升庵集》卷四七《二唐书》，《景印文渊阁四库全书》第一二七〇册，台湾商务印书馆1983年版，第371页。

《旧书》《新书》相拟，以为宋不及刘，不啻百里而遥。然十事《旧书》不载，即宋子京《姚元之》赞中，已明言之。此一则本出自吴兢《升平录》，升庵欲归美《旧书》，径以吴兢之笔误充刘昫之简耳。①

朱明镐指出姚崇说玄宗十事，《旧唐书》中并不见载，而是见于吴兢《升平录》，杨慎之论所据不确，因而其结论也值得怀疑。他还说道："而本朝杨升庵诸公必誉刘而抑欧、宋，重有惜于廿一史之存《新》去《旧》。此亦好奇之论，非守中之说矣。"② 朱明镐认为杨慎等人论《旧唐书》优于《新唐书》，不过是好奇之论，"非守中之说"。从中可以看出，朱明镐强调史家评史需要秉持中允之论，不可轻言优劣。

朱明镐在评论元修《宋史》时，亦秉承"守中之说"，辨析其中的得失。他首先总结了《宋史》的"三善"：

宋世私史最多，实录难据。绍圣、崇宁、绍兴之间，日历悉出奸贼之手，……睹之令人气噎，而《宋史》概行弃黜，不以窜入笔端，是非好恶，颇不背谬于圣人。此其善者一也。文文山、谢君直，悉得佳传，以视《魏志》之金祎、耿纪，《晋书》之诸葛诞、毌丘俭，《宋书》之袁粲、沈攸

① 朱明镐：《史纠》卷六《新旧唐书异同·书新旧唐书后》，《景印文渊阁四库全书》第六八八册，台湾商务印书馆1983年版，第531页。

② 朱明镐：《史纠》卷四《新唐书·黄巢以皮日休为学士》附，《景印文渊阁四库全书》第六八八册，台湾商务印书馆1983年版，第513页。

之，《唐书》之骨仪、阴世师，或书为叛，或指为逆，大相径庭。此其善者二也。《忠义》立传必请于天子，直书无讳，凡与元朝抗命矢死靡贰者，悉得具载，以养天地正大之气，厉人臣事君之节。此其善者三也。[1]

对于元修《宋史》的这三个方面的优点，朱明镐给予充分肯定。继而，他指出《宋史》“至于铨次失伦，往往有之”，并历数其“七失”：“君子小人，各有其类，无故以蛣蜣含粪之物，置诸荪蕙之丛，此其失者一也”；“杂薰草于莸中，混骥足于驽步，其谓之何？此其失者二也”；“《宋史》持例，未免过核，将使貌为君子者，人争附之而不敢与其究也，小人之党愈盛，而君子之势愈孤，人亦乐于党小人，而并绝其为善之路，此其失者三也”；“凡立一传，必使名实允协，倘訾议可加，终有愧于良史，此其失者四也”；“命名既舛，位置并失，按部而就班，觉所处之非据，此其失者五也”；“更有不必立传而强立者……此其失者六也”；“以语乎家乘则详，以言乎国史则渎，此其失者七也”[2]。

朱明镐在深入辨析《宋史》的得失之后，提出“去其失而存其善，是在乎后之删《宋史》者”[3]。“去其失而存其善”，即

① 朱明镐：《史纠》卷五《宋史·总论》，《景印文渊阁四库全书》第六八八册，台湾商务印书馆1983年版，第521页。

② 朱明镐：《史纠》卷五《宋史·总论》，《景印文渊阁四库全书》第六八八册，台湾商务印书馆1983年版，第521-523页。

③ 朱明镐：《史纠》卷五《宋史·总论》，《景印文渊阁四库全书》第六八八册，台湾商务印书馆1983年版，第523页。

去除其谬误之处，保存其完善的方面，这是朱明镐在详细考辨史书之后，凝练出的史家应有的史学批评精神。

三、“磨瑕以完璧，刮朽以成材”

关于应当秉持怎样的态度来看待前人史书的得失，于慎行通过对《史通》的评论提出了自己的看法。首先，他称赞刘知幾有良史之才，说道：

> 粤自左史记事，右史记言，石室兰台，权舆遐邈矣。迁、固既往，代罕称良，寥寥芳猷，千载莫嗣。吁，其难哉！唐有刘子知幾，夙以卓资，独秉渊览，三为史臣，两入东观，博淹载籍，驰骋古今，提要钩玄，囊括殆尽。观其《史通》所述，自三坟五典之书，南史素臣之纪，两京三国之谟，中朝江左之历，亦有汲冢古篆，禹穴遗编，金匮之所不藏，西崑之所未备，莫不探厥渊源，总其统系，捃摭纂著，靡有遁形，斯已勤矣。尔其神识融洞，取舍严明，操笔有南狐之志，摛藻有班马之文，充其韫籍，不足称一代良史哉？[①]

于慎行从两个方面对刘知幾予以充分肯定：一是刘知幾遍览古今史籍，并且“探厥渊源，总其统系”，于史学用功甚勤；二

---

① 于慎行：《谷城山馆文集》卷四〇《刘子玄评史举正》，《四库全书存目丛书》集部第一四八册，齐鲁书社 1997 年版，第 242 页。

是其所撰《史通》见识高超，取舍严明，勇于直书，文采不凡。

其次，于慎行毫不客气地提出了对刘知幾《史通》的批评："而乃好奇自信，拘见深文，小则取笑于方家，大则得罪于名教。惜也！难得之才，遗此无穷之恨，省以怃然，为之太息。"[①] 进而，他列举刘知幾《史通》"其罪有二，其失有三"。其所谓二"罪"云：

夫尧、禹为圣，辛、癸为凶，自有生民，所其睹记。而信传疑之语，遵好事之谈，以竹书为龟策，以壁经为土苴。信其言也，则丹朱之不帝，重华有筑坛之谋；苍梧之不返，文命有胶舟之志。履辛之不道，乃陈琳草檄之诬；西伯之戡黎，如桓温拜表之辙。遂使皇图帝箓，萃逋逃之薮；倾宫瑶室，迈垂拱之规。是可忍也，孰不可忍！茫茫万世，人安适归？侮圣之罪一矣。

夫儒者之言，折衷孔子。皇皇经籍，赫若日星。删述所加，各有攸当。如让汤斩纣，则纪言之史不陈；鲁国无风，则登歌之颂已录。而不窥圣意，辄谓有私。至所断据，则魏丕曰："舜禹之事，吾知之也"。何其不信大圣权舆之准，而信乱臣依附之言？人之不聪一至于此，而能品藻人伦，劝惩万世者乎？离经之罪二矣。[②]

---

① 于慎行：《谷城山馆文集》卷四〇《刘子玄评史举正》，《四库全书存目丛书》集部第一四八册，齐鲁书社1997年版，第242页。

② 于慎行：《谷城山馆文集》卷四〇《刘子玄评史举正》，《四库全书存目丛书》集部第一四八册，齐鲁书社1997年版，第242页。

于慎行这里主要是针对《史通》中的《疑古》《惑经》两篇，从而批评刘知幾有“侮圣”和“离经”之罪。刘知幾在《疑古》《惑经》两篇中，表达了他对古代史籍和经书所载之事的怀疑。在今天看来，这些恰恰是刘知幾勇于怀疑和追寻历史真相的可贵之处，同时也说明于慎行此论仍囿于时代所限。

其所谓三“失”云：

> 夫史犹绘也。善绘者具人之体貌，而必得其精神；善史者摭事之故实，而必存其色象。是故词有繁而不杀，事有细而靡遗，欲其一披简书千古如覿也。公索亡祭牲，录门人致问之词；子罕哭介夫，载觇者反报之语，此《左氏》之神也。仲连见辛垣衍，则绍介之言毕载；王生从龚渤海，则醉呼之状具陈，此《史》《汉》之妙也。而子玄刬略榛芜，一切删去，读之索然，了无神采。是犹操公输之矩墨，而裁成度索之枝；执神禹之斧斤，而沟洫吕梁之水也。天下之奇观，何从而睹哉？其失也浅。
>
> 夫立言之旨，固贵本质，而褒贬之辞，或多拟议。是以《书》有漂杵之文，而《诗》载孑遗之咏也。今焉执西州之无鱼，而疑赵盾鱼飧之事；谓晋阳之无竹，而惑细侯竹马之迎。以鸟啼花笑，驳智不如葵之言；以中山磨笄，评无恤最贤之语。是必译輶轩之使，而后方物不遗；本篆籀之形，而后书法无爽也。其失也固。
>
> 夫人之哲愚，区以别矣。而品流靡一，风轨固殊，必得

其情，谈何容易？今也游、夏列《儒林》，冉、季称《循吏》，是不知达者之规谟也；项羽为群盗，蜀汉为僭君，是不睹英雄之梗概也；疑曹操见匈奴，无崔琰在坐之事，是不究奸谋之诡也；谓阮籍闻母丧，无围棋饮酒之状，是不闻放达之风也。其失也昧矣。[①]

于慎行所说的“其失也浅”，主要是针对刘知幾有关史文表述的观点而论。刘知幾强调叙事以简要为主，应尽去浮言，并且慎重对待载文、载言。而于慎行在这里则强调史书文采的重要性，认为应当绘声绘色，将历史的妙趣和细节呈现出来。这是于慎行在史文表述上与刘知幾观点的不同，实难称之为刘知幾之失。“其失也固”，主要是针对《史通》中数处怀疑和驳斥前史之语。如《公羊传》中载晋灵公命刺客去刺杀赵盾，刺客见其正在吃鱼羹，于是认为赵盾身为晋国重卿但生活却很俭朴，因而放弃刺杀。刘知幾认为，公羊高生活在齐国，邻近海滨，鱼肉低廉，而并不知对于晋国来说鱼肉其实是珍馐，因而怀疑此事的真伪。[②] 刘知幾对于类似的记载保持怀疑的态度，于慎行则批评其拘泥而固执。“其失也昧”，主要是针对刘知幾关于人物的评价。于慎行批评刘知幾“不知达者之规谟”“不睹英雄之梗概”“不究奸谋之诡”“不闻放达之风”，意在说明历史人物类别多样、

---

① 于慎行：《谷城山馆文集》卷四〇《刘子玄评史举正》，《四库全书存目丛书》集部第一四八册，齐鲁书社 1997 年版，第 242-243 页。

② 参见刘知幾：《史通·杂说上》，浦起龙《史通通释》本，上海古籍出版社 2009 年版，第 425 页。

风格不一，需要弄清他们的实际情形，不能以统一的标准来衡量。于慎行的此点批评，应当说还是较为可取的。

可以看出，于慎行指出的二“罪”、三“失”，有的较为贴合实际，有的属于观点的争论，有的则并不恰当，总的来看对刘知幾的批评较为苛刻。然而，于慎行为何会如此严厉地批评刘知幾呢？他说：

> 嗟夫！才识特达有如子玄，而舛错不经，彰彰若是。谅哉，史之难乎！夫磨纤毫之瑕，则完盈尺之璧；刮数寸之朽，则成合抱之材。是故表而正之，使其全书不废于世云尔。①

于慎行认为，即使刘知幾这样才识过人的史家，也不免有舛误错漏之处，由此可见史学之难。而他的一个“谅”字，则更是意味深长。他比喻说，磨除细微的瑕疵，是为了使玉石的全璧得以保存；刮除少量的枯朽，是为了使树木能够茁壮成材。因而，指出刘知幾《史通》中的错误，并非有意贬低，而是为了便于更正，以使其书能够流传久远。

于慎行评论《史通》的具体内容虽不无可议之处，但他提出的观点——我们不妨将其概括为“磨瑕以完璧，刮朽以成材”，则道出了他所秉持的史学批评精神。

---

① 于慎行：《谷城山馆文集》卷四十《刘子玄评史举正》，《四库全书存目丛书》集部第一四八册，齐鲁书社 1997 年版，第 243 页。

胡应麟在《少室山房笔丛》中亦有类似的观点，他提出“务成曩美，毋薄前修”，并论及更为普遍的情况：

读书大患在好诋诃昔人，夫智者千虑必有一失，昔人所见岂必皆长？第文字烟埃，纪籍渊薮，引用出处时或参商，意义重轻各有权度，加以鲁鱼亥豕，讹谬万端。凡遇此类，当博稽典故，细绎旨归，统会殊文，厘正脱简，务成曩美，毋薄前修，力求弗合，各申己见可也。今偶睹一斑便为奇货，恐后视今犹今视昔矣。

昔人之说有当于吾心，务著其出处而韪之；亡当于吾心，务审其是非而驳之。毋先入、毋迁怒、毋作好、毋徇名，此称物之衡而尚论之极也。今明知其得而掩为己有，未竟其失而辄恣讥弹，壮夫不为，大雅当尔耶？①

这里，胡应麟并不仅仅针对史书而言。在他看来，一是著述难免存在种种遗漏讹误之处，而且由于引文出处不同，意义各有轻重，读者自当予以考辨厘正，不可一概而论；二是应当抱着一种成人之美而非刻意贬低的心态，来看待和批评前人的著述；三是前人的观点若与己意相合，亦应说明出处，而若与己意不合，则应辩明是非；四是著书立说不可先有成见，亦不可掩前人之得以为己有。胡应麟所论，既包含着学术批评的精神和态度，更是

① 胡应麟：《少室山房笔丛》卷三九《华阳博议下》，上海书店出版社2009年版，第409页。

提升到了治学者所应当追求的“最高信条”[①] 和应当遵守的“学术规范”[②]。

前述于慎行的“磨瑕以完璧，刮朽以成材”与胡应麟的“务成曩美，毋薄前修”之论，无疑为中国古代史学批评精神的探讨增添了光彩的一笔。这与后来清人钱大昕所说“祛其疑，乃能坚其信；指其瑕，益以见其美”[③]，可谓异曲同工，相得益彰。

---

① 参见林庆彰：《明代考据学研究》，华东师范大学出版社 2015 年版，第 203-204 页。

② 参见王嘉川：《布衣与学术——胡应麟与中国学术史研究》，商务印书馆 2005 年版，第 519-521 页。

③ 钱大昕：《廿二史考异》卷首《序》，陈文和、张连生、曹明升校点，凤凰出版社 2008 年版，第 1 页。

第五章　关于史学功用的认识

史学的功用亦是明代史学批评中的一个重要方面，集中反映出明人关于史学作用和史学地位的认识。从相关评论来看，其内容大体包括三个方面。一是关于史学对认识历史与传承文明的作用，“国可灭而史不当灭”、“不观往辙，曷启前途”、通古与知今、“史者天地间一大帐簿也”等观念和讨论，体现出明人关于史学在记录历史和文明发展方面的作用的认识。二是关于史学在资治与经世方面的作用，包括史学的资治和鉴戒，主要是明代君主和大臣对史学作用的认识，以及史学家、思想家对史学的经世之用的讨论。三是关于经史关系的认识，这是明代学人讨论非常热烈的问题。从“经史相表里”“经史一也”到“六经皆史”，可以看出明人对史学在经史关系中的地位的重视。而“天地间无非史而已”之说，则站在史学的立场上，试图突破以往的经史关系格局，进一步凸显史学的地位。

第一节　认识历史与传承文明

一、“国可灭而史不当灭”

认识历史，是史学功用的应有之义。刘勰《文心雕龙·史传》开篇写道：“开辟草昧，岁纪绵邈，居今识古，其载籍乎?”[①] 指明今人欲知往古之事，需有赖于史籍。历代史家对史学认识历史和传承文明的功用，也多有评论。

明洪武二年（1369）二月，明太祖朱元璋对廷臣说：“近克元都，得元十三朝实录。元虽亡国，事当记载，况史纪成败、示劝惩，不可废也。”[②] 由是命李善长监修，宋濂、王祎为总裁，开局纂修《元史》。明太祖在诏谕中强调史书有“纪成败、示劝惩”之用，又说“一代之兴衰，必有一代之史以载之”[③]，阐明纂修《元史》对认识元代的重要意义。同年八月，《元史》初稿修成，宋濂执笔、李善长进呈的《进元史表》中，重申“伏以纪一代以为书，史法相沿于迁、固；考前王之成宪，周家有监于夏、殷。盖因已往之废兴，用作将来之法戒”[④]，而尤其强调

① 刘勰：《文心雕龙·史传》，周振甫《文心雕龙注释》本，人民文学出版社1981年版，第169页。

② 《明太祖实录》卷三九《明实录》第一册，台湾“中央研究院”历史语言研究所校印，1963年版，第783页。

③ 《明太祖实录》卷三九《明实录》第一册，台湾“中央研究院”历史语言研究所校印，1963年版，第783页。

④ 宋濂等：《元史》附录《进元史表》，中华书局1976年版，第4673页。

"国可灭而史不当灭"[①]。这就将纂修《元史》的重要性提到了一个新的高度，也集中体现了明初君臣对于正史纂修及其意义的认识。

除纂修正史以外，明人认为对于历史上的割据政权的历史也不能堙没。对此，何良俊说：

> 古称国灭史不灭，故虽偏霸之朝亦皆有史。古有《吴越春秋》《越绝书》《华阳国志》《蜀王本纪》；汉末有《九州春秋》，载袁绍、公孙瓒诸人事；晋有崔鸿《十六国春秋》，载五胡之事；又有车颖《秦书》《赵书》《燕书》，有《秦记》《凉记》《蜀李雄书》；南唐有马令《南唐书》、陆务观《南唐书》，大率皆霸史也。余家旧得一抄本，乃载安禄山与史朝义时事，共三卷；又宋徽、钦北狩，亦有《窃愤录》诸书。乃知史固未尝一日灭于天下也。[②]

何良俊认为"国灭史不灭"不仅是对大一统王朝而言，对于"偏霸之朝"亦如是。他说"史固未尝一日灭于天下"，反映出人们对历史的记载和认识不曾中断的事实。

万历年间，学者娄坚在《读史商语序》中，亦强调古往今来史书的连绵不绝。他说：

---

① 宋濂等：《元史》附录《进元史表》，中华书局 1976 年版，第 4674 页。

② 何良俊：《四友斋丛说》卷五《史一》，中华书局 1959 年版，第 42-43 页。

古今之变，圣人之所不能违也。而史于是焉重固得失之林，而法戒之所从出也。史盖莫备于周，既经秦火，而其书不尽传。汉初，藏于民间者相继复出，于时老生宿儒往往亦口传而笔授。若《春秋》一经，而《公羊》《穀梁》《左氏》专门之学凡三家，并行于世。非周监二代，一何文之郁郁若是盛哉？迁、固以降，何代无史氏，何国无史书？至天下分为南北，而史益踳驳，然至于今而犹得论其世者，固赖夫史之各有传也。是故胜国之绪余，而兴王必垂于纪录；前人之否臧，而后嗣亟为之叙次。惧夫迹之湮，而遂至于无可考耳。此诚王者所以垂宪百代之深意也。[①]

娄坚指出自司马迁、班固而后，历代都有史家、史著，即便是板荡分立时期，也正因有史书的存在而让历史得以保存。后代为前代修史，后人为前人叙次，都是为了避免人物史事湮没在历史长河之中，从而不隐没垂示法则于后世之意。继而他还谈到唐宋以来以至明代的情况，并批评当时的学术风气：

顾其时代渐远，卷帙浸繁，即使家有其书，或不暇于遍观，又况其书尤不易得也哉？《通鉴》之书会稡众史，而更定为纪年一编，纵横贯穿，一览了然，而学者欲知古今之变，亦赖以有考矣。其后儒者争务标榜，而高谈性命以为多

① 娄坚：《读史商语序》，王志坚：《读史商语》卷首，《续修四库全书》第四四九册，上海古籍出版社2002年版，第369-370页。

学，而识仲尼所非，吾第求得其本而万事理矣。一倡群和，至于今日，益趋苟简，成败无考于前，而是非纷出于臆。独于经义更好为新奇，背经叛圣，几乎不知所云。而世且目无盐以西子，识者忧之。虽有资性警敏，颇知涉猎古今者，而其力固有未暇也。不过以资其谭言，润其手笔而已，而实无可施用，用之则必至于偾事。盖顷已微见其兆矣，岂不可叹也哉？[①]

娄坚指出唐宋以来的学说多出于胸臆，高谈阔论，却不知前古之事，因而多为无用之学。由是，他从学术发展的角度，强调阅读史书之于认识历史的重要性。

二、“不观往辙，曷启前途”

正德年间，史官张邦奇在《进历代通鉴纂要表》中云：“道有常经，贵谂从违之实；治多异法，恒阶兴替之原。顾鉴龟已定于前人，而考卜宜精于今日。不观往辙，曷启前途？”[②] 他强调如果不了解过往的历史，就难以开启未来的路程。

张邦奇在谈到《历代通鉴纂要》的编纂时说：“庶采前古之迹，可资乙夜之观。爰惕爰兢，胥勤胥励。欲备一代之典，尽搜百氏之书。自高辛以来，史凡十九；由胡元而上，年历数千。其

---

① 娄坚：《读史商语序》，王志坚：《读史商语》卷首，《续修四库全书》第四四九册，上海古籍出版社2002年版，第370页。

② 张邦奇：《进历代通鉴纂要表》，黄宗羲编：《明文海》卷六六，中华书局1987年版，第593页。

简策之庞茸，与夫文辞之棼浩，虽专门之士或不及详，岂万机之余所能悉览？顾事贵得要，故泛载于书契之余者，虽详或去；然道欲无遗，则传闻于结绳之上者，虽远亦书。《春秋》以前，本圣经之断例；威烈而下，宗纲目之法程。旁逮辽金，法遵今史，咸臻实录，岂曰传疑。规模体统之详，尺楮或稽于百代；侈剥兴隆之故，片时可昉乎万年。”①

张邦奇还认为：“然制方虽存乎古，用药则由乎人，苟捐网以临渊，虽羡鱼而焉获？”② 历史如同药方，但用药需要考虑具体的人的情况，进而说明古与今并重的关系。他还建言正德皇帝：“伏愿慎终于始，图大于微。主善为师，动止罔愆乎成宪；克念作圣，陟降如见乎先皇。定命吁谟，务俾与治同道；遏恶扬善，永期应天时行。”③ 他希望正德皇帝向历史学习，能够慎始慎终、见微知著。

时任礼部尚书的陈于陛在给万历皇帝的奏疏中，则强调史书可以“征往诏来”，他说：

> 臣尝诵汉臣王充有言：“帝王建鸿德者，须鸿笔之臣褒诵纪载，鸿德乃彰，万世乃闻。”至拟为国之船车云雨，载主德，恢国奇，宣示万世，与日月俱悬，功至巨也。夫史以

---

① 张邦奇：《进历代通鉴纂要表》，黄宗羲编：《明文海》卷六六，中华书局 1987 年版，第 593–594 页。

② 张邦奇：《进历代通鉴纂要表》，黄宗羲编：《明文海》卷六六，中华书局 1987 年版，第 594 页。

③ 张邦奇：《进历代通鉴纂要表》，黄宗羲编：《明文海》卷六六，中华书局 1987 年版，第 594 页。

征往诏来，垂法著诫。即上古先代之书，犹当网络遗堕，采掇精要，以弘鉴观之益。况昭代之史，祖宗昭为谟训，列圣奉为矩矱，百官遵为法守，万世率为彝宪，所关系国家治体甚重。[1]

陈于陛在深刻认识到史学功用的同时，鉴于当时“册牍未备于编摩，文献莫睹其汇评”[2] 的情况，提出了纂修本朝国史的建言。正是由于他的建议，开启了万历年间的官修国史活动。

薛应旂则强调“事不师古者，鲜克永世”，他说：

夫书监成宪，诗率旧章，岂其为训若是之拘系哉！实以隆古盛时，其君臣之交修以图至治者，皆由此道，而事不师古者，鲜克永世也。昔仲尼适周，不获一见天子，历聘列国，干七十余君，不用。于是退老于洙、泗之上，从游之士盖三千焉，皆尽一世之英贤。相与论述三才，表章六籍，以为明体之学，而其最适于用者，则因鲁史以作《春秋》，而褒贬赏罚者无非当世之实事。于以定百王之法，于以立万世之防，盖皆自其宪章文武者推之也。故一则曰吾从周，二则曰吾从周，其东周之志、周公之梦虽不获见之施行，而端倪已可概见矣。然犹自叹曰：“与其托诸空言，不若见诸行事

① 陈于陛：《纂辑本朝正史疏》，黄宗羲编：《明文海》卷五九，中华书局1987年版，第502页。

② 陈于陛：《纂辑本朝正史疏》，黄宗羲编：《明文海》卷五九，中华书局1987年版，第502页。

之深切著明也。”其惓惓爱君体国之心，曷尝一日自已哉！[①]

薛应旂以孔子修《春秋》来说明认识历史、遵守典制的重要性。正是基于这样的认识，他搜集相关事迹，“凡我昭代之成宪典章，或纪载于馆阁，或传报于邸舍，见辄手录，历有岁年，几于充栋，妄意当可为之际，或可以备参考。”同时，指出陈建《皇明通纪》“仿编年而芜鄙”，郑晓《吾学编》“效纪传而断落”，并以编年的体裁纂成《宪章录》一书，上记洪武，下至正德，凡四十六卷，以期“裨法祖之一助”[②]。

郭正域在为雷礼等人所编《皇明大政纪》所作序文中，指出史可以“彰往考来”，他说：“古昔司典有官，以为大政，盖彰往考来，郁为不朽也。”[③] 他曾评价前代史书，说道：

> 自周末史失其官，国自为史，业多泯泯，何至祖龙烈焰而史悉随以烬乎？即幸《尚书》《春秋》得存，而二书所不及者，无能一为胪列也。至两汉迄胡元，人人得缓颊以臧否，而贤者共相见德，不肖者共相见慝，无亦千六百年，即史不尽良，而秽者犹存，尚论者因之以张侈耳。盖以子长述《史记》，汉武取览孝景及己本纪，削而投之，非不隐切也。

① 薛应旂：《宪章录》卷首《薛应旂序》，展龙、耿勇《宪章录校注》本，凤凰出版社2014年版，第1页。

② 薛应旂：《宪章录》卷首《薛应旂序》，展龙、耿勇《宪章录校注》本，凤凰出版社2014年版，第1页。

③ 郭正域：《皇明大政纪序》，雷礼等：《皇明大政纪》卷首，《续修四库全书》第三五三册，上海古籍出版社2002年版，第299页。

尚许其生任职，死布书，无惑为忌。孟坚修父业，仇者间章帝以私史，乃益出秘书，给笔札，于兰台俾续成焉。桓温觊觎非望，彦威著《汉晋春秋》以裁正之。范杲守寿，上言家世史官，得秉直笔，成一代大典。綦崇礼请于旧臣家访遗文事迹，以参史官所纪汉以来，临我者不护短，侪我者不拂正，仇我者不肆谤，而史复得成于出位，备于藏家。虽上非《书》与《春秋》为圣人之言，下非《史记》《汉书》为良史之笔，犹然核综群籍，博采众记，成一代史以备典故尔尔。①

他进而评价记载本朝史事的史书情况：

比者，陈南充得请于上，开馆执简，以成正史。……馆开既久，尚尔因循者，意在兹乎！第自世宗朝以来，靖难出狩，于时当事者，无不褒而登之祀典恤纪中，殆非讳言日矣。以故继东莞《通纪》、京山《洪猷》、毗陵《宪章》而梓者，不特槜李郑端简之《吾学编》、黄恭肃之《昭代典则》已也。②

郭正域认为明代所撰本朝史书尽管数量不少，但可以信服者

① 郭正域：《皇明大政纪序》，雷礼等：《皇明大政纪》卷首，《续修四库全书》第三五三册，上海古籍出版社2002年版，第299-301页。

② 郭正域：《皇明大政纪序》，雷礼等：《皇明大政纪》卷首，《续修四库全书》第三五三册，上海古籍出版社2002年版，第301-302页。

不多。而陈建《皇明通纪》、高岱《鸿猷录》、薛应旂《宪章录》、郑晓《吾学编》、黄光升《昭代典则》，以及雷礼等人所编《皇明大政纪》，是可供人们了解本朝历史的重要参考。

三、通古与知今

从前述明人所论“不观往辙，曷启前途”来看，所谓的“往辙”既包括前代历史，也包括本朝历史。而通晓历史与认识当下之间的关系，也是明人关于史学功用讨论的重要方面。

万历年间，学者黄体仁说：“余每谓以今论今，不若以古论今。以今论今，或局面未定，成败臧否犹属揣摩；以古论今，指前辙以诏后车，执旧矩以画新方，百不失一矣。汉时有大议，必诏博士问故实，霍子孟称大臣当用有经术者。而我明卜相，多取之史官，舍金瓯而求之石室，亦谓其考订多参酌，熟千古得失之林，了然指掌间也。挽近士矜鞶帨，厌薄陈迹为唾余不足拾，刻脂镂冰之辈，始不可望以补天浴日之功，抱空腹而载高位，非其具耳。”[①] 黄体仁一方面认为以古论今，因局面已定，成败已明，有助于更好地认识当下。而另一方面，他批评当时士人“厌薄陈迹”，不注重对历史的学习，因而于现实之务徒劳少功。

黄体仁强调以前代历史来认识当前现实，因此他注重前代历史撰述的作用。而不少学者则更注重本朝历史与当前现实的关系。黄汝亨认为一代之人有一代之事，而成一代之史，因而

① 黄体仁：《于文定公〈读史漫录〉序》，于慎行：《读史漫录》附录四，李念孔等点校，齐鲁书社1996年版，第525页。

“史之不可以已也”，他说：

夫自虞、夏《书》《诰》以来，龙门而下，涑水而上，有一代之人，必有一代之事，而勒一代之史。故史以征事，事以征人。夫史非徒侈词藻，夸闻见而已。大而国体，隐而民瘼，赜而世务，淆而材品，当时治乱兴衰得失之林，诚覆辙、标芳轨于是乎在。故曰“文武之政，布在方册”，史之不可以已也。①

继而，黄汝亨批评时人对当代人物事迹了解不够，不重视学习本朝历史的情况：

慨夫士大夫戋戋者，趣富贵如骛，安事诗书？即有逸伦之姿，爱奇矜博，往往高视千古之上，迂谈六合之外，而问以当代行事与人物材品高下代谢之数，则舌举目眯，莫能置对。阙文残简，谁与正之？故殷、夏之礼，亡于杞、宋，文献不足，孔子所喟然而叹也。②

他还对当时已有关于明代历史的著述予以评论，说道：

---

① 黄汝亨：《献征录序》，焦竑辑：《焦太史编辑国朝献征录》卷首，《续修四库全书》第五二五册，上海古籍出版社2002年版，第4页。

② 黄汝亨：《献征录序》，焦竑辑：《焦太史编辑国朝献征录》卷首，《续修四库全书》第五二五册，上海古籍出版社2002年版，第4-5页。

> 明兴，高皇帝辟草昧而经纶之，巍荡之业，宇宙一新。列圣踵接，显承同条，垂三百年。其间纲纪风俗，文武将相，内外职司之略，与夫林间之秀，方外之逸，簇万品而雄百代，固不在虞、夏、殷、周之下。而历世既久，长年晨星。最著者，如《吾学》《征吾》，实而未详；《宪章》《鸿猷》，略而不遍；丰城之《列卿纪》，未萃群流；弇州之《琬琰录》，且多挂漏。彼寥俊野老，目不窥金匮石室之藏，而一方一技之士，井底窥观，欲其讨国典、搜家乘、采稗官、樵说林、稽故实、精鉴裁，以勒成一代全史，不亦难乎？[①]

黄汝亨认为郑晓《吾学编》《征吾录》“实而未详”，薛应旂《宪章录》、高岱《鸿猷录》“略而不遍”，雷礼《国朝列卿纪》“未萃群流”，王世贞《琬琰录》“且多挂漏”，认为这些史书虽载本朝之史，但各有所局限。他还说：“道之不行，而托诸史；史之不竟，而修之家”，进而称赞焦竑《国朝献征录》“明主所与文武将吏行事之实，庶几无缺”[②]。黄汝亨的批评，不免有贬抑郑晓等人著述而称扬焦竑之嫌。不过由此亦可看出，他强调撰述一部完备的本朝史对认识明代历史的重要性和迫切性。

明末张国维在为《明经世文编》所写序文中则认为：“士大

① 黄汝亨：《献征录序》，焦竑辑：《焦太史编辑国朝献征录》卷首，《续修四库全书》第五二五册，上海古籍出版社2002年版，第5-6页。

② 黄汝亨：《献征录序》，焦竑辑：《焦太史编辑国朝献征录》卷首，《续修四库全书》第五二五册，上海古籍出版社2002年版，第7-8页。

夫之学术，知今而不知古，其蔽也凡陋；知古而不知今，其蔽也迂疏。必欲兼之，则知古易而知今难者。”① 他指出如果知今而不知古则浅薄简陋，知古而不知今则迂远疏阔；若欲兼而知之，则知今更难。他还说：

夫前代之事业有成史，诸儒之所论列，类聚群分，各有典要，学者加岁月之功，固已举其流略矣。至于本朝之所以麟炳往古、焯乎来兹者，虽典制多陈，而谟谋未著。金匮石室之所藏，既不能无挂漏于上；文苑家乘之所缉，又不能无散轶于下。则虽深心掌故之家，穷年搜讨未究万一。②

张国维认为前代史事已有相关史书予以记载，“固已举其流略矣”，而关于明代本朝的记载则多有挂漏散佚。他举例说：

嗟乎！是数十百人者，皆国家之名公巨卿，得志于时者之所为也。不然，则其时之不及为，而徒其言之存也；不然，则其人之不足录，而其言之不可废者也。本朝二祖以来，贤圣继作，山岳降灵，英人杰士比肩相望，昌言伟论不绝于时。然求其说行于君而功见于世，如三杨之于宣宗，于忠肃之于景帝，李文达之于英宗，刘忠宣之于孝宗，永嘉之

① 张国维：《〈明经世文编〉序》，陈子龙等辑：《明经世文编》卷首，中华书局 1962 年版，第 7-8 页。

② 张国维：《〈明经世文编〉序》，陈子龙等辑：《明经世文编》卷首，中华书局 1962 年版，第 8 页。

于世宗，江陵之于神宗，寥寥寡俦，不可概见。故得君行道，古人以为难。而其他议出而争起，策行而谤生者，不可胜计。及其事定之日，则是非得失，朗然皆见。数传之后，犹可获其言之利焉。①

张国维为“三杨”、于谦、李贤、刘大夏等名臣的事迹言论“寥寥寡俦，不可概见”，而感到遗憾。由此亦可看出，张国维认为保存明代名臣硕学之士的言论事迹，并将其与具体行事的结果相比较，可以考察其中的利弊得失，从而有利于后世之治。

李建泰在为《名山藏》所作序文中说道：

古今邈矣，孰纲维是？宇宙辽矣，孰檃括是？史为之也。慨自左辨乎宁，马诮于班，荀、袁反范《史》而作《汉纪》，凿齿正陈《志》以续《春秋》。繇是而降，人我互异，彼此交讥，纵抑一家之事，使典故参差，法守无据，斯人其辜，可比于不道无法之律。而三长、五难之说，犹未减之余论也。第世所称良史才，恒不获处史局。如韩昌黎、陈同甫辈，当时已有不尽其才之叹。即本朝弇州、北地诸公，亦仅仅充簿书，奔走兰台石室，不得一托足焉，有识者惜之。因怃然于国家历祀几三百年，迄今成史无闻。问其所用传信者，不过曰累朝之《实录》。至考《实录》所纪，止书

① 张国维：《（明经世文编）序》，陈子龙等辑：《明经世文编》卷首，中华书局1962年版，第9-10页。

美而不书刺，书利而不书弊，书朝而不书野，书显而不书微。且也序爵而不复序贤，避功而巧为避罪。文献之不足征久矣！[①]

李建泰首先强调史学具有纲维古今、檃括宇宙的重要作用。其次，他指出历代史家观点不一，史书各不相同，即使是记载同一朝代之事，也参差不齐，难以形成统一的记载和认识。再次，他认为有才能的史家往往难以尽其才，远如韩愈、陈亮，近如王世贞、李梦阳，都未能专任史职以撰成一代之史。最后，他感慨明代近三百年来未能修成国史，而所成历朝《实录》亦有明显不足，只记载“美”“利”“朝”“显”之事，而关于“刺”“弊”“野”“微”则不得而闻，注重人物的官阶高低而忽视其贤能与否，又或者因惧怕获罪而不敢有所作为，因而导致本朝“文献”不足征的局面。

史官吴祯在为《皇明通纪法传全录》所作序文中云：

韩子云：“人不通古今，马牛而襟裾”，则博通尚矣。第古之为书也备，如七十二史、《通鉴》《纲目》诸书，黎然具在，苟笃挚明敏者，一流览有余。我朝国史未修，实录缄史宬不传。即有传者，如《大明会典》《皇明政要》《五伦全书》《殿阁词林》诸记，义例散出，贯通维艰。而熹庙

① 李建泰：《〈名山藏〉序》，何乔远：《名山藏》卷首，张德信、商传、王熹点校，福建人民出版社2010年版，第3页。

实录未成，神祖历年多事最繁剧，固未有编年隳栝者。此博古易而通今难也。

当世以经术鸣，学士靡然，顾化末流所渐，谁能不波。执策而号于众，其于朝家典章左祖，不能百一。矧人情慕古贱今，谓古文辞犹益记诵，正业之暇，或旁及诸史。惟国朝事实，卒弁髦视之，有问茫不知对者。博古或有之，通今殆鲜也。①

吴祯引用韩愈“人不通古今，马牛而襟裾”之语，意即人们如果不知道古往今来的历史变迁，就和穿了衣服的马牛一样没什么区别，从而说明认识历史是人之所以成为人的重要条件。吴祯同时认为关于前代历史已有大量史书可以参考，而关于当前的事迹则缺少相应的史书予以记录。他的“博古易而通今难”之论，也从一个侧面反映出他对当前历史重要性的认识。

四、“史者天地间一大帐簿也”

陈继儒字仲醇，号眉公，晚明松江府华亭人。他一生未仕，以著述为事，著有《陈眉公集》《逸民史》《狂夫之言》《小窗幽记》等，《明史》有传。他对史学多有评论，曾将史书比喻为“帐簿”，说道：

① 吴祯：《法传录序》，陈建撰、高汝栻订、吴祯增删：《皇明通纪法传全录》卷首，《续修四库全书》第三五七册，上海古籍出版社2002年版，第5-6页。

天地间有一大帐簿。古史，旧帐簿也；今史，新帐簿也。人家尽有聪明俊慧子弟，父师失教，专以时文课之，竟不知《通鉴》《纲目》、二十一史为何物，所以往往有攒眉雠书之苦。若教之读史，以聪明俊慧之资，遇可喜可愕之事，则心力自然发越。贯串治乱得失，人才邪正，是非之源流，与财赋、兵刑、礼乐、制度沿革之本末，则眼力自然高明。以古人印证今人，以古方参治今病，则胆力自然稳实。晓畅大局面，大机括，大议论，大文章，则笔力自然宏达。今子弟史学一切废阁，其有质者，反教之读子书、佛书，即粗粗问他作子书、佛书者之姓名出处，已茫然不晓，况能得子、佛之精髓乎？①

陈继儒认为读史可以使人心力发越、眼力高明、胆力稳实、笔力宏达，是人才培养和教育的重要途径。一方面，他说前代之史是“旧帐簿”：“余尝语子弟，无论《纲目》、二十一史，即一部《通鉴》乃是万卷书之关津。若未曾过得此关，则他书必无别路可入。或读之而不能解，解之而不竟，竟之而不能彻首彻尾者，皆坐史不熟也。此旧帐薄不可无也。”② 他认为读史是认识其他书籍、学问的正途，而若他书无法理解，往往是由于史书不熟而造成的，因而前代史不可不读。

① 陈继儒：《狂夫之言》卷二，《四库全书存目丛书》子部第九四册，齐鲁书社 1995 年版，第 421 页。

② 陈继儒：《狂夫之言》卷二，《四库全书存目丛书》子部第九四册，齐鲁书社 1995 年版，第 421 页。

另一方面，他认为本朝之史是“新帐簿”，说道：

内外有司，各有职守。而文官独若无所事事，宜遵祖宗法，敕令修撰、编修、检讨番直史馆，编纪时政，各管一类，据事直书，不须立论褒贬。仍于纸尾书某官某人记之，藏之匮椟，以待纂述。庶因纪录之间，亦得练习政事。他日任用，不致杜撰卤莽。是于修职之中，寓养才之意。若谓馆局储养异才，不烦以语言文字，则未免以光阴志气，掷于交际诗酒之间。即有意讲求故典者，恐同侪猜异，只得随行逐队，而不敢周咨天下之务。及至团局修史，亦不过掇拾完书，无暇聚头磕膝，仔细讨论。宰相须用读书人，竟成虚语。此新帐簿不可无也。[①]

他认为撰述本朝史书既能保存史事和文献，也可以让撰史之人练习政事，并寓养才之意，因而不可或缺。

最后陈继儒说道：

又有讲学老先生专意六经，而以读史为玩物丧志，亦恐非得中之论。昔伊川先生几案间无他帙，惟印行《唐鉴》一部。朱晦庵先生云：“病中信手乱抽得《通鉴》一两卷看，正值难处置处，不觉骨寒毛耸，心胆堕地。向来只作文

① 陈继儒：《狂夫之言》卷二，《四库全书存目丛书》子部第九四册，齐鲁书社1995年版，第421-422页。

字看过，全不自觉，真是枉读了他古人书。”前辈何尝不留心史学？今史官不编史，子弟不读史，新帐簿、旧帐簿皆置之高阁，岂不可叹？夫未出仕是算帐簿的人，既出仕是管帐簿的人，史官是写帐簿的人。写得明白，算得明白，管得明白，而天下国家事了若指掌矣！故曰：“史者天地间一大帐簿也。”①

陈继儒并不认同“读史为玩物丧志”的说法，并举出朱熹晚年在病中读《资治通鉴》之后形成的对史书的新认识，以此说明朱熹也认可读史的重要性。他还认为未出仕之人是算账簿的人，出仕之人是管账簿的人，史官是写账簿的人，而只有算得明白、管得明白、写得明白，才能真正了解天下国家之事。

陈继儒将史书比喻为账簿，形象地表达了史书对历史的记录和传承的载体功能。他一方面注意到史书对于人们认识前代历史的基础性作用，另一方面还尤其注意到本朝史书的编纂对于认识本朝历史、了解本朝政事和培养政务人才的重要意义，从而有机地将通古与知今融合起来。

---

① 陈继儒：《狂夫之言》卷二，《四库全书存目丛书》子部第九四册，齐鲁书社1995年版，第422页。

第二节　资治与经世

一、史学的资治和鉴戒之用

（一）明太祖与明孝宗对史学资治的重视

史学的资治和鉴戒之用，历来为人所重，明人于此论述亦不少。这里主要选取明代君主与大臣的相关评论，来加以讨论。

明太祖朱元璋是一位注重学习和借鉴历史经验的帝王。早在反元斗争中，他就注意广罗硕学之士，并向他们请教。如至正十八年（1358），朱元璋召儒士唐仲实，问："汉高帝、光武、唐太宗、宋太祖、元世祖平一天下，其道何由？"唐仲实回答说："此数君者，皆以不嗜杀人，故能定天下于一。今公英明神武，驱除祸乱，未尝妄杀。然以今日观之，民虽得所归，而未遂生息。"朱元璋表示赞同，他说："君言是也。我积少而费多，取给于民，甚非得已，恒思所以休息之，曷尝忘也！"①

又如至正二十四年（1364），朱元璋阅《汉书》，与起居注宋濂、郎中孔克仁讨论关于汉代兴起和治理的问题。他问孔克仁："汉高起徒步为万乘主，所操何道？"孔克仁回答说："知人善任使。"朱元璋若有所思地说："项羽南面称孤，仁义不施而自矜功伐。高祖知其然，承以柔逊，济以宽仁，卒以胜之。今豪杰非一，我守江左，任贤抚民以观天下之变，若徒与角力，则猝

① 夏燮：《明通鉴》前编卷一《前纪一》，王日根等校点，岳麓书社1999年版，第31页。

难定也。”[1]

次年，朱元璋以滕毅、杨训文为起居注，并提出：“起居之职，非专事纪录而已。要在输忠纳诲，致主于无过之地，而后为尽职。吾平时于百官所言，一二日外，犹寻绎不已。今尔在吾左右，不可不尽言也！”[2] 他同时还命二人搜集自古以来的无道之君，如夏桀、商纣、秦始皇、隋炀帝等所行之事以进，并说：“吾观此者，正欲知其丧乱之由以为鉴戒耳。”[3]

平定天下以后，朱元璋不但继续注意从历史中汲取治理的经验教训，他还下令编纂了一系列书籍作为劝诫之用，对明代政治产生了深远的影响。学者郎瑛在《七修类稿》中曾历数明太祖朱元璋敕令所编书目，可备一观：

> 痛三纲沦而九法斁，无以新耳目而示劝惩，首作《大诰》三编。欲戒后代人君臣民之愚痴，作《资世通训》。以礼乐不协于中，成书曰《大明集礼》。仿《周礼》而为治天下之宏纲，作《诸司职掌》。曰《大明律》、曰《大明令》，所以立世法也。曰《洪武礼制》、曰《礼仪定式》，所以详世礼也。《清教录》，所以戒僧道也。《大明一统历》，所以钦天道也。定字义书，曰《洪武正韵》，后以未当，命刘三吾重编，曰《韵会定正》。念农劳而命户部计田之数，以为

① 夏燮：《明通鉴》前编卷三《前纪三》，王日根等校点，岳麓书社1999年版，第76页。
② 夏燮：《明通鉴》前编卷三《前纪三》，王日根等校点，岳麓书社1999年版，第86页。
③ 夏燮：《明通鉴》前编卷三《前纪三》，王日根等校点，岳麓书社1999年版，第86页。

> 文武俸数，作《省贪简要录》。见功臣器用逾制，命翰林院考汉、唐、宋封爵之数，编《稽制录》。编历代宗室诸王善恶者以类，曰《永鉴录》，后又有《昭鉴录》。编历代为臣善恶可以劝戒者，曰《世臣总录》。订正蔡氏《书传》，名曰《书传会选》。取大禹所叙，箕子所陈，有益治道者，作《洪范注》。纪天下道路者，书曰《寰宇通衢》。载文武官属体统，及签书案牍次第，军士月粮宿卫屯田者，曰《政要录》。自叙得之之艰难［与更胡俗书］，曰《祖训录》。又欲贻孙谋以昭燕翼，成书曰《皇明祖训》。言丧服者，曰《孝慈录》。取《五经》《四书》敬天忠君孝亲而成者，曰《精诚录》。集历代祭祀祥异、感应，可为鉴戒者，名曰《存心录》。编汉、唐、宋灾异应于臣下者，名曰《省躬录》。以致《道德》有注，《论语》有解，诸经、《元史》有纂。至哉王心，无一事不加之意也，创业之君所以难欤！①

朱元璋重视史学，以史为鉴，是他取得反元斗争最终胜利的一个不容忽视的原因，也是他治理国家的思想来源之一。尽管朱元璋的是非功过仍在不断的讨论过程中，但他对史学功用的认识和实践，无疑是自唐太宗以来的历代帝王中较为突出的一位。

明孝宗朱祐樘是明代中期较有作为的一位帝王，在他治理的时期朝政相对清明，有“弘治中兴”之称。弘治十年（1497），

① 郎瑛：《七修类稿》卷三七《洪武书目》，上海书店出版社2009年版，第403-404页。

明孝宗对阁臣说："朕嗣承丕绪，以君万邦，远稽古典，近守祖宗成法。夙夜祗惧，罔敢违越。"但因自明太祖以来的法令制度散见于简册卷帙之间，"凡百有司，艰于考据，下至闾里，或未悉知。"因而命将本朝典章制度汇为一书，"俾天下臣民咸得披诵"，并要求做到"行诸今而无弊，传诸后而可征"[①]。

弘治十五年（1502）《大明会典》纂成，明孝宗为此书写下一篇序文，文曰：

朕惟自古帝王君临天下，必有一代之典，以成四海之治。虽其间损益沿革未免或异，要之不越乎一天理之所寓也。纯乎天理，则垂之万世而无弊；杂以人为，虽施之一时而有违。盖有不可易焉者。唐虞之时，尧舜至圣，始因事制法，凡仪文数度之间，天理之当然，无乎不在。故积之而博厚，发之而高明，巍然焕然，不可尚已！三王之圣，禹汤文武，视尧舜固不能无间。而典制浸备，纯乎是理则同。是以雍熙泰和之盛同归于治，非后世之所能及也。自秦而下，世之称治者，曰汉、曰唐、曰宋，其间贤君屡作，亦号小康。但典制之行因陋就简，杂以人为而未尽天理。故宋儒欧阳氏谓其治出于二，其不能古若也，夫岂无所自哉？

洪惟我太祖高皇帝，以至圣之德，驱胡元而有天下，凡一政之举、一令之行，必集群儒而议之。遵古法，酌时宜，

① 明弘治十年三月初六日《皇帝敕谕内阁》，申时行等：《明会典》卷首，中华书局1989年版，第2页。

或损或益，灿然天理之敷布，神谟圣断，高出千古。近代积习之陋，一洗而尽焉。我太宗文皇帝、仁宗昭皇帝、宣宗章皇帝、英宗睿皇帝、宪宗纯皇帝，圣圣相承，先后一心，虽因时损益，而率由是道。百有余年之太平，端有在矣。朕祗承天序，即位以来蚤夜孜孜，欲仰绍先烈，而累朝典制，散见叠出，未会于一。乃敕儒臣发中秘所藏《诸司职掌》等诸书，参以有司之籍册，凡事关礼度者，悉分馆编辑之。百司庶府，以序而列，官各领其属，而事皆归于职，名曰《大明会典》。辑成来进，总一百八十卷。朕间阅之，提纲挈领，分条析目，如日月之丽天而群星随布。我圣祖神宗百有余年之典制，斟酌古今足法万世者，会稡无遗矣。特命工锓梓，以颁示中外。俾自是而世守之，不迁于异说，不急于近利。由朝廷以及天下，诸凡举措，无巨细精粗，咸当乎理而得其宜。积之既深，持之既久，则我国家博厚高明之业，雍熙泰和之治，可以并唐虞、轶三代而垂之无穷，必将有赖于是焉。遂书以为序。①

明孝宗首先谈到典章制度对治理天下的重要作用，其次谈到历代典制尤其是明代典制沿革损益的情况，进而强调编纂一部较为全面完备的本朝典制之书，对于认识本朝制度和垂法后世的重要意义。由此可以看到，明孝宗对于典制史书的资治之用有其深

① 申时行等：《明会典》卷首《御制明会典序》，中华书局1989年版，第1页。

刻的认识。

（二）李东阳与张居正之论

李东阳是明代名臣，历仕天顺、成化、弘治、正德四朝。正德二年（1507），以他为主撰，仿《通鉴纲目》而编纂的《历代通鉴纂要》九十二卷成书。在《进历代通鉴纂要表》中，李东阳道出他对史学功用的认识。他说："伏以世有古今，史册鉴兴衰之迹；圣无先后，文章昭作述之光。事或因旧以为新，体则似轻而实重。司存纂辑，道合轨箴。"[①] 强调史书具有"鉴兴衰之迹"的作用。

在谈到《历代通鉴纂要》一书的编纂旨趣时，他说："非徒撮要以删繁，抑亦要终而原始。政必稽其得失，行必著其忠邪。词虽省而事已该，人既往而言独在。博采诸家之断，略致品评；间使一得之愚，代为讲说。法多从旧，理贵折衷，不求敝力于难知，务期开卷而有益。"[②] 阐明此书之旨在于原始要终、稽正得失，并务求开卷有益。

最后，他还建言："伏愿圣不自圣，益宏作圣之功；新又日新，茂著知新之效。考治乱存亡之故，为赏刑黜陟之规。主善为师，岂谓借才于异代；建中制事，用能垂裕于后昆。"[③] 委婉地表达出希望正德皇帝以史为师，励精图治。

---

① 李东阳：《进历代通鉴纂要表》，黄宗羲编：《明文海》卷六六，中华书局 1987 年版，第 590-591 页。

② 李东阳：《进历代通鉴纂要表》，黄宗羲编：《明文海》卷六六，中华书局 1987 年版，第 591 页。

③ 李东阳：《进历代通鉴纂要表》，黄宗羲编：《明文海》卷六六，中华书局 1987 年版，第 591 页。

其后，正德六年（1511）重修《大明会典》成书，李东阳在《重进大明会典表》中，谈到典制史书的重要作用。他说：

> 伏以有谟训以贻子孙，垂万年之燕翼；观会通以行典礼，昭百世之鸿规。盖非天子则不考文，然惟孝者为善继志。粤自结绳政代，契托书传，象魏法陈，理同家喻。制备于周官之后，经传于秦火之余。汉模略定乎三章，唐式仅颁乎六典。大典垂于宋，而光岳弗完；经世纪于元，而彝伦斯斁。当天心之厌乱，属圣主之开基。峻德神功，弥纶宇宙；宏纲大法，敷贲臣民。文皇绍统于昌期，列圣承休于奕叶。政由俗革，道与治同，中间或斟酌以随时，大抵皆后先而合节。顾夫简编穰浩，条贯纷繁，彼宿儒老吏亦不暇详，岂僻壤遐隅之所能遍？故博学贵乎知要，必会极然后归极。欲图文献之足征，须及典刑之尚有。[①]

李东阳还以一位老臣的忧患之心，建言正德皇帝说："伏愿上念宗祧之重大，下知稼穑之艰难。主善为师，任贤立政，惟一心之克协，罔庶狱之攸兼。不愆不忘，率祖考宪章于有法；可久可大，配乾坤德业于无疆。"[②] 希望正德皇帝能够体察民间疾苦，任贤立政，效法善典良章，以成就大业。

---

① 李东阳：《重进大明会典表》，黄宗羲编：《明文海》卷六六，中华书局1987年版，第591-592页。

② 李东阳：《重进大明会典表》，黄宗羲编：《明文海》卷六六，中华书局1987年版，第592页。

隆庆六年（1572）十二月，张居正率讲官进呈所编《帝鉴图说》，并以此为教本向新登基的万历皇帝进行历史方面的教育。讲读《帝鉴图说》的过程，“实际上形成了博古通今的君臣论政”①，并且持续数年之久。《帝鉴图说》分为上下篇，上篇《圣哲芳规》录善为可法的史事八十一则，下篇《狂愚覆辙》录恶为可戒的史事三十六则，篇末附有述语，是对内容的总结和意义的阐发。如上篇《圣哲芳规》述语中云：

> 右善可为法者八十一事，臣等既论次终篇，乃作而叹曰：嗟乎！孟轲称：“五百年必有王者兴”，传曰：“千年一圣，犹旦暮也”，讵不信哉！夫自尧舜以至于今，代更几世，主更几姓矣，而其可取者，三十余君而已。中间又或单举一善，节取一行，究其终始，尚多可议。其完善烁懿，卓然可为世表者，才什一耳，可不谓难哉！②

下篇《狂愚覆辙》述语中云：

> 右恶可为戒者三十六事。自古人君覆亡之辙，大略不出乎此矣。谚曰：“前人蹶，后人戒。”然世主皆相寻而不改。彼下愚不移，固无足论。至如晋武、唐玄、庄宗之流，皆英

---

① 陈生玺、贾乃谦：《帝鉴图说评注》前言，中州古籍出版社1996年版，第5页。

② 张居正等：《帝鉴图说》上篇《圣哲芳规·述语》，陈生玺、贾乃谦《帝鉴图说评注》本，中州古籍出版社1996年版，第296页。按，此书为张居正、吕调阳等人同撰。

明雄武，又亲见前代败亡之祸；或间关险阻，百战以取天下；及其志得意盈，迷心鸩毒，遂至一败涂地，不可收拾。其视中才守成之主，反不逮焉。《书》曰：“惟圣罔念作狂。”成败得失之机，可畏也哉！

臣等尝伏读我太祖高皇帝《实录》，与侍臣论及古来女宠、宦寺、外戚、权臣、藩镇、夷狄之祸。侍臣曰：“叔季之君，至于失天下者，常在于此。”高皇帝曰：“朕究观往古，深为用戒，然制之有道。若不惑于声色，严宫闱之禁，贵贱有体，恩不掩义，则女宠之祸，何自而生？厚其恩赉，不任以事，苟干政典，裁以至公，则外戚之祸，何由而作？宦寺便习，供给使令，不假以兵柄，则无宦寺之祸。不设丞相，六卿分职，使上下相维，大小相制，防耳目之壅蔽，谨威福之下移，则无权臣之祸。藩镇之设，本以卫民，使财归有司，兵必合符而调，岂有跋扈之忧？修武备，谨边防，来则御之，去不穷追，则无夷狄之虞。”渊哉睿谟，诚万世圣子神孙所当遵守而弗失者也！至于端本澄源，正心修身，以销衅孽于未萌，杜间隙于无迹者，则又备载《宝训》及御制诸书。伏维圣明留意焉，臣等不胜幸焉！①

述语中概括历代君王故事，讲明治乱兴衰之由，并希望万历皇帝从中汲取经验和教训，以作为施政的鉴戒。

---

① 张居正等：《帝鉴图说》下篇《狂愚覆辙·述语》，陈生玺、贾乃谦《帝鉴图说评注》本，中州古籍出版社1996年版，第445页。

张居正在《进〈帝鉴图说〉疏》中还说道：

臣等闻商之贤臣伊尹告其君曰："德惟治，否德乱。与治同道，罔不兴；与乱同事，罔不亡。"唐太宗曰："以铜为鉴，可正衣冠；以古为鉴，可见兴替。"臣等尝因是考前史所载治乱兴亡之迹，如出一辙。大抵皆以敬天法祖，听言纳谏，节用爱人，亲贤臣，远小人，忧勤惕厉，即治。不畏天地，不法祖宗，拒谏遂非，侈用虐民，亲小人，远贤臣，般乐怠傲，即乱。出于治，则虽不阶尺土一民之力，而其兴也勃焉。出于乱，则虽借祖宗累世之资，当国家熙隆之运，而其亡也忽焉。譬之佩兰者之必馨，饮鸩者之必杀。以是知人主欲长治而无乱，其道无他，但取古人已然之迹，而反己内观，则得失之效，昭然可睹矣。

仰惟皇上，天纵英资，光膺鸿宝。孜孜诵习，懋殷宗典学之勤；事事讲求，迈周成访落之轨。海内臣民，莫不翘首跂足，想望太平。臣等备员辅导，学术空疏，夙夜兢兢，思所以佐下风效启沃者，其道无由。窃以人求多闻，事必师古。顾史家者流，亡虑千百，虽儒生皓首，尚不能穷，岂人主一日万机，所能遍览。乃属讲官臣马自强等，略仿伊尹之言，考究历代之事。除唐、虞以上，皇风玄邈，纪载未详者，不敢采录。谨自尧、舜以来，有天下之君，撮其善可为法者八十一事，恶可为戒者三十六事。善为阳为吉，故用九九，从阳数也。恶为阴为凶，故用六六，从阴数也。每一事前，各绘为一图，后录传记本文，而为之直解，附于其后，分为二册，以辨淑慝。仍取唐太宗以古为鉴之意，僭名《历代帝鉴图说》，上呈睿览。[①]

张居正在疏中陈明《帝鉴图说》一书的撰述意图，强调君王欲长治久安则必以古人之迹而反观之，其书名亦是效仿唐太宗以史为鉴之义。他继而还建言："伏望皇上，俯鉴愚忠，特垂省览。视其善者，取以为师，从之如不及；视其恶者，用以为戒，畏之如探汤。每兴一念，行一事，即稽古以验今，因人而自考。高山可仰，毋忘终篑之功；覆辙在前，永作后车之戒。则自然念念皆纯，事事合理。"[②] 仍然劝谏万历皇帝以史为鉴，切勿重蹈覆辙。

值得一提的是，《帝鉴图说》一书在每个历史故事之前，都有一幅根据故事情节绘制的图画，可谓图文并茂。此书既是对帝王讲述历史经验教训的通俗读物，同时也是充分反映史学的资治和鉴戒作用的历史教育书籍。

二、史学的经世之用

（一）丘濬与焦竑之论

经世致用是中国史学的优良传统，这种注重以史学服务于时

① 张居正等：《帝鉴图说》附《进〈帝鉴图说〉疏》，陈生玺、贾乃谦《帝鉴图说评注》本，中州古籍出版社1996年版，第449-450页。

② 张居正等：《帝鉴图说》附《进〈帝鉴图说〉疏》，陈生玺、贾乃谦《帝鉴图说评注》本，中州古籍出版社1996年版，第450页。

代的思想，在明代有新的发展。

丘濬《大学衍义补》是为儒家经典《大学》所作的注释，在南宋真德秀《大学衍义》的基础上，博采六经诸史百家之文，汇集“治国平天下之要”，分《审几微》《正朝廷》《正百官》《固邦本》《制国用》《明礼乐》《秩祭祀》《崇教化》《备规制》《慎刑宪》《严武备》《驭夷狄》《成功化》等部分，补充了大量的史事，而尤其以法律和制度相关思想资料为主。丘濬认为：“儒者之学，有体有用。体虽本乎一理，用则散于万事。”[①] 他又说：

> 臣尝读真氏之序，有曰“为人君者，不可以不知《大学》；为人臣者，不可以不知《大学》”，而继之以“为人君而不知《大学》，无以清出治之原；为人臣而不知《大学》，无以尽正君之法”，是盖就其本体而言尔。若即其功用而究竟之，君臣所当知者，则固有在也。[②]

在丘濬看来，真德秀《大学衍义》的重点在于“体”，而《大学衍义补》的重点则在于“用”。继而，丘濬陈述了《大学衍义补》之旨及其对经世的认识：

> 粤自古昔圣贤为学之道，帝王为治之序，皆必先知而后行。知之必明其义，行之必举其要。是以欲行其要者，必先

① 丘濬：《大学衍义补》卷首《原序》，林冠群、周济夫校点，京华出版社1999年版，第2页。
② 丘濬：《大学衍义补》卷首《原序》，林冠群、周济夫校点，京华出版社1999年版，第3页。

知其义。苟不知其义之所在，安能得其要而行之哉？故臣之此编，始而学之，则为格物致知之方；终而行之，则为治国平天下之要。宫阙高深，不出殿庭，而得以知夫邑里边鄙之情状；草泽幽遐，不履城堙，而得以知夫朝廷官府之政务。非独举其要，资出治者以御世抚民之具；亦所以明其义，广正君者，以辅世泽民之术。譬之医书，其前编则黄帝之《素问》，越人之《难经》；后编则张仲景《金匮》之论，孙思邈《千金》之方。一方可以疗一证，随其方以已其疾，唯所用之何如也。前书主于理，而此则主乎事。真氏所述者，虽皆前言往事，而实专主于启发当代之君。亦犹孔孟告鲁、卫、齐、梁之君，而因以垂后世之训。臣之此编，较之前书，文虽不类，意则贯通。第文兼雅俗，事杂儒吏，其意盖主于众人易晓而今日可行。①

丘濬所论，大致包含如下方面：一是为学为治，不仅要知“格物致知之方”，也要知“治国平天下之要”。二是欲知治国平天下之要，则要能知“邑里边鄙之情状”“朝廷官府之政务”，这样才能帮助为治者以“御世抚民之具”，协助为君者以“辅世泽民之术”。三是真德秀《大学衍义》其要在于“理”的方面，即主要阐述“格物、致知、正心、诚意”之理，强调正君心，就如同医家的《素问》《难经》，是关于治病救人的总原则；而

① 丘濬：《大学衍义补》卷首《原序》，林冠群、周济夫校点，京华出版社1999年版，第3页。

《大学衍义补》其要则在于“事”的方面，就如同医家的《金匮要略》《千金要方》，是治病救人的具体药方。四是《大学衍义补》“文兼雅俗，事杂儒吏”，目的在于使众人容易知晓，并且便于当前施行，以达到有效治理的目的。

丘濬对史学经世之用的认识很深刻，对明代中后期有很大影响。而他关于史学与行医的比喻，也不时给后人以启示。如史家焦竑在给唐顺之《右编》作序时，亦谈到史学的经世，他说：

> 余惟学者患不能读书。能读书矣，乃疲精力于雕虫篆刻之间，而所当留意者，或束阁而不观，亦不善读书之过矣。夫学不知经世，非学也；经世而不知考古以合变，非经世也。古之善医者，于神农、黄帝之经方，秦越人之《难经》《灵枢甲乙》，葛洪、陶隐居之所缀缉，咸洞其精微。其于简策纷错，《黄》《素》朽蠹，老师或失其读，与曲士或窜其文者，无不贯穿而辨晰之矣。又必乐义耐事，急于生人，而亡虞主人之夺糈，斯能动而得意，攻邪起仆，如承蜩而掇之也。借令不由经论，而以情揆疾，曰：“古法新病，不相能也。”而第多其药以幸有功，则相率以趋于毙而已。①

焦竑认为真正的经世之学不仅需要了解历史，还需要适应时代的变化。他以行医为喻，史书譬如古之医方，而经世则要依据

---

① 焦竑：《澹园集》卷一四《荆川先生右编序》，李剑雄点校，中华书局1999年版，第141页。

具体情况而运用。他还说："夫执古之法而不知变者，非也；懵于古学而徒费人以尝试其胸臆，非之非者也。"[①] 在指出史书作用的同时，还强调历史知识的运用要能合乎时宜。

（二）张溥与陈子龙之论

晚明时期，明朝面临内忧外患，经世思潮兴起，在史学上亦有充分的反映。陈子龙、徐孚远等人集明代名臣贤士的奏议、文章，编成《明经世文编》五百余卷，就是当时史学经世的重要成果。

张溥在为《明经世文编》所写序文中说："余每开卷，恨今人不如古人。然居今之世，为今之人，慕说读书，上视古人，其难倍之。三代以来，著书寖广，秦火荡灭，所存颇微。汉儒兴学，论说日繁，穷年皓首，后世莫及。然业有专家，学者通一，即享高名。降而今日，聚书如林，谈两京则遗魏晋，言六朝则阙唐宋，此详彼略，仰屋竟夜。其难一也。前代文字，尔雅可观，得其一篇，讽咏不倦。世代渐移，语言俚杂，卷充栋宇，披排欲睡。其难二也。"[②] 张溥指出今人欲读书明史有两大难题，一是时代久远，内容繁多，难以贯通；二是书籍浩瀚，言语俚杂，难以遍览。了解前古就已如此之难，要经世致用就难上加难了。为解决这些难题，他提出了自己的设想：

---

① 焦竑：《澹园集》卷一四《荆川先生右编序》，李剑雄点校，中华书局1999年版，第142页。

② 张溥：《〈明经世文编〉序》，陈子龙等辑：《明经世文编》卷首，中华书局1962年版，第22-23页。

有志之士，敝蹝章句，放意典坟，非不自命豪杰。然逡巡两难之间，垂老而无一成者多矣。余间语同志，读书大事，当分经、史、古、今为四部。读经者辑儒家，读史者辨世代，读古者通典实，读今者专本朝。就性所近，分部而治，合数人之力治其一部，不出二十年，其学必成。同志闻者，咸是余说。[1]

张溥提出将书籍分为经、史、古、今四部，并分部治之，“读经者辑儒家，读史者辨世代，读古者通典实，读今者专本朝”，这样合数人之力，就能学有所成。而他所列四部，事实上都与史学有着密切的关联。张溥曾有编纂国史之志，并强调“贤者识大，宜先经济”[2]。而对于已有的本朝史著述，他认为：

右文之朝，人尚史学，综览昭代，著作多途。郑、邓体仿《史记》，焦、雷传记人物，典章掔于劳、徐，治法述于吴、邓。书虽通行，义例未显。王弇州、朱乌程、郑上饶、李湘阴、饶进贤、周梁溪，各有论撰，雅称史裁。然或功半而人亡，或身没而言隐。[3]

---

① 张溥：《（明经世文编）序》，陈子龙等辑：《明经世文编》卷首，中华书局1962年版，第23页。

② 张溥：《（明经世文编）序》，陈子龙等辑：《明经世文编》卷首，中华书局1962年版，第23页。

③ 张溥：《（明经世文编）序》，陈子龙等辑：《明经世文编》卷首，中华书局1962年版，第24页。

张溥认为郑晓、邓元锡的纪传之史，焦竑、雷礼的传记之史，劳堪、徐学聚的典制之史，吴瑞登、邓球的治法之史，虽行于世，但“义例未显”。而王世贞、朱国祯等人的撰述，虽“雅称史裁”，但或是未能完成，或是影响日渐式微，不免遗憾。

对于《明经世文编》，张溥评价道：“《文编》所载，网罗稍宽，有补兵食、中礼乐者，殷勤收录，不忍遐遗。使明主见而拊髀，执事闻而交儆。用其言而显其人，弃其人而存其言，赏罚自在也。其思深，其文远矣。”① 他认为此书收录范围较广，在兵食礼乐方面都有记载，既以文显人，又不因人废文。更重要的是，此书能使“明主见而拊髀，执事闻而交儆”，有益于世治。

陈子龙在此书序文中也提出了他对经世的认识，他说：“古者有记事之史，有记言之史。言之要者，大都见于记事之文矣。导发其端，使知所由，条晰其绪，使知所究。非言莫详甚矣，事之有借于言也。而况宗臣硕彦敷奏之章，论难之语，所谓吁谟远猷，上以备一代之典则，下以资后世之师法，不为之裒缀，后之君子何以考焉？”② 他强调史书具有“备一代之典则”“资后世之师法”之用。他还说：“明兴二百七十年，海内治平，驾周漂汉，贤才辈生，勋在竹帛。而遗文绪论，未有统汇，散于江海，盖有三患焉：一曰朝无良史，二曰国无世家，三曰士无实学。”③ 继而他解释说：

---

① 张溥：《（明经世文编）序》，陈子龙等辑：《明经世文编》卷首，中华书局 1962 年版，第 24-25 页。

② 陈子龙等辑：《明经世文编》卷首《序》，中华书局 1962 年版，第 38-39 页。

③ 陈子龙等辑：《明经世文编》卷首《序》，中华书局 1962 年版，第 39 页。

夫金匮之藏，非远臣所知，然有大纂修，莫不载在方册。永乐中，命阁臣士奇等辑《名臣奏议》，盖前代綦备矣，昭代之文，至今阙焉。章奏贮诸省中，以待纂集，幸无蠹败，率割裂其义不足观。又古者大臣没，或求其遗书，副在太史，今无有也。汉之武、宣，及隋唐之盛，遣使四出，悬金购书，今无有也。虽欲不散轶，安可得哉？故曰朝无良史。

六季以前无论矣，唐宋以科举取士，而世家鼎族相望于朝，家集宗功，藏之祖庙。今者，贵仕多寒畯，公卿鲜贤胤。至有给简册于爨婢，易缃素于市儿者。即欲搜讨，文献微矣。故曰国无世家。

俗儒是古而非今，文士撷华而舍实。夫保残守缺，则训诂之文充栋不厌；寻声设色，则雕绘之作永日以思。至于时王所尚，世务所急，是非得失之际，未之用心。苟能访求其书者盖寡，宜天下才智日以绌。故曰士无实学。

积此三患，故成书也难。夫孔子观于周，萧相收于秦，大率皆天下要书，足以资世用者。嘉谟令典，通今者之龟鉴，谋国者之兵卫也失。今不采集，更数十年，亡散益甚，后死者之责，其曷诿焉？[①]

陈子龙将“朝无良史”“国无世家”“士无实学”称为“三

① 陈子龙等辑：《明经世文编》卷首《序》，中华书局1962年版，第39–41页。

患”，并且认为正是由于这三个原因，导致本朝史书难成。他强调“嘉谟令典”是“通今者之龟鉴，谋国者之兵卫”，如果未能及时采辑编纂，则将亡佚散失，造成不可挽回的损失。可以看出，陈子龙对史学经世致用的认识，也正是《明经世文编》的编纂之旨。

此外值得留意的是，陈子龙除重视“嘉谟令典”以外，还对舆地图史有所关注。崇祯十六年（1643），吴国辅等人所纂《今古舆地图》刊刻，陈子龙在为此书所写序文中说道：“图之为用尚矣，而舆地尤要。”① 他在梳理历代舆地图史源流之后，着重指出舆地图的作用：

> 至凡边镇、关隘、禁防之要，与夫分裂鼎峙之时，其所借以控扼凭依者，名或殊而地不迁，事虽往而迹可按。盛衰强弱之故，其揆一也。使观之者见幅员广大，风俗错杂，治之各有其方，以谋绥靖，则修政；见山川阻塞，经界跨限，恐为奸雄所睥睨，夷狄所荐食，则修备；见土地山河是不一姓，名号迭更，互相鉴戒，而知天命之不假易，则修德。②

陈子龙指出舆地之图事关“盛衰强弱”，有益于“修政”

① 陈子龙：《古今舆地图序》，吴国辅等：《今古舆地图》卷首，《四库全书存目丛书》史部第一七〇册，齐鲁书社1996年版，第593页。按，陈子龙所撰序文篇名中的“古今”与书名中的“今古”有异，特此说明。

② 陈子龙：《古今舆地图序》，吴国辅等：《今古舆地图》卷首，《四库全书存目丛书》史部第一七〇册，齐鲁书社1996年版，第596页。

"修备""修德"，因而是"守国之善经，保治之良规"[①]。最后，他说：

> 我国家声教之远，际天极地，日月所照，罔不臣妾，汉、唐之盛，不能及也。近者，女直豕突于东北，大盗蚁聚于荆豫。而土宇昄章，地利在我。以明天子神武，而群臣戮力以将之，诚泰山而四维之也。《易》曰："王公设险，以守其国。"《诗》曰："我陵我阿，我泉我池。"观兹图也，岂不在将相哉？[②]

陈子龙站在明廷的立场，想到本朝之兴，又联系到当时的形势：东北地区清政权正虎视眈眈，荆豫之地农民起义如火如荼。他认为精研舆地之图，充分运用地势与地利，方能转危为安。当然，后来历史的发展并未如陈子龙所期待的那样。离他写下这篇序文仅仅一年时间，农民起义军就攻占北京，明朝宣告灭亡。不过，正是在这危机四伏的晚明时期，一些有识之士为挽回明朝的颓势，讲求经世和实学，从而将史学经世致用的认识，推向了一个新的高度。

（三）方志中的史学经世之论

关于史学的资治和经世之用，明代方志中的相关论述也值得

① 陈子龙：《古今舆地图序》，吴国辅等：《今古舆地图》卷首，《四库全书存目丛书》史部第一七〇册，齐鲁书社 1996 年版，第 596 页。

② 陈子龙：《古今舆地图序》，吴国辅等：《今古舆地图》卷首，《四库全书存目丛书》史部第一七〇册，齐鲁书社 1996 年版，第 596-597 页。

注意。洪武十一年（1378）《南昌府图志》修成，学者熊钊在《南昌府图志书序》中云：

> 盖自疆野分州，而国以万区；九州既别，而贡赋成等。殷正域四方，周列爵分土，帝王之政，莫大于是。然而古者列国，各有史官，任其记载，郡县设而史废职矣。今使郡各有志，志得其实，可以考见得失，系于政治不小也。按斯志而求之，山川之胜，人物之奇，生产服食之宜，城池之高深，道里之远近，民性习俗之贤愚美恶，治术教化之难易缓急，与夫文章卓行之关于天典民彝者，皆可以览而周知。皇上神机圣略，可以仰测其妙，而盛德之化，极于无穷。继今以后，民人得以求其先民学行之懿，致力忠孝，以不失乎为臣为子之道。仕于此者，有以知其风土之常，益求皇上开基之迹，爱民之心，用德以率其人，有加于昔人之善治。[1]

熊钊认为，如果地方志记载详实，则可知当地的山川、人物、生产、服食、城池、道路的情况，还可知“民性习俗之贤愚美恶，治术教化之难易缓急，与夫文章卓行之关于天典民彝者”，因而“系于政治不小”，“有加于昔人之善治”，是为政者施政的重要参考。

其后，宣德八年（1433）重修《南昌府志》成，熊钊的弟

---

① 熊钊：《南昌府图志书序》，《新修南昌府志》卷首，明万历十六年刻本。

子胡俨为之作序，他说：“郡之有志，一郡之事物皆载焉。昔李吉甫作《元和郡国志》及《国计簿》，谓为政者执此可以治天下，可以一览而得之。吉甫居相位，固以此为重。为守令者，于此其可忽哉？”① 胡俨进而指出，阅读方志可以知晓“盖山川之险易，物产之丰约，贡赋之多寡，户口之登耗，人才之显微，风俗之美恶”②，这些都是为政一方的官员所需了解的。胡俨还说：“俨尝承命纂修天下郡志，时郡邑所进之书，非苟简则冗杂。至于错谬，莫此为甚。同列举以见示，惟有慨叹而已。未几，以末疾赐归，不及见其书之成。”③ 胡俨曾于永乐年间参修《天下图志》，他所说的“非苟简则冗杂”，即是看到当时各地所进方志的状况。他后来去官回乡，参与纂修《南昌府志》，“举其纲领，类其条目，其可考者，以意求之。爬梳剔抉，删其繁秽，探幽发隐，正其诬谬。远览旁搜，补其遗缺，详略互见，要其会通。庶几一郡之事物，千载之文献，有足征焉。”④ 目的就是希望所纂方志，能够有助于地方治理。

嘉靖四十年（1561），时任肇庆知府的徐鹔在《肇庆府志》序文中，强调方志有“观风考俗、监古证今”之用，他说：

> 故志者，君子之所以观风考俗、监古证今，以彰治道者也。辟之命驾而游于通衢大都之中，莫知向往，必先咨求于

---

① 胡俨：《南昌府志序》，《新修南昌府志》卷首，明万历十六年刻本。
② 胡俨：《南昌府志序》，《新修南昌府志》卷首，明万历十六年刻本。
③ 胡俨：《南昌府志序》，《新修南昌府志》卷首，明万历十六年刻本。
④ 胡俨：《南昌府志序》，《新修南昌府志》卷首，明万历十六年刻本。

既往之辙。某阻于川，某通于陆，某为山溪之险，某为平陆之区。其诸纡徐曲折，厄塞要害，若指诸掌。然后揽辔周行，惟吾所命，无不如志，盖其胸中素定也。不然则踌躇迂左，索途于人且不暇，况望其能排阊阖、叩天阍，驱策于王良造父之先后哉？夫志，亦君子所由以适治之路也，唯君子能知志之不可以已。①

徐鹍以驾车行路为喻，即首先需要了解路线方向，比如哪里可以行车，哪里是山溪，哪里是平地，哪里有曲折险要，都需要了如指掌。这样才能驱驰前行，否则将踌躇难进。他认为方志就如同人们行路时了解前行路线和方向的“既往之辙”，是地方治理中不可缺少的。

徐鹍不仅生动地说明方志的作用，他还强调对于方志要能善读和善用：

太史公作《史记》于秦火之余，上溯黄皇，下逮秦汉，叙述尽乎古今，研核穷乎百氏，使往迹可睹而记也。惟善读者能于利害得失之际，绎其旨以要其所归。志诚实录，亦空言陈迹而已矣。夫掎摭利病，究竟始终，推而行之，以期实用，要非简帙所能尽。矧事关兴废，道在商确，苟可以便民，不必格于恒例，唯旁通触类者，能得之言外也。亦犹行

① 徐鹍：《肇庆府旧志序》，《肇庆府志》卷首，明万历十六年刻本。

旅戒途，夷险在目，尤必齐其衔橛，饰其轮辕，然后能历险致远，要之于其所归。若川渊盈涸，陵谷变迁，道路之梗，日相侵乎其前，则在变而通之，俾不画于半途。[1]

他指出《史记》这样一部叙述古今、核穷百氏的史书，也只有善读之人才能知道其中的利害得失和要旨所归。而方志所载即便是真实的情况，也不过是“空言陈迹”而已，而要期于实用，则必须触类旁通，重要的是变通。他仍以驾车行路为喻，如果前路艰险，那么必然要整齐装备，然后行路；如果遇到川渊盈涸、陵谷变迁、道路阻塞，则需要变通，才不至于半途而废。这里，徐鹉在肯定方志功用的同时，还强调治理地方仅仅依据方志所载是不够的，更需要能根据实际情况作出相应的改变。

隆庆时曾任云南按察使的徐栻，在《楚雄府志序》中指出“志之义大矣”。他说：“邦国之志，小史掌之；四方之志，外史掌之。今郡志即古外史也。列国史记载山川、人物、吏治、民风，以备观省而垂鉴戒。志之义大矣！”[2] 他认为：“君子观于此，而知为治之大要也。夫今之言治者，未尝不干济整理，致力于案牍期会之间。而著述纪录，凡有关政教之大且久者，率废弃不讲，此岂独曰不足哉？亦展错缓急之次也。故《禹贡》《周礼》之传，非特弼虞廷允赖之功，致成周太平之迹，而其忧后

① 徐鹉：《肇庆府旧志序》，《肇庆府志》卷首，明万历十六年刻本。
② 徐栻：《楚雄府志序》，《楚雄府志》卷首，明隆庆二年刻本。

世之心何远也。”[①] 继而，他强调方志能够“彰轨物，备观省，而昭鉴戒也”，并说道：

> 《记》曰：“修其教不易其俗，齐其政不易其宜。”使后之生于斯、莅于斯者而睹斯志也，思其所因则从而因之，思其所革则从而革之，思其所美则从而诱掖之，思其所恶则从而湔涤之，思其所隆则从而拔拓之，思其所替则从而激励之。庶乎得失昭，劝惩严，而史之义备矣。故曰：“君子观于此而知为治之大要也。”[②]

在徐栻看来，一部好的方志可以让读者有所启发，认识到可以继承的就予以继承，可以革除的就予以革除，可以奖掖的就予以奖掖，可以洗雪的就予以洗雪，并且弘扬那些值得兴盛的，激励那些已经衰微的，这样就具备史书应有的“得失昭”“劝惩严”之义了。因而他总结说，方志是“为治之大要”。这里，徐栻同样认为，方志所载的内容是地方治理的重要参考，但亦不可一味因循，而要依据实际情况加以继承、发展和变革，从而达到“为治”的目的。

---

① 徐栻：《楚雄府志序》，《楚雄府志》卷首，明隆庆二年刻本。
② 徐栻：《楚雄府志序》，《楚雄府志》卷首，明隆庆二年刻本。

第三节　论经史关系

一、“经史相表里”

史学和经学的关系是中国古代学术史上长期讨论的重要问题，也是人们关于史学功用认识的一个重要方面。明人关于经史关系有许多论述，形成了不同的观点。

北宋苏洵曾说：“由是知史与经皆忧小人而作，其义一也。其义一，其体二，故曰史焉，曰经焉。大凡文之用四：事以实之，词以章之，道以通之，法以检之。此经、史所兼而有之者也。虽然，经以道法胜，史以事词胜；经不得史无以证其褒贬，史不得经无以酌其轻重；经非一代之实录，史非万世之常法：体不相沿，而用实相资焉。”① 在苏洵看来，经和史的宗旨是一样的，都是“忧小人而作”。经以阐论道法见长，为万世之法；史以记载事实见长，为一代之实录。经如果没有史作为依据，则难以褒贬人物史事；史如果没有经的指导，则难以衡量轻重。因而，经与史虽有不同，但实际上是相辅相成的。他的这一观点，常为明人所承袭和发挥。

杨慎在论及经学与史学的关系时说道：

---

① 苏洵：《嘉祐集》卷九《史论（上）》，曾枣庄、金成礼《嘉祐集笺注》本，上海古籍出版社1993年版，第229页。

苏老泉曰："经以道法胜，史以事辞胜，经不得史无以证其褒贬，史不得经无以要其归宿。"言经史之相表里也。[①]

杨慎在苏洵之论的基础上，提出"经史之相表里"，史学为表，经学为里，二者本质上有相通之处。与杨慎差不多同时的李复初也认为：

夫经以道法胜，万化之源也；史以事辞胜，一本之散也。二者相为表里者也。考经以史，则圣贤之训戒有所征验，而不托之空言；求史以经，则历代之失得有所折衷，而非出于私见。涵养深而义理明，搜索精而事变达，体用之学在是矣。若歧而二之，则道乖于用，事失其真，内外支离，体用扞格，学斯弊焉。苏子曰："经不得史，无以证其褒贬；史不得经，无以酌其轻重。"亦知言哉！[②]

闻人诠在《刻旧唐书叙》中云：

书以纪事，谀闻为聩；事以著代，间逸则遗。是故史氏之书与天地相为始终，六经相为表里。疑信并传，阙文不饰，以纪事实，以昭世代。故六经道明，万世宗仰，非徒文

---

① 杨慎：《升庵集》卷四七《经史相表里》，《景印文渊阁四库全书》第一二七〇册，台湾商务印书馆1983年版，第368页。

② 李复初：《诸史品藻序》，戴璟：《新编汉唐通鉴品藻》卷首，《四库全书存目丛书》史部第二八二册，齐鲁书社1996年版，第471页。

艺之夸诞而已也。[1]

梁梦龙在《重刊续资治通鉴序》中云：

史载事，经载道，彰往训来，表里为用。六经自尼父删后，夫道如日中天，乃历代史体裁义例，详略激扬，互存得失。缘世有升降，治有污隆，立言之士品异科，意表殊致，由千载之下，探千载之上，疑信并传，取舍不一，事有得失，固宜然矣。褚少孙、裴骃而下，姑未暇论。事核文直，不华不俚，号命世宏才者，是非犹谬于圣人，信乎史学之难也。[2]

周钟在《史书序》中云：

予尝论经史二学相为表里，不读六经，无以正是非之本；不读二十一史，无以极是非之变。士方穷居闭户，不能取历代掌故家言，殚厥源流，详其得失。及国有大事，廷立而议，何以引古论今，援往辙之显鉴，定群言之淆惑哉？[3]

---

① 闻人诠：《刻旧唐书叙》，刘昫等撰、闻人诠校刻：《旧唐书》卷首，明嘉靖十八年刻本。

② 梁梦龙辑：《史要编》卷四《重刊续资治通鉴序》，《四库全书存目丛书》史部第一三八册，齐鲁书社1996年版，第502页。

③ 周钟：《史书序》，姚允明辑：《史书》卷首，《四库全书存目丛书》史部第一五〇册，齐鲁书社1996年版，第7页。

王永积亦云：

经与史相辅而行者也。经如江河在地，无时不行；史则如九州四渎，万派千流，要期于朝宗而后已焉。六经昭垂，与天壤俱不朽。而《春秋》号曰信史，则亦因鲁史而修之耳，非经、史果有异同也。[①]

以上有关“经史相表里”之说，强调经学与史学相辅相成，经书作为指导思想，史书是经学思想的具体方面，而经书中所蕴含的“理”往往需要通过史书中的“事”表现出来。但从理论上看，较之宋人如苏洵所论，似未有实质性的突破。

二、“经史一也”

较之“经史相表里”之说进一步凸显史学地位的，是“经史一也”的观点。

何景明在《汉纪序》中云：

夫学者谓经以载道，史以载事。故凡讨论艺文，横分事理，而莫知反说，讫无条贯，安能弗畔也哉？《易》列象器，《书》陈政治，《诗》采风谣，《礼》述仪物，《春秋》纪列国时事，皆未有舍事而议于无形者也。夫形理者，事

① 王永积：《心远堂遗集》卷二《经史策》，《四库全书存目丛书》集部第一九四册，齐鲁书社1997年版，第105页。

也；宰事者，理也。故事顺则理得，事逆则理失。天下皆事也，而理征焉。是以经史者，皆纪事之书也，但圣哲之言为经尔。故纪事者，苟非察于性命之奥、以尽事物之情者，亦难与论于作者之门矣。①

何景明指出经书所载之理，都是通过史事来表现的，未有离开史事而言理的。他认为事以表现理，理以支配事，因而经、史都是纪事之书，只是由于圣哲之言而有经史之别。

薛应旂在《宋元通鉴义例》中云：

古者，左史记言，右史记事。事为《春秋》，言为《尚书》，经史一也。后世史官，咸推迁、固，然一则退处士而进奸雄，一则抑忠臣而饰主阙，殆浸失古意，而经史始分矣。朱晦翁谓吕东莱好读史，遂粗着眼。夫东莱之造诣，不敢妄议，若以经史分精粗，何乃谓精义？入神之妙，不外于洒扫应对之间也。②

这里薛应旂明确提出"经史一也"的观点，他认为经与史在源起和本质上是一致的，由于后来的史学著述未能很好地承担载道之义，因而经史相分离。他不赞同朱熹对吕祖谦的批评，并

① 何景明：《大复集》卷三四《汉纪序》，《景印文渊阁四库全书》第一二六七册，台湾商务印书馆1983年版，第304页。

② 薛应旂：《宋元通鉴》卷首《宋元通鉴义例》，《四库全书存目丛书》史部第九册，齐鲁书社1996年版，第688页。

认为朱熹以经史分“精粗”的看法是不妥当的。薛应旂还说：

天下之道，固一而无二，而精粗本末则不可偏废。自夫朱、陆之辨兴，而左朱右陆者，但知六经为我注脚，而不究其义。矧于史学，又何庸心？其或折衷于二者之间，则亦谓读经足矣，史固在所后也。明道程先生亦以谢上蔡为玩物丧志，此其言盖为博而寡要者发也，未必谓屏经史而不读也。迩者乃或妄意神化，束书不观，事至于前，不学无术，多至谬误，而君子之经纶隳矣。君子之经世，譬诸医者之治病，经则其《素》《难》也，史则其方书也，虽轩、岐、和、扁，亦不能外是理以生人。而业其术者，顾弃置之，纵自谓妙悟神解，其有不至于误剂杀人者几希。①

薛应旂批评那些只知“六经为我注脚”但又不能考察其中真义的做法，同时也批评“读经足矣”的观点，从而强调经与史不可偏废。他以行医来比喻，经则如《素问》《难经》，是行医的基本理论，而史则如具体的药方，二者不可或缺。

何良俊在《四友斋丛说》中云：

史之与经，上古元无所分。如《尚书》之《尧典》，即陶唐氏之史也；其《舜典》，即有虞氏之史也；《大禹》《皋

① 薛应旂：《宋元通鉴》卷首《宋元通鉴义例》，《四库全书存目丛书》史部第九册，齐鲁书社 1996 年版，第 689-690 页。

陶谟》《益稷》《禹贡》，即有夏氏之史也；《汤誓》《伊训》《太甲》《说命》《盘庚》，即有殷氏之史也；《泰誓》《牧誓》《武成》《金縢》《洛诰》《君牙》《君奭》诸篇，即有周氏之史也。孔子修《书》，取之为经，则谓之经。及太史公作《史记》，取之以为五帝三王纪，则又谓之史。何尝有定名耶？陆鲁望曰："《书》则记言之史，《春秋》则记事之史也。记言、记事，前后参差；曰经、曰史，未可定其体也。案经解则悉谓之经，区而别之，则《诗》《易》为经，《书》与《春秋》实史耳。"及孔子删定六经之后，天下不复有经矣。而周天王及各国皆立史官，如周有史佚、太史儋、内史过、内史叔兴、叔服，虢有史嚚，卫有史华，晋有史苏、史狐、史墨，鲁有史克，世掌史事，而遂有专史矣。当时各国皆有史，鲁史偶经孔子笔削，寓一王之法，故独传耳。汉兴，司马谈、司马迁世为太史令，东汉则班彪父子世领史职。而二氏卒能整齐汉事，成一家言，今亦与六经并行矣。后世虽代有纪言纪事之官，然作史者又未必即若人也。今二十一代史具在，其得失是非，可考而知也。至于近代之事，其世道之盛衰，人物之升降，风俗之隆替，皆史之流也。其大者，则领史职者载之；若夫识其小者，则不贤者之责也。①

何良俊亦认为经史同源，孔子所取即为经，而史家所取即为

① 何良俊：《四友斋丛说》卷五《史一》，中华书局1959年版，第41页。

史，二者没有本质的区别。何良俊又云：

> 壬子冬到都，首谒双江先生。先生问："别来二十年，做得甚么功夫？"余对以："二十年惟闭门读书，虽二十一代全史亦皆涉猎两遍。"先生云："汝吴下士人，凡有资质者，皆把精神费在这个上。"盖先生方谈心性，而黜记诵之学故也。余口虽不言，心甚不然之。盖经术所以经世务，而诸史以载历代行事之迹。故六经如医家《素》《难》，而诸史则其药案也。夫自三代而下以至于今，越历既久，凡古人已行之事何所不有。若遇事变，取古人成迹斟酌损益，庶有依据。苟师心自用，纵养得虚静，何能事事曲当哉？寻常应务犹可，至于典章仪式、名物度数，其亦可以意见处之哉？故一经变故棼集，则茫无所措。遂至于率意定方，误投药剂，非但无救于病，其人遂成疣痼矣。可无惧哉！[①]

双江先生，即理学家聂豹，《明儒学案》将其列入江右王门学案。据文中所述，嘉靖三十一年（1552），何良俊到京城拜谒聂豹，自陈二十年闭门读书，二十一史已涉猎两遍。聂豹认为不应将精神花费在史学上面，而应专意心性之学。何良俊不以为然，与薛应旂相似，他把经书比作医家的医书，即治病的原理和方法；把史书比作医家所开的药方，即治病所需的具体用药和剂

---

① 何良俊：《四友斋丛说》卷五《史一》，中华书局1959年版，第43页。

量。他认为历史上发生过的事情，可以作为人们处理当下问题的参考；如果遇到了变故和变化，则不妨从古人处斟酌变通，或许就能找到良方。何良俊此论是针对当时心学盛行的现状而发，是有感于当时的学风弊病而作的批评，指出习心学让人“纵养得虚静，何能事事曲当哉?”相反，在面对现实问题时，由于缺乏必要的历史知识，不清楚“典章仪式、名物度数”，则可能导致处理方法不当、轻重失衡，非但无补于事，还可能如同误投药剂一样，贻害无穷。

藏书家沈懋孝在《六经孔氏述》中云：

《书》纪唐虞三代五三圣人更代之事。其《典》《书》则后之帝纪也，《谟》《训》则后之疏议也，一事始末则后之志、记、列传也。无史之名，乃史之宗。羲轩上代，事简文质。惜哉乎图牒希传，古史、路史，若有无、若存亡者耳！汉初诸子多有传之者，合之尚有可推。

《诗》者，风也，声也。天地间唯声能入虚，唯风能扇有。故风之所鼓者远，声之所彻者微。此乐之胚胎，而律吕所以谐叶之道也。周代采风陈诗，人人能诗，犹之乎六朝之选，唐之律，人人作之也。故一部《诗》，纪周一代盛衰之故，此于六籍文字之林，已占一半大业矣。楚骚、乐府，又其滥觞也。

《春秋》非特鲁有也。古有百国《春秋》，后有《吕氏春秋》《晋春秋》，不过纪年月，录列国报书云耳。孔圣制裁，其业始大。孟氏云“《诗》亡然后《春秋》作”，又云“天子之事”。大都秉笔是非，以存王法，为《诗》与《周礼》之维持耳。笔削之间，是非见矣，褒贬具矣，此圣人之衡也。①

沈懋孝认为《尚书》虽无史书之名，实为史书之宗，而《诗经》记周代之盛衰，《春秋》寓是非褒贬，都具有史书的内容。经、史的区别，主要是因为前者得到了圣人的删定笔削，才成为“经”。

明人的“经史一也”之论，一方面强调经学和史学同源，经与史并没有本质上的区别，另一方面则是对朱熹等人尊经抑史观点的反驳，强调经与史不可偏废。

三、“六经皆史”

明人关于经史关系的讨论中，在理论层面取得较大进展的是“六经皆史”说。

明初，宋濂在《龙门子凝道记》中以对话的形式谈及经史关系，语云：

或问龙门子曰：“金华之学，惟史最优，其于经则不密察矣，何居？”龙门子曰：“何为经？”曰：“《易》《诗》

① 沈懋孝：《长水先生文钞》之《石林蕢草·六经孔氏述》，《四库禁毁书丛刊》集部第一五九册，北京出版社2000年版，第378页。

《书》《春秋》是也。”曰：“何谓史？”曰：“迁、固以来所著是也。”曰：“子但知后世之史，而不知圣人之史也。《易》《诗》固经矣，若《书》、若《春秋》，庸非虞、夏、商、周之史乎？古之人曷尝有经史之异哉？凡理足以牖民，事足以弼化，皆取之以为训耳，未可以歧而二之。谓优于史而不密察于经，曲学之士固亦有之，而非所以议金华也。”①

有人认为宋濂的学问中以史学最优而于经学不密察，宋濂对此予以辩驳。他认为经书实为圣人之史，诸经之中《尚书》和《春秋》本身就是史书，古人只专意以理、事，而并未有意区分经与史。因而，说他“优于史而不密察于经”是不准确的。这里宋濂主要是以书中内容及其作用，来说明《尚书》《春秋》属于史书，但未将六经作为整体予以讨论。

明人“六经皆史”之说，最受后人关注的是著名哲学家王守仁的论述。正德年间，王守仁与其弟子徐爱论学，徐爱问：“先儒论《六经》，以《春秋》为史。史专记事，恐与《五经》事体终或稍异。”② 王守仁回答说：

以事言谓之史，以道言谓之经。事即道，道即事。《春秋》亦经，《五经》亦史。《易》是包牺氏之史，《书》是

① 宋濂：《宋濂全集》卷九四《龙门子凝道记》卷下《大学微第八》，黄灵庚编辑校点，人民文学出版社2014年版，第2227-2228页。

② 王守仁：《传习录（上）》，王晓昕《传习录译注》本，中华书局2018年版，第49页。

尧舜以下史，《礼》《乐》是三代史。其事同，其道同，安有所谓异？[①]

《五经》亦只是史，史以明善恶，示训戒。善可为训者，特存其迹以示法；恶可为戒者，存其戒而削其事以杜奸。[②]

这里王守仁所说的“《五经》亦史”，实际上就是“《六经》亦史”“《六经》皆史”。他认为如果以史事来论述，就是史学的范围；如果以道理来阐释，就属于经学的范围。而史事和道理往往是互相包含的，因而《五经》属于史书的范围。同时，从明善恶、示训诫的角度，《五经》亦属于史学的范围。随着《传习录》刊布及阳明心学的兴起，“《五经》亦史”的观点亦随之广为传播。

其后，万历三年（1575）已致仕归乡的名臣赵贞吉，曾拟作《经世通》和《出世通》遗诸门人，其中《经世通》分为《史通部》（包含统、传、制、志）和《业部通》（包含典、行、艺、术）两部分[③]。曾有人问赵贞吉，《经世通》为何分为史、业两个部分？赵贞吉回答说：“《经世通》者，史氏掌故之书也。统、传、制、志，史之纲而记事之方也；典、行、艺、术，业之常而记言之章也。史有纲而业有常，则体有宗而宗有眼。故化理

---

① 王守仁：《传习录（上）》，王晓昕《传习录译注》本，中华书局2018年版，第49页。

② 王守仁：《传习录（上）》，王晓昕《传习录译注》本，中华书局2018年版，第50页。

③ 参见李贽：《续藏书》卷一二《少保赵文肃公》，张建业主编：《李贽文集》第四卷，社会科学文献出版社2000年版，第291页。

可稽，而道术不裂，是谓史之良也。经世之主，其能舍诸？”[1]其人又问：“子学道者，曷以史自居？”赵贞吉回答说：

> 噫！是乌知六经之皆史乎？又乌知仲尼为史之圣乎？六经群言之宗也，仲尼万世之眼也，班固、陈寿以下不足与于斯言也。司马子长自谓百代史官，亦有意于尊孔氏，明道术矣。惜也，统、典未建，传、行不彰，制、志郁而不明，艺、术漏而不张，务多而不要其宗，好奇而未具夫眼。夫多而无宗者必散也，奇而无眼者必乱也，乌能原化理而究道术哉？予为此篇，盻以八部，摄以二门，求免此散乱之咎已耳。是故盻以八者，常归诸二也；摄以二者，常求诸一也。[2]

赵贞吉以反问的口吻，提出了“六经之皆史”“仲尼为史之圣”。结合赵贞吉作《经世通》之旨，他是从经世致用的角度来谈经史关系的，认为经与史都是“道术”的载体。

关于经史关系，徐中行认为“经藏于史”，他说：

> 夫《易》始庖牺，《诗》逮列国，及《礼》《乐》之治神人，何者非事，何者非言，何者非记，而不谓之史？故《易》长于史，《诗》陈于史，《礼》《乐》诏于史。老聃居

---

① 赵贞吉：《赵文肃公文集》卷二三《史业二门都序》，《四库全书存目丛书》集部第一〇〇册，齐鲁书社1997年版，第599页。

② 赵贞吉：《赵文肃公文集》卷二三《史业二门都序》，《四库全书存目丛书》集部第一〇〇册，齐鲁书社1997年版，第599页。

柱下，夫子就翻十二经，经藏于史，尚矣。第圣人所删述者，则尊之为经，宁独《尚书》《春秋》乎哉？即以《史记》本之《尚书》而详于《春秋》，其亦失迁之所以作乎？始以《春秋》言之，其为一代得失之林，经夫子所笔，无容于评矣。而其所削，若《左传》《国语》，乃盛述于世，为史氏之宗。虽言其得者十六七，而言其失亦二三，要其不可废，则与《春秋》并传矣。盖其所述者列国，而非一家之私也。①

在徐中行看来，六经之中都包含着“事”“言”“记”，都可以看作是史书，只因经过圣人删述，因而被尊称为“经”。

李贽则是从“经、史一物”谈起，明确指出了“六经皆史”，他说：

经、史一物也。史而不经，则为秽史矣，何以垂戒鉴乎？经而不史，则为说白话矣，何以彰事实乎？故《春秋》一经，春秋一时之史也；《诗经》《书经》，二帝三王以来之史也；而《易经》则又示人以经之所自出，史之所从来，为道屡迁，变易匪常，不可以一定执也。故谓六经皆史可也。②

① 徐中行：《天目先生集》卷一三《史记百家评林序》，《续修四库全书》第一三四九册，上海古籍出版社2002年版，第727页。

② 李贽：《焚书》卷五《经史相为表里》，张建业主编：《李贽文集》第一卷，社会科学文献出版社2000年版，第201-202页。

李贽首先认为经史不可分离，史而不经，将成秽史；经而不史，将为白话。他认为《春秋》《诗经》《尚书》《易经》都与史密切相关，因而提出了“六经皆史”。

其后，胡应麟在论及经、史、子、集的渊源时，亦着重指出经史之关系：

> 夏、商以前，经即史也，《尚书》《春秋》是已，至汉而人不任经矣，于是乎作史继之，魏、晋其业浸微而其书浸盛，史遂析而别于经，而经之名禅于佛、老矣。周、秦之际，子即集也，孟轲、荀况是已，至汉而人不专子矣，于是乎有集继之，唐、宋其体愈备而其制愈繁，子遂析而入于集，而子之体夷于诗、骚矣。《尚书》，经之史也；《春秋》，史之经也。《中庸》、孟氏，子也，而其理经，故陟而经也；《道德》《冲虚》，经也，而其理子，故降而子也。三者皆可以互名，惟其实也，集则迥不同矣。[①]

这里，胡应麟是从文献发展的角度，对古代图书四部分类的形成过程提出了自己的看法。他不仅认为“经即史也”，而且指出经、史、子三部有相通之处，皆可以“互名”。

四、“天地间无非史而已”

从“经史相表里”到“经史一也”，再到“六经皆史”，史

---

① 胡应麟：《少室山房笔丛》卷二《经籍会通二》，上海书店出版社2009年版，第16页。

学在经史关系中的地位得到不断提高。在此基础上，从史学的角度试图在经史关系格局有所突破的，是王世贞的“天地间无非史而已”之说。

王世贞曾说道：

稽古史即经也，《尚书》之文是也，自《尧典》至《秦誓》，世数缺有间矣。孔子删之，曰式训来世，文不必备云尔。周衰，孔子从平王四十九年，值隐公元年作《春秋》，本鲁史也。鲁前此无史乎？笔削讫二百四十二年，盖圣人若是其慎也。况《春秋》未作，暨绝笔之后，列国非无记注。自日寻干戈，若存若亡，迄于秦火，遂茫不可迹，而《春秋》焰而犹存。此诚大圣人公论不可灭，故史也而尊曰经，与《尚书》并传云。①

这里，王世贞指出“史即经”，他认为《尚书》和《春秋》不仅记载历史内容，而且蕴含着公论，因而被尊为“经”。这一观点与宋濂所论“圣人之史”可谓一脉相承。而在《艺苑卮言》中，王世贞则进一步突破了这一观点，他说：

天地间无非史而已。三皇之世，若泯若没；五帝之世，若存若亡。噫！史其可以已耶？六经，史之言理者也。曰编

① 王世贞、袁黄：《纲鉴合编》卷首王世贞《原序二》，中国书店1985年版，第4页。

年，曰本纪，曰志，曰表，曰书，曰世家，曰列传，史之正文也。曰叙，曰记，曰碑，曰碣，曰铭，曰述，史之变文也。曰训，曰诰，曰命，曰册，曰诏，曰令，曰教，曰札，曰上书，曰封事，曰疏，曰表，曰启，曰笺，曰弹事，曰奏记，曰檄，曰露布，曰移，曰驳，曰喻，曰尺牍，史之用也。曰论，曰辨，曰说，曰解，曰难，曰议，史之实也。曰赞，曰颂，曰箴，曰哀，曰诔，曰悲，史之华也。虽然，颂即四诗之一，赞、箴、铭、哀、诔，皆其余音也。[①]

在王世贞看来，天地之间无一不是史学的内容。他从六个方面梳理了各类文献资料与史学的关系：（1）六经，是“史之言理者”，即史学的指导思想；（2）编年、本纪、志、表、书、世家、列传，是“史之正文”，即史学的主要撰述方式；（3）叙、记、碑、碣、铭、述，是“史之变文”，即史学的其他撰述方式；（4）训、诰、命、册、诏、令、教、札、上书、封事、疏、表、启、笺、弹事、奏记、檄、露布、移、驳、喻、尺牍，是“史之用”，即史料的主要来源；（5）论、辨、说、解、难、议，是“史之实”，即史家的结论的载体；（6）赞、颂、箴、哀、诔、悲，是“史之华”，即史家的情感表达的载体。

王世贞“天地间无非史而已”的观点，并非直接从经史关系的角度展开对史学的讨论，而是跳出已有关于经与史的性质、

① 王世贞：《艺苑卮言》卷一，陆洁栋、周明初批注，凤凰出版社2009年版，第13-14页。

关系的探讨。他不仅将六经置于历史文献的范畴中来探讨纯粹的史学问题，而且将六经作为史学的一个重要组成部分来加以看待。这里，王世贞对史学的范围提出了新的认识，从而在一定程度上也促进了对史学自身价值认识的理论升华。[1]

① 向燕南：《中国史学思想通史·明代卷》，黄山书社2002年版，第267页。

第六章　史学批评著述的研究和整理

史学批评的发展离不开对已有史学批评著述的研究和整理。中国古代史学发展到明代，一方面出现了走向社会深层的趋势，另一方面还呈现出对以往史学予以总结的趋势，其中也包含着史学批评。明人关于史学批评著述的研究和整理，主要表现在两个方面。一是《史通》研究作为专门之学的出现。这其中包括对《史通》的不断校订与刊刻，对《史通》评价的深入，尤其是陆深、李维桢、郭孔延、王惟俭等人对《史通》的注释、评论，以及有关观点的阐释和商榷，大大推动了《史通》研究的发展，促成了"《史通》学"的兴起。明代史学批评受《史通》影响巨大，而《史通》在明代也获得前所未有的重视，二者相辅而行，成为明代史学批评的一个重要特点。二是明人对史学批评资料的整理与汇编。其中有的单独成书，有的单独成卷，对保存史学批评资料有积极作用。而其中所载录的一些资料不为人们所常见，还具有一定的史料价值。更为重要的是，这些整理和汇编的成果，突出反映了明代史学意识增强和史学批评观念普及的趋向。

第一节　《史通》校刻与《史通》评价的深入

一、《史通》的校订与刊刻

唐代史家刘知幾的《史通》是中国古代史学批评史上一部具有里程碑意义的著作，其刊刻和流传也影响到了后世史学批评的发展。近年来，学界关于明人对《史通》一书的刊刻、校勘、注释、评论等方面的探讨日益深入，并认为在明代已形成关于《史通》的专门之学。①

从目前所见资料显示，陆深是明代较早校订《史通》的学者。陆深字子渊，号俨山，上海人。弘治十八年（1505）进士，选庶吉士，授翰林院编修，历国子司业、祭酒，充经筵讲官，累官四川左布政使、詹事府詹事，谥“文裕”②。陆深曾谈到他所见《史通》的情况：

> 深在史馆日，尝于同年崔君子钟家获见《史通》，写本讹误，当时苦于难读也。年力既往，善本未忘。嘉靖甲午之岁，参政江西时，同乡王君舜典，以左辖来自西蜀，惠之刻

---

① 按，关于此方面的研究，近年来钱茂伟、杨艳秋、王嘉川等学者有相关论述，尤其是王嘉川《清前〈史通〉学研究》一书，以大量的篇幅对明代的“《史通》学”进行深入细致地梳理、考辨和归纳，展现出明人关于《史通》研究的相关内容。参见钱茂伟：《明代史学的历程》，社会科学文献出版社2003年版，第152-157页；杨艳秋：《明代史学探研》，人民出版社2005年版，第89-100页；王嘉川：《清前〈史通〉学研究》，社会科学文献出版社2013年版，第193-531页；等等。

② 参见张廷玉等：《明史》卷二八六《文苑二》，中华书局1974年版，第7358页。

本。读而终篇，已乃采为《会要》，颇亦恨蜀本之未尽善也。明年乙未，承乏于蜀，得因旧刻校之，补残刓谬，凡若干言。乃又订其错简，还其阙文，于是《史通》始可读云。[①]

这段话透露出三个方面的信息。一是陆深在翰林院供职之时，曾见到同年进士崔铣（字子钟）家藏的《史通》，但此书为抄本，讹误较多，难以阅读。二是此后在嘉靖十三年（1534），陆深见到同乡王舜典所赠的《史通》刻本，通读全书后撰成《史通会要》一书，但同时仍以未见善本而感到遗憾。三是嘉靖十四年（1535）陆深任四川左布政使之时，得旧刻蜀本《史通》，予以校刻，“于是《史通》始可读”。可知，陆深当时曾见到三种不同的版本，抄本一种，刻本二种。这既说明《史通》在明代有一定范围的流传，但也可见由于缺乏良好的刻本，其流布受到了较大限制。

关于此次校刻，陆深虽“补残刓谬”“订其错简，还其阙文”，但也承认由于缺乏必要的参考，“校勘粗毕，讹舛尚多，惜无别本可参对也，方俟君子。”[②] 尽管陆深所校刻的《史通》仍有不完善之处，但对《史通》的传播起到了有力的促进作用。

万历五年（1577），藏书家张之象在陆深刻本的基础上，重

① 陆深：《俨山集》卷八六《题蜀本史通》，《景印文渊阁四库全书》第一二六八册，台湾商务印书馆1983年版，第551-552页。

② 陆深：《题蜀本史通后》附，刘知幾撰、张鼎思校刻：《史通》卷末附，明万历三十年刻本。

新校刻《史通》。他在序文中说道：

逮我明嘉靖间，吾乡俨山先生陆文裕公始购得《史通》钞本及他刻本，采撰《会要》，多所阐明。已而是正，翻梓川蜀，犹自谓讹舛尚多，惜无别本可校。……偶梁溪友人秦中翰汝立，视予家藏宋刻本，字整句畅，大胜蜀刻，俨山先生所未及睹者。小子何幸，觏此秘籍！批阅抚玩，良慰素心。乃相与铨订，寻讨指归，将图不朽。复与郡中诸贤隽徐君虞卿、冯君美卿等参合众本，丹铅点勘，大较以宋本为正，余义通者，仍两存之。反覆折衷，始明润可读，庶无遗憾。[①]

张之象偶然读到藏书家秦柱（字汝立）家藏宋刻本《史通》，“字整句畅”，胜过陆深刻本。于是与其郡中诸贤一同，以宋刻本为主，参考其他刻本，校订刊刻《史通》。张之象刻本订正了陆深刻本中的一些谬误，使《史通》刻本进一步精良。

其后，万历三十年（1602），张鼎思再次校刻《史通》。他在序文中说道：

唐长安、景龙间，刘子玄在东观商榷诸史，著《史通》二十卷，传刻弗广。余家有抄本，齐六赵肖，十居其一二，以故宦辙所至，必先购求，复得二三抄本，虽各有舛讹，而

① 张之象：《史通序》，刘知幾撰、张之象校刻：《史通》卷首，明万历五年刻本。

参稽互正，庶几可读。兹承乏江臬，同寀诸公，一时士望，聚会之间，纵言至于史。方伯莆田吴公曰："此有《史通》，太史陆俨山氏守藩时刻也，子其雠之。"余念俨山先生才雄学博，其于是刻，用心良勤，然恨无别本参对，若有望于后人，余岂敢辞！因出箧中本，更为校勘。篇章有应合、应岐者，合之、岐之；书名有应删、应益、应定者，删之、益之、定之。《曲笔》篇为增四百卅余字；《鉴识》篇增三百余字，而去其自它篇羼者六十余字；《因习》上卷已亡，刻中数行宜削而不削者，慎之也。它无可据者，姑仍其旧。[①]

可知此次校刻是以陆深刻本为主，参考数种抄本而成，其中是否包含张之象本，则并未提及。文中还提到校刻的一些具体情况，如篇章的分合，书名的删、增、定，以及增补《曲笔》篇四百三十余字，增《鉴识》篇三百余字，而去除羼入的六十余字等。

张鼎思刻本晚出而影响愈大，其后郭孔延《史通评释》、王惟俭《史通训故》等，亦是以此本为基础。明代《史通》校订刊刻的不断进行，为《史通》研究提供了必要的基础和条件。

二、《史通》评价的深入

（一）何乔新、祝允明与杨慎之评

在陆深校刻本问世之前，因《史通》流传范围有限，明人

① 张鼎思：《续校史通序》，刘知幾撰、张鼎思校刻：《史通》卷首，明万历三十年刻本。

的相关评论并不多见。何乔新曾云："昔刘子玄著《史通》四十一篇，以商论前史之得失，自迁、固而下皆讥焉。然观其书，可予者十有三四，可贬者十有五六。"[①] 此语大体承自宋人章如愚所论，而未出其范围[②]。

祝允明曾在《祝子罪知录》中引用《史通》的《疑古》篇中关于"汤之饰让"的记载，来表达他对古代典籍记载的怀疑[③]。此外，祝允明在给后辈张天赋的一封书信中，谈到阅读史书的问题。他说：

> 其于史也，先取《春秋》内外传，乃至《史》《汉》以降及《宋》《元》十九正史治之。君纪臣传以系事者尔尔，志以系制度时变者尔尔，得失分矣，几业彰矣，劝戒辨矣。于是他籍系史而今不恒缀之十九编者，如后汉几家，三国几家之类，求得而通治之。他如《通鉴》之属、《史通》之属，少有简辑议评之力者继之。野录、霸书、私史、小说之徒，又继之。斯可已。[④]

这里祝允明将《史通》与《资治通鉴》并列，将其作为治

① 何乔新：《椒邱文集》卷二《诸史》，《景印文渊阁四库全书》第一二四九册，台湾商务印书馆1983年版，第25页。

② 参见章如愚：《群书考索》续集卷一五《史通》，《景印文渊阁四库全书》第九三八册，台湾商务印书馆1983年版，214-215页。

③ 祝允明：《祝子罪知录》卷一，《续修四库全书》第一一二二册，上海古籍出版社2002年版，第524页。

④ 祝允明：《怀星堂集》卷一二《答张天赋秀才书》，《景印文渊阁四库全书》第一二六〇册，台湾商务印书馆1983年版，第535页。

史的重要参考。

杨慎对《史通》亦颇为留心，他曾说道：

老泉评刘子玄《史通》云："世称其详且博，然多俚辞俳状，史之纪事，将复甚乎其所讥诮者，唯子餗为差愈。吁，其难而然哉！"杨万里云："知幾《史通》，毛举前史，一字必呵。尝得其所撰高宗、武后《实录》而读之，意其可拳石班、马，而臧获陈、范也。及观其永徽三年事，则曰'发遣薛延陀'，此何等语邪？天授二年事，则言傅游艺死矣；至长寿二年遣使流人，则曰'傅游艺言之也'。游艺之死至是三年，岂有白骨复肉而游魂再返乎？"古人目睫之论诚有味也，二公之论当矣。然子玄《史通》妙处，实中前人之膏肓，取节焉可也。黄山谷尝云："论文则《文心雕龙》，评史则《史通》，二书不可不观，实有益于后学焉。"[①]

杨慎引用了苏洵、杨万里和黄庭坚之语，并赞同他们对《史通》不足之处的批评。苏洵认为刘知幾苛责古人，杨万里指出刘知幾所撰实录中的抵牾之处。杨慎认为二人所指出的缺点确实存在，不过《史通》毕竟不同于一般的史书，不能简单地从个别史实正误的角度来评判《史通》的价值，而应力图从作者本身的撰述主旨以及此书的理论价值来加以综合考量。刘知幾之

① 杨慎：《升庵集》卷四七《老泉评史通》，《景印文渊阁四库全书》第一二七〇册，台湾商务印书馆1983年版，第370页。

所以批评前史，是希望能“辨其指归，殚其体统”[①]，探究史家撰史之例，因此该书的成就主要在于其史学批评，而非考证的精确性。杨慎肯定《史通》“实中前人之膏肓”，并主张汲取刘知幾批评的精要，从其主要方面来加以评判，“取节焉可也”。

而杨慎对所引黄庭坚之语的改动，亦值得一提。黄庭坚原文为：“刘勰《文心雕龙》、刘子玄《史通》，此两书曾读否？所论虽未极高，然讥弹古人，大中文病，不可不知也。”[②] 而杨慎所述当是意引，在文字上有所改动。这一做法虽不够严谨，然而这些文字经他改动之后，尤其是将“论文”与“评史”相对，凸显出《文心雕龙》和《史通》分别在文学批评和史学批评领域的独特地位，同时增强了对《史通》价值的肯定，流传也更为广泛。

从何乔新、祝允明以及杨慎等人所论可以看出，这一时期明人对《史通》的评价，旨在强调《史通》的重要性，多承袭宋人之论，而缺少研究性的评论。其后，随着《史通》的不断校刻和流传，关于《史通》的评价亦愈发深入。

（二）陆深、彭汝寔与杨名之评

嘉靖十四年（1535），陆深完成《史通》校刻后，曾说道：

> 昔人多称知幾有史才，考之益信，兼以性资耿介，尤称厥司。顾其是非任情，往往捃摭贤圣，是其短也。至于评骘

---

① 刘知幾：《史通·自叙》，浦起龙《史通通释》本，上海古籍出版社2009版，第27页。

② 黄庭坚：《山谷外集》卷一〇《与王立之四帖》，《景印文渊阁四库全书》第一一一三册，台湾商务印书馆1983年版，第457页。

文体，憎薄牵排，亦可谓当矣。善读者节取焉可也。[①]

首先，陆深充分肯定刘知幾的“史才”，“考之益信”四字表明他并非简单承袭前人之说，而是在校读和考察《史通》之后的认识。其次，陆深认为“是非任情，往往捃摭贤圣”是《史通》的缺点，而“评骘文体，憎薄牵排”是其长处，读者需要善于取舍。

同年，被称为“嘉定四谏”之一的彭汝寔，在读陆深校刻《史通》后说道：

子玄生秉异质，少有伟志。甫总角，即能上下诸史，包括寰区。是书盖其再入东观所成，皆商确校勘诸家，精语奇诡毕陈，如斗草囊萤，裁剪掇拾，光采裒聚。吁，亦勤矣！然语激而气轻，于道或未可会耳。[②]

彭汝寔称赞《史通》“商确校勘诸家，精语奇诡毕陈”，并肯定刘知幾治学的勤勉，但同时批评其“语激而气轻，于道或未可会耳”。

此后，曾任翰林院编修的杨名在《跋史通》中云：

---

① 陆深：《俨山集》卷八六《题蜀本史通》，《景印文渊阁四库全书》第一二六八册，台湾商务印书馆1983年版，第552页。

② 彭汝寔：《(史通) 序》，刘知幾撰、张鼎思校刻：《史通》卷末附，明万历三十年刻本。

况知幾以良史之才，三为史官，徘徊司籍之曹，岁月浸久，其所以沉潜考证之者，当不寡薄。则其著而为书，固宜兼备诸体，网罗百家，驰驱列代，几自成一门户。独惜夫评议徇于意见，是非谬于圣哲，不能使人无遗憾焉。虽然，作室而先式，则群材无淆；织锦而预图诸样，庶百卉之不相杂。此其道在我，而权存乎心尔。①

杨名在称赞《史通》"兼备诸体，网罗百家，驰驱列代"的同时，又批评其"评议徇于意见，是非谬于圣哲"，不免囿于前人之说。然而他强调《史通》"几自成一门户"，实际上肯定了《史通》在史学批评领域的开创之功。他还以比喻的形式来加以说明：建造屋室和编织锦缎，都需要预先准备图式，而《史通》就如同撰写史书的图式，具有理论指导的作用。杨名的这一论述，形象地揭示了《史通》在史学上的特殊价值。

（三）张之象与张鼎思之评

万历五年（1577）张之象校刻《史通》，他在自序中亦谈到对《史通》的认识：

知幾当长安、神龙间，三为史官，颇不得志，愤懑悁悒，数欲求退，其与萧至忠等诸官书是已。既而以前代史书，序其体法、因习、废置，掇其述作深浅曲直，分内外

① 杨名：《跋史通》，刘知幾撰、张鼎思校刻：《史通》卷末附，明万历三十年刻本。

篇，著为评议，备载史策之要。剖击惬当，证据详博，获麟以后，罕睹其书。①

张之象的评价是“剖击惬当，证据详博”，认为《史通》对前代史书的批评恰当，而且论据详实、淹博。

张鼎思在完成对《史通》的校勘后，也谈到了他对此书的认识：

然子玄身秉史笔，不自成家，龙姿美业，未闻光阐；鸡晨秽德，未闻昭戒。至其论史，则信家书而疑坟典，讥尧、舜，訾汤、文，诽周、孔，不少顾忌。故宋子京有工拙之讥，柳炤之有《析微》之论。刻之不广，大率为此。要以序体法、明典要，为作史者准绳，则是书亦岂可少哉？夫其上自唐、虞，下及陈、隋，网罗千祀，贯穿百家，虽谓前无古人可矣。此徐坚以座右之许也。观所上萧至忠书，虽苦积薪，孰与蚕室，然读“白首有期，汗青无日”之语，其志有足谅者。②

关于刘知幾的“论史”，即主要是《疑古》《惑经》篇中对上古历史的评论，张鼎思认为多有非议古代圣贤之处，因而受到宋祁、柳璨的批评，并指出这或许是《史通》流传不广的一个

① 张之象：《史通序》，刘知幾撰、张之象校刻：《史通》卷首，明万历五年刻本。
② 张鼎思：《续校史通序》，刘知幾撰、张鼎思校刻：《史通》卷首，明万历三十年刻本。

重要原因。而关于《史通》对前代史书的批评，张鼎思认为其“序体法、明典要”，“为作史者准绳”，是“前无古人”之作。刘知幾对上古历史的评论，表现出他的疑古精神，但因涉及对儒家所尊崇的圣贤的怀疑，因而受到世人的批评也是可以理解的。张鼎思并不否认《史通》在这方面的争议，但也未因一叶而障目，并且将书中的“论史”和评史（对史书的批评）分开来评价。这就将《史通》在“论史”方面的争议摆在一边，而强调其评史的方面，有益于人们专注于探讨《史通》史学批评的内涵和成果。

从《史通》校刻者以及相关人员的序、跋可以看到，随着校刻活动的展开，对《史通》的评价也得以深入，并且更加注重其在史学批评方面的成就。

（四）焦竑与胡应麟之评

焦竑对《史通》亦多有留意，他在《焦氏笔乘》中专有一篇论及《史通》，他说：“山谷称《史通》《文心雕龙》，皆学者要书。余观知幾指摘前人，极其精核，可谓史家申、韩矣。”[①]焦竑将刘知幾比作史家的申不害和韩非，肯定其在批评前史方面“极其精核”。同时，焦竑也认为《史通》“然亦多轻肆讥评，伤于苛刻”，对此他还对《史通》中的《浮词》《人物》《辨职》《杂说》诸篇予以辨析，指出他所认为的不当之处[②]。

此外，焦竑还曾说：“古今正史及偏部短记甚多，然半就湮

① 焦竑：《焦氏笔乘》卷三《史通》，李剑雄点校，上海古籍出版社 1986 年版，第 96 页。
② 焦竑：《焦氏笔乘》卷三《史通》，李剑雄点校，上海古籍出版社 1986 年版，第 96-97 页。

没。如《晋书》不行沈约，而行唐太宗；《唐书》不行刘昫，而行宋祁。世俗识真者少，古书散轶，正坐是耳。《史通》所载，多有其名，今备疏之。”① 为些，他专门考察《史通》所载史书的情况，撰成《史通所载史目》一篇，胪列《史通》中所载史书达一百四十余部②，以供后人研究之用。

胡应麟是明代对《史通》研究颇深的学者，他对《史通》一书提出了自己的看法。他说：

> 刘知幾之论史也，晰于史矣。吾于其论史而知其弗能史也，其文近浅猥而远驯雅，其识精琐屑而迷远大，其衷饶讦迫而乏端平。善乎，子京曰：“呵古则工而自为则拙也。”
>
> ……《史通》之为书，其文刘勰也而藻绘弗如，其识王充也而轻讦殆过。其所指摘虽多中昔人，然第文义之粗、体例之末，而自以穷王道、掞人伦，括万殊、吞千有，然哉？
>
> 《史通》之所谓惑，若赤眉积甲，史氏弥文；文鸯飞瓦，委巷鄙说，皆非所惑者也。至《竹书》杀尹、《汲冢》放尧，则当惑而不惑。《史通》之所谓疑，若克明峻德，《帝典》所传；比屋可封，盛世之象，皆亡可疑者也。而《山海》诡词、《论衡》邪说，则当疑而弗疑。余谓刘有史

① 焦竑：《焦氏笔乘》卷三《史通所载史目》，李剑雄点校，上海古籍出版社 1986 年版，第 97 页。

② 参见焦竑：《焦氏笔乘》卷三《史通所载史目》，李剑雄点校，上海古籍出版社 1986 年版，第 97–99 页。

学无史笔，有史裁无史识也。[①]

胡应麟对《史通》提出了激烈的批评：一是针对《史通》中的《疑古》《惑经》，认为其当疑不疑，当惑不惑；二是认为《史通》的文字浅陋鄙猥，不够典雅；三是认为《史通》的见识细小琐屑，不够宏大。这里胡应麟对刘知幾的史文、史识都有所指摘，甚至是持否定的态度。就其原因来看，主要还是从维护儒家经典的角度，而对刘知幾所论有所不满。

胡应麟还进一步谈到：

> 刘子玄非真能史，其论史即马、班莫能难；严羽卿非真能诗，其论诗即李、杜莫能如。借令马、班、李、杜自言之，或未必如二子之凿凿也，而责二子以马、班、李、杜则悖矣。(自注：陆生谓“非知之艰，行之惟艰”，余谓作者固难，谈亦匪易。古今工用兵者至众，工谈兵者几人哉？)[②]

在胡应麟看来，刘知幾未必真能撰写史书，但其对史书的评论，就连司马迁、班固也不一定能做到；严羽并非真能写诗，但其对诗歌的评论，就连李白、杜甫也未必能达到。即使让司马迁、班固、李白、杜甫自己来评论其作品，也未必能如刘知幾、

① 胡应麟：《少室山房笔丛》卷一三《史书占毕一》，上海书店出版社2009年版，第133–134页。

② 胡应麟：《少室山房笔丛》卷二七《九流绪论上》，上海书店出版社2009年版，第267页。

严羽那样贴切。因而以史学家和文学家的作品来要求史学批评家和文学批评家，是不合适的。

这里胡应麟认识到，善于评论的人不一定善于撰述或者创作，不论史学还是文学，其理论批评成果与实践写作成果之间，是难以直接进行比较的。正如前述杨名所说的，《史通》“几自成一门户”，是与《史记》《汉书》不同类型的史书，因而不能简单以一般历史撰述的标准来评价。胡应麟在这段话的自注中，还提到了“谈亦匪易”。前人更多的是谈修史之难、撰史之难，而胡应麟则想到了评史之难。那么，史学批评到底难在哪里，抑或应该用什么样的标准来对史学批评的成果进行再批评呢？对此，胡应麟没有给出答案，只能留待后人来思考和回答了。

明代关于《史通》的评价，并不限于以上诸人。而从上述评论可知，明代在史学批评方面较为突出的学者，如杨慎、焦竑、胡应麟等人，都对《史通》有所评论；王世贞虽少有评《史通》之语，但亦不乏引用《史通》之处[①]。这从一个侧面反映出明代学人对《史通》的关注和重视，也反映出《史通》对明代史学批评的深刻影响。这些学者正是在继承和研究《史通》思想观点的同时，结合自身的学术实践和史学思考，在史料采撰、史书编纂、史文表述、史家职责与修养、史学功用等方面，

① 按，关于王世贞谈及刘知幾《史通》之语，参见王世贞：《艺苑卮言》卷三，陆洁栋、周明初批注，凤凰出版社2009年版，第50页；王世贞：《弇州四部稿》卷一六一《宛委余编六》，《景印文渊阁四库全书》第一二八一册，台湾商务印书馆1983年版，第574页；《弇州续稿》卷四〇《史记评林序》，《景印文渊阁四库全书》第一二八二册，台湾商务印书馆1983年版，第531页；等等。

形成了自身对史学的思考和认识，从而推进史学批评的不断向前发展。

第二节　《史通》专门研究的出现

一、陆深《史通会要》

嘉靖十三年（1534），陆深在读到蜀本《史通》后，撰成《史通会要》三卷。其中上卷为《建置》《家法》《品流》《义例》四篇，中卷为《书凡》《修词》《叙事》《效法》《隽永》《篇目》六篇，下卷为《丛篇》七篇。就其所载文献内容来看，主要包含以下四个方面：

第一，对《史通》原文的摘录和改编。上卷《建置》篇采录《史通·史官建置》，《家法》篇采录《史通·六家》，《品流》篇采录《史通·杂述》，《义例》篇分别采录《史通》的《本纪》《世家》《表历》《书志》《序例》《断限》《题目》《论赞》《补注》等；中卷《书凡》篇采录《史通·书事》，《修词》篇采录《史通·言语》，《叙事》篇采录《史通·叙事》，《效法》篇采录《史通·摸拟》，《隽永》篇采录《史通·浮词》，《篇目》篇部分依据《史通·古今正史》，并对《史记》以下以至《元史》的历代正史予以简略介绍。此外，下卷《丛篇》中也有部分内容是依据《史通》原文改写而成。

第二，采录其他学者和书籍的相关论述。书中下卷《丛篇》

七篇之中，除部分引用改写自《史通》外，还采辑他人之说，其中有不少未注明作者和出处。今举《丛篇一》中已注明文献来源者，列之于下。

载北宋曾巩之文二则：

夫爱憎之情忘，而后是非之论定。故史必修于异代，岂曰才难而已乎？《尧典》述德，标以《虞书》，此圣人之志也。……《禹贡》夏后之书也，或曰伯益所记云。

《书》之二典，不独记其事，并与其深微之意传之。盖当时执笔，皆圣人之徒也。又曰：古之良史，明足以周万事之理，道足以遍天下之用，知足以通难知之意，文足以发难显之情。

载唐代苏颋之文一则：

古之王者，代有史官，以日系月，属辞比事，君举必书，用存有法。书而不法，是谓空言，盖褒贬之重慎也。

载《诗·大序》一则：

国史明乎得失之迹。

载东晋温峤之文一则：

国史之兴，将明得失，使一代之典焕然可观。

载唐代李翱之文一则：

夫劝善惩恶，正言直笔，纪圣朝功德，述忠臣贤士事业，载奸臣佞人丑行，以传无穷者，史官之职也。

载南宋陈傅良之文一则：

因大臣之除罢，而识君子小人进退消长之机。因政事之因革，而识取士、养民、治军、理财之方。[①]

从上述内容可以看到，此篇大体是围绕着史学功用而展开，而其所引文献亦有助于加深对此主题的认识。同时需要说明的是，其所载之文字与原文献有一定的出入。

第三，对《史通》所论主题的续补。如上卷《建置》篇在摘录《史通·史官建置》相关内容之后，继续写道：

宋制，监修国史一人，以宰相为之。修撰、直馆、检讨无常员。修撰以朝官充，直馆、检讨以京官以上充，掌修日历及图籍之事。国史别置院于宣徽北院之东，谓之编修院。

---

① 均见陆深：《俨山外集》卷二六《史通会要下》，《景印文渊阁四库全书》第八八五册，台湾商务印书馆1983年版，第149－150页。

故事，修撰官、直馆分季撰日历，上判馆撰次。大中祥符九年，以刑部郎中高绅为史馆修撰；天圣元年，石中立以户部郎中充史馆修撰，并以物议不与史事而罢。仁宗重史事，敕宰相为提举，参政、枢副为修史，其同修史以殿阁学士以上为之，编修官以三馆秘校及京官为之，史毕乃罢。元丰官制，别置国史、实录院，以首相为提举，翰林学士以上为修国史，侍从官为同修国史，庶官为编修，实录院提举官如国史，从官为修撰，余官为检讨。元佑初，复置国史院，隶门下省。明年，置国史院修撰，兼知院事。绍圣间，复以国史院归秘书省。

高宗南渡初，即秘书省复建史馆，以省官兼检讨、校勘，以从官充修撰。绍兴间，移史馆于省侧，后并为实录院，宰相监修，检讨校阅。当是之时，专史职者，修撰而已。孝宗时，召李焘、洪迈修五朝史，皆奉京朝，不兼他职。绍熙末，陈傅良直学士院，请以右文殿、秘阁二修撰，并旧史馆校勘为史官，又增检讨官三员，以毕高录。自后竟无专官，而傅伯寿、陆游皆自外召，以为同修国史兼实录院同修撰官。

元世祖初，以命王鹗。至顺帝修《宋史》，以托克托为都总裁，特穆尔达实、张起岩、欧阳玄、吕思诚、揭傒斯为总裁官，偏任国族，岂立贤之路未广乎？

暨皇朝之绍统也，高皇神圣，首以宋濂为起居注。洪武二年，诏修《元史》，以中书左丞相宣国公李善长为监修，宋濂、王祎为总裁，征山林之士汪克宽、胡翰、宋禧、陶凯、陈基、赵埙、曾鲁、高启、赵汸、张文海、徐尊生、黄篪、傅恕、王锜、傅著、谢徽十六人为修史官。三年续修，则赵埙、朱右、贝琼、朱世廉、王廉、王彝、张孟兼、高逊志、李懋、张宣、李汶、张简、杜寅、俞寅、殷弼凡十五人，而宋濂、王祎复为总裁。十四年定制，以修撰、编修、检讨为史官，又有秘书监、弘文馆及起居注、应奉等官，后皆废罢。迄今修史，以勋臣官高者一人为监修，内阁官充总裁，学士等官充副总裁，詹坊、经局皆豫纂修之事，而惟修撰、编修、检讨称史官焉。[①]

陆深于篇中补充了北宋、南宋、元代以及明代初年的史官设置情况。因而《史通会要·建置》篇在《史通·史官建置》的基础上，对古今史官的流变情况作了贯通的记录，可看作是史官发展的简史。

第四，陆深自己史学观点的表达。如上卷《建置》篇首云：

史者国家之典法也，自君王善恶功过，与其百事之废置，可以垂劝戒、示后世者，皆得直书而不隐。故自前世有国者，莫不以史职为重。[②]

① 陆深：《俨山外集》卷二四《史通会要上》，《景印文渊阁四库全书》第八八五册，台湾商务印书馆 1983 年版，第 135–136 页。

② 陆深：《俨山外集》卷二四《史通会要上》，《景印文渊阁四库全书》第八八五册，台湾商务印书馆 1983 年版，第 133 页。

这反映出陆深对史官史职的重视，而他将史官建置放在《史通会要》之首，亦值得玩味。又如上卷《义例》篇末云：

> 右义例十余。作史者参伍以变，曲畅而通，制作之道，其庶几矣。若夫神而明之，固筌蹄云尔。[①]

《义例》篇采录《史通》中有关史家体裁体例诸篇，列为十余例。陆深这里强调，史家作史要“参伍以变，曲畅而通”，即不能简单固守有关义例，而应根据实际情况而有所变通。

可见，陆深此书虽名“会要”，然而除摘录、改编《史通》相关篇目内容之外，还摘录他人相关论述，并续补《史通》所论主题，同时也收录了陆深自己的见解。因而，《史通会要》似可看作是陆深关于《史通》的读书笔记，同时也是明代较早对《史通》予以专门研究的著述。据《晁氏宝文堂书目》[②]《赵定宇书目》[③] 等明代书目，《史通会要》在明代或有单行本行于世。何良俊曾云：“《史通会要》一书，则作史利病，评摭无遗。”[④]胡应麟云：“陆文裕深著《史通会要》，辨论甚该，独谓经籍不必志，于义未尽。”[⑤] 又云：“陆文裕之辑《史通》也，因刘氏者

---

① 陆深：《俨山外集》卷二四《史通会要上》，《景印文渊阁四库全书》第八八五册，台湾商务印书馆 1983 年版，第 143 页。

② 晁瑮：《晁氏宝文堂书目》卷上，上海古籍出版社 2005 年版，第 24 页。

③ 赵用贤：《赵定宇书目》之《稗统目录》，上海古籍出版社 2005 年版，第 136 页。

④ 何良俊：《何翰林集》卷八《俨山外集序》，《四库全书存目丛书》集部第一四二册，齐鲁书社 1997 年版，第 77 页。

⑤ 胡应麟：《少室山房笔丛》卷四《经籍会通四》，上海书店出版社 2009 年版，第 46 页。

十七，续刘氏者十三，繁者削之，谬者刊之，俚者文之，真子玄荩臣哉！”[①] 此二人的评论，从侧面反映出《史通会要》在当时已有一定的影响。

二、李维桢的《史通》评

李维桢，字本宁，湖北京山人。隆庆二年（1568）进士，选庶吉士，授翰林院编修。万历朝曾参修《明穆宗实录》，授翰林院修撰。后出为陕西右参议等职，累官南京礼部尚书。李维桢是晚明文学家，《明史》称其“负重名垂四十年”[②]，因其曾任史官，时人亦称其为“李太史”。李维桢对《史通》的评论，见于明人合刊李维桢评、郭孔延评释的《史通》刻本中[③]。

合刊本《史通》卷首所载李维桢《史通序》中云：

> 子玄生于右文之世，学穷书圃，思极人文，包洪荒于天外，剖纤细于棘端。出海琼光，熠耀靡定，走盘圜影，回旋恐失，成案如山，斤钊理解。或有别标识鉴，挟人心意者，足以生擘太华之峰，直立东溟之水。非苟效何休之驳，仿谢

---

① 胡应麟：《少室山房笔丛》卷一三《史书占毕一》，上海书店出版社2009年版，第136页。

② 张廷玉等：《明史》卷二八八《文苑四》，中华书局1974年版，第7386页。

③ 按，此合刊本亦有刻本题为《史通评释》，清四库馆臣亦是以此予以评述。为避免混淆，故文中以“合刊本”称之，而《史通评释》则专指郭孔延的单行本。关于李维桢对《史通》的评论是否为李维桢本人所作，及其与郭孔延《史通评释》孰先孰后的问题，学术界存在一定的争议。（参见王嘉川：《李维桢〈史通评〉编纂考》，《首都师范大学学报》（社会科学版）2014年第5期）这里持学界主流观点，将相关内容作为李维桢所评来加以分析。李维桢的《史通》评论和郭孔延《史通评释》有一定的联系，但可视为二人相对独立地对《史通》开展研究的成果。本章先讨论李维桢之评，再讨论郭孔延之书。

该之解已也。

余抽酉穴，讽诵积年，床版几磨，缥囊数易，真好在心，卷不离手。岂敢伸知己于千秋，庶以揭芳美于来祀。通而无蔽，非子玄，其孰当之！[①]

“通而无蔽”四字是对《史通》的充分肯定，也是明人评价《史通》中罕有的褒扬之辞。李维桢自云曾对《史通》“讽诵积年”“卷不离手”，甚至引以为知己，因而希望“揭芳美于来祀”，把《史通》的优点和成就告之于世。李维桢还强调，评价《史通》应当注重其主要的方面。他说：

古之作史者，外有太常、太史之藏，内有延阁、秘书之府，而又业有专司，旁无掣肘。故能绿绨白简，述勋、华之会；金绳玉字，表殷、夏之符。洵足以昭图书之秘，光柱下之星。而后世人恶隽异，世訾文雅，间有指讦时政，讨摘物情，汗未及青，刃在于颈。至于班、马，其最者也，人犹讥其甚多疏略，任情无例，则他可知也。而评史者，又皆截断小文，媟黩微词，以年数小差，掇为巨缪，遗脱纤微，指为大尤，抉瑕摘衅，掩其弘美。求其知史者，亦鲜其人矣。[②]

① 李维桢：《史通序》，刘知幾撰、李维桢评、郭孔延评释：《史通》卷首，《四库全书存目丛书》史部第二七九册，齐鲁书社 1996 年版，第 2 页。

② 刘知幾撰、李维桢评、郭孔延评释：《史通》卷二〇《忤时》“评曰”，《四库全书存目丛书》史部第二七九册，齐鲁书社 1996 年版，第 298 页。

“截断小文，媟黩微词”等数语，出自范晔《后汉书·陈元传》。建武初年，朝廷关于是否立《左传》博士存在争论。经学家范升等人认为《左传》浅末，不宜立，于是陈元进奏云：

> 臣元窃见博士范升等所议奏《左氏春秋》不可立，及太史公违戾凡四十五事。案升等所言，前后相违，皆断截小文，媟黩微辞，以年数小差，掇为巨谬，遗脱纤微，指为大尤，抉瑕擿衅，掩其弘美，所谓“小辩破言，小言破道”者也。[1]

陈元认为范升等人所言，是刻意挑剔《左传》的缺点和破绽，而掩盖其主要方面的优点。李维桢引陈元之语，亦是强调史学批评固然要辨别史书的谬误疏漏所在，但更要能从大的方面着眼，看到其总体的成绩和优点，这也反映出李维桢对评价《史通》所持的态度。

合刊本《史通》以“评曰”标明为李维桢评，逐一对《史通》各篇进行评论，共有二百余条，所评内容大致可以概括为以下四个方面。

一是对《史通》观点和内容的肯定。如卷四《题目》篇评云：“马迁之以外戚传皇后也，此是疏略处。而子玄剔发精详，

① 范晔：《后汉书》卷三六《陈元传》，中华书局1965年版，第1231页。

词气跌宕，可以解颐，可以捧腹，谓之史圣也亦宜。”① 李维桢赞同《史通·题目》篇的观点，甚至称赞刘知幾为“史圣”。又如卷十《自叙》篇评云：“子玄作《史通》，总括万殊，包吞千有，可与仲任、慧地方驾。其多否少，可若孙复之《春秋》；沉思缕刻若扬雄之拟圣。岂王、刘二子所能望其涯涘。”② 这里李维桢认为《史通》不仅可以比拟王充《论衡》和刘勰《文心雕龙》，甚至较二人之作更为出色。

二是对《史通》的补充和解读。如卷三《表历》篇评云：“表者标也，标举其颠末，以示后世也。六合共贯，纪传详明，何用表焉。惟天光分耀，考核最难；荟聚成表，一览可尽。惟班氏《人表》，吾无取焉。”③ 这里，李维桢对表这一体裁的作用给予说明。又如卷四《序例》篇评云：“史之有序，犹剧之有本末也。戏无本末，何以当场，史书无序，何以阐发？系乎序之善否耳，岂可概以老生常谈目之。”④ 李维桢将史书的序比作戏剧的首尾，认为史书之序的有无和优劣甚至关系到全书内容和表达的完整性。又如卷十《杂述》评云：“此篇上半如棋枰，下半如着子。皆从太史公化来，而一字不蹈袭，洵是化笔。”⑤ 这里，李

① 刘知幾撰、李维桢评、郭孔延评释：《史通》卷四《题目》“评曰”，《四库全书存目丛书》史部第二七九册，齐鲁书社 1996 年版，第 54 页。

② 刘知幾撰、李维桢评、郭孔延评释：《史通》卷一〇《自叙》“评曰”，《四库全书存目丛书》史部第二七九册，齐鲁书社 1996 年版，第 152-153 页。

③ 刘知幾撰、李维桢评、郭孔延评释：《史通》卷三《表历》“评曰”，《四库全书存目丛书》史部第二七九册，齐鲁书社 1996 年版，第 35 页。

④ 刘知幾撰、李维桢评、郭孔延评释：《史通》卷四《序例》“评曰”，《四库全书存目丛书》史部第二七九册，齐鲁书社 1996 年版，第 52 页。

⑤ 刘知幾撰、李维桢评、郭孔延评释：《史通》卷一〇《杂述》“评曰”，《四库全书存目丛书》史部第二七九册，齐鲁书社 1996 年版，第 144 页。

维桢解读《杂述》篇的结构，指出此篇是刘知幾化用司马迁的史笔而成。

三是通过评论发表自己对史学和历史的见解。如卷二《载言》篇评云："我朝聿兴，凡列圣之制策、诰令，群臣之章表、移檄，以类区别，各自成书，深合子玄之旨。但必有相兼者，又有类别者，两行于世方得。"① 刘知幾曾建议史书中宜另立"书部"，专门收录君主的制册、诰令和群臣的章表、移檄等文献。李维桢联想到本朝关于诰令、奏议的史籍，认为符合刘知幾的设想。他还建议将君王诰令和群臣奏议各自汇辑，或者按照内容予以分类编辑，而二者并行于世更为适宜。又如卷十二《古今正史》篇评《周书》云："北齐诸主，颇好文雅。才名之士，每陪山林游宴，执射赋诗，以相娱适。翩翩然邺下余气，史亦华艳。后周日事金戈铁马间，兵刀较齐为强，史不及矣。"② 李维桢认为北齐君王颇好文雅，而北周则战事频繁，军事虽强于北齐，但史学却不及之。

四是对《史通》的辨正和商榷。如卷四《编次》篇评云："子玄訾子长老、申同传，余以为未可轻诋也。生人之用，皆七情也，道何之乎，舍七情奚托焉？老氏看得世情太淡，所以流于刻薄少恩。非太史公，安能有此高见？"③ 刘知幾曾批评司马迁

---

① 刘知幾撰、李维桢评、郭孔延评释：《史通》卷二《载言》"评曰"，《四库全书存目丛书》史部第二七九册，齐鲁书社 1996 年版，第 27 页。

② 刘知幾撰、李维桢评、郭孔延评释：《史通》卷一二《古今正史》"评曰"，《四库全书存目丛书》史部第二七九册，齐鲁书社 1996 年版，第 191 页。

③ 刘知幾撰、李维桢评、郭孔延评释：《史通》卷四《编次》"评曰"，《四库全书存目丛书》史部第二七九册，齐鲁书社 1996 年版，第 62 页。

将老子、申不害和韩非放在同一传中。李维桢认为老子与申不害有相通之处，即对世情看得太淡，则难免刻薄少恩，而司马迁将其置于同一传中，是其见识高超的表现，不可轻易指斥。又如卷八《书事》篇评云："夫聚腋而成裘，累丝而成锦；张弥天之网，凿无穷之门。凡稗官野史，童谣里谚，悉可以资弋获，而持螯嗜痂，见诸简牍。虽非大官珍膳，亦可以佐宾筵，驰翰墨有不胜于山肴野蔌者乎？胡可尽废也。"[①] 刘知幾《书事》篇意在申明史书记事要有所旨，即"五志""三科"，同时批评史书记事"四烦"，从而强调"记事之体，欲简而且详，疏而不漏。"[②] 李维桢则认为稗官野史、童谣里谚中的某些内容，亦可以作为史书的补充，因而不可一概摒弃。

可以看出，李维桢对《史通》作过较为系统的研究，在充分肯定《史通》的基础上，对《史通》予以解读、商榷，并不时发表自己对史学的见解。这些对于加深《史通》研究，促进《史通》传播，都是有益的。尽管李维桢所评亦有局限和可议之处，但四库馆臣称其"不出明人游谈之习，无足置论"[③]，则显然是不够客观的。

---

① 刘知幾撰、李维桢评、郭孔延评释：《史通》卷八《书事》"评曰"，《四库全书存目丛书》史部第二七九册，齐鲁书社 1996 年版，第 125-126 页。

② 参见刘知幾：《史通·书事》，浦起龙《史通通释》本，上海古籍出版社 2009 年版，第 212-217 页。

③ 永瑢等：《史通评释》提要，刘知幾撰、李维桢评、郭孔延评释：《史通》卷末附，《四库全书存目丛书》史部第二七九册，齐鲁书社 1996 年版，第 299 页。

三、郭孔延《史通评释》

与李维桢对《史通》评论密切相关的，是郭孔延的《史通评释》一书。[①] 郭孔延在《史通评释序》中道出了撰述的缘由：

> 张睿父生先再刻陆太史校定刘子玄《史通》于豫章竣，寄家君黔中。张先生手校，为增七百三十余字，去六十余字，而《曲笔》《因习》二篇增补缺略，已成全书。家君读而喜，以新刻寄延曰："张先生为观察，而手不释书，犹诸生也。尔曹为诸生，乃不诸生也，予甚有其葸。黔中亡籍，予家有《史通》蜀本、吴本，再校之。刻中如干宝之'于'，扬雄之'杨'，王劭之'邵'，常璩之'据'，苻坚之'符'，当是写误，可发旧本，细为校定。"
>
> 延自长安归，循环校阅，再加芟正。篇中史官姓名，如左氏、迁、固，古今共推者，可以无释。自孔衍、荀悦以下，俱为著其爵里，间以己意为之评论。虽未必合作者之意，祇承严命，终陆、张二先生功耳。[②]

序中说到，张鼎思校刻《史通》后，曾将书赠给郭孔延的

---

① 按，郭孔延字延年，江西泰和人，生卒年不详。郭孔延《史通评释》有单行本，所评内容以"评曰"标明。前述明人合刊本《史通》中亦有郭孔延评释，以"附评"标明，然而对郭孔延评的内容有删节。因此，这里以单行本作为讨论的对象。

② 郭孔延：《史通评释》卷首《史通评释序》，《续修四库全书》第四四七册，上海古籍出版社 2002 年，第 1 页。

父亲，时以右副都御史巡抚贵州的郭子章。郭子章读后发现书中仍有讹误，江西家中虽有《史通》蜀本、吴本，但未带在身边，因而将书转寄给正在国子监读书的郭孔延，让其详细校勘。郭孔延自京城归家后，就开始“循环校阅，再加芟正”，反复校勘。除校勘之外，郭孔延还对书中相关人物、事迹进行注释，同时“间以己意为之评论”，阐发自己的看法。

可以看到，此时郭孔延是以张鼎思校刻本《史通》为主，辅以蜀本、吴本，加以校勘、释评，名为《史通评释》。此书初刻不久之后，郭孔延就对初刻本进行了修订和重刻。这一情况，见于他对张之象刻《史通》本所作的按语中：

> 张碧山公云间之序，刻于万历丁丑。张慎吾公豫章之刻，成于万历壬寅。相去二十六年，为日已久。云间、姑苏，居又甚咫尺，何慎吾不见碧山刻也？延初据豫章刻《评释》，不获见云间本。书既就，请正新市李本宁太史。公发云间本来，始得《补注》《因习》二篇全文，而又为延正二百三十余字，于是《史通》始成全书，而延疏谬之罪少逭一二。夫《史通》一书之校，陆文裕公始之，张慎吾、碧山二公继之，李太史公正之。予小子延得附骥篇末，良亦幸矣！嗟乎，宇宙大矣，又恶知《体统》《纰缪》《弛张》三篇之亡者，不藏鲁壁、汲冢中，亦有时见邪？①

① 郭孔延：《史通评释》卷首《张碧山先生史通序》“延按”，《续修四库全书》第四四七册，上海古籍出版社2002年，第7-8页。

由此可知，郭孔延初刻《史通评释》后，曾向李维桢请正。李维桢见书中未参考张之象刻本，就将张之象刻本送给郭孔延，并订正了书中二百三十余字。郭孔延据此对《史通评释》予以修订，使之进一步完善。同时还可以看到，郭孔延是在《史通评释》完成后，才向李维桢请教的。因而四库馆臣所说："维桢因张氏之本略为评论，孔延因续为评释，杂引诸书以证之"[①]，即认为郭孔延《史通评释》是李维桢《史通》评的续作[②]，并不准确。

今所见《史通评释》单行本二十卷，为郭孔延修订后的刻本，序文所署时间为万历三十二年（1604）。卷首除郭孔延自序之外，还有收录了刘知幾《史通序》、"宋景文《唐书·刘子玄传》"（《新唐书》）、"晁氏《史通》评"（晁公武）、"王伯厚《玉海》序《史通》"（王应麟）、"杨用修《史通》评"（杨慎）、"于尚书《史通》举正论"（于慎行）、"张碧山先生《史通序》"（张之象）等有关《史通》的文献资料，卷末附陆深《题蜀本史通后》。

关于此书的主要内容，郭孔延在《评释凡例》中作了说明：

——注书，序作书之旨并其作者，未详者缺。

---

① 永瑢等：《史通评释》提要，刘知幾撰、李维桢评、郭孔延评释：《史通》卷末附，《四库全书存目丛书》史部第二七九册，齐鲁书社1996年版，第299页。

② 按，这大概是由于四库馆臣当时未见到郭孔延《史通评释》单行本，而径以合刊本得出结论。参见王嘉川：《郭孔延〈史通评释〉编纂考》，《扬州大学学报》（人文社会科学版）2017年第1期。

——注人，序其爵里，未详者缺。

——注事，序其事之颠末，未详者缺。

——以本篇为题，次第注之，不论世与人之先后。

——评有总评、有细评，总评列于前，细评列于事之后。

——已注而复出者，某事注“见某卷”，书于册颠。

——一人而二三注者，其人同，其事异，各以其题注之。

——事少、字少者，注见册颠。

——音义，注见册颠。

——《史通》原注，仍分行而注于下。

——《史通》有蜀刻、有吴刻，原刻错者正之，疑者阙之，以俟再考。[①]

结合《凡例》所云，郭孔延《史通评释》一书大致可以分为校释和评论两个方面。

（一）关于《史通》的校订和注释方面

第一，关于《史通》原注的处理和《史通》篇目、文字的校订。一是对于《史通》原注，仍书于正文之下，以小字双行刊刻。二是对《史通》原文的错漏之处加以订正，与吴刻本、蜀刻本所异之处则加以说明。如卷四《论赞》篇有“总归论著”

① 郭孔延：《史通评释》卷首《评释凡例》，《续修四库全书》第四四七册，上海古籍出版社2002年，第8页。

之语，郭孔延在页眉处注明："吴本'归论'下有'焉夫论者'四字"①。三是对有疑问的地方予以说明。如卷十一《史官建置》篇末注云："延按，末四句疑有脱漏"②。又如卷五中原已录《补注》《因习》二篇，后得张之象本全文及李维桢校订，郭孔延并未直接在原文上更改，而是将此二篇补在初刻原文之后，并说明其缘由：

> 或问延曰："子既得云间本《补注》《因习》二篇全文，何不刊误厘正，今存其误者，复刻其全者，何琐也？"延曰："不然。二篇之误，陆文裕、张睿父疑之而不能正。不有张碧山宋本、李本宁考订，则朱紫混淆，遂成长夜。延故并存之，一以著文裕、睿父阙疑之慎，一以昭碧山、本宁订误之功，且令学者知校书之难如此。③

第二，关于注释的方式。一是注释的顺序以《史通》篇目为单位，每篇之中按照内容出现的先后顺序来排列注释条目，而不是以书籍、人物和史事在历史上的先后顺序排列。二是对于已经注释过的相同的条目，则在页眉处注明"见某卷"字样，不再重复注释。三是对于同一人名多次出现，但所涉内容不同，则

---

① 郭孔延：《史通评释》卷四《论赞》，《续修四库全书》第四四七册，上海古籍出版社2002年，第42页。

② 郭孔延：《史通评释》卷一一《史官建置》，《续修四库全书》第四四七册，上海古籍出版社2002年，第140页。

③ 郭孔延：《史通评释》卷五《因习上》，《续修四库全书》第四四七册，上海古籍出版社2002年，第71页。

予以分别注释。四是注释的内容一般放在相对独立的段落之后或者卷末，而对于某些事少、字少的内容，以及字音字义，则置于页眉处。

第三，关于注释的内容。一是注释《史通》所载相关书籍的情况。如卷五《补注》篇注“华阳国志”云：

晁氏曰：“《华阳国志》十二卷，晋散骑常侍常璩道将撰。华阳梁州地也，记汉以来巴蜀人物。”吕微仲跋云：“汉至晋初四百载间，士女可书四百人，亦可谓盛矣。复自晋至周显德仅七百载，而史所纪者无几人，忠魂义骨与尘埃同没，何可胜数。”陈氏曰：“志巴蜀地理、风俗、人物，及公孙述、刘焉、刘璋、先后主，以及李特等事迹。末卷为《序志》，云肇自开辟，终永和三年。”①

二是注释《史通》所载相关人物的生平事迹。如卷一《六家》篇注“吴均”云：

吴兴吴均，字叔庠，梁待诏著作。均将撰《齐书》，求借《齐起居注》及群臣行状。武帝不许，遂私撰《齐春秋》奏之。书称（梁武）帝为齐明帝佐命，帝恶其实录，使中书舍人刘之遴诘问数拾条，竟支离无对。敕付省焚之，坐免

① 郭孔延：《史通评释》卷五《补注》，《续修四库全书》第四四七册，上海古籍出版社2002年，第65页。

职。寻召撰《通史》，起三皇，迄齐代。均草本纪、世家已毕，唯列传未就，卒。均注范晔《后汉书》九十卷，著《齐春秋》二十卷。[①]

三是注释《史通》所载相关史事。如卷四《称谓》篇注“赤眉”云：

琅邪人樊崇起兵于莒，一岁间至万余人。崇同郡人逢安，东海人徐宣、谢禄、杨音，各起兵，合数万人。王莽遣平均公廉丹、太师王匡击之。崇等欲战，恐其众与莽兵乱，乃皆朱其眉以相识别，由是号曰“赤眉”。[②]

（二）关于对《史通》的评论方面

第一，对《史通》具体篇目的评论，其形式分为总评和细评。“总评列于前，细评列于事之后”，皆以“评曰”标明，未专门区别。如卷四《论赞》篇总评云：

史臣论赞，正以寓褒贬、定功罪，不自《左传》“君子曰”始也。《尚书》典谟起“曰若稽古”，所从来久矣。《史记·陈世家》：孔子读史记至楚复陈，曰：“贤哉！楚庄王

① 郭孔延：《史通评释》卷一《六家》，《续修四库全书》第四四七册，上海古籍出版社2002年，第16页。

② 郭孔延：《史通评释》卷四《称谓》，《续修四库全书》第四四七册，上海古籍出版社2002年，第54页。

轻千乘之国，而重一言”；《晋世家》：孔子读史记至文公，曰：“诸侯无召王”。此皆论赞之由也。若与夺乖宜，是非失中，如晔、收之流，则何以赞为。[①]

这里的总评主要是说明史书论赞的作用以及论赞的源流。而本篇细评云：

陈寿评武侯“用心平，劝戒明识，治之良才，管、萧之亚匹”，未尝谓诸葛不逮管、萧也。李延寿《北史》载尔朱文略尝大遗魏收金，请为父作佳传，收论荣比韦、彭、伊、霍，盖由是也。时称秽史，亶其然矣。[②]

这里主要针对陈寿《三国志》论诸葛亮，以及魏收《魏书》论尔朱荣而发，同时对刘知幾批评陈寿谓“诸葛不逮管、萧也”，有所辨正。

可以看到，郭孔延所说的总评，主要是对全篇主题的解释和说明，而细评则主要是对其中具体论述的评论。需要说明的是，《史通评释》中并非每一篇目都同时兼有总评和细评。

第二，评论的具体内容。一是对《史通》的解读和补充。如卷五《采撰》篇评云：“采撰当博，踳驳当择，是此篇大旨。

① 郭孔延：《史通评释》卷四《论赞》，《续修四库全书》第四四七册，上海古籍出版社2002年，第43页。

② 郭孔延：《史通评释》卷四《论赞》，《续修四库全书》第四四七册，上海古籍出版社2002年，第43页。

故自丘明、孟坚而下，子玄都无取焉。”[①] 郭孔延指出“博”和“择”是本篇的主旨，并由此说明刘知幾对史书采撰的批评标准。又如卷八《模拟》篇评云：

> 《模拟》一篇，考究精详，议论确当。苍梧之让，守株之说，诸君不得辞矣。尝闻之《雕龙》曰：“楚之骚文，矩式周人；汉之赋颂，影写楚词”，此模辞者也；《雕龙》曰：“寂然凝虑，思接千载；悄焉动容，视通万里”，此模意者也。模辞者，优孟学叔敖，言动敖也，衣冠敖也，而实非敖也；模意者，慈石引针，琥珀拾芥，铁石异类，珀芥异形，而气相通也。故模辞者似，模意者真。[②]

这里郭孔延采用《文心雕龙》中的《通变》篇和《神思》篇之语，来区别“模辞”和“模意”，并强调“模辞者似，模意者真”。从而对刘知幾提出的“貌同而心异”“貌异而心同”[③]这两种史书模拟之体，予以阐释和补充。

二是对《史通》观点的商榷与批评。如卷一《六家》篇中“《尚书》家”评云：

---

① 郭孔延：《史通评释》卷五《采撰》，《续修四库全书》第四四七册，上海古籍出版社2002年，第56页。

② 郭孔延：《史通评释》卷八《模拟》，《续修四库全书》第四四七册，上海古籍出版社2002年，第103页。

③ 刘知幾：《史通·摸拟》，浦起龙《史通通释》本，上海古籍出版社2009年版，第203页。

子玄首驳《尚书》“为例不纯”，次驳《逸周书》“滓秽相参”，可谓眼空千载，前亡古人矣。而突以守株之衍、画虎之劭继之，不几于狗尾续貂乎？若以其自名《汉魏尚书》《隋书》便以继《尚书》，则班、范《汉书》犹贤于衍、劭也。衍、劭尚不足窥班、范之藩篱，而况可议唐虞之典谟乎？子玄又谓君懋《隋书》似《孔氏家语》，《家语》亦《论语》之亚，何子玄轻以予劭也？[①]

郭孔延认为刘知幾对《尚书》《逸周书》的评论，可谓是“眼空千载，前亡古人”。继而他对刘知幾将孔衍《汉魏尚书》、王劭《隋书》放在本篇之中加以讨论，提出质疑。尽管篇中刘知幾对孔衍、王劭二人基本是持批评态度的，但是郭孔延仍然认为，刘知幾将二人之书置于“《尚书》家”中，无疑是“狗尾续貂”之举。

又如，同篇中“《汉书》家”评云：

子玄于《史记》有贬词，于《汉书》加伟称，优固于迁，似矣。第云《史记》惟论于汉始，迁生武帝时，安能论汉终？固生东汉，自能究西都始末。借令迁、固易时而生，恶知迁不能作《汉书》邪？以愚论之，迁辟创业，固辟守成。创业纷乱，势难精密；守成太平，更易寻讨。此可

① 郭孔延：《史通评释》卷一《六家》，《续修四库全书》第四四七册，上海古籍出版社2002年，第11页。

以知迁、固之优劣矣。[①]

这里郭孔延对刘知幾评司马迁和班固之语有所讨论，他提出假设，若将司马迁和班固易时而处，前者未必不能写出《汉书》那样的史书。他认为以“创业”和“守成”来评价《史记》和《汉书》，分析二者的优劣，则更为恰当。

三是通过评论《史通》表达自己对史学的认识。如卷九《烦省》篇中评云：

> 史烦省之际，难言矣！前史简非略也，世代既远，文献亡征，而复遭秦之坑燔、卓之帷盖，奈何不略？近史详非烦也，耳目易逮，咨访易获，而又无坑燔、帷盖之灾，奈何不烦？至于烦简适宜，肥瘠兼匀，则又存乎史臣焉。《春秋》在左则详，在公、穀则略；《史记》在子长则简，褚生补之则赘；《西汉书》遇班则美，《东汉书》不得班则庬，是岂可易言哉？[②]

郭孔延认为，史书之简不等于略，详不等于烦。在他看来，简与详，与时代远近和文献多寡有关；略与烦，则与史家的文字表述特点和能力有关。这段评论，集中反映出郭孔延关于史文繁

① 郭孔延：《史通评释》卷一《六家》，《续修四库全书》第四四七册，上海古籍出版社2002年，第20页。

② 郭孔延：《史通评释》卷九《烦省》，《续修四库全书》第四四七册，上海古籍出版社2002年，第119页。

简问题的认识。

又如，卷十二《古今正史》篇中关于《魏书》评云：

> 《通考》晁氏云："隋文帝命颜之推等别修《魏史》，唐贞观中陈叔达亦作《五代史》，皆不传，独收书在。宋命刘恕等校正。"陈氏云："隋文帝命魏澹等更撰《魏书》九十二卷，今皆不传，而收书独行。"《中兴书目》谓："所阙《太宗纪》，以澹补之，阙《志》，以张太素书补之。二书既亡，惟此《纪》《志》独存。"《崇文总目》云："世以收史为主，故澹书亡阙。"夫既称秽史矣，乃秽者独存，而世以秽者为主，意其中必有一段不可磨灭者。当时之爱憎，岂尽足凭邪？①

魏收所撰《魏书》自成书时起，就曾被人称作"秽史"，刘知幾《史通》亦多处对《魏书》予以批评。郭孔延考察了马端临《文献通考》中书目所记，除魏收《魏书》外，其他记录北魏历史的专史已亡佚，而《魏书》能够独存必有其不可磨灭之处。从而他指出，不能仅凭当时人们的好恶来判定史书的好坏。

第三，对《史通》的总体评价。郭孔延在《史通评释序》中云：

---

① 郭孔延：《史通评释》卷一二《古今正史》，《续修四库全书》第四四七册，上海古籍出版社2002年，第161页。按，此评内容置于篇中《隋书》之后。

约而言之，考究精核，义例严整，文词简古，议论慨慷，《史通》之长也。薄尧、禹而贷操、丕，惑《春秋》而信汲冢，诃马迁而没其长，爱王劭而忘其佞，高自标榜，前无贤哲，《史通》之短也。然则徐坚所云“当置座右”者，以义例言，良非虚誉；而宋祁所云“工诃古人”者，以夸诩言，亦非诬善矣。①

这里郭孔延将《史通》的长处归结为四点：一是内容选取方面“考究精核”，二是主旨体例方面“义例严整”，三是文字表述方面“文词简古”，四是史学批评方面“议论慨慷”。同时，他将《史通》的局限同样归结为四点：一是对尧、禹这样的贤君有所怀疑，却对曹操、曹丕则多有宽恕；二是怀疑《春秋》等儒家经典，却相信汲冢诸书；三是批评司马迁以至埋没其优点，钟爱王劭以至忽视其不足；四是苛责前人，自我标榜。继而，他还辨析了前人的相关评价，认为徐坚所说“当置座右”是称赞《史通》的“义例”，而宋祁说“工诃古人”则是批评《史通》的“夸诩”，二者侧重的方面不同，都并非是“虚誉”“诬善”，因而实际上并不矛盾。

应当说，郭孔延对《史通》的评价是相对全面和公允的，这既是他个人研读《史通》之所得，也是明人研究《史通》走向深入的表现。

---

① 郭孔延：《史通评释》卷首《史通评释序》，《续修四库全书》第四四七册，上海古籍出版社2002年，第1页。

四、王惟俭《史通训故》

在郭孔延《史通评释》刊刻数年之后，另一部《史通》研究著述王惟俭《史通训故》成书。王惟俭，字损仲，河南祥符（今开封市）人。万历二十三年（1595）进士，初授潍县知县，迁兵部职方主事，累官至南京兵部右侍郎、工部右侍郎。《明史》称其“资敏嗜学”，“肆力经史百家”，曾“苦《宋史》繁芜，手删定，自为一书”①，撰成《宋史记》二百五十卷。

关于《史通训故》的撰述，王惟俭在序文中说道：

> 余既注《文心雕龙》毕，因念黄太史有云：“论文则《文心雕龙》，评史则《史通》，二书不可不观，实有益于后学。”复欲取《史通》注之。中牟张林宗年兄，以江右郭氏《史通评释》相示，读之，与余意多不合。乃以向注《文心》之例注焉，历八月讫功。然此二书讹处甚多，嗣从信阳王思延得华亭张玄超本。其《文心》不能加他本，《史通》本大善，有数处极快人者。故此书之校，视《文心》为愈。往见李济翁《资暇录》，云李善注《文选》有初注、再注，以至四五注者。苏子由注《老子》，亦自言晚年于旧注多所改定。今余此书，曷敢以为尽是？聊以备遗忘，为他

① 张廷玉等：《明史》卷二八八《文苑四》，中华书局1974年版，第7400页。

日削稿之资耳。[1]

序文中大致透露出三层意思。一是关于注释的原因。王惟俭于万历三十七年（1609）完成《文心雕龙训故》[2]之后，因念及《史通》是与《文心雕龙》具有相似地位的重要著述，因而想要注释《史通》。二是关于注释的过程。先是王惟俭开始着手注《史通》，但序中未提及采用的版本；继而从藏书家张民表（字林宗）处看到郭孔延《史通评释》，发现郭氏的注释与其意多不合，因而采用此前注释《文心雕龙》的体例来注释《史通》；初步完成注释后，发现所据刻本及《史通评释》中讹误较多，又从友人处获得张之象刻本《史通》，复加以校勘修订，完成《史通训故》一书。这里值得注意的是，王惟俭根据《史通》刻本和《史通评释》初步完成注释后，再根据张之象刻本予以修订，则可知王惟俭看到的《史通评释》，是郭孔延的初刻本而非修订本。三是关于注释的目的。王惟俭谈到李善曾对《文选》多次注释，苏辙注《老子》亦多所订正，由是表明注释典籍难以一蹴而就，而自己所注《史通》“曷敢以为尽是”，不过是“以备遗忘，为他日削稿之资耳”，态度非常谦虚。

今所据《史通训故》二十卷刊刻于万历三十九年（1611），卷首除王惟俭自序外，另有张民表《史通训故序》，卷末附刘不

---

① 王惟俭：《史通训故》卷首《史通训故序》，《续修四库全书》第四七七册，上海古籍出版社2002年版，第247-248页。

② 按，王惟俭《文心雕龙训故序》末云“万历己酉夏日王惟俭序”，又书尾跋后附按语，末云“六月二十三日惟俭识”。见王惟俭：《文心雕龙训故》，明万历三十七年刻本。

息《跋》、陈九职《史通跋》、薛永宁《跋史通训故》。而王惟俭“训故”的内容，主要分为以下两个方面。

第一，关于篇目更订和文字校勘。书中卷首写道：“此书除增《因习》一篇，及更定《直书》《曲笔》二篇外，共校字一千一百四十二字。”[①] 王惟俭所说增《因习》一篇和更定《直书》《曲笔》二篇，当是依据张之象刻本而完成的篇目更订。

书中卷首胪列了相关商订和校阅的人物姓名，其中商订姓氏：陈九职、王延世、朱勤美、薛永宁、田毓华、侯应琛、阮汉闻、侯应璘、张民表、刘之凤；校阅姓氏：崔汝栋、朱朝矻、薛献丰、朱民俊、卢申、马斯臧、张允亨、朱釪、王惟让、王惟佺。[②] 书中还在篇末或者相对独立的内容之末，注明校正字数，在卷末注明校勘者姓名。如卷一《六家》中，“《尚书》家”末注“校八字”，“《春秋》家”末注“校二字”，“《左传》家”末注“校五字”，“《国语》家”末注“校三字”，“《史记》家”末注“校三字”，“《汉书》家”末注“校二字”，卷末注明“门人封丘薛献丰校”。

第二，关于对《史通》内容的注释。为呈现书中注释的原貌，这里以卷十二《古今正史》中的对《汉书》和《后汉书》的注释来举例说明。其注《汉书》部分云：

---

① 王惟俭：《史通训故》卷首，《续修四库全书》第四七七册，上海古籍出版社2002年版，第251页。

② 王惟俭：《史通训故》卷首，《续修四库全书》第四七七册，上海古籍出版社2002年版，第251页。南京图书馆藏明万历刻本《史通训故》卷首均作“校订姓氏”，参校人名略有出入。(见王惟俭：《史通训故》卷首，《四库全书存目丛书》史部第二七九册，齐鲁书社1996年版，第304页)

《前汉书·艺文志》：冯商续《太史公》七篇。注：商，阳陵人，治《易》，事五鹿充宗，与孟柳俱待诏，颇序列传，未卒，病死。

《后汉书》：冯衍，字敬通，杜陵人。田邑既降，帝怨衍等不时至，遂见黜。

《（前）[后]汉书》：班固为窦宪中护军，及宪败，固先坐免官。初，洛阳令种兢尝出行，固奴干其车骑，吏推呼之，奴醉骂，兢畏宪不敢发，而心衔之。及窦氏宾客皆逮考，兢因此捕固，系死狱中。

《后汉书》：曹大家名昭，字惠姬，曹世叔之妻，班彪之女也。兄固著《汉书》未竟而卒，和帝诏昭就东观藏书阁踵而成之。

《后汉书》：马严七子，惟融、续知名。续字季则，博观群书，顺帝时《汉书》始出，多未能通者。马融从班昭受读，后诏融兄续继昭成之。①

其注《后汉书》部分云：

《后汉书》：李尤，字伯仁，广汉人。安帝时为谏议大夫，受诏与仆射刘珍等俱撰《汉记》。

《后汉书》：建武，光武改元。永初，安帝改元。

---

① 王惟俭：《史通训故》卷一二《古今正史》，《续修四库全书》第四七七册，上海古籍出版社2002年版，第354页。

《后汉书》：伏湛，光武时徙封不其侯，传爵至玄孙无忌。无忌博物多识，桓帝时诏与黄景、崔寔等共撰《汉记》。

《后汉书》：元嘉，桓帝改元。

《后汉书》：边韶，字孝先，浚仪人。桓帝时征拜太中大夫、著作东观。

《后汉书》：崔寔，字子真，涿郡安平人。桓帝时为郎。

《后汉书》：朱穆，字公叔，南阳宛人。历官侍御史。

《后汉书》：顺烈梁皇后，讳妠，大将军商之女。永建三年选入宫为贵人，阳嘉元年立为后，冲帝立，尊为皇太后。

《后汉书》：安思（闫）［阎］皇后，讳姬，荥阳人，（闫）［阎］畅之女。元初元年选入宫，二年立为后，后以济阴王事迁之离宫。

《后汉书》：崔篆，王莽时为郡文学，征诣公车，投劾归。莽复以为建新大尹，未几称疾去。

《后汉书》：孙程，字稚卿，涿郡新城人。安帝时为中黄门，以立济阴王，是为顺帝，封浮阳侯。

《后汉书》：郑众，字季产，南阳犨人。肃宗即位，拜小黄门，以诛窦宪迁大长秋，后封鄛乡侯。

《后汉书》：蔡伦，字敬仲，桂阳人。永平末给事官掖，后封龙亭侯。

《后汉书》：熹平，灵帝改元。

《三辅决录》：马日磾，字翁叔，融之族孙。献帝时官太傅，与蔡邕、杨赐等校定石经。

《魏志》：黄初，文帝改元。

《晋书》：太始，武帝改元。[①]

通过上述对《汉书》和《后汉书》的注释，我们可以看出王惟俭注释的内容和方式。一是王惟俭注释的内容主要是人物、史事、史书和年号，其中对人物的注释所占比重较大。二是王惟俭常常将所依据的文献名称置于注释起首，以说明文献的来源。而郭孔延《史通评释》则是直接写出注释内容，并未有意注明文献出处。在这一点上，《史通训故》较为可取。三是王惟俭的注释方式，是在篇末或者相对独立的内容之后，直接罗列注释内容，而没有注明所注释条目的名称，这与《史通评释》相似，后人阅读起来并不方便。后来清代浦起龙撰《史通通释》，标明注释条目名称，改进了这一不足。四是对比《史通评释》来看，二书各有特点。《史通评释》于《古今正史》篇的《汉书》部分有注释二条、评一条，《后汉书》部分有注释十四条、评一条。二书皆注者，有冯衍、李尤、伏无忌、边韶、崔寔、马日磾，其余各不相同，且相同人物的注释文字内容也并非完全重合。就注释本身而言，《史通评释》侧重于"释"，因而条目和文字较为丰富，但不时有枝蔓；《史通训故》侧重于"注"，因

① 王惟俭：《史通训故》卷一二《古今正史》，《续修四库全书》第四七七册，上海古籍出版社2002年版，第355-356页。

而条目和文字较为简洁，但有所遗漏。

总的来看，郭孔延和王惟俭为《史通》的校订和注释作了大量工作，《史通评释》和《史通训故》二书互为补充，并行不悖。而二书中的讹误和疏漏，在其后清代黄叔琳《史通训故补》和浦起龙《史通通释》中，得以陆续订正和弥补①。

第三节　史学批评资料的整理汇编

一、史学批评资料整理汇编的专书

（一）梁梦龙《史要编》

明人关于史学批评著述的研究，除对《史通》进行校订和评释外，还反映在对史学批评资料的整理和汇编。其中较为突出的，是被后人归入“史钞”类的梁梦龙的《史要编》和卜大有的《史学要义》。

梁梦龙字乾吉，号鸣泉，北直隶真定（今河北正定）人。嘉靖三十二年（1553）进士，改庶吉士，授兵科给事中，历吏

① 按，今所见明代刻本中，尚有署名陈继儒所撰《史通注》（或《史通订注》）一书。卷首载刘知幾《史通序》、《新唐书·刘子玄传》、晁公武《史通评》、王应麟《玉海·序史通》、杨慎《史通评》、于慎行《史通举正论》、张之象《史通序》、陆深《题蜀本史通后》、张鼎思《续校史通序》及郭孔延按语、郭孔延《史通评释序》等文献，凡例、篇目、评释内容及页眉注释与郭孔延《史通评释》相同。卷内署“唐刘子玄知幾撰，明陈继儒仲醇订注”，然未明示订注的具体内容。陈继儒其他著述中未提及此书，因而是否为陈继儒注《史通》之作，仍有可疑。张振珮《史通笺注》附录三中，所收录“陈继儒：《史通订注》例言”，内容与郭孔延《史通评释》卷首例言相同，见张振珮：《史通笺注》附录三，贵州人民出版社1985年版，第780-781页。又，张新民关于陈继儒《史通订注》的解释，亦是郭孔延《史通评释》卷首例言的内容，见张新民：《〈史通〉评释诸本述略》，《文献》1988年第2期。这或许是由于二位先生当时未见及郭孔延《史通评释》单行本的缘故。此处表出，以备存疑。

科给事中、顺天府丞、河南右布政使。隆庆四年（1570）巡抚山东，次年冬巡抚河南。明神宗年间官至兵部尚书、吏部尚书，后遭弹劾去官，著有《海运新考》《史要编》《赐麟堂集》等，《明史》有传。

梁梦龙于隆庆六年（1572）刊刻《史要编》十卷，并在《刻史要编叙》中陈明其编纂的缘由：

> 史学自太史公而后，无论数十百家，义例各殊，卷编浩瀚。余生北方，为诸生时未尝睹全史。自入翰林作养，为给、舍至府丞几十年，始获涉猎十之三。周流藩臬又十年，到处借观，涉猎稍遍，更得诸杂史涉猎之。史虽数十百家，其为表、为序、为记、为考，冠诸卷端者，各灿然有大凡，因手录成帙。余为给、舍，领三边之役，左右吏多泾阳人，于时好读律。周流藩臬，历览河山、边腹、都会、厄塞、兵马、钱谷、风俗、人才、古今之变，于时好读史。近年好读五经，尤喜《易》程传。常恐手录诸史表、序、记、考，久而散逸，俾二十年涉猎茫无形影，可惜也。公余，遂加编次，为正史三卷、编年三卷、杂史三卷、史评一卷，将贻诸北方之学者。既成，同志者览之曰："全史罕睹，岂惟北方。是编也，上下数千载盛衰得失之迹，大凡具在。乃考索之筌蹄，献纳之关键也，或可备史学一种。"余拊巡山东，托学宪周君，督儒学师生杂校之。未竟，有河南之命，携至会省。宗正西亭先生见而异之曰："余昔刻《经序录》，不

图今见兹编，殆可并传。”因终校之，绣诸梓，标其名曰《史要编》。工竣示余，曰：“盍叙之?”因漫题如左云。[①]

此文开篇，梁梦龙就明确讲到“史学”二字，一方面谈及自司马迁之后，史家众多，史书浩繁；另一方面说到自己为诸生时未能遍览史籍，其后在仕宦之余逐渐扩大读史的范围，在近二十年中不断手录诸史表、序、记、考。可见梁梦龙编纂此书旨在史学，而非史事。梁梦龙继而谈到，初编成书以后，得到时人的肯定和赞赏，尤其是在“宗正西亭先生”朱睦㮮的肯定和帮助下，完成了刊刻。

朱睦㮮号西亭，是明朝宗室，藏书极富，今有《万卷堂书目》《经序录》等存世。文中提到，朱睦㮮将《史要编》与其所刻《经序录》相媲，认为二书可并传于世。朱睦㮮《经序录》刊刻于嘉靖三十九年（1560），取诸家说经之书的序文编纂而成，时人称其：“使世之学者，不得见其书，而读其序，固以知其所以为书之意，庶以广其闻见而不安于孤陋，实嘉惠后学之盛心也。”[②] 此语虽是评《经序录》之语，然亦可作为了解《史要编》之一助。

《史要编》所载篇目，卷一至卷三为正史类，是关于《史

① 梁梦龙辑：《史要编》卷首《刻史要编叙》，《四库全书存目丛书》史部第一三八册，齐鲁书社1996年版，第452-453页。

② 周大礼：《经序录叙》，朱睦㮮编：《经序录》卷首，《四库全书存目丛书》史部第二七七册，齐鲁书社1996年版，第182页。然此文盖为归有光所作，见归有光：《震川先生集》卷二《经序录序（代）》，周本淳校点，上海古籍出版社2007年版，第32页。

记》《汉书》《后汉书》《三国志》《晋书》《宋书》《南齐书》《梁书》《陈书》《魏书》《北齐书》《周书》《南史》《北史》《隋书》《旧唐书》《新唐书》《新五代史》《宋史》《辽史》《金史》《元史》的相关序、表、考的文献。

卷四至卷六为编年类，其中卷四是关于《资治通鉴》《通鉴历年图》《稽古录》《通鉴外纪》《续资治通鉴长编》《通鉴纪事本末》《通鉴音注》《通鉴总类》《通鉴前编》《通鉴节要》《通鉴详节》《通鉴续编》《通鉴节要续编》《宋元通鉴》《宋元资治通鉴》等，有关《资治通鉴》及其续作的相关序、表、记的文献。卷五是关于《资治通鉴纲目》《纲目发明》《纲目书法》《纲目集览》《纲目考异》《续资治通鉴纲目》《纲目前编》《续资治通鉴纲目书法》《续资治通鉴纲目广义》等，有关《资治通鉴纲目》及其续作的相关序、表、记的文献。卷六是关于《吴越春秋》《汉纪》《后汉纪》《蜀汉本末》《元经传》《大事记》《大事记续编》《元史续编》《世史正纲》《人代纪要》《人代纪略》等，其他编年体史书的相关序、表、记、跋的文献。

卷七至卷九为杂史类，是关于《国语解》《汲冢周书》《战国策》《越绝书》《晋文春秋》《楚史梼杌》《蜀鉴》《两汉文鉴》《两汉书疏》《西汉会要》《东汉会要》《西汉诏令》《东汉诏令》《史汉异同》《西京杂记》《顺宗实录》《贞观政要》《开天传信记》《东观奏记》《南唐书》《五代史缺文》《圣宋尊尧录》《东都事略》《建炎以来朝野杂记》《三朝北盟会编》《建炎时政记》《靖康传信录》《金志》《辽志》《庚申帝大事纪》《通志》《路史》《十七史详节》《古史》《皇宋类苑》《宋史略》《历代史纂左编》《右编》《通史补遗》《历代帝王纪年纂要》等，有关“杂史”的相关序、表、记的文献。

卷十为史评类，是关于《史通》《读史管见》《唐鉴》《涉史随笔》《两汉笔记》《史义拾遗》《宋论》《宋纪受终考》《读史肤见》《史衡》等，有关史学批评和历史评论书籍的序、表、记的文献。

从以上所载文献来看，此书有如下方面的特点和价值。一是所载文献大致以史书类型来分类，分别为正史、编年、杂史和史评四类。尤其是专门列出史评一类，尽管未能区分历史评论与史学批评，但亦显示出梁梦龙对史书评论的重视。二是每类史书按所序之书的时代先后来排列，如编年类史书，卷四反映出《资治通鉴》及其续补、注释的发展情况，卷五反映出《资治通鉴纲目》及其在后世的发展情况。这样既体现出不同类型史书的面貌，又能看到同一类史书的发展流变情况。三是所收文献有些较为常见，是史学研究和史学批评探讨的基本对象；有些文献，如文徵明《唐书序》、叶隆礼《金志序》、宇文懋《辽志序》、权衡《庚申帝大事纪序》等，或是不太为人所注意，或是不易寻见，因而具有文献研究的价值。四是书中收录的明代文献较多，全书收录的一百一十六篇中，有三十余篇为明人所著，并在每一类史书中都有体现。这既反映出梁梦龙对本朝史学的关注，也从一个侧面反映出明代史学的发展状况。

当然，此书的缺点和局限也是明显的。第一，擅自改动文献名称，如卷一《史记自序》应为《太史公自序》，并将所引文献中的“叙”皆改为“序”，“上”表皆改为“进”表，这就造成了所载文献名称不够准确。第二，一些文献名称和作者姓名有误，如卷二裴松之《进三国志表》漏一“注”字；卷五张时泰《进续通鉴纲目正义疏》中的“正义”应为“广义”；卷八“葛权”《庚申帝大事纪序》，作者名为权衡，号葛溪，后人常连称为“葛溪权衡”，这里误写为“葛权”；卷九郑樵《通志略序》应为《通志总序》，等等。第三，个别文献的分类有可议之处，如卷八徐梦莘《三朝北盟会编序》宜列入第六卷编年类。此外，有一些重要史书之序未能收录，如李翰《通典序》、马端临《文献通考自序》等，此虽不免遗憾，但亦不应苛责。

梁梦龙《史要编》专门载录史书的表、序、记、考等篇目，并不仅仅“盖为乡私塾无书者设也”[①]。书中收录的关于史书评论的诸多文献，为史学批评研究提供了重要资料。

（二）卜大有《史学要义》

在《史要编》刊刻后不久，万历五年（1577）卜大有《史学要义》刊刻成书。卜大有，字谦夫，浙江嘉兴人，嘉靖二十六年（1547）进士，初授南直隶无锡知县，后调潜山知县，升刑部江西司员外、广西司郎中，改南京礼部精膳司郎中，因忤时宰，出为寻甸（今云南昆明寻甸）守，致仕。卜大有除《史学

① 永瑢等：《史要编》提要，梁梦龙辑：《史要编》卷末附，《四库全书存目丛书》史部第一三八册，齐鲁书社1996年版，第550页。

要义》外，另有《经学要义》五卷[①]。

《史学要义》四卷，补一卷，共五卷，全书收录文献二百六十余篇，上起西汉，下至明代。其内容大致如下：

卷一所载文献，大致可分为两部分，前一部分是关于史官建置、史氏流别、作史义例、史馆修史、作史之法、读史之法，以及正史、杂史等具有综合性的议论；后一部分是关于《史记》《汉书》《后汉书》等书作者的自序、传记以及后人的相关评论。

卷二所载文献，是关于《三国志》《晋书》《宋书》《南齐书》《北齐书》《梁书》《陈书》《魏书》《周书》《隋书》《南史》《北史》《旧唐书》《新唐书》《旧五代史》《新五代史》《宋史》《辽史》《金史》《元史》等书作者的自序、传记或相关评论。

卷三所载文献，是关于《资治通鉴》《历代通鉴纂要》《资治通鉴纲目》《史通》《古史》《资治通鉴外纪》《续资治通鉴长编》《通鉴续编》《通鉴纪事本末》《通鉴前编》《大事记》《世史正纲》等书作者的自序、传记或相关评论。

卷四所载文献，是关于《战国策》《汉纪》《后汉纪》《人物志》《续后汉书》《唐鉴》《唐史论断》《南唐书》《建隆编》《经世纪年》《宋史九朝实录》《宋元通鉴》《金小史》《通典》《通志》《路史》《文献通考》等书作者的自序、传记或相关

---

① 卜大有，《明史》无传，事迹及著述情况均见于方志。参见《秀水县志》卷五《先达》，清康熙二十四年刻本；又见盛枫辑：《嘉禾征献录》卷三一《卜大有传》，《续修四库全书》第五四四册，上海古籍出版社2002年版，第620页。

评论。

卷五是对前四卷内容的补充，所载文献是关于《史记》《汉书》《后汉书》《三国志》《晋书》《宋书》《南史》《北史》《隋书》《新唐书》《新五代史》《元史》《资治通鉴》《唐鉴》《史通》等书的相关评论。

从全书内容来看，与梁梦龙《史要编》有不少相同的文献，而亦有较为明显的发展：一是涉及的史书范围有所扩大，如《通典》《文献通考》等，所收录文献的数量也大为增加；二是所收篇目的种类进一步扩大，除序、表、记、考外，还包含疏、事状、书、论、跋，更增添了相关的人物传记。三是史学批评的内容进一步增加，除具有综论性质的史官史家、史义史法之外，还增加了不少关于史书的评论。四是书中所载明代学者的文献近五十篇，包括宋濂、王祎、杨士奇、叶盛、丘濬、何乔新、王鏊、邵宝、陆深、杨慎、文徵明、闻人诠、唐顺之、李梦阳等人，更为丰富地呈现出明代史学批评的成果。

关于此书的旨趣和价值，徐栻在《史学要义叙》说道：

> 载籍博矣，而义有要焉；得其要义，则会通有机。是学史者，要义尚矣。嗟夫，事以代殊，文缘人异，纷纭述作，迷目瞀心，自非精明博雅之士，恶足以与于斯？
>
> 槜李益泉卜大夫究心史事，既得其旨趣，间尝采辑古今论著有切于史学者若干卷，题其端曰《史学要义》。予得而读之，见其陈叙事之义例，原载笔之职司，析编年、纪传之

同异，以暨辨正杂，别良秽，罔弗备焉。乃叹曰："勤哉，大夫之志乎！精哉，大夫之取裁乎！"

夫溟渤汪洋，人可得而通之者，以舟楫具也。医师之视疾，岂能一一究其医格哉？惟于轩岐相传之奥旨，掇而蓄焉，则可以起尪羸而无滞。借令舍舟楫而浮海，泛滥于方技之书而欲以神其术，胡可得哉？是书之作，真学海之舟楫，文艺之要旨也。当世贤豪励志"三长"者，固幸得指南。而仅取谀闻之士，执此以往，亦免面墙之叹，为益岂浅浅哉！虽然，通海要于舟楫，而柁其尤要者也；良医要于轩岐，而恒其尤要者也。孔子以圣神之心，而窃取鲁史之义，则心，其史学之尤要乎？是故公其心以定予夺，明其心以辨正雅，大其心以尽人物之变，斯无负于"要义"之作也。

卜大夫有《经学要义》，予为序之矣，乃更以是集谒予序，予谢不敏。顾谓："史者羽翼乎经者也"，固以请。予归诸心学，以为史学者勖焉。①

徐栻字世寅，号凤竹，今江苏常熟人。嘉靖二十六年（1547）进士，授江西宜春知县，历仕江西、浙江、河南、云南、山东等地，官至刑部左侍郎、南京工部尚书，旋归里，里居

① 徐栻：《史学要义叙》，卜大有辑：《明刻珍本史学要义》卷首，中华全国图书馆文献缩微复制中心1999年版，第1-4页。

二年而卒[①]。徐栻为卜大有所写序文，正是在巡抚浙江之时。

徐栻在序文中，首先谈到“载籍”与“义”、“博”与“要”的关系，本质上是知识与认识之间的关系，他认为得其“要义”方能“会通”，对于浩如烟海的史学来说尤其如是。进而，他称赞卜大有“究心史事”，“采辑古今论著有切于史学者”编为《史学要义》，在内容上“陈叙事之义例，原载笔之职司，析编年、纪传之同异”，具有“辨正杂，别良秽”的作用。再次，徐栻以舟楫和行医为喻，认为此书实为“学海之舟楫，文艺之要旨”，对于有志于将“史才三长”作为努力目标的人来说，尤其具有指导作用。他还提出史家要“公其心”“明其心”“大其心”，方能“定予夺”“辨正雅”“尽人物之变”，从而对史家职责和史学批评态度提出了自己的看法。最后，徐栻谈到卜大有此前已纂有《经学要义》，而史学可以羽翼经学，从中亦透露出徐栻与卜大有对经史关系的认识。

当然，此书中亦有一些明显的疏漏。一是有些篇目未列作者，尤以卷五最为突出，有十余篇未署作者姓名或出处。二是个别作者姓名或者文献出处有误，如卷一《范晔传》署“陈寿”，而应为“李延寿”；卷一《杂史》署出处为《隋书·艺文志》，而应作《隋书·经籍志》；卷二《陈寿传》《习凿齿传》《干宝

① 参见王世贞：《弇州续稿》卷七七《徐尚书传》，《景印文渊阁四库全书》第一二八三册，台湾商务印书馆1983年版，第126-131页；张元忭：《南京工部尚书常熟徐公栻墓志铭》，焦竑辑：《焦太史编辑国朝献征录》卷五二，《续修四库全书》第五二七册，上海古籍出版社2002年版，第724-726页；张廷玉等：《明史》卷二二〇《刘应节传》附，中华书局1974年版，第5789页。

传》皆署“唐太宗”，盖因《晋书》曾题“御撰”所致。三是个别文献篇名不准确，如卷一《答韩愈论史官书》，应作《与韩愈论史官书》，等等。

尽管书中存在不足，然而《史学要义》大体上勾画出了上起西汉、下至明代人们关于史学之认识的轨迹，其编纂旨趣与《史通》有相通之处，在明代的史学批评中亦应占有一席之地。[①]

二、史学批评资料整理的其他成果

除《史要编》和《史学要义》这样的汇编专书以外，明代学者关于史学批评资料的整理还有其他一些成果。

万历三十五年（1607）王圻采编野史、笔记、小说等七百余种，分门别类纂成《稗史汇编》一百七十五卷，并于“文史门”下列《史评类》一卷。其所载篇目如下：《史原》《作史》《实录》《越绝不经》《三皇岁数》《晋语》《诸史优劣》《日者传》《封禅书》《司马迁学不醇》《史不足信》《史书功过》《项羽本纪》《二琰评》《南董》《汉书之误》《孙皓答问不同》《赵逸论史》《晋史烈女传》《史即经》《正史》《编年》《霸史》《孔子世家》《游侠传序》《史臣不载实事》《隋书》《时政记》《唐论》《贵侯传》《评五代史》《韩通无传》《看五代史》《算子》《山谷读史》《史书所秘》《史评》《续纲目例》《陈子桱》《名臣录》《晋宋元三史》《宋元辽金四史》《本朝史》《通鉴续

① 瞿林东：《影印〈明刻珍本史学要义〉序》，卜大有辑：《明刻珍本史学要义》书首，中华全国图书馆文献缩微复制中心 1999 年版，第 7 页。

编》《史官无职》《竖子》《野史》《作史用字宜慎》《史称纰谬》。①

从其篇目来看，编次杂乱无序，篇目名称大多为自拟，与原文献有差异，且多未注明作者和文献出处，后人引用和查阅颇为不便。然就其篇中所载内容而言，有值得肯定的地方。一是关涉史书考证和史学批评，范围涵盖史书优劣、史书比较、经史关系、史官史职等内容，大体符合卷名“史评”二字。可以看出，编纂者王圻将“史评”视为对史学的评论，而非对史事的评论，这一点尤为值得提出。二是所载论述较详者多采自明人，如《史即经》《正史》《编年》《霸史》《宋元辽金四史》诸篇，出自何良俊《四友斋丛说》卷五《史一》；《唐论》，出自杨慎《丹铅总录》卷三；《评五代史》，出自何良俊《何氏语林》卷五；《陈子桱》，出自郎瑛《七修类稿》卷十五，篇名相同；《晋宋元三史》，出自李梦阳《空同集》卷六十二《论史答王监察书》；《本朝史》，出自王鏊《震泽长语》卷上，等等。这些内容，在一定程度上反映了明人对史学的认识，但因其取材多自“稗史”，许多重要的文献未能列入。

此外，朱荃宰《文通》一书亦值得留意。关于朱荃宰，史书所记有限，清乾隆《黄州府志》中云：“朱荃宰，字咸一，崇祯己卯辟举，授武康知县。以最召赴京，道卒。著有《大学权衡》《中庸权衡》《周易内外图说》《礼记会通》《毛诗类考》

① 王圻辑：《稗史汇编》卷九八《史评类》，《四库全书存目丛书》子部第一四一册，齐鲁书社1995年版，第302-314页。

《孟子年表》《文通》《诗通》《词通》《曲通》《乐通》诸书。曾经奏御，发礼部颁行。”[1] 朱荃宰仕宦事迹不多，然究心学术，著述甚富。

《文通》三十卷，闰一卷，凡三十一卷。据卷首焦竑《文通引》所署“万历己未”[2]，则此书大致初成于万历四十七年（1619），今所见为天启六年（1626）刻本。《文通》以文章体裁流别加以分类，《四库全书》将其列为集部“诗文评类”。书中所载文献，大多未注明作者和出处，且篇目名称与原文献不尽相同，引用、查询颇为不便。但就书中所载录的文献来看，与史学批评有着非常紧密的关联。这里仅将其中篇目与史学有明显关联，且已查明作者和出处者，列之于下：

书中卷二《史法》《史系》《史家流别》《史官建置》诸篇出自刘知幾《史通》，《评史举正》篇出自慎行评《史通》之文，《评史》《长编》篇引自胡应麟《史书占毕一》及司马光《进资治通鉴表》等。卷三《经史渊源》出自王世贞《艺苑卮言》论经史关系之语。卷七《本纪》《世家》《列传》《补注》《表历》《书志》《书事》诸篇出自《史通》，《注》篇引自焦竑《国史经籍志·时政记序》。卷十《自序》篇出自《史通·序传》。卷十二《史赞》篇出自《史通·论赞》。卷二十《序例》《正名》《题命》《编次》《断限》《烦省》《仿效》《采撰》《言

① 王勍等修、靖道谟等纂：《（乾隆）黄州府志》卷一一《儒林》，清乾隆十四年刻本。

② 焦竑：《文通引》，朱荃宰：《文通》卷首，《四库全书存目丛书》集部第四一八册，齐鲁书社 1997 年版，第 330 页。

语》诸篇出自《史通》。卷二十一《探赜》篇出自《史通》。卷二十二《叙事》《简要》《隐晦》《直言》《曲笔》《因习》诸篇出自《史通》。卷二十三《载事》《载文》《载言》诸篇出自《史通》。卷二十四《人物》《鉴识》《辨职》《品藻》《忤时》诸篇出自《史通》，《俗士不可为史》《不语》诸篇出自罗泌《路史》。卷二十五《浮词》篇出自《史通》。卷二十七《丛史》篇多出自陆深《史通会要·丛篇》之语，《史祸》篇出自胡应麟《史书占毕一》；《史臣》（卷内标名为《史氏》）篇列西汉至明代，自司马迁以下至宋濂、王祎、丘濬等史家姓名，凡二百二十余人；《明史储材》篇专列明代史籍书名，自《列圣御制》《大明会典》《宝训》以下，至《海运总图》等，近二百五十种。

可见，朱荃宰此书几乎将刘知幾《史通》的主要篇目都予以收入，并且还载录司马光、罗泌、陆深、杨慎、何良俊、王世贞、焦竑、于慎行、胡应麟等人史学批评的相关文献。对此，朱荃宰在卷首《自叙》中曾说道：

> 《典论》《文赋》《雕龙》《流别》《缘起》之属，灌灌于前，渔仲（郑樵）《志》之，端临《考》之。部别塍分，则有海虞、吴江；博文反说，则有新都（杨慎）、弇山（王世贞）。澹园（焦竑）、云杜（李维桢），或征《七略》而为书，或操寸管而说法，亦綦密矣。言史者自子玄（刘知幾）昉矣，柳燦为之《晰微》，文裕（陆深）为之《会

要》。端简（郑晓）则不言史，而史法具在也。[①]

可以看到，朱荃宰有意融合文论和史评，并将其汇为一书。而对于“通”，他说道：

> 昔杜岐公粤稽书契至天宝而《通典》成，渔仲自隆古至建炎而《通志·略》成，端临始嘉定溯天宝而《通考》成，此皆著述家权衡也。愚近始隆、万，远接端临，如郑康成笺诸经，彼此互证，包并参伍。自少迨老，无日不刳心焉，则有之矣。[②]

朱荃宰欲效仿杜佑《通典》、郑樵《通志》和马端临《文献通考》之“通”，并希望“近始隆、万，远接端临”。当然，《文献通考》所载为典章经制，而《文通》所载为文章之学，二书内容差别较大。但朱荃宰对融合文史之“通”的追求，是值得肯定的。

罗万爵在为此书所作序文中，指明是书“其义况诸彦和之论文，而名取诸子玄之读史”[③]，意为《文通》之名，其“文”取自刘勰《文心雕龙》之“文”，其“通”取自刘知幾《史通》

---

① 朱荃宰：《文通》卷首《自叙》，《四库全书存目丛书》集部第四一八册，齐鲁书社1997年版，第334页。按，引文括号内人物姓名为引者所注。

② 朱荃宰：《文通》卷首《自叙》，《四库全书存目丛书》集部第四一八册，齐鲁书社1997年版，第336-337页。

③ 罗万爵：《（文通）序》，朱荃宰：《文通》卷首，《四库全书存目丛书》集部第四一八册，齐鲁书社1997年版，第331页。

之“通”。因而，《文通》一书可以看作是兼具文学批评和史学批评的资料整理之书，其会通文史的旨趣和做法，仍值得继续探讨。

梁梦龙《史要编》、卜大有《史学要义》、王圻《稗史汇编·史评类》和朱荃宰《文通》等书，将史学批评的重要资料予以整理和汇编，为后人追寻史学发展轨迹和研究史学批评，提供了参考。书中收录的资料和文献，有的是史学的经典篇目，有的并不常为人们所见，因而亦具有一定的史料价值。更为重要的是，编纂者们有意识地对史学与历史（或史事）加以区别，反映出明代史学意识增强和史学批评观念普及的趋向。

结　语

近些年来，关于明代史学的研究逐渐得到重视，学界相继出版了多部研究专著，发表了不少相关的研究论文，其中亦有涉及明代史学批评的内容。然而总的来看，明代史学批评仍然是一个相对薄弱的认知领域，其整体面貌还依然模糊。

得益于教育部人文社会科学重点研究基地重大项目“中国古代史学批评研究”课题提供的难得的契机，我们得以初步对明代学人在史学批评领域留下的思想遗产进行专门整理。关于明代史学批评，我们主要形成以下几点基本认识。

其一，明代史学批评以丰富的视角触及中国古代史学的诸多问题。

中国古代史学发展到明代，已经相当完备、成熟。修史制度、史官建置依旧在发挥作用，史学门类相当齐全且十分多样，明以前历代正史业已全部撰成，史学理论也初具系统。在明代具体的社会形势下，中国古代史学开始暴露出诸多问题，迫使中国古代史学在自我批评的道路上越来越全面、深入、细致。

所谓全面，乃是针对明代史学批评覆盖问题的广度而言。从内外角度来看，它既包含对史学自身的分析，又涉及对史学外部条件的审视。从纵横角度来看，它不仅放眼整个中国古代史学，而且横贯史学的诸多层面。它深入浅出：深，可探究国史、正史、官修、《春秋》大义等重大而严肃的问题；浅，可以是家史、野史、粗浅的普及书目、随意的读史感受。它又兼具宏细：宏大到足以挑战自古以来的评价标准，细致到甚至不放过史书中的一字一句。它一面广泛地搜集古往今来的史学经验，一面热情地琢磨着纷繁复杂中的普遍道理。明代史学批评对中国古代史学的全面关涉难以在这里尽数呈现。

所谓深入，乃是针对明代史学批评探究表象的深度而言。对于一部史书，像《史记》《汉书》，明代史学批评能够从材料积累、时代原因、史家个性、编纂宗旨、体例设计、篇目编制、章节安排、行文匠心、遣词造句、传播际遇、时势变迁、偶然必然等角度切入，全方位、立体地予以分析，体现出明代史书批评的深度。对于“批评”或“议论”这样的治学方式，从避免评论，到私填胸臆、此是彼非、公是公非，直至不以孔子是非为是非，从经验到评价标准的推进，体现了明代史学理论发展的深度。对于官修与私修，从以官修史书为重，到评论私撰史书，进而认识到官修、私修各有利弊，从片面到辩证，体现的是明代史学批评在思维方式上的深度。这些个别问题的深入发展是明代史学批评深刻性的突出反映。

所谓细致，乃是针对明代史学批评关注具体的程度而言。在明人的笔触下，史学评论者是具体的，他有个性、思想与情感，是这种或那种生活环境中的一个鲜活的人物，对其评论的对象则往往流露出了或平常或分明的态度。在明人的笔触下，他们所评论的史学对象有多么丰富，评论的笔触就有多么灵动：它可以接受世事的无常，可以接纳前朝的遗民，可以称赞小民的道德，可以理解字里行间的精粗得失……明代史学批评具有一种细腻而不浅薄的气质。

当然，我们不能忘记，明代史学批评表面上仍然是大量零碎分散的篇章。

其二，明代史学批评在零散缤纷中逐渐形成一些比较突出的、具有共性的思想性议题。

在全面、深入、细致而又零散的评论中，明代史学批评逐渐形成一些相对集中的议题。诸如：

——史学与史义的关系。

明初，在明代史学的第一个重大事件即《元史》修撰中，为了避免对元代人事进行评价时遭遇重重困难，明太祖以诏令的方式要求史臣“直述其事”，即不再通过过往正史中的“史臣曰”来附加评论。这实际上已经从体例的层面大大减弱了史义的建立。

与此同时，个人对史义的探求一直没有中断。宋濂私嘱苏伯衡重修宋元史，其意正在于弥补《元史》在史义方面的缺失。周叙请求朝廷重修《宋》《辽》《金》三史，也是因为三史“义例多舛”。

成化时，官修《宋元纲目》特别强调“仿朱文公例编纂”。这意味着明皇朝一改明初修史宗旨，开始从国家层面重视史义的建设。由此，史学及其批评对史义的强调在全国范围内延伸开来。

在这种形势下，丘濬发出了《元史》“三纲之不正”[1] 的断论，并在朱熹思想的指导下撰写了《世史正纲》；何孟春则深斥参与编修《元史》的危素“得罪元史深矣”；丰坊又评价历代史书中唯有朱熹《资治通鉴纲目》能够体现“是非之公”；儒生安都不辞辛劳，“远尊《春秋》”，“近拟《纲目》”，重新整饬历代正史，撰《十九史节定》；《汉书评林》所辑诸评则突出《汉书》在遵从“圣人之意”方面胜过《史记》；因论赞“文约而义见”，沈国元遂有《二十一史论赞》之辑；……

有关讨论一直延续至明代灭亡，成为各种史学批评回避不开的议题。

——史学中的文献问题。

明初修撰《元史》，即已遇到严重的文献不足的问题。先是元顺帝元统之后三十六年史事不再具有相应的实录可以凭据；即便之前的十三朝各有实录，又有《元经世大典》，还是不得不征集、依靠各级文书，而文书的质量又参差不齐。所以，常见时人以材料“舛讹”“无凭”为虑。

从明初到明末，官修、私修明朝当代史及其批评也无不突出

---

① 参见陆深：《俨山外集》卷二六《史通会要下·丛篇四》，《景印文渊阁四库全书》第八八五册，台湾商务印书馆 2008 年版，第 152 页。

文献的地位。例如，鉴于明朝名臣事迹“阙如”的情况，王祎撰《国朝名臣传》；出于“昭代文献又乌可无稽”的担忧，王圻编《续文献通考》；对于官修实录，何乔远直斥“不足征”；对于私修当代史，顾璘认识到它们可备“他日之所稽”；对于志书、家谱，蔡清则云“史失而求之志，志失而求之谱”。

如果扩大至对历代史书的批评，那么，明人对官修史书之外的野史、家史等私修著述之文献价值的重视就显得更为突出。杨慎以为，野史“可以补正史之阙”；焦竑特别指出，杂史也可“以资采拾”；出于稗史可以“羽翼正史”的思想，王圻编辑了《稗史汇编》；王世贞以国史、野史与家史各有“不可废”之处，其中亦有保存文献的考虑。

文献可以说是明代史学挥之不去的痛处。

——史家对史学的影响问题。

明代对史家的批评是从考量史官制度开始的。弘治时，储巏已经留意到史臣的职权正在丧失。弘治、正德间，王鏊对史臣的地位、工作方式、修史流程、撰史模式发表了一段犀利的评论，时人深以为然。何瑭则通过考究历代预修史书之官职的变迁，进一步披露出明代史职存在的问题。此后，焦竑、张位、张四维等多次分析明朝史官制度中的弊病，黄省曾、瞿景淳、胡应麟、袁中道、吴道南、汪若霖等则对如何选拔、任用史官提出过建议，张居正还就史官之职进行过整饬。有关建言与努力不一而足，不过终明一世，史官制度也未能得到明显的改善。

评论史书作者，自古即有，并逐渐形成一定的理论。明人运用有关思想来分析当时及历史上的史学，在继承与发扬中又对史家理论有所创新。在实录批评中，董玘严正地指出，实录不能掺杂修史人员的“私意”。黄省曾指出，即使出自名儒大家的奏疏、墓铭，也难以祛除个人的私见，因此，史学需要史家具备“公是公非”。张萱也表示，即便像司马迁、班固这样的史学大家，其史书也难免失误；为了尽可能地做到良史之才，需要具备“据”“实”“慎”“忠”四条标准。而胡应麟则在刘知幾“才”“学”“识”的基础上，还要求史家具备“公心”与“直笔”。

明人关于史学主体的分析与评论多能因时因事而有所发挥。

——对史文的重视与认识。

正德、嘉靖间，李梦阳在书信中曾从史文的角度对历代史书进行了梳理，强调史文“贵约而该”。万历间，陈懿典讨论历代史书的繁简情形及其影响，也是从史书文字的角度来看的。而凌稚隆所辑《史记评林》与《汉书评林》更是汇辑了历代史文分析的精华。其中，“批评”所题，有疏有密；密者，几乎依傍着史文，逐行排比而列。所“批评”者，由字而词，而短语，而句，而段，而篇，而书。所论或者精细，或者宏大，令人叹为观止。在其他史书批评中，诸如“文气”“笔力”“文章”等今人视之为文学评论的表达，常常屡见不鲜。

当然，明代史评中还有大量的内容，我们至今仍然不能揭示出其间存在着的内在联系。

其三，在个别议题上，明代史学批评颇有理论建树。

对于多数议题而言，明代史学批评往往流于议论而缺乏系统的理论升华，最终也未能提出有助于化解问题的结论。不过，在个别史学问题上，明人的思考还是相当出色的，因而在史学理论的发展史上留下了不容忽视的印迹。

例如，对史学评价标准的思考。自孟子称孔子《春秋》“其义则丘窃取之”① 以来，史义已经成为史学批评的一个核心内容。诚如前文所言，明人对史义的关注贯穿整个有明一代。其中涉及的具体矛盾应当是超越前代的：不作评论，还是予以价值判断？评价时是以圣人为则，还是私填胸臆？圣人传统当遵《春秋》《资治通鉴》，还是《资治通鉴纲目》？编年与纪传孰优孰劣？历史有统绪，还是无统绪？哪些政权当归于统绪？……在李贽之前，这些问题似乎各自皆可成辞；但是，李贽批评众人“咸以孔子之是非为是非”② 之言一出，有如石破天惊，一切批评随之功亏一篑。这是明代史学批评在评价标准方面取得的最高成就。

再如，对“三史”关系的思考。我们知道，对野史的批评并非始于明代，不过明人关于野史的评论却非常丰富。虽然评论角度与表达方式有所差别，但是，总体上，明人皆看到了官修史书的弊病，也能够认识到私史存在的价值。特别值得注意的是，在王世贞之前，很少有人从国史、野史、家史的角度概述、区别众多史学门类，更没有评论能够同时比较三史且兼顾三史各自的利弊。王世贞关于三史关系的思考既充满辩证精神，又精炼

① 《孟子·离娄下》，杨伯峻《孟子译注》本，中华书局 1960 年版，第 192 页。

② 李贽：《藏书》卷首《藏书世纪列传总目前论》“李氏曰”，张建业主编：《李贽文集》第二卷，社会科学文献出版社 2000 年版，第 7 页。

传神。

应该说，中国古代史学批评进入明代之后逐渐迎来一个空前活跃的发展阶段。在这一阶段，参与批评史学的人数众多、身份悬殊，被批评的史学对象跨度久远、品类繁杂、层次丰富，史学批评呈现出的载体不同、角度多样、表达各异、观点呼应、共性渐生。昔人谓之“议论烦嚣”[①]；在今天看来，明人对史学的批评还是有序可循、识见多现、不乏可爱之处的。不过，明代史学批评同时也反映出中国古代史学发展至明代已经暴露出诸多问题，有些问题如修史制度、史学门类、价值标准等根植于深刻的社会矛盾之中。尽管明代学人在许多史学问题上不乏精辟的见解，但是，受限于时代与社会条件，他们不可能从根本上解决中国古代史学步入尾声时所面临的深刻问题。

最后，需要指出的是，由于明代史评数量繁多，且有关研究十分不足，目前我们仍然只能粗浅地对部分资料进行整理与分析，试图从整体上对若干问题进行初步探索。而更多细致的述论和深入的思考，尚有待于后续研究。

---

① 李维桢：《大泌山房集》卷八《皇明琬琰录序》，《四库全书存目丛书》集部第一五〇册，齐鲁书社1996年版，第469页。

主要参考文献

一、马克思主义经典著作

中共中央马克思恩格斯列宁斯大林著作编译局：《马克思恩格斯文集》，北京：人民出版社 2009 年版。

中共中央马克思恩格斯列宁斯大林著作编译局：《列宁文集》，北京：人民出版社 2009 年版。

毛泽东：《毛泽东选集》，北京：人民出版社 1991 年版。

二、历史文献

《左传》，杨伯峻《春秋左传注》本，北京：中华书局 1990 年版。

《孟子》，杨伯峻《孟子译注》本，北京：中华书局 1960 年版。

“二十四史”，北京：中华书局点校本。

刘勰：《文心雕龙》，周振甫《文心雕龙注释》本，北京：人民文学出版社 1981 年版。

刘知幾：《史通》，张之象校刻，明万历五年刻本。

刘知幾：《史通》，张鼎思校刻，明万历三十年刻本。

刘知幾：《史通》，李维桢评、郭孔延评释，《四库全书存目丛书》史部第二七九册，济南：齐鲁书社 1996 年版。

刘知幾：《史通》，浦起龙《史通通释》本，上海：上海古籍出版社 2009 年版。

苏洵：《嘉祐集》，曾枣庄、金成礼《嘉祐集笺注》本，上海：上海古籍出版社 1993 年版。

司马光：《资治通鉴》，北京：中华书局 1956 年版。

吴缜：《新唐书纠谬》，《丛书集成初编》本，北京：中华书局 1985 年版。

郑樵：《通志二十略》，王树民点校，北京：中华书局 1995 年版。

马端临：《文献通考》，北京：中华书局 1986 年版。

陈桱：《通鉴续编》，《景印文渊阁四库全书》第三三二册，台北：台湾商务印书馆 1983 年版。

《钞本明实录》，北京：线装书局 2005 年版。

宋濂：《宋濂全集》，黄灵庚编辑校点，北京：人民文学出版社 2014 年版。

王祎：《王忠文集》，《景印文渊阁四库全书》第一二二六册，台北：台湾商务印书馆 1983 年版。

杨士奇：《东里文集》，刘伯涵、朱海点校，北京：中华书局 1998 年版。

王直：《抑庵文集·后集》，《景印文渊阁四库全书》第一二四一册，台北：台湾商务印书馆 2008 年版。

商辂等：《御批续资治通鉴纲目》，《景印文渊阁四库全书》第六九三册，台北：台湾商务印书馆 2008 年版。

丘濬：《大学衍义补》，林冠群、周济夫校点，北京：京华出版社 1999 年版。

何乔新：《椒邱文集》，《景印文渊阁四库全书》第一二四九册，台北：台湾商务印书馆 1983 年版。

陆容：《菽园杂记》，北京：中华书局 1985 年版。

程敏政编：《明文衡》，《四部丛刊》本，上海：上海书店出版社 1989 年版。

李东阳：《怀麓堂集》，《景印文渊阁四库全书》第一二五〇册，台北：台湾商务印书馆 1983 年版。

王鏊、王禹声：《震泽先生别集》，王永熙汇辑，楼志伟、韩锡铎点校，北京：中华书局 2014 年版。

邵宝：《容春堂集》，《景印文渊阁四库全书》第一二五八册，台北：台湾商务印书馆 2008 年版。

祝允明：《祝子罪知录》，《续修四库全书》第一一二二册，上海：上海古籍出版社 2002 年版。

王守仁：《传习录》，王晓昕《传习录译注》本，北京：中华书局 2018 年版。

李梦阳：《空同集》，《景印文渊阁四库全书》第一二六二册，台北：台湾商务印书馆 1983 年版。

何景明：《大复集》，《景印文渊阁四库全书》第一二六七册，台北：台湾商务印书馆 1983 年版。

何瑭：《柏斋集》，《景印文渊阁四库全书》第一二六六册，台北：台湾商务印书馆 2008 年版。

陆深：《俨山集》，《景印文渊阁四库全书》第一二六八册，台北：台湾商务印书馆 1983 年版。

陆深：《俨山外集》，《景印文渊阁四库全书》第八八五册，台北：台湾商务印书馆 1983 年版。

夏言：《夏桂洲文集》，明崇祯十一年吴一璘刻本。

杨慎：《升庵集》，《景印文渊阁四库全书》第一二七〇册，台北：台湾商务印书馆 1983 年版。

黄省曾：《五岳山人集》，《四库全书存目丛书》集部第九四册，济南：齐鲁书社 1997 年版。

王立道：《具茨文集》，《景印文渊阁四库全书》第一二七七册，台北：台湾商务印书馆 2008 年版。

邵经邦：《弘简录》，《续修四库全书》第三〇四册，上海：上海古籍出版社 2002 年版。

项笃寿辑：《全史论赞》，《四库全书存目丛书》史部第一四〇册，济南：齐鲁书社 1996 年版。

唐顺之辑：《历代史纂左编》，《四库全书存目丛书》史部第一三三至一三七册，济南：齐鲁书社 1996 年版。

唐顺之：《荆川集》，《景印文渊阁四库全书》第一二七六册，台北：台湾商务印书馆 2008 年版。

薛应旂：《宋元通鉴》，《四库全书存目丛书》史部第九册，济南：齐鲁书社 1996 年版。

薛应旂：《宪章录》，展龙、耿勇《宪章录校注》本，南京：凤凰出版社 2014 年版。

归有光：《震川先生集》，周本淳校点，上海：上海古籍出版社 2007 年版。

梁梦龙辑：《史要编》，《四库全书存目丛书》史部第一三八册，济南：齐鲁书社 1996 年版。

何良俊：《四友斋丛说》，北京：中华书局 1959 年版。

卜大有辑：《明刻珍本史学要义》，北京：中华全国图书馆文献缩微复制中心 1999 年版。

凌稚隆辑：《史记评林》，《四库未收书辑刊》第一辑第一一册，北京：北京出版社 2000 年版。

凌稚隆辑：《汉书评林》，东京：东京印刷会社明治刻本。

雷礼：《国朝列卿纪》，《续修四库全书》第五二二册，上海：上海古籍出版社 2002 年版。

雷礼等：《皇明大政纪》，《续修四库全书》第三五三册，上海：上海古籍出版社 2002 年版。

徐中行：《天目先生集》，《续修四库全书》第一三四九册，上海：上海古籍出版社 2002 年版。

陈全之：《蓬窗日录》，顾静标校，上海：上海书店出版社

2009 年版。

张居正等：《帝鉴图说》，陈生玺、贾乃谦《帝鉴图说评注》本，郑州：中州古籍出版社 1996 年版。

申时行等：《明会典》，北京：中华书局 1989 年版。

王世贞：《艺苑卮言》，陆洁栋、周明初批注，南京：凤凰出版社 2009 年版。

王世贞：《弇山堂别集》，魏连科点校，北京：中华书局 1985 年版。

王世贞：《弇州四部稿》，《景印文渊阁四库全书》第一二七九至一二八一册，台北：台湾商务印书馆 1983 年版。

王世贞：《弇州续稿》，《景印文渊阁四库全书》第一二八二至一二八四册，台北：台湾商务印书馆 1983 年版。

王宗沐：《宋元资治通鉴》，《四库未收书辑刊》第一辑第一四册，北京：北京出版社 2000 年版。

詹景凤：《詹氏性理小辨》，《四库全书存目丛书》子部第一一二册，济南：齐鲁书社 1995 年版。

屠叔方辑：《建文朝野汇编》，明万历刻本。

黄光升：《昭代典则》，《续修四库全书》第三五一册，上海：上海古籍出版社 2002 年版。

余继登：《淡然轩集》，《景印文渊阁四库全书》第一二九一册，台北：台湾商务印书馆 1983 年版。

茅坤：《茅鹿门先生文集》，《续修四库全书》第一三四四册，上海：上海古籍出版社 2002 年版。

李贽：《李贽文集》（七卷本），张建业主编，北京：社会科学文献出版社 2000 年版。

谢陛：《季汉书》，《四库全书存目丛书》史部第三〇册，济南：齐鲁书社 1996 年版。

王圻：《续文献通考》，北京：现代出版社 1991 年版。

王圻：《稗史汇编》，《四库全书存目丛书》子部第一三九至一四二册，济南：齐鲁书社 1995 年版。

胡应麟：《少室山房笔丛》，上海：上海书店出版社 2009 年版。

胡应麟：《少室山房集》，《景印文渊阁四库全书》第一二九〇册，台北：台湾商务印书馆 1983 年版。

郭孔延：《史通评释》，《续修四库全书》第四四七册，上海：上海古籍出版社 2002 年版。

陈邦瞻：《宋史纪事本末》，北京：中华书局 1977 年版。

陈邦瞻：《元史纪事本末》，北京：中华书局 1979 年版。

邓元锡：《皇明书》，明万历刻本。

于慎行：《谷城山馆文集》，《四库全书存目丛书》集部第一四八册，济南：齐鲁书社 1997 年版。

于慎行：《读史漫录》，李念孔等点校，济南：齐鲁书社 1996 年版。

彭以明辑：《二十一史论赞辑要》，明万历三十九年周起元刻本。

吴亮辑：《万历疏钞》，《续修四库全书》第四六八册，上海：上海古籍出版社 2002 年版。

王惟俭：《史通训故》，《续修四库全书》第四七七册，上海：上海古籍出版社 2002 年版。

涂山辑：《新刻明政统宗》，《四库禁毁书丛刊》史部第二册，北京：北京出版社 2000 年版。

沈鲤：《亦玉堂稿》，《景印文渊阁四库全书》第一二八八册，台北：台湾商务印书馆 1983 年版。

黄凤翔：《田亭草》，明万历四十年刻本。

焦竑：《焦氏笔乘》，李剑雄点校，上海：上海古籍出版社 1986 年版。

焦竑：《澹园集》，李剑雄点校，北京：中华书局 1999 年版。

焦竑辑：《国史经籍志》，《丛书集成初编》本，北京：中华书局 1985 年版。

焦竑辑：《焦太史编辑国朝献征录》，《续修四库全书》第五二五册，上海：上海古籍出版社 2002 年版。

陈继儒：《狂夫之言》，《四库全书存目丛书》子部第九四册，济南：齐鲁书社 1995 年版。

陈继儒：《陈眉公集》，明万历四十三年刻本。

袁中道：《珂雪斋前集》，《续修四库全书》第一三七六册，上海：上海古籍出版社 2002 年版。

沈德符：《万历野获编》，北京：中华书局 1959 年版。

王志坚：《读史商语》，《续修四库全书》第四四九册，上海：上海古籍出版社 2002 年版。

陈懿典：《陈学士先生初集》，《四库禁毁书丛刊》集部第七八册，北京：北京出版社 2000 年版。

过庭训：《本朝分省人物考》，《续修四库全书》第五三三册，上海：上海古籍出版社 2002 年版。

吴道南：《吴文恪公文集》，《四库禁毁书丛刊》集部第三一册，北京：北京出版社 2000 年版。

谢肇淛：《五杂组》，上海：上海书店出版社 2001 年版。

钟惺：《隐秀轩集》，李先耕、崔重庆标校，上海：上海古籍出版社 1992 年版。

朱荃宰：《文通》，《四库全书存目丛书》集部第四一八册，济南：齐鲁书社 1997 年版。

祁承㸁：《澹生堂读书记》《澹生堂藏书目》，郑诚整理，上海：上海古籍出版社 2015 年版。

沈国元辑：《二十一史论赞》，《四库全书存目丛书》史部第一四八册，济南：齐鲁书社 1996 年版。

朱国祯辑：《皇明史概》，《续修四库全书》第四二八册，上海：上海古籍出版社 2002 年版。

董其昌：《容台集》，《四库禁毁书丛刊》集部第三二册，北京：北京出版社 2000 年版。

林德谋辑：《古今议论参》，明崇祯年间刻本。

陈建撰、高汝栻订、吴祯增删：《皇明通纪法传全录》，《续修四库全书》第三五七册，上海：上海古籍出版社 2002 年版。

尹守衡：《皇明史窃》，《续修四库全书》第三一六册，上海：上海古籍出版社 2002 年版。

何乔远：《名山藏》，张德信、商传、王熹点校，福州：福建人民出版社 2010 年版。

朱明镐：《史纠》，《景印文渊阁四库全书》第六八八册，台北：台湾商务印书馆 1983 年版。

张溥：《历代史论》，《四库全书存目丛书》史部第二八九册，济南：齐鲁书社 1996 年版。

徐孚远等：《史记测议》，明崇祯年间刻本。

陈子龙等辑：《明经世文编》，北京：中华书局 1962 年版。

严衍：《资治通鉴补》，《续修四库全书》第三三六册，上海：上海古籍出版社 2002 年版。

张岱：《石匮书》，《续修四库全书》第三二〇册，上海：上海古籍出版社 2002 年版。

贺复征编：《文章辨体汇选》，《景印文渊阁四库全书》第一四〇五册，台北：台湾商务印书馆 2008 年版。

钱谦益：《牧斋初学集》，钱曾笺注、钱仲联标校，上海：上海古籍出版社 2009 年版。

钱谦益：《牧斋有学集》，《续修四库全书》第一三九一册，上海：上海古籍出版社 2002 年版。

黄宗羲编：《明文海》，北京：中华书局 1987 年版。

黄宗羲：《黄宗羲全集》，杭州：浙江古籍出版社 2012 年版。

顾炎武：《日知录》，黄汝成《日知录集释》本，栾保群、吕宗力校点，上海：上海古籍出版社 2006 年版。

王夫之：《读通鉴论》，北京：中华书局 1975 年版。

永瑢等：《四库全书总目》，北京：中华书局 1965 年版。

夏燮：《明通鉴》，王日根等校点，长沙：岳麓书社 1999 年版。

三、近人及今人专书

柯劭忞：《新元史》，天津：天津退耕堂 1920 年刻本。

谢国桢：《明清笔记谈丛》，北京：中华书局 1960 年版。

张振珮：《史通笺注》，贵阳：贵州人民出版社 1985 年版。

白寿彝总主编：《中国通史》第一卷（导论），上海：上海人民出版社 1989 年版。

彭静中：《中国方志简史》，成都：四川大学出版社 1990 年版。

［美］牟复礼、［英］崔瑞德编：《剑桥中国明代史（1368—1644 年）》上卷，张书生等译，北京：中国社会科学出版社 1992 年版（2007 年重印）。

梁启超：《中国历史研究法》，北京：东方出版社 1996 年版。

饶宗颐：《中国史学上之正统论》，上海：上海远东出版社 1996 年版。

李小林：《万历官修本朝正史研究》，天津：南开大学出版社 1999 年版。

钱茂伟：《明代史学编年考》，北京：中国文联出版社 2000 年版。

向燕南：《中国史学思想通史·明代卷》，合肥：黄山书社 2002 年版。

南炳文、汤纲：《明史》，上海：上海人民出版社 2003 年版。

钱茂伟：《明代史学的历程》，北京：社会科学文献出版社 2003 年版。

杨艳秋：《明代史学探研》，北京：人民出版社 2005 年版。

王嘉川：《布衣与学术：胡应麟与中国学术史研究》，北京：商务印书馆 2005 年版。

白寿彝主编：《中国史学史》（六卷本），上海：上海人民出版社 2006 年版。

孙卫国：《王世贞史学研究》，北京：人民文学出版社 2006 年版。

[英] 崔瑞德、[美] 牟复礼编：《剑桥中国明代史（1368—1644 年）》下卷，杨品泉等译，北京：中国社会科学出版社 2006 年版。

赵轶峰：《明代的变迁》，上海：上海三联书店 2008 年版。

瞿林东、葛志毅主编：《史学批评与史学文化研究》，哈尔滨：黑龙江人民出版社 2009 年版。

瞿林东：《中国史学史纲》，北京：北京师范大学出版社 2010 年版。

白云：《中国古代史学批评史论纲》，北京：人民出版社 2010 年版。

乔治忠：《中国史学史》，北京：中国人民大学出版社 2011 年版。

谢贵安：《中国史学史》，武汉：武汉大学出版社 2012 年版。

廉敏：《明代历史理论研究》，北京：中国社会科学出版社 2012 年版。

白寿彝总主编：《中国通史》第九卷《中古时代·明时期》，上海：上海人民出版社 2013 年版。

杨翼骧编著，乔治忠、朱洪斌订补：《增订中国史学史资料编年·元明卷》，北京：商务印书馆 2013 年版。

谢贵安：《明实录研究》，上海：上海古籍出版社 2013 年版。

王嘉川：《清前〈史通〉学研究》，北京：社会科学文献出版社 2013 年版。

林庆彰：《明代考据学研究》，上海：华东师范大学出版社 2015 年版。

瞿林东：《中国古代史学批评纵横》（增订本），重庆：重庆出版社 2016 年版。

谢保成：《增订中国史学史》（四卷本），北京：商务印书馆 2016 年版。

刘明翰主编：《世界通史（修订版）》（中世纪卷），北京：人民出版社 2017 年版。

索　引

D

E

F

H

J

K

L

M

N

S

T

W

X

Y

Z

图书在版编目（CIP）数据

中国古代史学批评的拓展：明时期 / 毛春伟，廉敏著．—长沙：湖南人民出版社，2020.7（中国古代史学批评史 / 瞿林东主编；第六卷）

ISBN 978-7-5561-2440-4

Ⅰ.①中… Ⅱ.①毛… ②廉… Ⅲ.①史学史—研究—中国—明代
Ⅳ.①K092.48

中国版本图书馆 CIP 数据核字（2020）第 036443 号

ZHONGGUO GUDAI SHIXUE PIPING DE TUOZHAN（MING SHIQI）

中国古代史学批评的拓展（明时期）

主　　编　瞿林东
著　　者　毛春伟　廉　敏
责任编辑　黎晓慧　贺　娅　杨　帆
装帧设计　杨发凯
责任印制　肖　晖
责任校对　曾诗玉

发行出版　湖南人民出版社［http://www.hnppp.com］
地　　址　长沙市营盘东路3号
邮　　编　410005
经　　销　湖南省新华书店

印　　刷　长沙超峰印刷有限公司
版　　次　2020年7月第1版
　　　　　2020年7月第1次印刷
开　　本　710 mm × 1000 mm　1/16
印　　张　33.25
插　　页　1
字　　数　347千字
书　　号　ISBN 978-7-5561-2440-4
定　　价　168.00元

营销电话：0731-82681529　（如发现印装质量问题请与出版社调换）